Rudolf Dellsperger

Zwischen Offenbarung und Erfahrung

TVZ

Basler und Berner Studien zur historischen Theologie
herausgegeben von Martin Sallmann und Martin Wallraff
Bd. 77 – 2015

Rudolf Dellsperger

Zwischen Offenbarung und Erfahrung

Gesammelte Aufsätze zur historischen Theologie

T V Z

Theologischer Verlag Zürich

Bibliografische Informationen der Deutschen Nationalbibliothek
Die Deutsche Nationalbibliothek verzeichnet diese Publikation in der Deutschen Nationalbibliografie; detaillierte bibliografische Daten sind im Internet über http://dnb.d-nb.de abrufbar.

Umschlaggestaltung: Simone Ackermann, Zürich
Umschlagabbildung: Kirche Einigen, Vaterunser-Scheibe, 2. Hälfte 16. Jahrhundert,
Bild 4 (Din will gescheche uff erdē als im him̄el) und Bild 5 (Unser tåglich brot gib uns hüt)
Umschlagfoto: Reformierte Kirchgemeinde Spiez, 1992

Druck
ROSCH BUCH GmbH, Scheßlitz

ISBN 978-3-290-17842-0

www. tvz-verlag. ch

Für Eta

Inhaltsverzeichnis

Vorwort

2001 ist in der Reihe «Basler und Berner Studien zur historischen (und systematischen) Theologie» unter dem Titel «Kirchengemeinschaft und Gewissensfreiheit» ein Band meiner Vorträge und Aufsätze aus der Zeit zwischen 1978 und 2000 erschienen. Ihm folgt nun ein zweiter mit Arbeiten aus den letzten 15 Jahren. Einige Beiträge knüpfen an diejenigen des ersten Bandes an und führen diese weiter, andere behandeln neue Themen. Sie bilden fünf Gruppen.

Den Anfang macht eine auslegungsgeschichtliche Studie zur Brotbitte des Unservaters, die von bedeutenden Vertretern des Humanismus, der Reformation und der Katholischen Reform signifikant verschieden verstanden wurde. Es folgen zwei Beiträge zur Wirkungsgeschichte Johannes Calvins: In einem Längsschnitt werden die Beziehungen zwischen ihm und den Schweizern bis ins 20. Jahrhundert erörtert. Seiner Bedeutung im reformierten Pietismus wird anhand des Themas Kirchendisziplin und am Beispiel von Exponenten aus Bern, Bremen, Holland und vom Niederrhein nachgegangen.

Die zweite Gruppe vereint Studien, deren gemeinsamer Nenner die Beziehung zwischen (radikalem) Pietismus und Täufertum ist. Bern ist dafür an der Wende vom 17. zum 18. Jahrhundert ein repräsentatives Beispiel. Neue Quellen erhellen die Nähe der beiden Bewegungen und beleuchten die Vehemenz von deren Unterdrückung durch die Obrigkeit. Sie erklären aber vor dem Hintergrund ihres Exils in religiös toleranten Territorien wie Pennsylvanien und Büdingen auch die Renitenz der Vertriebenen und ihren Willen, das Geschehen in der verlorenen Heimat zu beeinflussen.

Der erste Text des mittleren Teils behandelt Zinzendorfs Genfer Aufenthalt von 1741 und damit den Konflikt zweier Theologien und Kirchenkonzepte: der christozentrischen Kreuzestheologie des Grafen und der Vernünftigen Orthodoxie der Genfer Theologen. Der zweite Beitrag geht anhand einer wenig bekannten Autorin und dreier berühmter Autoren dem Verständnis von Erfahrung im radikalen Pietismus und in der Aufklärung nach. Es resultieren Gemeinsamkeiten, aber auch wesentliche Unterschiede in der Gewichtung des Verhältnisses von Offenbarung und Erfahrung.

In den Aufsätzen der vierten Gruppe wird jeweils eine Brücke zwischen Theologie und Literatur zu schlagen versucht. Die Beiträge über Jeremias Gotthelf sind im Zusammenhang der neuen Historisch-kritischen Gesamtausgabe entstanden. Sie situieren den Dichter im Kontext der geistigen und politisch-sozialen Strömungen, die ihn geprägt haben und die er zugleich gesprengt hat. An Hermann Hesse interessiert mich sein Weg aus dem religiösen Milieu seines Elternhauses zur eigenen Identität. Der Anfangs- und Endpunkt dieses Weges erhalten hier stellvertretend die Namen des Evangelisten Elias Schrenk und des Religionsphilosophen Christoph Schrempf. Hesse hat seine Wahl getroffen, ohne den Faden durchzutrennen.

Drei Skizzen des letzten Abschnitts sind anlässlich von Jubiläen, aus äusserem Anlass also, entstanden. Sie sind aus den Quellen belegt, haben aber keinen grösseren wissenschaftlichen Apparat. Der Vortrag über die Witwen-Stiftung des Kapitels Büren geht auf das 200-jährige Jubiläum dieser Institution zurück. Er setzt beim reformatorischen Postulat der Priesterehe ein, streift die Herausforderungen, die ein bernisches Pfarrhaus im 17./18. Jahrhundert zu bestehen hatte, und zeigt auf, wie es im Kapitel Büren zur Gründung einer beruflichen Sozialversicherung kam. Der Berner Synodus, dessen Wirkungsgeschichte im nächsten Beitrag entfaltet wird, gehört zu den wertvollsten Gaben, welche die Berner Kirche von der Ökumene empfangen und für sie bewahrt hat. Die Ökumene spielt auch im letzten Beitrag eine wichtige Rolle: Der Übergang der Monatszeitung „saemann" zu einer neuen Erscheinungsform gab Anlass zur Frage, wie sich in ihr das Geschehen in der weltweiten Christenheit spiegle. Sie war in einem kurzen Artikel nur exemplarisch zu beantworten und verdiente, wie so manches in diesem Band, ein gründlicheres Studium.

Die Beiträge sind formal vereinheitlicht, aber sonst in ihrer ursprünglichen Fassung belassen worden. Auf die Tilgung einiger Wiederholungen wurde verzichtet; die Einheit von Inhalt und Form der Texte sollte gewahrt bleiben. Der Aufsatz über das Pfarrkapitel Büren und – in dieser Fassung – derjenige über Hermann Hesse erscheinen hier zum ersten Mal. Die meisten Beiträge sind als Vorträge gehalten und erst nachträglich mit Anmerkungen versehen worden. Die Leserinnen und Leser sind deshalb gebeten, sich auf den Text zu konzentrieren und den Apparat zurückzustellen.

Gergely Csukás, Bern, hat mit grosser Sorgfalt und Sachkenntnis das satzfertige Manuskript erstellt. Die Kollegen Martin Sallmann, Bern, und Martin Wallraff, Basel, haben den Band bereitwillig in ihre Reihe aufgenommen und Frau Lisa Briner, die Leiterin des Theologischen Verlags Zürich, hat ihn aufmerksam betreut. Ihnen allen sei freundlich gedankt.

Faulensee, 30. September 2015 Rudolf Dellsperger

«Unser tägliches Brot ...»

Die Brotbitte bei Erasmus von Rotterdam, Martin Luther, Wolfgang Musculus und Petrus Canisius SJ[1]

«Unser Brot für morgen gib uns heute.» Dies ist nach dem heutigen Forschungsstand die wahrscheinlichste Übersetzung der vierten Unservater-Bitte. Ulrich Luz denkt «an die Situation eines Tagelöhners ..., der noch nicht weiss, ob er am folgenden Tag wieder eine Arbeit findet, wovon er mit seiner Familie leben kann».[2] Der Beter bittet um das für das Überleben Notwendige.

Wie wurde die Brotbitte im Reformationszeitalter verstanden? Nicolaus Herman, der 1480, also vor Luther, zur Welt kam und 1561 zu einer Zeit starb, als die Katechismen des Petrus Canisius vorlagen, sagte es so:

«Bescher vns, HErr, das teglich Brot
fur thewrung vnd fur hungers not
Behüt vns durch dein lieben Son,
Gott Vater in dem höchsten Thron. [...]
O HErr, gib vns ein fruchtbars Jar,
den lieben Kornbau vns bewar.
Für theurung, hunger, seuch und streit
behüt vns, HErr, zu dieser Zeit!»[3]

---

1 Überarbeiteter Vortrag, gehalten am 13.05.1997 in St. Anna, Augsburg, im Rahmen der Ausstellung «... wider Laster und Sünde» (vgl. Anm. 7), und am 25.09.1997 in der Schulwarte Bern im Rahmen der Ausstellung «... die wysheit Gottes uf den gassen» (vgl. Anm. 34). Die Vortragsform wurde beibehalten.

2 Ulrich Luz: Das Evangelium nach Matthäus 1 (EKK I/1), Zürich/Einsiedeln/Köln/Neukirchen-Vluyn 1985, 345–347, hier 347.

3 Nicolaus Herman: Die vierde Bitt, vmbs tegliche Brodt, zitiert nach Karl Eduard Philipp Wackernagel: Das deutsche Kirchenlied von der ältesten Zeit bis zu Anfang des 17. Jahr-

Auf dem Tisch des städtischen Durchschnittsbürgers standen seltener als heute Fleisch, Fisch, Eier, Milch und Käse. Brot war für einfache Leute bereits ein Luxusprodukt. Getreidespeisen in Form von Suppen, Breien, Fladen und Teigwaren stellten die Grundversorgung sicher – freilich nur in normalen Zeiten: Fehljahre wegen Kälte, Trockenheit oder Nässe brachten Hunger und Not, und Hunger bedeutete oft Krankheit und Tod. Der «liebe Kornbau» war auch in guten Zeiten bei weitem nicht so ertragreich wie heutzutage, und der Garten gab mit Kraut und Rüben längst nicht das her, was heute auf dem Markt feilgeboten wird. Die Kartoffel war noch unbekannt. Ein Teil der Nahrung – Beeren, Pilze und Kräuter – wurde in Wald und Feld gewonnen. Wichtig, auch in gedörrter Form, war das Obst, Honig oft der einzige Süssstoff. Die Getränke Bier und Wein waren auch Kalorienspender, Wein wurde überdies als Arznei angewendet.[4]

Welche Bedeutung hatte bei dieser Ernährungsgrundlage die Bitte um das tägliche Brot? Wir befragen Erasmus von Rotterdam, Martin Luther, Wolfgang Musculus und Petrus Canisius. Sie haben sich in charakteristischer Weise zu dieser Frage geäussert und repräsentieren überdies die Bewegungen des Humanismus, der Reformation und der Katholischen Reform. Ich gehe jeweils in drei Schritten vor. Zuerst sind der Autor und sein Text vorzustellen; dabei werden auch der «Sitz im Leben» dieses Textes und themenrelevante Beziehungen unter den Autoren zu beachten sein. Dann ist nach dem Gebetsverständnis und in einem dritten Schritt nach der Auslegung der Brotbitte des jeweiligen Autors zu fragen.

I. Erasmus von Rotterdam

1523 erschien in Basel die *Precatio dominica digesta in septem parteis* [sic], *iuxta septem dies*.[5] Es handelt sich dabei um Erasmus' wertvollste Schrift zum Herrengebet. Ihr Autor hatte 1516 mit der griechischen Ausgabe des Neuen

---

hunderts, Bd. 3: Die Lieder des ersten Geschlechts der Reformationszeit: 1523–1553, Leipzig 1870, 1228.

4 Vgl. Silvia Stegmüller/Josef Kirmeier: Lebensalltag der städtischen Bevölkerung, in: Wolfgang Jahn/Josef Kirmeier/Thomas Berger/Evamaria Brockhoff (Hg.): «Geld und Glaube». Leben in evangelischen Reichsstädten. Katalog zur Ausstellung im Antonierhaus, Memmingen 12.05. bis 04.10.1998 (VBGK 37), Augsburg 1998, 264–266.

5 Diese Titelformulierung entspricht Bl. A4 der Erstausgabe, deren Titelblatt lautet: PRECATIO DOMINICA IN SE= | | ptem portiones distributa per D. ERA= | | SMVM Roterodamum. | | OPVS RECENS AC MODO | | natum, & mox excusum. Cum priuilegio Caesareo. [Basel] Froben [1523]. 8°, [19] Bl. ZBBE, Signatur e.302. Zitiert wird nach folgender Ausgabe: Joannes Clericus (Hg.): Desiderii Erasmi Roterodami Opera omnia

Testaments, den *Annotationes* und der Hieronymus-Edition den Höhepunkt seines wissenschaftlichen Ruhms erreicht und genoss als Reformer hohes Ansehen: 1517 beispielsweise hatte der Augsburger Bischof Christoph von Stadion anlässlich der ersten von ihm geleiteten Diözesansynode alles daran gesetzt, um seine Geistlichen auf das erasmianische Reformprogramm festzulegen.[6] Kein Wunder, dass die *Precatio dominica* zu einem Bestseller wurde: Für das Jahr 1523 sind zwei weitere lateinische Drucke und eine deutsche Ausgabe nachgewiesen. 1524 erschienen nochmals eine deutsche[7], ferner eine französische und eine englische Übersetzung.[8] Um diese Zeit wurde Erasmus, der an der *via media* unbeirrt festhielt, aber auch zur umstrittenen Person: Viele seiner Schüler und Freunde entschieden sich für den reformatorischen Weg, zwischen Luther und ihm brach der Konflikt um den freien Willen auf, und Hutten bezichtigte ihn der Halbheit und Feigheit.[9] Die *Precatio dominica* entstand und erschien zwischen der Ersten und Zweiten Zürcher Disputation.

Willehad Paul Eckert hat Erasmus zu Recht als frommen Gelehrten charakterisiert: Der Rotterdamer sei «weder ein nüchterner Rationalist noch ein kalter Moralist, sondern ein Intellektualist, der die Gabe seines Verstandes und seines Gemütes, der den Schatz seiner Bildung in den Dienst der Nach-

---

emendatiora et auctiora, Bd. 5, Lugduni Batavorum 1704 (Reprint Hildesheim 1962), Sp. 1217–1228 [zit.: LB]. Zur Datierung vgl. die Einleitung zum Dedikationsschreiben des Erasmus an Jostus Ludovicus Decius in: Percy Stafford Allen (Hg.): Opus Epistolarum Des. Erasmi Roterodami denuo recognitum et auctum, Bd. 5 (1522–1524), Oxford 1924, Nr. 1393.

6 Friedrich Roth: Augsburgs Reformationsgeschichte, Bd. 1 (1517–1530), München 1901, 22f., 46; Friedrich Zoepfl: Das Bistum Augsburg und seine Bischöfe im Reformationsjahrhundert (Geschichte des Bistums Augsburg und seiner Bischöfe 2), München/Augsburg 1969, 11–13; Horst Jesse: Die Geschichte der Evangelischen Kirche in Augsburg, Pfaffenhofen 1983, 62–64.

7 Die vom Humanisten Johannes Pinicianus besorgte Übersetzung erschien in Augsburg bei Silvan Otmar, der sich 1522 wegen Nachdrucks von Luther-Schriften vor der Zensurbehörde zu verantworten hatte und 1524 Luthers Septembertestament herausbrachte. Willehad Paul Eckert: Erasmus von Rotterdam. Werk und Wirkung, Bd. 1, Köln 1967, 468; Josef Kirmeier/Wolfgang Jahn/Evamaria Brockhoff (Hg.): «... wider Laster und Sünde». Augsburgs Weg in der Reformation. Katalog zur Ausstellung in St. Anna, Augsburg 26. April bis 10. August 1997 (VBGK 33), Augsburg/Köln 1997, 109 und 122.

8 Übertragungen ins Tschechische, Spanische, Polnische und Holländische folgten; vgl. Allen, Opus (wie Anm. 5). Die englische Übersetzung stammt von Margaret More Roper, einer Tochter des Thomas Morus: Elizabeth McCutcheon: Margaret More Roper's Translation of Erasmus' Precatio Dominica, in: Acta Conventus Neo-Latini Guelpherbytani. Proceedings of the Sixth International Congress of Neo-Latin Studies, Wolfenbüttel 12 August to 16 August 1985 (MRTS 53), Binghampton/New York 1988, 659–666.

9 Vgl. Erasmus von Rotterdam: Briefe, verdeutscht und hg. v. Walther Köhler/Andreas Flitner, Bremen ^{3}1956, 313–322.

folge Christi zu stellen gewillt war, der die Herzensfrömmigkeit über die Erkenntnis stellte».[10] Das Gebet ist für Erasmus eine meditative Grundhaltung, also das Gegenteil der *battologia*[11], des gedankenlosen Plapperns. *Precatio* und *scientia*, Gebet und Heilswissen, sind nach ihm die Hauptwaffen des Christen im Kampf gegen die sieben Todsünden: «Paulus, der uns ohne Unterlaß beten heißt, will, daß wir stets gerüstet seien. Das reine Gebet leitet unsere Neigung zum Himmel, wie zu einer dem Feind unzugänglichen Burg. Das Wissen festigt den Verstand mit heilsamen Meinungen, so daß keines dem andern fehlen soll ...»[12] Das Gebetsverständnis des Erasmus ist auch an der Form der *Precatio dominica* ersichtlich. Zum einen ist sie, in unmittelbarer zeitlicher Nähe zu den Evangelien-Paraphrasen entstanden, selber eine in Gebetsform gekleidete Paraphrase.[13] Zum andern teilte Erasmus sie so ein, dass sie im Verlauf einer Woche Stück um Stück meditiert werden konnte. Sollte ihm das nicht genügen, so könne er auch täglich sieben Gebetszeiten einhalten, liess er seinen Freund Justus Ludwig Decius wissen.[14] Beten lernt, wer betet.[15]

In der Brotbitte nun geht es um «geistliche und himmlische Nahrung»[16], nicht um das Brot für morgen, sondern um Gottes Reich und seine Gerechtigkeit[17]: «Deiner Freigebigkeit bedeutet es nicht viel, diesen Leib mit Weizenbrot zu nähren. Vergeht er auch nicht vor Hunger, so wird er dennoch durch Krankheit, Alter und andere Unglücksfälle zugrundegehen. Aber als geistliche Söhne erbitten wir flehentlich vom Gott der Geister jenes geistliche und himmlische Brot, durch das wir alle wirklich leben, die wir uns wahrhaft deine

---

10 Eckert, Erasmus (wie Anm. 7), 463.

11 Vgl. Mt 6,7.

12 *Semper armatos esse vult Paulus, qui sine intermissione iubet orare. Precatio pura in caelum subducit affectum, arcem videlicet hostibus inaccessam, scientia salutaribus opinionibus communit intellectum, ita ut neutrum alteri deesse oporteat* [...]. Erasmus von Rotterdam: Enchiridion militis christiani, in: Ausgewählte Schriften, Bd. 1, hg. v. Werner Welzig, Darmstadt 1968, 76f.; Zum Gebetsverständnis des Erasmus vgl. Ernst Wilhelm Kohls: Die Theologie des Erasmus, Bd. 1, Basel 1966 (ThZ.S I,1), 78f.; Johannes Trapman: Erasmus's Precationes, in: Acta Conventus Neo-Latini Torontonensis. Proceedings of the Seventh International Congress of Neo-Latin Studies, Toronto 8 August to 13 August 1988 (MRTS 86), Binghampton/New York 1991, 769–779; Hilmar M. Pabel: Prayer in Erasmus' Pastoral Ministry through the Printing Press, Diss. phil. Yale University 1992 (Typoskript).

13 Friedhelm Krüger: Humanistische Evangelienauslegung. Desiderius Erasmus von Rotterdam als Ausleger der Evangelien in seinen Paraphrasen (BHTh 68), Tübingen 1986.

14 Allen, Opus (wie Anm. 5), 345.

15 Pabel, Prayer (wie Anm. 12), 187.

16 LB V 1224 F: *spiritualem ac coelestem alimoniam.*

17 LB V 1225 A: *quae pertinent ad regnum tuum, ejusque justitiam.*

Söhne nennen.»[18] Dieses Brot ist Gottes Wort, es ist «der Leib deines Eingeborenen [...], an dem alle teilhaben, die in deinem großen Haus, der Kirche, wandeln»[19]. Es ist das Brot des Lebens, als Evangelium und Eucharistie, auf das es in dieser Welt des Todes ankommt: «Wer nämlich vermöchte es zu ertragen, der Welt zum Hohn zu sein, ausgewiesen, in den Kerker gestoßen, gefesselt, verurteilt, gemartert, seines Vermögens entblößt, seiner sehr geliebten Frau und der süßen Kinder beraubt zu werden und schließlich einen grausamen Tod zu finden, wenn er nicht immer wieder von deinem himmlischen Brot gekräftigt wird?»[20]

Halten wir fest: Erasmus sieht im Gebet und im Heilswissen die wirksamen Waffen für Menschen, die sich in die Nachfolge Christi begeben. Ihr tägliches Brot ist das eine Wort Gottes in den Gestalten des Evangeliums und der Eucharistie.[21]

II. Martin Luther

Martin Luther hat das Unservater immer wieder ausgelegt. Dabei haben sich ihm jedesmal neue Dimensionen der Brotbitte erschlossen. Der junge Luther, hierin noch der spätmittelalterlichen Tradition verhaftet, verstand unter dem «täglichen Brot» Christus als die wahre Seelenspeise, deren der Mensch bedarf, um im Tod und im Gericht bestehen zu können. Mit der Zeit gewann für ihn das Nahrungsmittel Brot an Bedeutung, um schliesslich vollends dominant zu werden. Schon in seiner Paraphrase zur Deutschen Messe von 1526 äusserte er sich in diesem Sinn, vor allem aber im Kleinen und im

---

18 Übersetzung von Eckert, Erasmus (wie Anm. 7) 475. LB V 1225 B: *Non magnum est tuae largitati, corpusculum hoc pane frumentitio pascere, quod etiamsi non pereat fame, tamen morbo, senio, aliove casu brevi sit periturum: sed filii spirituales a Patre Spirituum spritualem illum ac coelestem panem flagitamus, per quem vivimus omnes, qui filii tui vere nominamur.*

19 Eckert, Erasmus (wie Anm. 7), 475. LB V 1225 C: *Corpus unigeniti tui panis est, cujus participes sunt omnes, qui versantur in magno domo tua, quae est Ecclesia.*

20 Eckert, Erasmus (wie Anm. 7), 476. LB V 1225 D: *Quis enim ferat esse mundi ludibrium, relegari, protrudi in carcerem, vinciri, damnari, torqueri, exui facultatibus, spoliari uxore carissima ac dulcissimis liberis: denique crudeli morte perimi, nisi fuerit tuo coelesti pane subinde confirmatus?*

21 Pabel, Prayer (wie Anm. 12), 233–235, weist darauf hin, dass Erasmus die Brotbitte nicht nur in der Precatio dominica, sondern insgesamt überwiegend spirituell deute; er stehe damit den Griechischen Kirchenvätern nahe.

Grossen Katechismus von 1529.[22] Ich konzentriere mich auf den Grossen Katechismus.[23]

1529 war ein in der Reformationsgeschichte entscheidendes Jahr: Im Frühjahr nahm der Speyrer Reichstag für die Evangelischen nicht den erhofften Verlauf, im Herbst endete das Marburger Religionsgespräch mit einem Misserfolg. Umso wichtiger war es, die gefährdete Reformation zu konsolidieren, die Hauptstücke des Glaubens nach ihrem evangelischen Verständnis dem Volk nahezubringen. Luthers Katechismen gehören in diesen Kontext.

Albrecht Peters hat Luthers Gebetsverständnis in fünf Punkten zusammengefasst.[24]

Erstens: Das Gebet gründet im zweiten Gebot. Gottes Namen nicht missbrauchen heisst für Luther Gottes «heiligen namen preisen, ynn aller not anruffen odder beten».[25] Wie heisst es doch in seinem Vaterunser-Lied: «[…] Und wilt das beten von uns han […]».[26] Das ist die «Gesetzesdimension des Gebetes».[27] Beten ist geboten.

Zweitens: Gott heisst uns aber im zweiten Gebot nicht nur beten, er verheisst uns auch Erhörung. Das ist die evangelische Dimension dieses Gebotes: «Gottis wort und vorheyssen macht dein gebet gut, nit deine andacht.»[28]

Drittens: Das Unservater ist die von Gott selber gewünschte Weise des Betens. Dabei kommen die Dein-Bitten nicht ohne Grund vor den Unser-Bitten. Wer das Unservater «hindersich» statt «fürsich» betet, der tut es allein mit dem Mund, nicht mit dem Herzen.[29]

Viertens: Im rechten Gebet erkennt der Mensch seine elementare Not und trägt sie vor Gott. Zugleich gilt: «Das Vaterunser will uns die Augen öffnen nicht in erster Linie für unsere menschlichen Nöte, sondern für die Not Gottes unter uns.»[30]

Fünftens: Das Gebet ist sowohl defensiv als auch offensiv die beste Waffe im Kampf mit dem Teufel.[31]

---

22 Albrecht Peters: Kommentar zu Luthers Katechismen, Bd. 3: Das Vaterunser, hg. v. Gottfried Seebaß, Göttingen 1992, hier 117–122.

23 WA 30/1, 125–238, hier 203–206.

24 Peters, Katechismen (wie Anm. 22), 15–39, hier 16.

25 WA 30/1, 193.19f.

26 WA 35, 463.20.

27 Peters, Katechismen (wie Anm. 22), 25.

28 Martin Luther: Auslegung deutsch des Vaterunsers für die einfältigen Laien (1519), in: WA 2, 80–130, hier 127.40.

29 Martin Luther: Eine kurze und gute Auslegung des Vaterunsers vor sich und hinter sich (1519), in: WA 6, 21f., hier 22.17–20.

30 Peters, Katechismen (wie Anm. 22), 18.

31 Peters, Katechismen (wie Anm. 22), 28–34.

Wie versteht nun Luther die Brotbitte? Im Grossen Katechismus führt er aus, «wie weit dis gebete gehet ..., nemlich das wir bitten, das uns Gott gebe essen und trincken, kleider, haus und hoff und gesunden leib, dazu das getreide und frůchte auff dem feld wachsen und wol geraten lasse, Darnach auch daheym wol haushalten helffe, frum weib, kinder und gesind gebe und beware, unser arbeit, handwerck odder was wir zuthuen haben, gedeyen und gelingen lasse, trewe nachbarn und gute freunde beschere usw., Jtem Keiser, Koͤnig und alle stende und sonderlich unsern Landsfursten, allen Rethen, oͤberherren und amtleuten weisheit, stercke und glůck gebe wol zuregieren und wider Tůrcken und alle feinde zusiegen, Den unterthanen und gemeinem hauffen gehorsam, frid und eintracht unternander zu leben Und widderůmb, das er uns behůte fur allerley schaden des leibs und narung, ungewitter, hagel, feur, wasser, gifft, pestilentz, vihe sterben, krieg und blutvergiessen, tewer zeit, schedliche thier, boͤsen Leuten etc.»[32]

Die Brotbitte erstreckt sich, wie Albrecht Peters gezeigt hat, auf drei «Lebenskreise»: «Den Kernbereich bildet unser Leibesleben in der engen Hausgemeinschaft mit seiner sachhaft-kreatürlichen und mit seiner mitmenschlich-personalen Seite. Um dieses Zentrum lagert sich das nachbarliche wie bürgerliche Wesen und Regiment, der Bereich zwischenmenschlicher Eintracht sowie eines zeitlichen Friedens. Jenen Kreis des irdischen Friedens und Segens möge Gott schützen und bewahren vor Einbrüchen der Chaosgewalten sowohl aus dem Kreatürlichen als auch aus dem Mitmenschlichen heraus.»[33]

Kann die vierte Bitte umfassender und konkreter verstanden werden? Die Differenz zur spirituell-sakramentalen Deutung des Erasmus ist unverkennbar.

III. Wolfgang Musculus

Wolfgang Musculus[34] hat Erasmus zeitlebens bewundert und Luther, wenn auch mit Reserven, hohen Respekt gezollt. Sein Matthäuskommentar, auf den ich mich hier vor allem beziehe, erschien erstmals 1544, zwei Jahre vor

32 WA 30/1, 205.4–19.

33 Peters, Katechismen (wie Anm. 22), 124.

34 Rudolf Dellsperger: Wolfgang Musculus (1497–1563), in: Reinhard Schwarz (Hg.): Die Augsburger Kirchenordnung von 1537 und ihr Umfeld (SVRG 196), Gütersloh 1988, 91–110; Rudolf Dellsperger/Rudolf Freudenberger/Wolfgang Weber (Hg.): Wolfgang Musculus (1497–1563) und die oberdeutsche Reformation (Colloquia Augustana 6), Berlin 1997; Katalog-Nummern 102–143, in: Kirmeier, «... wider Laster und Sünde» (wie Anm. 7), 176–221; «... die wysheit Gottes uf den gassen». Wolfgang Musculus (1497–1563) und die Reformation. Begleitheft zur Ausstellung im Berner Münster, 19.

Luthers Tod. Seit 1529, dem Erscheinungsjahr von Luthers Katechismen, hatte sich die konfessionspolitische Lage merklich verändert: Die Protestanten hatten sich 1531 im Schmalkaldischen Bund zusammengeschlossen und die Oberdeutschen und Luther schienen sich 1536 in der Wittenberger Konkordie gefunden zu haben, während 1541/42 die katholisch-protestantischen Religionsgespräche von Worms und Regensburg gescheitert waren.

Für Musculus' Gebetsverständnis und Gebetspraxis ist eine Äusserung aus dem Jahr 1549 bezeichnend: «... und ist das unser ubung / das wir nit Essen / wir betten dann zuvor / Gott wolle uns dasselbige segnen. Nach essens sagen wir Gott danck umb empfangene gaben / und bitten / das er uns dasselbe gedeyen lassen wölle / lesen darauff ein Capitel auß der heiligen Bibel. Und volgends speisen und stercken wir unsern Glauben / mit lieblichen und verständlichen Psalmen / Sonst betten wir Morgens und Abents dz gebette / so uns Christus gelehret hat / erzelen die zehen Gebott / trösten uns mit dem Apostolischen Glauben / dancken darneben umb allerley gaben und wolthaten / so wir täglich von Gott empfahen / und bitten / das er uns ferner an Seel / Leib / Ehr / und gut / durch schutz seiner Engel erhalten wölle ...»[35] Beten hatte für Musculus neben dieser liturgischen eine praktische Dimension: «Es hört nicht auf zu beten, wer nicht aufhört Gutes zu tun.»[36]

Dass die Brotbitte all das meint, was wir zum Lebensunterhalt, für unsern Leib benötigen, stand für Musculus fraglos fest. Sie hat dieselbe elementare Bedeutung wie das Sprichwort: «er schneidt mir das brot uor dem maul ab.»[37] Um unser tägliches[38] Brot bitten wir, weil wir alle ohne Unterschied darauf angewiesen sind. Diese Bedürftigkeit gehört in einem qualifizierten Sinn zur

---

September bis 9. November 1997, Bern 1997, in: Berner Zeitschrift für Geschichte und Heimatkunde 59/3 (1997), hier 219–239 die überarbeitete und erweiterte Fassung meiner auch in den beiden soeben genannten Publikationen enthaltenen Studie über «Wolfgang Musculus. [...] Leben und Werk».

35 Kirmeier, «... wider Laster und Sünde» (wie Anm. 7), 205f. (Textauswahl: Marc van Wijnkoop Lüthi), zitiert nach: [Wolfgang Musculus], Papistischer Wetterhan / Jn Acht vnderschidliche gespræch ..., o. O. 1585, 63 (Lateinische Erstausgabe Basel 1549). Vgl. Marc van Wijnkoop Lüthi: Druckwerkeverzeichnis des Wolfgang Musculus (1497–1563) [zit: DWV], in: Dellsperger, Musculus und die oberdeutsche Reformation (wie Anm. 34), 352–414, III,10, a und III,10, h.

36 Loci communes sacrae Theologiae, Basel ^{2}1561 (DWV III,17, b), 553: *Non cessat orare, qui non cessat benefacere.*

37 In Evangelium Matthaeum commentarii, Basel 1544 (DWV II,1, a), 141: *Panem.) Sub hac dictione non simpliciter panis est intelligendus, sed simul quicquid ad necessariam vitae sustentationem requiritur.*

38 Musculus erwägt mit Hieronymus und Erasmus die Übersetzung von ἐπιούσιος mit *crastinus*. Er verwirft diese Möglichkeit nicht, entscheidet sich aber für das deutsche «alle tag». In Evangelium Matthaeum, 143.

condition humaine, zur menschlichen Hinfälligkeit und Verderbtheit.[39] Damit erinnert Musculus an den Sündenfall, aber es scheint, als habe er auf das Stichwort *corruptio* nur gewartet, um fortfahren zu können: «Bedenken mögen das jene geizigen und nimmersatten Bäuche, die alles an sich reissen, die so leben, als wären sie allein auf der Welt, und auf Kosten anderer unendliche Schätze anhäufen, die, während andere darben, es sich prächtig wohlsein lassen.»[40]

An dieser Stelle folgt ein Exkurs über die Frage des Besitzes und der Gütergemeinschaft unter Christen.[41] Wenn Kinder Gottes einen gemeinsamen himmlischen Vater haben, gilt das nicht auch für ihr Erbe?[42] Also, fragt Musculus, sind die Täufer auf dem rechten Weg, wenn sie Gütergemeinschaft und ein gemeinsames Leben praktizieren?[43] – Antwort: Bedenkt man, wie schlimm unter Christen der Geiz wuchert, dann ist der Lebensstil der Täufer nicht unbegründet. Auf das Beispiel der Urgemeinde können sie sich denoch nicht berufen. Ich will Ihnen den ausführlichen, auch im übertragenen Sinn des Wortes erschöpfenden Schriftbeweis, den Musculus hier führt, ersparen.[44] Wichtig ist, dass er im Umgang mit Täufern nur Argumente, nicht aber Gewalt gelten liess.[45] Wenn er das Täufertum ablehnte, dann deshalb, weil er darin eine neue Form von Mönchtum, von monastischem Leben sah.[46] Das ist bio-

---

39 In Evangelium Matthaeum (wie Anm. 37), 141: *Admoneamur hic miseriae et corruptionis nostrae, quae fit, ut nisi cibo sustentemur, subsistere nequeamus.*

40 In Evangelium Matthaeum (wie Anm. 37), 142: *Cogitent ista auari, et inexplebiles illi uentres, omnia ad se rapientes, qui ita uiuunt ac si soli habitent in terra, et cum aliorum dispendio infinitae opes coaceruant, dumque alij esuriunt, ipsi opipare deliciantur.*

41 In Evangelium Matthaeum (wie Anm. 37), 142: *De proprietate et communicatione bonorum inter Christianos.*

42 In Evangelium Matthaeum (wie Anm. 37), 142: *Vt communis nobis est pater, ita et communis est haereditas.*

43 In Evangelium Matthaeum (wie Anm. 37), 142: *Recte igitur faciunt Anabaptistae, quod bonorum communicationem et κοινοβίαν instituunt, et rerum proprietatem e medio tollunt?*

44 Apg 2,42–47; 4,34–37 mit 12,12; 1 Kor 7,30–31; Apg 5,3–4; 9,36–43; 10,6; 11,29; 16,15; 20,33; 21,8–9; Phlm; 1 Tim 5,4.8.14; Tit 2,5; 1 Thess 4,11; 2 Thess 3,10–12; Hebr 13,1–2.

45 Dellsperger, Musculus (1497–1563) (wie Anm. 34), 96f. Musculus blickte, als er an seinem Matthäuskommentar arbeitete, auf Begegnungen mit Täufern während seiner Strassburger Jahre und während seiner seitherigen Augsburger Zeit zurück. Welche konkrete Ausprägung von Täufertum ihm im vorliegenden Fall vorschwebte, ob allenfalls die hutterische, geht aus seinen Ausführungen nicht hervor. Vgl. Hans-Jürgen Goertz: Die Täufer. Geschichte und Deutung, München 1980, 26–29; Hans-Jürgen Goertz: Brüderlichkeit – Provokation, Maxime, Utopie. Ansätze einer fraternitären Gesellschaft in der Reformationszeit, in: Heinrich R. Schmidt/André Holenstein/ Andreas Würgler (Hg.): Gemeinde, Reformation und Widerstand. FS für Peter Blickle zum 60. Geburtstag, Tübingen 1998, 161–178, hier 175f.

46 In Evangelium Matthaeum (wie Anm. 37), 142: *novum monachorum genus.* Musculus verwendet mehrmals die Wendung *coenobitarum more* bzw. *coenobitarum status.*

graphisch interessant. Musculus war bis zu seinem dreissigsten Lebensjahr Benediktiner, und es gibt Anzeichen dafür, dass er, um eine berühmte Formulierung Schleiermachers abzuwandeln, sein Leben lang ein Benediktiner «höherer Ordnung» geblieben ist.[47] Es ist aber vor allem von grundsätzlicher Bedeutung: Musculus sah im Täufertum wie im Mönchtum eine Form von Elitechristentum, das er als Negation der Reformation ablehnte. Nicht die reine Gemeinde, die sich von der Welt absonderte, schwebte ihm vor, sondern die in der Welt existierende solidarische Gemeinde, in der die Begüterteren für die Ärmeren sorgten.[48] Er plädierte für geschwisterliche Fürsorge, nicht für partikulare Gütergemeinschaft.[49]

Das ist der springende Punkt und mag deshalb auch als Zusammenfassung gelten. Nur dies noch: Musculus würzte seine lateinischen Kommentare immer wieder mit deutschen Sprichwörtern. Hier tut er es so: «Unser täglich Brot gib uns heute» heisse die Sorge für den morgigen Tag ablegen, heisse sagen können: «kumpt tag so kumpt radt.»[50]

---

47 René Bornert: Wolfgang Musculus und das benediktinische Mönchtum des ausgehenden Mittelalters und der Reformationszeit im südwestdeutschen Raum, in: Dellsperger, Musculus und die oberdeutsche Reformation (wie Anm. 34), 42–67, hier 66f.

48 In Evangelium Matthaeum (wie Anm. 37), 143: *Quid ergo relinquitur aliud, quam non esse consilium spiritus sancti, ut hoc vitae genus (sc. Anabaptistarum) inter Christianos statuatur, sed ut quisque domum suam bene gubernet, et fratrum neceßitatibus pro sua uirili consulat.*

49 In Evangelium Matthaeum (wie Anm. 37), 143: *Patet itaque haud parum errare Anabaptistas, quod talem conantur necessario bonorum communicationem inducere, qualem nec Christum unquam, nec Apostoli exegerunt, nec exemplum Ecclesiae Hierosolymitanae praescribit: Interea tamen* […] *Christianos illos probare non possum, qui sua non aliter acquirunt, non aliter poßident, non aliter dispensant, quam si minus sint ipsis Gentibus Christiani, imo Gentibus inhumaniores, idque erga fratres miseros et egenos, cum tamen ore dicant: Panem nostrum quotidianum da nobis hodie. Ore sonant Christianam uocem, corde seruant illud meum et tuum.* – Das Täufertum war nicht nur für Musculus' Eigentumsbegriff, sondern auch für seine Konzeption kirchlicher Disziplin bedeutsam. Johanna Will-Armstrong: Musculus' Auseinandersetzung mit der Begründung der Kirchenzucht als Beitrag zur reformierten Ekklesiologie im 16. Jahrhundert, in: Dellsperger, Musculus und die oberdeutsche Reformation (wie Anm. 34), 331–347, hat gezeigt, dass Musculus in der Frage der Kirchenzucht nicht, wie Helmut Kressner meinte, die Position des Berner Magistrats in dessen Kontroverse mit Genf theologisch legitimierte, sondern seine Haltung in kontinuierlicher exegetischer Arbeit gewonnen und bereits in der Auseinandersetzung mit der Ekklesiologie der Täuferbewegung entwickelt hatte.

50 In Evangelium Matthaeum (wie Anm. 37), 144.

IV. Petrus Canisius SJ

Petrus Canisius ist 1521, als Luther in Worms vor Kaiser und Reich stand, in Nijmegen zur Welt gekommen und 1597 in Freiburg im Üchtland gestorben.[51] Er gehört zu den herausragenden Gestalten des damals noch jungen Jesuitenordens. Als Teilnehmer am Konzil von Trient, als Vertrauensmann des Ordensgründers Ignatius von Loyola und ab 1549, als Musculus in Bern seine Professur antrat, als «Apostel für Deutschland» wirkte er unermüdlich im Geist der Katholischen Reform.[52] 1559, gut zehn Jahre nach Musculus' Weggang, wurde er Domprediger in Augsburg und blieb es bis 1566, dem Erscheinungsjahr des Zweiten Helvetischen Bekenntnisses. Er war wie Musculus ein kompromissloser Gegner des Zinsnehmens[53] und schuf mit seinem Katechismus ein Handbuch des christlichen Glaubens, das als «Canisi» für die katholische Kirche während Jahrhunderten das war, was Luthers Katechismen für die lutherischen[54] oder der Heidelberger für die reformierten Kirchen. 1555, im Jahr des Augsburger Religionsfriedens, lag die Erstausgabe vor.[55]

---

51 Julius Oswald SJ/Peter Rummel (Hg.): Petrus Canisius – Reformer der Kirche. FS zum 400. Todestag des zweiten Apostels Deutschlands, Augsburg 1996, u. a. mit einem Beitrag von Paul Begheyn SJ zur Canisiusliteratur im 20. Jh. (287–294), einem von Rita Haub erstellten Druckwerkeverzeichnis (295–302) und einem Literaturverzeichnis (317–340) von Julius Oswald SJ, Hans Grünewald und Rita Haub.

52 Vgl. im zweiten Teil der FS zum 400. Todestag (wie Anm. 51) die Beiträge von Peter Rummel: Petrus Canisius und Otto Kardinal Truchseß von Waldburg; Klaus Schatz SJ: Petrus Canisius und das Trienter Konzil; Siegfried Hofmann: Petrus Canisius und die Politik; Stefan Miedaner: Petrus Canisius und Landsberg zur Zeit der Reformation. Ein eindrücklicher Beleg für Canisius' Reformbemühungen ist der ausführliche Brief, den er im Sommer 1576 aus Regenburg an Johannes Kardinal Morone richtete: Petrus Canisius: Briefe (RWA 23), ausgewählt und hg. v. Burkhart Schneider SJ, Salzburg 1959, 201–213.

53 Dies dürfte neben anderen Differenzen der Hauptgrund dafür gewesen sein, dass Canisius 1580 auf Betreiben von Paul Hoffäus, seinem Nachfolger im Amt des Leiters der oberdeutschen Ordensprovinz, nach Freiburg an deren südwestlichen Rand versetzt wurde. Zu Musculus' Haltung in der Zinsproblematik vgl. Kirmeier, «... wider Laster und Sünde» (wie Anm. 7), 190f. (Nr. 118).

54 Hubert Jedin: Der heilige Petrus Canisius. Ein Profil und sein Hintergrund, in: ders.: Kirche des Glaubens – Kirche der Geschichte. Ausgewählte Aufsätze und Vorträge, Bd. 1, Freiburg/Basel/Wien 1966, 391: «Die beiden Katechismen Luthers waren in ihrer Art hervorragende Leistungen und hatten wesentlich zur Ausbreitung des Luthertums beigetragen. Die ersten katholischen Katechismen, die ihnen folgten, [...] reichten nicht an die Leistung Luthers heran. Erst Canisius hat etwas annähernd Gleichwertiges, wenn auch nicht so Volkstümliches geschaffen wie Luther.»

55 S. Petri Canisii Doctoris Ecclesiae Catechismi latini et germanici, Bd. 1: Catechismi latini, Bd. 2: Catechismi germanici, hg. v. Friedrich Streicher, Rom/München 1933/1936 [zit: Canisii Catechismi]. Das Werk erschien anonym. Canisius wusste um seine Bedeu-

Sein Gebetsverständnis lässt sich am Aufbau des Katechismus schön illustrieren. Im ersten Teil behandelt Canisius unter dem Oberbegriff der Weisheit die Lehre des Glaubens. Er gliedert ihn in vier Unterabschnitte, deren letzter «von den Sakramenten» hier ausser Betracht fallen kann. Unter dem Stichwort «Glaube» legt Canisius das Apostolikum aus, unter dem Vorzeichen der «Liebe» ist vom Dekalog und von den Kirchengeboten die Rede, und das Vaterunser bringt er mit der «Hoffnung» in Verbindung.[56] Die Trias «Glaube, Liebe, Hoffnung» von 1. Korinther 13 ist in dieser Disposition unschwer erkennbar. Dabei bezog sich Canisius, der nicht Originalität für sich beanspruchte, sondern sich der Bibel und den Kirchenvätern verpflichtet wusste, auf Augustins *Enchiridion ad Laurentium sive de fide, spe et caritate*; dort fand er die theologische Zuordnung der drei Hauptstücke zu jener Trias vor.[57]

Was nun ist die Hoffnung, deren Frucht das Gebet ist? Antwort: «Es ist ein tugent, von Gott dem menschen eingegossen, durch welche man mit gewüsem vertrawen wartet und harret auff die gůter unnsers hails und des ewigen lebens.»[58] Die Deutung der Brotbitte entspricht der kirchlichen Lehrmeinung, wie sie wenig später im *Catechismus Romanus* formuliert wurde: Gemeint ist einerseits die leibliche Nahrung und Kleidung, andererseits die Seelenspeise, bestehend aus Gottes Wort und den heiligen Sakramenten: «Da bitten wir, daß uns auß Gottes gnaden und miltigkeit die ding werden geraicht, so unns armen unnd dürfftigen notwendig seind inn disem leben zu auffenthaltung des leibs, als zeitliche narung, kleidung, speiß unnd tranck, daß wir auch darneben die geistliche, krefftige speiß der seelen haben mögen, als das hailsam wort Gottes unnd die heilige gnadreichen sacrament.»[59]

---

tung für die Katholische Reform. Die drei von ihm für die Jugend aller Altersstufen besorgten Ausgaben – neben der grossen waren es eine mittlere und eine kleine – erschienen schon zu seinen Lebzeiten in zahlreichen Auflagen und Übersetzungen: Das Testament des Petrus Canisius. Vermächtnis und Auftrag (Geistliche Texte SJ 19), eingeleitet und hg. von Julius Oswald SJ, bearbeitet von Rita Haub, Frankfurt am Main 1997, 51, 85–87.

56 Canisii Catechismi 1, 5.

57 Canisii Catechismi 1, 10; PL 40, 231–290; Eugen Paul: Petrus Canisius als Katechet und Pädagoge, in: Oswald SJ, Canisius – Reformer der Kirche (wie Anm. 51), 199f.

58 Canisii Catechismi 2, 35 (Übersetzung von 1560).

59 Canisii Catechismi 2, 39.

V. Schluss

Lassen Sie uns zum Schluss mit zwei Fragen spielen.

Wenn Erasmus betete und andere dazu einlud, dann tat er es so, dass seine Worte von möglichst vielen Christen guten Willens mitgesprochen werden konnten; viele seiner Gebete sind denn auch in die evangelische Gebetsliteratur eingegangen.[60] Nehmen wir nun an, Wolfgang Musculus und Petrus Canisius wären nach der Jahrhundertmitte, nach der Kirchenspaltung, in die Lage gekommen, das Unservater gemeinsam zu beten: hätten sie es auch getan? Wer weiss, dass Canisius und Nuntius Bonhomini im Jahr 1580, als sie auf ihrem Weg nach Freiburg durch Bern zogen, vom Pöbel mit Rüben und Schneebällen eingedeckt wurden[61], mag die Frage für überflüssig halten. Zwar haben weder Musculus noch Canisius sich je solch handfester Argumente bedient. Und dennoch hätten sie das Unservater nicht gemeinsam beten können. Weshalb?

Musculus behandelt in seiner Dogmatik die Frage, «ob es einem Christenmenschen erlaubt sei, mit jeder beliebigen Kirche zusammen zu beten».[62] Da das Gebet zum Gottesdienst gehöre, argumentiert er, müsse in der Frage der Gebetsgemeinschaft das Wesen einer Religion, eines Glaubens, eines Kultes mit in Betracht gezogen werden. Wie nun er, Musculus, unter diesem Aspekt weder mit Türken, noch mit Juden, noch auch mit Heiden beten könne, so auch nicht mit päpstlichen Gemeinden, und dies nicht, weil Protestanten etwa besser wären als Katholiken – alle seien Sünder und auf Vergebung angewiesen –, sondern weil sie, die Katholiken, «sich mit ihrem Götzendienst, Aberglauben und ihren falschen Kirchenbräuchen [...] der Gemeinschaft des wahren Glaubens und der christlichen Religion entfremdet» hätten.[63] Petrus

---

60 Paul Althaus d. Ä.: Forschungen zur evangelischen Gebetsliteratur, Gütersloh 1927 (Nachdruck Hildesheim 1966).

61 Hans Grossrieder/Benedikt Rast: Das Kollegium Sankt Michael, Freiburg/Schweiz 1980, 35.

62 Loci communes (wie Anm. 36), 563: [...] *liceatne homini Christiano cum qualibet ecclesia communiter orare* [...]

63 Loci communes, (wie Anm. 36), 563: *Separamus nos a communicatione orationis eorum, non quod peccatores illi, nos uero iusti simus, nam & ipsi peccatores sumus, & oramus, Remitte nobis debita nostra, perinde atque illi: sed quod per eidololatriam, superstitiones, & falsos cultus ... alienos sese a uerae fidei ac Christianae religionis consortio reddiderunt.* Das Unservater – der Hinweis auf die fünfte Bitte zeigt es – war zwar gemeinsamer Besitz, nicht aber gemeinsames Gebet. Oder am Ende doch? Warum musste die Frage, mit wem Gebetsgemeinschaft gepflegt werden dürfe, überhaupt erörtert werden? Warum endet der Abschnitt mit dem Satz: «Deshalb machen sich diejenigen eines schweren Vergehens schuldig, die, obwohl sie in Gottes Wahrheit unterrichtet sind, trotzdem an ihren [sc. der Katholiken] Zeremonien teilnehmen und mit ihnen zusammen ihre Häupter vor

Canisius sah das von seiner Warte aus nicht anders. Er beschliesst sein geistliches Testament mit einem Gebet «für die Feinde der Kirche». Zu ihnen gehören neben den Juden, Sarazenen, Mohammedanern, Tataren, Indianern und «alle[n] Ungläubigen, die durch den Satan mit der Finsternis der Gottlosigkeit verblendet sind», auch «die Griechen, Hussiten, Lutheraner, Zwinglianer, Kalviner, Wiedertäufer, Geusen, Trinitarier, Sakramentierer, und andere Häretiker, Schismatiker, Abtrünnige und Atheisten».[64] Canisius kann nur für sie beten, nicht aber, da sie Feinde der Kirche sind, mit ihnen. Dies zur ersten Frage.

Die zweite ergibt sich bei näherer Betrachtung einer Glasscheibe, die sich im mittleren Chorfenster der Kirche Einigen am Thunersee befindet. Acht hochrechteckige Scheibchen illustrieren das Unservater. Die künstlerische Interpretation des Herrengebets erreicht ihren Höhepunkt mit der Brotbitte. Wir blicken in einen Kirchenraum. Im Vordergrund rechts hören Frauen und Männer auf das Wort, das der Prädikant von der Kanzel verkündigt. Im Mittelgrund links, vor dem Altar, wird in Form einer Oblate das eucharistische Brot gereicht. Nach hinten ist der Raum auf einen Platz hin offen, an den ein Gebäude mit gotischen Giebeln angrenzt. An einem grossen Tisch sitzen vier Personen.[65] Befinden sie sich – dies ist die Frage – bei einem alltäglichen Mahl oder feiern sie das Abendmahl? Ist, anders gefragt, die Szene im Sinne Martin Luthers ein Hinweis auf die elementaren Bedürfnisse einer christlichen Bürgerschaft? Stellt der repräsentative Bau im Hintergrund das Rathaus dar? Die Versuchung ist gross, dies rundweg zu verneinen. Denn bei den Unservater-Scheiben von Einigen handelt es sich um Nachbildungen der Metallschnitte, mit denen Hans Holbein der Jüngere die *Precatio dominica* des Erasmus illustriert hat[66], und Erasmus liegt, wie gezeigt wurde, bei der vierten Bitte der Gedanke an Speis und Trank fern. Die beschriebene Glasscheibe verleitet auch deshalb dazu, die Szene als Abendmahl zu verstehen, weil auf ihr das, was die Häupter zweier Personen umgibt, gelb getönt ist, also als Heiligenschein interpretiert werden kann. Sieht man aber bei Holbein näher zu, dann tragen diese

---

den Götzenaltären entblössen, auf die Knie gehen und gemeinsam beten, obschon sie im Glauben und in der Religion mit ihnen nicht Gemeinschaft haben können?» *Quare admodum peccant, qui cum sint de ueritate dei instructi, nihilominus ad sacra illorum accedunt, & una cum eis capita ante aras simulacrorum aperiunt, in genua procumbunt, & simul orant, cum in fide ac religione cum illis communicare nequeant.*

64 Das Testament des Petrus Canisius (wie Anm. 55), 57, 94.

65 Abb. 2.

66 Verena Stähli-Lüthi: Die Vaterunser-Scheibe in der Kirche Einigen, Spiez 1992, 6 und 13f.; Vgl. b5 in der Erstausgabe der *Precatio dominica* (wie Anm. 5); Abbildung 3; Christian Müller (Hg.): Hans Holbein d.J. Die Druckgraphik im Kupferstichkabinett Basel, Basel 1997, 137–139, 175.

Gestalten Kopfbedeckungen, wie sie in der Renaissance Mode waren. Weiter: Der barhäuptige Mann vorne links und der Mann in der Mitte nehmen eben einen tüchtigen Schluck, während rechts im Bild der Mundschenk schwungvoll nachgiesst. Auf dem Tisch befindet sich ein Teller, wohl mit einem Laib Brot. Es fragt sich also, ob Holbein zur spirituell–sakramentalen Deutung des Erasmus die elementare dritte Dimension, welche Luther zur zentralen und einzigen machen sollte,[67] hinzugefügt hat. Dies ist in der Tat die wahrscheinlichste Interpretation, in der man durch den Glasmaler – vielleicht war es der Berner Mathis Waltter – bestärkt wird. Auf seiner Scheibe, einer reformierten Version der Vorlage, ist das, was Aureole zu sein scheint, möglicherweise dasselbe wie bei Holbein: Barett. Die beiden Altarkerzen und die Priesterstola des Originals hingegen fehlen auf der Kopie. Dies sind feine, feinste Unterschiede; sie trennten Welten, und dies so scharf, dass die Menschen, die in ihnen lebten, nicht mehr miteinander beten konnten, auch nicht das Unservater.

Trotzdem: Die Tatsache, dass im konfessionellen Zeitalter ein humanistisch-katholisches Bildprogramm von einem reformierten Künstler mit einigen wenigen Retuschen übernommen werden konnte, ist ein in die Zukunft weisendes Zeichen der Kontinuität. Und heute, im ökumenischen Zeitalter, ist das Unservater <u>das</u> Band, welches die Christen weltweit zutiefst, das heisst: in Gott, verbindet, verbinden will und verbinden kann, auch gerade diejenigen, die viel Brot haben, mit all jenen Menschen, die wenig, zu wenig oder gar kein Brot haben.

---

67 Nicht nur Musculus, auch Johannes Calvin ist ihm darin gefolgt, wenn er in expliziter Abgrenzung vom erasmianischen Humanismus die Leiblichkeit, die Materialität der Brotbitte unterstrich. Im Genfer Katechismus von 1537 heisst es: «Wir bitten hier ganz allgemein um alles, was zur Erhaltung unseres Lebens in dieser Welt notwendig ist, also nicht allein um Nahrung und Kleidung, sondern um alles, von dem Gott weiss, dass wir dessen bedürfen, um unser Brot in Frieden zu essen.» Jean Calvin: Christliche Unterweisung. Der Genfer Katechismus von 1537, übersetzt und hg. v. Lothar Schuckert, Gütersloh 1978, 56; Vgl. Hans Scholl: Der Dienst des Gebetes nach Johannes Calvin (SDGSTh 22), Zürich 1968, 168–173.

PRECATIO DOMINICA IN SE-
ptem portiones distributa per D. ERA-
SMVM Roterodamum.

OPVS RECENS AC MODO
natum, & mox excusum.

Cum priuilegio Cæsareo.

Abb. 1: Erasmus, Desiderius: Precatio Dominica in septem portiones distributa. Basel 1523. Universitätsbibliothek Bern, ZB Klein e 302:1.

Abb. 2: Kirche Einigen: Vaterunser-Scheibe, 2. Hälfte 16. Jahrhundert, Bild 5: Unser tåglich brot gib uns hüt (Foto: Reformierte Kirchgemeinde Spiez, 1992).

Abb. 3: Hans Holbein d.J.: Die vierte Bitte, 1523/24. Aus den acht Illustrationen zum Vaterunser; Erstverwendung in: Erasmus von Rotterdam, Precatio Dominica In septem portiones distributa (iuxta septem dies), Basel: Johann Froben [Anfang 1524] (8°). Metallschnitt vom Meister CV, Blatt: 9,6 x 6,5 cm, Inv. X.2184.5. Kunstmuseum Basel, Kupferstichkabinett (Foto: Kunstmuseum Basel, Martin P. Bühler).

Jean Calvin und die Schweizer

Mit einem Seitenblick auf seine Bedeutung für die Herrnhuter in der Schweiz

Unter diesem Thema kann man Calvin nicht gerecht werden. Woran es liegt, zeigt ein Blick auf seine Korrespondenz. Viele seiner Briefe gingen an Adressaten in der Eidgenossenschaft. Aber das ganze Netz erstreckte sich über Frankreich, Deutschland, Holland, England und Schottland, Polen und Ungarn und skandinavische Länder. Jede Calvin-Darstellung, die sich auf die schweizerischen Beziehungen beschränkt, muss deshalb unvollständig bleiben. Calvin war von Genf aus der Reformator Frankreichs, sein Wirken hatte ökumenische Ausmasse.[1]

Mit diesem Vorbehalt soll hier von den Beziehungen zwischen Calvin und den Schweizern und von seiner Bedeutung für die Herrnhuter in der Schweiz die Rede sein. Ich treffe eine Auswahl und beginne mit einem Vortrag, der im Calvin-Jahr 1909 in Bern gehalten wurde (I). Dann gilt es die Ausgangslage von 1536 zu beschreiben (II) und nach den Beziehungen zwischen Calvin und Bern (III) sowie nach der Bedeutung des Consensus Tigurinus von 1549 (IV) für unser Thema zu fragen. Anschliessend gilt es Calvins Verhältnis zu den Täufern zu beleuchten (V). Unter den Stichjahren 1699/1700 und 1754 sollen Pietismus und Aufklärung gestreift (VI) und unter dem Jahr 1741 der Exkurs zu den Herrnhutern eingeschoben werden (VII). Dann ist auf eine Berner Rektoratsrede hinzuweisen, in der hundert Jahre später, 1841, das Thema «Calvinismus und Demokratie» erörtert wurde (VIII). Zum Schluss werden

---

1 Gottfried W. Locher: Calvin. Anwalt der Ökumene, Zollikon 1960; Leonhard von Muralt: Renaissance und Reformation, in: Handbuch der Schweizer Geschichte, Bd. 1, Zürich 1972, 389–570, hier 542; Hans Scholl: Calvinus catholicus. Die katholische Calvinforschung im 20. Jahrhundert, Freiburg, u. a. 1974.

wir nochmals nach Genf und Bern, nur jetzt in die Zeit vor und nach dem Ersten Weltkrieg, zurückkehren (IX).[2]

I. 1909: Fritz Barths Rede zur Calvinfeier

Im Juli 1909 hielt der Exeget und Kirchenhistoriker Fritz Barth an der Calvinfeier der Universität Bern die Festrede. Sein nachmals berühmter Sohn Karl stand damals unmittelbar vor dem Antritt seiner Genfer Hilfspfarrstelle. Zwar las im Calvinjahr auch er die Institutio, aber dass er neben ihr seinen geliebten Schleiermacher, der das fromme Selbstbewusstsein zum Prinzip der Theologie erklärte, hätte weglegen müssen, fiel ihm (noch) nicht ein.[3] Fritz Barth nun

2 Aus der Fülle der neueren Calvin-Literatur seien genannt: Willem van't Spijker: Calvin, Biographie und Theologie, Göttingen 2001 (KIG 3, J 2); Christian Link: Johannes Calvin. Humanist, Reformator, Lehrer der Kirche, Zürich 2009; Peter Opitz: Leben und Werk Johannes Calvins, Göttingen 2009. – Zwei souveräne Essays zu meinem Thema stammen von Hans Scholl: Calvin und die Schweiz – Die Schweiz und Calvin, in: Peter Opitz (Hg.): Calvin im Kontext der Schweizer Reformation. Historische und theologische Beiträge zur Calvinforschung, Zürich 2003, 303–328, und von Emidio Campi/Christian Moser: «Geliebt und gefürchtet»: Calvin und die Eidgenossenschaft, in: Martin Ernst Hirzel/Martin Sallmann (Hg.): 1509 – Johannes Calvin – 2009. Sein Wirken in Kirche und Gesellschaft. Essays zum 500. Geburtstag, Zürich 2008, 29–51. Die Autoren konzentrieren sich vorwiegend auf Calvins Beziehungen zu Bern, Basel und Zürich sowie Neuchâtel, hiermit auf das 16. Jahrhundert. Meine Aufgabe bestand hingegen darin, unter dem Titel «Calvin und die Schweizer» neben den zeitgenössischen Beziehungen auch Aspekte der Wirkungsgeschichte zu thematisieren und mit Rücksicht auf Königsfeld, den Ort des Vortrags, einen Seitenblick auf die Herrnhuter zu werfen. Ich wählte dafür ein eklektisches Verfahren und entschloss mich, Calvins Beziehungen zu Bern bzw. seine Wirkungen in Bern besonders zu akzentuieren, allerdings auch hier ohne Anspruch auf Vollständigkeit. Zum Thema vgl. ferner die Studie von Bruce Gordon: Calvin and the Swiss Reformed Churches, in: Andrew Pettegree/Alastair Duke/Gillian Lewis (Hg.): Calvinism in Europe, 1540–1620, Cambridge 1994, 64–81.

3 Fritz Barth: Calvins Persönlichkeit und ihre Wirkungen auf das geistige Leben der Neuzeit, Bern 1909; Zu Fritz Barth vgl. die Gedenkschrift mit Ansprachen u. a. von Karl Marti/Wilhelm Hadorn: Professor D. Fritz Barth, 1858–1912, Bern 1912. Barth ist literarisch als Neutestamentler in Erscheinung getreten und hat sich zur sozialen Frage geäussert. Zu Unrecht vergessen und deshalb besonderer Erwähnung wert ist sein luzider «Bericht über das religiöse, sittliche und kirchliche Leben der bernischen Landeskirche in den Jahren 1906–1909», Bern 1911. – Bei Karl Barth hinterliess das Calvin-Jahr, abgesehen davon, dass er sich «neben dem immer und immer wieder gelesenen Schleiermacher mit starken Eindrücken in Calvins Institutio» vertiefte, kaum Spuren. «Ich erlebte keine subita conversio, meinte vielmehr [zunächst] idealistisch-romantische und reformatorische Theologie sehr wohl in mir vereinigen zu können.» Zitiert nach Eberhard Busch: Karl Barths Lebenslauf. Nach seinen Briefen und autobiographischen Texten, München 1975, 68f.

erinnerte zu Beginn seines Vortrags daran, dass das Verhältnis zwischen Bern und Calvin stets gespannt gewesen sei. Er wies auf Calvins bitteren Ausspruch hin, die Berner Kirche habe die Genfer Kirche verraten. Calvin habe sich nie als Schweizer gefühlt, sondern das Wohl seiner französischen Glaubensgeschwister stets über alles Andere gestellt. Barth bezeichnete solche Spannungen als «Grenzstreitigkeiten» zwischen zwei Stadtrepubliken, als Streitigkeiten zwischen Calvin und Bern um die Grenzen staatlicher und kirchlicher Macht.

Auf die Frage nach den Wirkungen von Calvins Persönlichkeit auf das geistige Leben der Neuzeit gab Fritz Barth eine vierfache Antwort. Erstens habe der moderne Sinn für die Realität in Natur und Geschichte Anhalt in der calvinischen Frömmigkeit. Diese finde «in der wirklichen Welt, die uns umgibt, die Spuren des lebendigen Gottes». Calvin habe der reformierten Kultur die «Freude an der Wirklichkeit im Bewusstsein ihres göttlichen Hintergrundes» geschenkt und dafür sogar den «rauhen» Gedanken der Prädestination gewagt. Zweitens sei das calvinische Christentum eine «Religion der Arbeit», die Berufstreue und Gewerbefleiss als Ausdruck der Dankbarkeit und damit als Gottesdienst verstehe. Daraus seien der Wohlstand Genfs und der Hugenotten erwachsen. Der «moderne Arbeitsdrang mit seinen ungeheuren Wirkungen auf die Umgestaltung des Lebens» sei auch ein «Absenker» der Reformation.[4] Drittens habe Calvin zur Ausbildung des modernen Individualismus insofern beigetragen, als nach ihm für das Heil des Menschen weder dessen Zugehörigkeit zu einem Volk noch zu einer Konfession, sondern nur das Bewusstsein seiner persönlichen Erwählung durch Gott zähle. «Er gehört zu der Elite der Knechte Gottes, welche auf Erden für Gottes Sache arbeiten und kämpfen» und, ihrem Gewissen verpflichtet, sich keinem äusseren Druck beugen. So sei aus dem Calvinismus in den Vereinigten Staaten «die grösste, zukunftsreichste der modernen Demokratien» hervorgegangen. Zuletzt erwähnt Barth die soziale Frage. Sie sei das Resultat der «kapitalistische[n] Denkweise, der die Besitzvermehrung Lebenszweck ist», und könne nur überwunden werden durch «Selbstverleugnung um der Andern willen», nur wenn «wir es verlernen, vor blutigen Schlachtensiegern und Männern des industriellen Riesenerfolgs auf den Knien zu liegen». Deswegen habe Calvin der Kirche neben Predigt und Unterricht die Sorge für die Kranken und Armen aufgetragen, dafür das Amt des Diakons wiederbelebt und die erforderlichen Mittel beschafft, indem er Genf einen einfachen Lebensstil verordnete.[5]

4 Wahrscheinlich nimmt Fritz Barth hier auf Max Webers 1905 erschienene Untersuchung «Die protestantische Ethik und der Geist des Kapitalismus» Bezug.

5 Fritz Barth: Calvins Persönlichkeit (wie Anm. 3), 3f., 15–23.

II. 1536: Die Ausgangslage

Wir versuchen wie Mitarbeiter in einem Kontrollzentrum, die mehrere Bildschirme vor sich haben, Ereignisse zu notieren, die in der ersten Hälfte des Jahres 1536 in Genf und in der Waadt, in Bern, Basel, Wittenberg und Rom geschehen sind. Was sehen wir?

Am 22. Januar bricht das bernische Heer nach Genf auf, um der bedrängten Stadt zu Hilfe und dem französischen König zuvor zu kommen und um die lokale Reformationsbewegung zu stützen. – Eine Woche später, am 30. Januar, wird in Basel von Delegierten aus Zürich, Bern, Basel, Schaffhausen, St. Gallen, Biel, Mühlhausen und Strassburg die Zweite Basler Konfession, das nachmalige Erste Helvetische Bekenntnis, ausgearbeitet. Man bezeichnet darin das Abendmahl als «Coena mystica» und kommt damit Luther so weit wie möglich entgegen. – Drei Wochen danach, am 25. Februar, stirbt in Bern mit Berchtold Haller einer der letzten Vertreter der ersten Reformatorengeneration in der Schweiz. – Einen Monat später, am 20. März, entschliesst sich Bern zu einem zweiten Zug in die Waadt: Man will einen alten Plan verwirklichen und das eroberte Gebiet behalten. – Zwei Tage danach, am 22. März, wird in Basel die Erste Helvetische Konfession unterzeichnet. – Am 31. März zieht das bernische Heer in Lausanne ein. – Am 29. Mai erreicht Martin Bucer in der Wittenberger Konkordie zwischen Luther und den Oberdeutschen eine Einigung in der Abendmahlsfrage. – In Rom beruft Papst Paul III. am 2. Juni fürs nächste Jahr ein allgemeines Konzil nach Mantua ein. – Und im Juli 1536 entschliesst sich ein Franzose namens Jean Cauvin, der sich in Genf auf Durchreise befindet, dort zu bleiben. Er gibt damit nicht nur dem Drängen Guillaume Farels nach, er folgt einem Ruf.

Man könnte so fortfahren und sagen, dass im selben Jahr 1536 Ignatius von Loyola und seine Gefährten ihr Gelübde erneuerten und dass sich Petrus Canisius einem Kreis reformgesinnter Katholiken anschloss. Aber wir lassen das, denn mit der Ablösung der ersten durch die zweite Reformatorengeneration, der zwischen der reformierten Schweiz und Wittenberg hängigen Abendmahlsfrage, der Nachbarschaft Berns und Genfs seit der Eroberung der Waadt und mit dem Aufbruch der Katholischen Reform und der Gegenreformation sind die für die weitere Entwicklung wichtigen Themen und Tendenzen benannt.

III. 1536–1558: Calvin und Bern

Bevor wir auf die Beziehungen zwischen Calvin und Bern eingehen, ist auf die Bedeutung des Jahres 1536 für die spätere Schweiz hinzuweisen. Diese ist 1848 durch den Zusammenschluss eines kulturell, sozial und religiös vielfältigen Staatenbundes zu einem Bundesstaat mit föderalistischer, direktdemokratischer Verfassung entstanden. In ihrer Vorgeschichte war die Eroberung der Waadt ein Ereignis von grosser Tragweite. Vorher war die Eidgenossenschaft ein deutschsprachiges Gebilde gewesen, das lose Beziehungen zu den mehrheitlich romanischen Tälern der drei Bünde Rätiens pflegte, sich die südlichen Vogteien des späteren Tessins unterworfen hatte und Verbindungen zum französischsprachigen Teil des Bistums Basel und zum Fürstentum Neuenburg unterhielt. Aber diese romanischen Teile waren eine kleine Minderheit, und wer weiss, ob sie der Eidgenossenschaft auf Dauer erhalten geblieben wären, wenn sie nicht durch den Zuwachs der Waadt und Genfs erheblich an Gewicht gewonnen hätten.[6] Dies ist mit ein Grund dafür, dass man die Waadt von Bern aus zwar gut verwalten, aber stets auch gut kontrollieren und in Genf kirchenpolitisch seine Hand mit im Spiel haben wollte. Und dies stand in Spannung zu Calvins Plänen für die Genfer Kirche. Er «kam als Flüchtling aus den Minderheitsgemeinden Frankreichs, die politisch von Anfang an verfolgt waren und somit auch keine politischen Rücksichten zu nehmen hatten. Autonome, verbotene Gemeinden, eine autonome Kirche galt es zu stützen, zu stärken und aufzubauen; dafür brauchte Calvin ein Etappenzentrum und Planungsquartier französischer Zunge ausserhalb des Königreichs. Zwei Tendenzen waren für diese kirchliche Existenz unverzichtbar: die zur politischen Unabhängigkeit und die zur schrankenlosen Verbreitung des Evangeliums».[7]

Calvin wollte im Etappenzentrum Genf eine Kirche nach biblischen Richtlinien bauen. Er brauchte dabei den Schutz, nicht aber die Einmischung des mächtigen Bern, das seinerseits auf Calvins Hilfe und Loyalität beim Aufbau eines reformierten Kirchenwesens in der Waadt angewiesen war. Die Grenze zwischen Genf und der Waadt war durchlässig, aber Calvins und Berns Kirchenkonzepte waren verschieden und rieben sich aneinander: Der in ihrem Wesen ökumenischen, freien Kirche Calvins stand Berns Staatskirchen-

---

6 von Muralt, Renaissance (wie Anm. 1), 530.

7 Gottfried W. Locher: Von Bern nach Genf. Die Ursachen der Spannung zwischen zwinglischer und calvinistischer Reformation, in: Willem Balke u. a. (Hg.): Wegen en gestalten in het Gereformeerd Protestantisme: een bundel studies over de geschiedenis van het Gereformeerd Protestantisme aangeboden aan S. Van der Linde bij zijn abscheid als gewoon hoogleraar aan de Rijksuniversiteit te Utrecht, Amsterdam 1976, 75–87, hier 85.

tum mit seiner Einheit von Christengemeinde und Bürgergemeinde gegenüber. Konflikte waren unausweichlich. Sie wurden in Lehr- und, worauf ich mich hier konzentriere, in Zeremonialfragen, auf den Gebieten der Kirchenleitung und der Kirchendisziplin ausgetragen, und dies keineswegs nur zwischen Genf und Bern, sondern auch zwischen den politischen Fraktionen innerhalb der Rhonestadt.[8]

In Bern hatte man nach dem Entscheid für die Reformation auch diejenigen Feiertage beibehalten, die nicht auf einen Sonntag fielen: Weihnachten, Mariae Verkündigung, Himmelfahrt und Neujahr. Man versetzte, um den Gemeindecharakter der Taufe zu unterstreichen, Taufsteine in den Chor der Kirche. Man akzeptierte Gemeindeglieder, die beispielsweise Ursula, Katharina oder Vinzenz hiessen, deren Namen also an Heilige erinnerten, als Taufzeugen. Man verwendete beim Abendmahl weiterhin Oblaten und kannte am Ende des Sonntagsgottesdienstes die Abkündigung der Verstorbenen. Bern wollte diese Bräuche im Interesse von Einheitlichkeit und Durchlässigkeit auch in der Waadt und in Genf durchsetzen. Der Genfer Magistrat bot dazu Hand, nicht jedoch Calvin, für den in allen diesen Fragen das biblische Vorbild massgebend war. Wer seine Herkunft aus einer verfolgten Kirche bedenkt, wird sich hüten, deswegen den Kopf über ihn zu schütteln. Als Calvin und seine Kollegen schliesslich zu Konzessionen bereit waren, war es zu spät, weil der Konflikt von den grundsätzlicheren Fragen der Kirchenleitung und Kirchenzucht überlagert wurde.

Dieser Konflikt hat in den beiden Jahrzehnten zwischen 1536/1537, als das erste Genfer Bekenntnis und die erste Genfer Kirchenordnung entstanden, und 1559, dem Gründungsjahr der Akademie, verschiedene Phasen durchlaufen. Es ist weder möglich noch sinnvoll, ihn hier ausführlich zu schildern. Ich muss mich auf seine grundsätzlichen Aspekte beschränken.

Die Kirche Christi lebt nach Calvin von Gottes Selbstmitteilung in Wort und Sakrament. Der Gottesdienst geschieht zur höheren Ehre Gottes und zum Wohl der Menschen. Dazu gehören der Psalmengesang, das Gotteslob, und die Reinheit von Lehre und Leben. Die Integrität der Kirche als des Leibes Christi erfordert eine Disziplin, die als ultima ratio auch den Bann, den Ausschluss vom Abendmahl, einschliesst, denn der Leib Christi darf nicht durch unwürdige Glieder versehrt werden. Umstritten war zum einen der Bann als solcher und zum andern die Frage, in wessen Hand er gehöre. Während Cal-

---

8 Eine präzise Formulierung der Zeremonialfrage gibt Cornelis Augustijn: Farel und Calvin in Bern, in: Opitz, Calvin im Kontext (wie Anm. 2), 18–20. Er bezweifelt, dass «Calvins Ideal einer vom Staat unabhängigen Kirche» dabei eine Rolle gespielt habe, und lässt die Frage, «aus welchem Grund Farel und Calvin in dieser nichtprinzipiellen Sache so hartnäckig gewesen sind», offen.

vin den Bann ausdrücklich vorsah, wollte Bern und wollten Calvins Gegner in Genf davon absehen. Nicht dass Bern in seiner Kirche nicht hätte zum Rechten sehen wollen. Aber die Obrigkeit wollte dabei die Hand mit im Spiel haben und sich mit der Sozialdisziplinierung durch das Chorgericht begnügen. Das Chorgericht aber war vom Staat bestellt, der so, das war Calvins Optik, sich in die kirchlichen Angelegenheiten einmischte. Und das Genfer Konsistorium, das den Bann handhabte, war von der Kirche bestellt, die so, das war Berns Optik, in die bürgerliche Existenz eingriff.[9] Diese Positionen erwiesen sich als unvereinbar. Ausgetragen wurde der Konflikt im gemeinsamen Interessengebiet, in der Waadt. Pfarrer, denen Calvins Kirchenideal einleuchtete, gerieten mit berntreuen Kollegen aneinander. Es kam vor, dass Gemeindeglieder aus der Waadt das Abendmahl demonstrativ in Genf besuchten. Bern versuchte der Forderung nach Kirchenzucht durch die Einführung ländlicher Chorgerichte entgegenzukommen. Aber das genügte Theodor Beza und Pierre Viret in Lausanne nicht. Sie bestanden auf der Einführung der calvinischen Kirchenzucht, andernfalls sie das Abendmahl nicht austeilen würden. Beide Seiten blieben unnachgiebig. Beza siedelte schliesslich nach Genf über, Viret wurde am 20. Januar 1559 zusammen mit vierzig gleichgesinnten Kollegen abgesetzt.

IV. 1549: Der Consensus Tigurinus

Wir haben festgestellt, dass durch die Eroberung der Waadt im Jahr 1536 das romanische Element in der damaligen Eidgenossenschaft entscheidend gestärkt wurde. Hinzu kam nun, dass mit dem Consensus Tigurinus, der Zürcher Übereinkunft in der Abendmahlsfrage, auch eine konfessionelle Allianz die reformierten Gebiete der Deutsch- und der Westschweiz fester zusammenschweisste. Calvin nämlich, der ursprünglich auf der Seite Luthers gestanden und später mit Melanchthon eine Mittelposition vertreten hatte, und Heinrich Bullinger, Zwinglis Nachfolger, erreichten in diesem seit über zwei Jahrzehnten wunden Punkt reformatorischer Theologie eine Einigung. Calvin war dabei die treibende Kraft. Hier interessiert weniger die theologische als die konfessionspolitische Bedeutung des Consensus. Zürich hatte mit dem Interim von 1548, durch das Kaiser Karl V. eine weitgehende Rekatholisierung bezweckte, seine süddeutschen Verbündeten, namentlich Konstanz und Augsburg, verloren. Seither bildete der Rhein die Grenze zwischen dem konfessionell an Wittenberg orientierten Oberdeutschland und der zwinglianischen Deutschschweiz. In dieser Situation war der Consensus Tigurinus nicht nur

9 Kurt Guggisberg: Calvin und Bern, in: Martin Haas/René Hauswirth (Hg.): Festgabe für Leonhard von Muralt zum siebzigsten Geburtstag, Zürich 1970, 266–285, hier 282.

ein konfessioneller Schulterschluss, sondern zugleich eine Überwindung der Sprachgrenze. Thomas Maissen vertritt die Ansicht, der Consensus Tigurinus sei unter den konfessionellen Allianzen der Reformationszeit diejenige mit den weitest reichenden Folgen gewesen: «Einerseits schuf er über die Sprachgrenze hinweg eine reformierte Allianz unter bald gleichwertigen Ständen – ‹Welsche› waren sonst im eidgenössischen Bündnissystem Untertanen. Mit diesem politischen und militärischen Rückhalt konnte das exponierte Genf andererseits nicht zuletzt dank der Akademie eine internationale Rolle als ‹calvinistisches Rom› spielen, die viel weiter reichte als seine materiellen Ressourcen.»[10] Sicher darf man noch weiter gehen und sagen: Die Reformation in der Deutschschweiz und diejenige in der Westschweiz begannen zusammenzuwachsen und bildeten den Nukleus der reformierten Konfession, die mit dem Zweiten Helvetischen Bekenntnis von 1566 Wirklichkeit geworden ist. Vorderhand blieb der Zusammenschluss allerdings auf Genf und Zürich beschränkt. Bern verweigerte die Zustimmung, da es in die Verhandlungen nicht einbezogen worden war. Auch stiessen Calvins und Genfs Hoffnungen, Zürich zugunsten der französischen Protestanten für ein Bündnis mit Heinrich II. von Frankreich zu gewinnen und Genf mithilfe Zürichs aus den engen Bindungen an Bern zu lösen, in der Aarestadt nicht auf Gegenliebe.[11] Die Kehrseite des Consensus Tigurinus bestand darin, dass mit ihm – zwanzig Jahre nach dem Marburger Religionsgespräch – der Bruch zwischen Reformierten und Lutheranern vollzogen war. Beide Seiten begannen sich gegenseitig zu bekämpfen und zu exkommunizieren, und es sollte bis zur Überwindung der Spaltung in der Leuenberger Konkordie von 1973 noch mehr als vier Jahrhunderte dauern.[12]

V. 1544: Der Konflikt mit den Täufern

Eine andere Abgrenzung, die er als notwendige Klärung verstand, blieb Calvin nicht erspart: diejenige gegenüber dem Täufertum. Dieser Aspekt darf, obwohl die Täuferbewegung die Grenzen der Eidgenossenschaft bei weitem sprengte, wegen ihrer Schweizer Verwurzelung nicht fehlen. Calvin kannte die Bewegung gut, schon aus seiner ersten Genfer Zeit, dann aus seinen Strassburger Jahren, ganz zu schweigen von der Tatsache, dass seine Frau Idelette de

---

10 Thomas Maissen: Einigendes und Trennendes in Politik und Theologie. Jean Calvin und die Schweizer, in: Neue Zürcher Zeitung, 11./12. Juli 2009, Nr. 158, B 3.

11 Ulrich Gäbler: Consensus Tigurinus, in: TRE 8 (1981), 189–192.

12 Gottfried Hammann: Die Entstehung der konfessionellen Kirchen, in: Lukas Vischer/ Lukas Schenker/Rudolf Dellsperger (Hg.): Ökumenische Kirchengeschichte der Schweiz, Freiburg CH/Basel ^{2}1998, 143f.

Bure eine Täuferwitwe war. Er dürfte aber auch die lateinischen antitäuferischen Traktate der Zürcher Reformatoren Zwingli und Bullinger gekannt haben, also gut im Bild gewesen sein, als ihm sein Freund Guillaume Farel aus Neuchâtel eine französische Übersetzung des Schleitheimer Bekenntnisses von 1527 mit der Bitte um eine Gegenschrift sandte. Sie lag unter dem Titel «Brieve Instruction pour amener tous bons fideles contre les erreurs des Anabaptistes» 1544 vor.[13]

Hans Scholl versteht den Traktat als «magistrale und definitive» Klärung der «Täuferfrage», als «seelsorgerliche Antwort der Reformation auf die Anfrage der Täufer».[14] Für Calvin stehe in dieser Auseinandersetzung die politische Relevanz der Reformation und mit ihr die Humanität auf dem Spiel. Er sehe die Täufer im «Irrgarten der Zweireichelehre» und betone ihnen gegenüber die bleibende Bedeutung der alttestamentlichen Gesetze für das öffentliche Leben, wie es Zwingli in seiner Schrift «Von göttlicher und menschlicher Gerechtigkeit» von 1523 getan habe: «Grundlegend geht es in der Debatte zwischen Täufertum und Reformation um die Frage nach dem Christsein in der Gesellschaft. Wie steht der Christ in dieser vergehenden Welt? Die Reformation sagt: Solidarisch mit ihr, auch mit ihren politischen Aufgaben und Problemen, denn auch diese Dimension der Welt ruht in Gottes Hand und hat Teil am Wirken seines Geistes.»[15]

Hans Rudolf Lavater weist in seiner gründlichen Studie zur Entstehungsgeschichte des Traktats auf die grosse Distanz und zugleich auf die theologischen Berührungspunkte zwischen den beiden Kontrahenten hin. Die Täufer seien für den Reformator Häretiker schlechthin gewesen. Er sei nicht müde geworden, sie im Stile der Zeit verbal zu diskreditieren. Unverkennbar sei aber auch die sachliche Nähe zwischen Calvin und den Täufern, etwa in der Pneumatologie, in der pneumatologischen Auffassung des Schriftwortes als des Wortes des gegenwärtigen Christus, sowie in der Ekklesiologie. Dennoch war ein offener Dialog vor allem wegen des politischen Dissenses unmöglich. Die Täufer mussten (und konnten) Calvins Genf verlassen. Servets Schicksal ist ihnen erspart geblieben.[16]

---

13 «Kurzer Unterricht, um alle Gläubigen zu wappnen gegen die Irrtümer der gemeinen Sekte der Anabaptisten». Auswahlausgabe von Hans Scholl mit deutscher Übersetzung, Einleitung und Kommentar in: Eberhard Busch (Hg.): Calvin-Studienausgabe, Bd. 3: Reformatorische Kontroversen, Neukirchen-Vluyn 1999, 267–367.

14 Hans Scholl: Calvin und die Täufer. Der Geist der Gesetze – Die politische Dimension der Theologie Calvins dargestellt besonders an seiner Auseinandersetzung mit den Täufern, in: MH 23 (2000), 5–32, hier 13.

15 Hans Scholl: Calvin und die Täufer (wie Anm. 14), 19.

16 Hans Rudolf Lavater: Calvin und die Täufer – Zur Entstehung der *Brieve Instruction* 1544, in: Martin Sallmann/Moisés Mayordomo/ders. (Hg.): Johannes Calvin 1509–2009.

VI. 1699/1700 und 1754: Pietismus und Aufklärung

Ich will unter dieser Überschrift nur wenig sagen. Den beiden Daten werden wir den Berner Pietistenprozess und dessen unmittelbare Folgen und die Rückkehr Jean-Jacques Rousseaus nach Genf zuordnen. Mehr zu Pietismus und Aufklärung folgt im nächsten Abschnitt über die Herrnhuter.

Calvin hat einem christlichen Leben als Ausdruck der Dankbarkeit für die geschenkte Gnade grosse Bedeutung beigemessen und insofern neben der Lehre die Notwendigkeit einer adäquaten praxis pietatis stets unterstrichen. Deshalb kann man mit gutem Grund sagen, der Calvinismus sei stärker für den Pietismus disponiert als das Luthertum, ja, er sei dem Pietismus gleichsam «wesensverwandt».[17] So war es wohl auch gemeint, wenn Samuel Güldin (1664–1745), ein bedeutender Vertreter der ersten Generation bernischer Pietisten, in seinem pennsylvanischen Exil noch zwanzig Jahre nach dem Prozess Wert darauf legte, er habe seine pietistische Wende «zu Genf/ in sede Calvini» erlebt. Dazu passt es, dass er als Pfarrer vor Abendmahlssonntagen seine Gemeinde jeweils von Haus zu Haus besuchte, um hier vom Besuch des Mahls abzuraten und dort dazu zu ermuntern. Wie andere pietistische Kollegen der ersten Stunde praktizierte er in seelsorgerlichem Sinn ein calvinisches Modell von Kirchenzucht. Dass er dafür wenig Gegenliebe fand, lässt sich seiner Bemerkung entnehmen, es handle sich dabei um eine «zimlich unwehrte Arbeit».[18]

Güldins Freund, der Kulturphilosoph Beat Ludwig von Muralt (1665–1749), der wegen seiner Parteinahme für die Pietisten Bern ebenfalls verlassen musste, klagte Kirche und Pfarrerschaft wegen Profanierung des Abendmahls scharf an.[19] Auch wenn er Calvin nicht namentlich nannte, ist der sachliche

---

Würdigung aus Berner Perspektive, Zürich 2012, 54–120, hier 55, 100f., 113. Lavater gibt 103–109 einen präzisen Überblick über den Inhalt von Calvins Schrift. Anders als Scholl sieht er 113 die Schweizer Brüder in Spannung, ja im Gegensatz zur Zweireichelehre.

17 Vgl. Johannes Wallmann: Der Pietismus, Göttingen 2005, 49. Der Ausdruck «wesensverwandt» stammt von Wilhelm Goeters.

18 Rudolf Dellsperger: Die Anfänge des Pietismus in Bern. Quellenstudien (AGP 22), Göttingen 1984, 58f.; Wilhelm Hadorn: Geschichte des Pietismus in den Schweizerischen Reformierten Kirchen, Konstanz/Emmishofen 1901, 52–55; Zu Calvins Bedeutung im reformierten Pietismus anhand der Kirchenzucht-Thematik vgl. den Beitrag 45–68 in diesem Band.

19 Gewüßenhaffte beschwerden über/ etliche mengel unserer kirch und prediger./ Oder/ Apologey eines, wegen genöthigter unterlaßung der offentlichen versamblungen, für einen gefährlichen Gottsverachter gehaltenen und angeklagten Christens: «Ab disem aber müßen wir viel mehr klagen und wer kan des klagens genug machen! daß sie eine algemeine und entheiligte mahlzeit ist, daß sie jederman ohne unterscheid offen stehet. Niemand enthelt sich darvor: verstokte weltmenschen, offentliche sünder, allerley

Bezug auf ihn unübersehbar. Zu denken wäre etwa an den dreifachen, aus Verkündigung, Anbetung und Gotteslob bestehenden Zweck des Gottesdienstes oder an von Muralts Forderung eines christlichen Lebens ad maiorem Dei gloriam.[20]

Der andere Philosoph hingegen, von dem hier kurz die Rede sein soll, Jean-Jacques Rousseau, konnte mit dem Genfer Reformator ein halbes Jahrhundert später nichts mehr anfangen. Rousseau hatte sich nach seiner Rückkehr nach Genf im Jahr 1754, um eingebürgert zu werden, erneut zum protestantischen Glauben zu bekennen. Für ihn hiess das: Er kehrte in die zivile Institution der Genfer Kirche zurück, er erfüllte eine Bürgerpflicht. Mit seinem persönlichen Glaubensbekenntnis hatte das wenig zu tun. Konfessionelle Abgrenzungen im herkömmlichen Sinn sah er als überholt an. Die Dogmen, die in Genf galten, hatten nach ihm Autorität «par les loix», nicht im Heiligen Geist, und er konstatierte mit Befriedigung, dass sich die Pastoren am Ort durch ihre aufgeklärt-gemässigte Haltung von vielen fanatisch-intoleranten «hommes sacrés et barbares» der Kirchengeschichte vorteilhaft abhoben.[21] Ob er damit auch auf Calvin anspielte, das herauszufinden überliess er dem Leser.[22]

---

unnützes gesinde, ja die Gottlosen leute, die für jedermans augen ärger als die unvernünfftigen Thier leben, tretten in einem ordenlichen habit und gravitetischen schritt herzu, und derer nicht eine kleine anzahl; mit einem wort eben diejenigen menschen, von welchen unsere prediger klagen, sie haben villicht noch keinen bekehrt, müßen an disem heyligen tag und heyligen ohrt auff einmahl alle heilig, und Christi wahre jünger sein; welche greuwliche profanation dem lieben Gott geklagt seye.» Der umfangreiche, noch unveröffentlichte Text stammt von Ende 1699/Anfang 1700 und wird im Herrschaftsarchiv des Schlosses Oberdiessbach aufbewahrt. Eine Veröffentlichung ist geplant. Zu von Muralt vgl. Rudolf Dellsperger: Beat Ludwig von Muralts Emigration aus der Kirche. Hinweise zu seinem Weg zwischen Pietismus und Aufklärung, in: ders.:, Kirchengemeinschaft und Gewissensfreiheit. Studien zur Kirchen- und Theologiegeschichte der reformierten Schweiz. Ereignisse, Gestalten Wirkungen, Bern 2001, 66–84.

20 Für seine Separation von der Kirche hätte von Muralt sich nicht auf Calvin berufen können.

21 Jean-Jacques Rousseau: Œvres complètes, Bd. 3, hg. v. Bernard Gagnebin/Marcel Raymond, Paris 1964, 119.

22 Rudolf Dellsperger: Treffpunkt Natur. Jean-Jacques Rousseau und Beat Ludwig von Muralt, in: ders., Kirchengemeinschaft (wie Anm. 19), 85–95. – Anders und möglicherweise differenzierter sieht dies Hans Scholl: Calvin und die Schweiz (wie Anm. 2), 325f. Er schreibt, Rousseaus «Lettres de la Montagne» würden ihn als einen «von Calvin lernenden Laien ausweisen» und fährt fort: «Es wäre reizend und erkenntnisfördernd, das wenig beackerte Thema Calvin und Rousseau im Horizont der Problematik Calvin und die Schweiz genau zu sichten.»

VII. 1741: Die Herrnhuter

Unter den insgesamt sechs Aufenthalten Nikolaus Ludwigs von Zinzendorfs in der Schweiz ist der vierte von 1741 der wichtigste.[23] Nachdem er für die Brüdergemeine bereits in mehreren Kirchen und Universitäten Europas Anerkennung gefunden hatte, nachdem mit Basel, Zürich und Bern die Hauptorte der reformierten Deutschschweiz junge Sozietäten aufwiesen,[24] besuchte Zinzendorf mit einer Gemeinde von 50 Personen diejenige Stadt, in der er das Zentrum der reformierten Welt sah: Genf. Er traf dort unter den Professoren der Akademie und den Pfarrern der Stadt jene gebildeten und kultivierten Theologen, von denen sich wenig später Rousseau entzückt zeigen sollte. Aber er fand in ihnen nicht Denker, die Calvins Verständnis von Theologie und Kirche weiter trugen. Sie vertraten eine respektable, dogmatisch milde, pointiert ethische, apologetische und ökumenische Orthodoxie, die sich als «vernünftig» verstand.[25] Aber Christus, und zwar Christus als der Gekreuzigte, stand nicht im Zentrum ihres Denkens, geschweige denn der «Gott am Kreuze», wie ihn Zinzendorf provokativ behauptete. Deshalb ist die Begegnung, die er mit der Genfer Kirche suchte, gescheitert, obwohl er zuhanden seiner Gesprächspartner eigens eine umfangreiche Selbstdarstellung der Brüdergemeine verfasste.[26] Der Besuch endete nicht bloss mit einem Missverständnis, sondern mit einer Enttäuschung, ja, mit einem Zerwürfnis. Das ist, bedenkt man den Gegensatz, der sich herausgestellt hatte, nicht verwunderlich. Denn da haben zwei Kirchen nicht zueinander gefunden, auf der einen Seite eine ehrwürdige Reformationskirche, auf der andern eine ebenfalls in der Reformation verwurzelte junge Kirche. Beide dachten ökumenisch, aber in verschiedener Weise. Die Genfer Ökumene der «Vernünftigen Orthodoxie» war eine Ökumene der Theologen und beruhte auf dem Grundsatz der Reduktion der christlichen Tradition auf ihre Kernaussagen. Auch die Herrnhuter

---

23 Rudolf Dellsperger: Zinzendorf und die Schweiz, in: Dietrich Meyer u. a. (Hg.): Graf ohne Grenzen. Leben und Werk von Nikolaus Ludwig von Zinzendorf, Herrnhut 2000, 65–69.

24 Hellmut Reichel: Die Anfänge der Brüdergemeine in der Schweiz mit besonderer Berücksichtigung der Sozietät in Basel, in: UnFr 29/30 (1990), 9–127.

25 Rudolf Dellsperger: Der Beitrag der «vernünftigen Orthodoxie» zur innerprotestantischen Ökumene. Samuel Werenfels, Jean-Frédéric Ostervald und Jean-Alphonse Turretini als Unionstheologen, in: ders., Kirchengemeinschaft (wie Anm. 19), 51–65.

26 Lettre sur l'Eglise des Frères [,] leur Origine, leur Histoire, leur discipline et leur Croyance, addressée à la Venerable Compagnie Mess les Pasteurs et Professeurs de l'eglise de Genève. Die Edition dieses Textes ist im Rahmen der von der Historischen Kommission zur Erforschung des Pietismus veranstalteten Ausgabe der Werke Zinzendorfs vorgesehen. Zu Zinzendorfs Genfer Brief und zu seinem Genfer Aufenthalt von 1741 vgl. den Beitrag 143–164 in diesem Band.

Ökumene nahm eine Reduktion vor, nämlich diejenige auf die Zentralaussage vom Gott am Kreuz und seiner alleinigen Heilsbedeutung. Aber sie verstand sich als Ökumene aller Gläubigen und wurde im Alltag als Kirchengemeinschaft gelebt. Und schliesslich: Beide Kirchen formulierten ihre Kernsätze im Horizont der Aufklärung. Aber während die Genfer Theologen apologetisch argumentierten und beim ersten Artikel des Credos ansetzten, tat Zinzendorf es auch provokativ und polemisch, indem er den zweiten Artikel ins Zentrum rückte.

Zinzendorf erinnerte die Genfer Theologen an Calvins Hochschätzung für die Böhmischen Brüder und deren Kirchenordnung, die Disziplin eingeschlossen. Dafür fand er kein Gehör. Dennoch blieb sein Aufenthalt mittel- und längerfristig gesehen nicht ohne Folgen: In Genf war eine kleine Sozietät entstanden, und diese sollte drei Generationen später als Bindeglied zum Genfer Réveil und damit für die werdende ökumenische Bewegung und die Anfänge des Roten Kreuzes eine wesentliche Rolle spielen.

VIII. 1841: Calvinismus und Demokratie

Im akademischen Jahr 1841/1842 war Carl Bernhard Hundeshagen Rektor der Universität Bern. Er stammte aus Hessen und lehrte in Bern seit 1834 bis zu seinem Weggang nach Heidelberg Exegese und Kirchengeschichte. Sein Thema lautete: «Über den Einfluss des Calvinismus auf die Ideen von Staat und staatsbürgerlicher Freiheit.»[27] Hier wird besonders deutlich, wie unangemessen es ist, Calvin und den Calvinismus auf die Schweiz zu reduzieren. Denn Hundeshagen zeigte nicht nur, wie die Reformation den modernen Staat ethisch begründete, er zeigte insbesondere, wie der in Frankreich in seiner Existenz bedrohte Calvinismus des 16. Jahrhunderts die Gedanken der Volkssouveränität, der Beschränkung der Fürstengewalt und des Widerstands gegen die Tyrannei entwickelt hatte[28], mit andern Worten, «wie sehr die Glaubenserneuerung [...], besonders in ihrer reformierten Ausprägung, den Mutterboden darstelle, aus dem die ‹staatsbürgerliche Freiheit› in Programm und

27 Carl Bernhard Hundeshagen: Über den Einfluss des Calvinismus auf die Ideen vom Staat und staatsbürgerlicher Freiheit. Rede zur Feier des Jahrestages der Eröffnung der Hochschule in Bern, gehalten am 15. November 1841, Bern 1842, wieder abgedruckt in: Theodor Christlieb (Hg.): Carl Bernhard Hundeshagen. Ausgewählte kleinere Schriften und Abhandlungen, Bd. 2, Gotha 1874, 33–89; Neudruck: Carl Bernhard Hundeshagen: Calvinismus und staatsbürgerliche Freiheit / Hubert Languet: Wider die Tyrannen, hg. v. Laure Wyss, Zollikon-Zürich 1946.

28 Theodor Christlieb: D. Carl Bernhard Hundeshagen, in: DBl 2 (1872), 674–700, 741–770, hier 687–689.

Praxis erwachsen konnte und faktisch auch erwuchs.»[29] Hier sprach ein deutscher Theologe, der mit der Wirkungsgeschichte der Genfer Reformation nah vertraut war, der aber auch die derzeitige politische Lage in seinem Gastland und in seiner Heimat aufmerksam beobachtete. Unter seinen Zuhörern sassen Exponenten des politischen Radikalismus, die Christentum und Kirche als Brutstätten der Reaktion betrachteten. Ihnen wollte Hundeshagen zeigen, dass Liberalismus und Demokratie «nur bestehen können, wenn sie bewusst an ihren geistigen Ursprüngen im reformatorischen Christentum festhalten».[30] Die «Berechnung der Gewalten im Staate» und ihre Teilung seien Errungenschaften der Reformation. Sie würden aber ohne entsprechende Gesinnung der Bürger Kategorien ohne Inhalt bleiben. Diese aber besteht in der «Willenstüchtigkeit der Staatsgenossen», in der «ernste[n] Zucht, welche jeder zuerst an sich selbst und danach an dem Andern zu üben hat. Diese aber finden wieder nur in einer vom ganzen Ernst des Christentums durchdrungenen und aus seiner Tiefe geschöpften sittlich-religiösen Weltanschauung ihre Gewähr. […] Denn das edle Gut der Freiheit gewinnt und bewahrt nur der Staat, dessen Bürger sich innerlich frei zu machen den ernsten Willen haben».[31] Hundeshagens Rektoratsrede hat in der damaligen Schweizer Presse ein beträchtliches Echo gefunden.

Ich komme zu meinem letzten Abschnitt. Auch hier will ich nur wenig sagen, nichts beispielsweise zum eigentlich längst fälligen Kapitel «Calvinismus und Kapitalismus».[32] Stattdessen soll unter einem anderen Blickwinkel von Calvins Genf die Rede sein und nochmals mit Bezug auf Bern von einer Episode aus der Anfangszeit der Dialektischen Theologie.

---

29 Andreas Lindt: Karl Bernhard Hundeshagen und Bern. Ein deutscher Theologe in der Frühzeit der Berner Universität, in: Ulrich Im Hof u. a. (Hg.): Hochschulgeschichte Berns 1528–1984. Zur 150-Jahr-Feier der Universität Bern 1984, Bern 1984, 169–186.

30 Lindt: Hundeshagen (wie Anm. 29), 177.

31 Hundeshagen: Schriften 2 (wie Anm. 27), 88f., Neudruck 1946, 60f. – Zum Thema vgl. jetzt Mario Turchetti: Der Beitrag Calvins und des Calvinismus zur Entstehung der modernen Demokratie, in: Hirzel, 1509 – Johannes Calvin – 2009 (wie Anm. 2), 237–266 (ohne Bezug zu Hundeshagen).

32 Gültige Darstellungen und kritische Reflexionen zur These Max Webers bieten Frank Jehle: Du darfst kein riesiges Maul sein, das alles gierig in sich hineinfrisst und verschlingt, Basel 1996, und Ulrich H. J. Körtner: Calvinismus und Kapitalismus, in: Hirzel, 1509 – Johannes Calvin – 2009 (wie Anm. 2), 201–217.

IX. 20. Jahrhundert: Calvins Genf. Calvin und Bern

Wir sind von Fritz Barths Festrede von 1909 mit der Frage nach Calvins Wirkungen auf das geistige Leben der Neuzeit ausgegangen. Fünf Jahre später brach der Erste Weltkrieg aus. Dass der Völkerbund Genf 1919 zu seinem Sitz erklärte, war kein Zufall. In der Stadt war bereits das Internationale Komitee vom Roten Kreuz zuhause, das seinerseits – von Henry Dunant war schon die Rede – eine Gründung überzeugter Calvinisten war. Und als nach dem Krieg die ökumenische Bewegung sich formierte, da war es wiederum naheliegend, dass im Jahr 1920 die beiden Bewegungen «Glaube und Kirchenverfassung» und «Praktisches Christentum» ihre Vorkonferenzen in Genf durchführten. Genf mit seiner internationalen, aus der Akademie von 1559 hervorgegangenen Universität wurde zur internationalen Stadt, und ist es mit der UNO und der ihr angegliederten Organisationen sowie dem Ökumenischen Rat der Kirchen, dem Lutherischen und dem Reformierten Weltbund geblieben. «... denn in der Welt draussen ist der Name Genfs nicht, wie im deutschen Sprachgebiet, ein Stichwort für Engherzigkeit, Dogmatismus und Unterdrückung, sondern enthält die Erinnerung daran, dass diese Stadt einst ungezählten Zuflucht und Freiheit bot und sich zum Mittelpunkt weitgreifender Pläne und kühnen Unternehmungsgeistes entwickelte.»[33] Dieses Genf hat auch Zinzendorf vor Augen, als er es 1741 besuchte.

Wir haben in Bern begonnen, lassen Sie mich auch mit einem Zitat aus Bern, einem Reflex auf Calvin, schliessen. Dass es zu ähnlichen Themen, beispielsweise zu «Calvin und Basel» noch viel zu sagen gäbe, weiss ich wohl.[34] Also zu Bern: Im Jahr 1915 bildete sich dort um den Münsterpfarrer Albert Schädelin (1879–1961) ein Lektürekreis junger Theologen. Nachdem sich diese anfänglich mit Autoren des 18. bis 20. Jahrhunderts befasst hatten, liessen sie sich von Karl Barth auf die Reformatoren hinweisen und von Albert Schädelin zur Lektüre von Calvins Institutio verleiten – auf Lateinisch nota bene. Der Ertrag dieses Studiums war gross. Gottfried Ludwig, einer der Teilnehmer, hat ihn folgendermassen beschrieben: «Calvin hat unsere ganze Fragestellung theologisch geklärt. Aus der Theologie des frommen Selbstbewusstseins [...] führte uns Calvin zum ‹Wort›. Gott kann nur durch Gott selber, in seiner Selbstmitteilung, wie sie uns im Zeugnis des Alten und Neuen Testamentes begegnet, er kann nur in seiner Offenbarung erkannt werden. Alles andere ist Gottesfabrikation, wie Calvin sagt. Was uns in der Bibel begegnet, ist der menschliche Niederschlag dieser Selbstmitteilung. Calvin hat uns gelehrt, was wir selber ständig suchten und nirgends fanden, dass das Menschenwort der

33 Locher, Anwalt (wie Anm. 1), 7.

34 Uwe Plath: Calvin und Basel in den Jahren 1552–1556 (BSHST 22), Zürich 1974.

Bibel von einem Handeln Gottes an uns zeugt und dass hinter dem Menschenwort Gottes eigenes Wort steht.»[35]

Karl Barth hat sich 1920 im selben Sinn geäussert.[36] Und doch haben die Mitglieder der Theologischen Arbeitsgemeinschaft des Kantons Bern – so hiess der besagte Kreis, zu dem auch Karl Barths Bruder Peter, der spätere Calvin-Herausgeber, gehörte – darauf Wert gelegt, ihre Einsicht selbständig gewonnen zu haben. Das ist einfach zu erklären. Sie und Karl Barth hatten denselben Gewährsmann: Calvin.

35 Gottfried Ludwig: Die theologische Arbeitsgemeinschaft des Kantons Bern, in: Hans Dürr u. a. (Hg.): FS für D. Albert Schädelin, Bern 1950, 25–32, hier 29.

36 Karl Barth, Biblische Fragen, Einsichten und Ausblicke, München 1920. – Auf Barths Göttinger Calvin-Vorlesung und die dazu gehörige Untersuchung sei wenigstens hingewiesen: Karl Barth: Die Theologie Calvins. Vorlesung Göttingen Sommersemester 1922. In Verbindung mit Achim Reinstädtler (Karl Barth Gesamtausgabe. II. Akademische Werke), hg. v. Hans Scholl, Zürich 1993; Hans Scholl (Hg.): Karl Barth und Johannes Calvin. Karl Barths Göttinger Calvin-Vorlesung von 1922, Neukirchen-Vluyn 1995.

Calvins Bedeutung im reformierten Pietismus

Ein Versuch anhand des Themas Kirchenzucht

In einem Vortrag zum Calvinjubiläum von 1909 erwähnte Emil Knodt (1852–1924), der damalige Direktor des Herborner Predigerseminars, unter den historischen Wirkungen des Calvinismus den «reformierten Geist im Pietismus». Was er mit dieser stichwortartigen Formulierung meinte, sagte er nicht. Er nannte andere «Segensfrüchte» des Calvinismus, wie dessen Verständnis des Christentums nicht nur als Vertrauen, sondern auch als Gehorsam, die Betonung des christlichen Lebens im Kirchenbegriff beziehungsweise in der Kirchenzucht, die Forderung der Gemeindediakonie, die ökumenische Dimension von Kirche oder die Bedeutung des Calvinismus für das öffentliche, wirtschaftliche und wissenschaftliche Leben.[1] Neben diesen konkreten Hinweisen wirkt «reformierter Geist im Pietismus» merkwürdig formal.

Zur Zeit von Knodts Vortrag waren rund sechs Jahrzehnte vergangen, seit Max Goebel im zweiten Band seiner «Geschichte des christlichen Lebens in der rheinisch-westfälischen Kirche» den Pietismus in den Niederlanden und am Niederrhein behandelt hatte.[2] Drei Jahrzehnte waren es her, seit Heinrich Heppes «Geschichte des Pietismus und der Mystik in der reformirten Kirche, namentlich der Niederlande» erschienen war[3] und seit Albrecht

1 Emil Knodt: Die Bedeutung Calvins und des Calvinismus für die protestantische Welt im Lichte der neueren und neuesten Forschung (VTKG 30), Giessen 1910, 47f.

2 Max Goebel: Geschichte des christlichen Lebens in der rheinisch-westphälischen evangelischen Kirche, Bd. 2: Das siebenzehnte Jahrhundert oder die herrschende Kirche und die Sekten. Erste Abtheilung: Die reformirte Kirche, Coblenz 1852 (Nachdruck Giessen/Basel 1992). Es fehlen die Seiten 69–101, wogegen die Seiten 53–68 zweimal eingebunden wurden.

3 Heinrich Heppe: Geschichte des Pietismus und der Mystik in der reformirten Kirche, namentlich der Niederlande, Leiden 1879.

Ritschl den ersten, der Geschichte des Pietismus in der reformierten Kirche gewidmeten Band seiner Gesamtdarstellung vorgelegt hatte.[4] Verstand sich, was Knodt «reformierten Geist im Pietismus» nannte, damals noch von selbst?

Heute wird man dies kaum mehr behaupten können, obwohl mittlerweile, von zahlreichen Überblicksdarstellungen abgesehen, das vierbändige Handbuch «Geschichte des Pietismus» erschienen ist. Konsultiert man die Register zu den beiden ersten Bänden, so sind die Nennungen von Calvin, von Calvinismus und ganz generell von Begriffen und Namen aus der reformierten Welt wesentlich seltener als diejenigen von Luther und Arndt, von Spener, Francke und Zinzendorf.[5] Das hängt mit der hinsichtlich Wirkung und Verbreitung grösseren Bedeutung zusammen, die dem lutherischen Pietismus im Vergleich zum reformierten zukommt, hat aber vermutlich noch andere, tiefer liegende Gründe. Davon wird bald die Rede sein. Vielleicht ist aber das festgestellte Ungleichgewicht auch Ausdruck der Forschungslage. Martin Luthers Bedeutung für den lutherischen Pietismus liegt jedenfalls offener zutage als diejenige Johannes Calvins für den reformierten Pietismus.

Das Oberthema des vorliegenden Versuchs wurde mir aufgetragen. Vorarbeiten dazu sind selten. Die Aufgabe setzt spezifische Quellenkenntnisse voraus, wobei die Quellen, wenn sie überhaupt gedruckt vorliegen, oft nur in alten Drucken schwer zugänglich sind. Oft blieb nichts anderes übrig als aus zweiter Hand zu schöpfen. Das Folgende ist nicht mehr als ein Versuch, der der Vervollständigung, Korrektur und Vertiefung bedarf. Wenn die Frage nach Calvins Bedeutung für den reformierten Pietismus exemplarisch anhand des Themas Kirchenzucht behandelt wird, so geschieht es im Wissen darum, dass Kirchendisziplin für Calvin nicht eine Randerscheinung, sondern ein Merkmal der nach Gottes Wort reformierten Kirche war. Es soll gefragt werden, wie es der Pietismus reformierter Prägung damit gehalten hat.[6]

Wir werden wie folgt vorgehen: Zunächst ist eine für die Frage nach dem Verhältnis von Calvinismus und reformiertem Pietismus grundlegende These mit ihren Varianten vorzustellen (I). Dann soll das Thema Kirchenzucht bei

---

4 Albrecht Ritschl: Geschichte des Pietismus, Bd. 1: Der Pietismus in der reformirten Kirche, Bonn 1880.

5 Martin Brecht/Klaus Deppermann/Ulrich Gäbler/Hartmut Lehmann (Hg.), Geschichte des Pietismus. Im Auftrag der Historischen Kommission zur Erforschung des Pietismus, Bd. 1: Der Pietismus vom siebzehnten bis zum frühen achtzehnten Jahrhundert, hg. v. Martin Brecht, Göttingen 1993, Bd. 2: Der Pietismus im achtzehnten Jahrhundert, hg. v. Martin Brecht/Klaus Deppermann, Göttingen 1995.

6 Das Phänomen Kirchenzucht wird also nicht in sozialgeschichtlicher, sondern in traditionsgeschichtlicher Sicht thematisiert: Gefragt wird nicht nach seiner Bedeutung für die Entstehung der neuzeitlichen Zivilisation, sondern danach, welche Bedeutung Calvin für die Kirchenzucht im reformierten Pietismus zukommt.

Calvin und im reformierten Pietismus anhand des konkreten Beispiels Bern exponiert und nach den Wegen gefragt werden, über die Calvins Einfluss in diesem Fall hat wirksam werden können. Es wird sich ergeben, dass dies wahrscheinlich nicht direkt, sondern auf Umwegen geschehen ist (II). Anschliessend soll in der eingeschlagenen Richtung weitergegangen und die Fragestellung anhand von Theodor Undereyck (III), Theodor Gerhard à Brakel (IV) und Gerhard Tersteegen (V) exemplarisch erörtert werden, bevor zum Schluss ein Fazit gezogen wird (VI).

Die obere zeitliche Grenze ist die Mitte des 18. Jahrhunderts. So interessante Fragen wie diejenige nach Calvins Bedeutung für den Réveil, insbesondere denjenigen in der Stadt Genf[7], nach seiner Bedeutung für Hermann Friedrich Kohlbrügge[8] oder Adolf Schlatter[9], aber auch die auf den ersten Blick deplatzierte Frage nach den Motiven, die Friedrich August Gotttreu Tholuck zu einer imposanten Calvinausgabe bewogen haben, bleiben hier unberücksichtigt.[10]

I.

1908, ein Jahr vor Knodts Calvin-Vortrag, war in der «Realencyklopädie für protestantische Theologie und Kirche» der Artikel «Undereyck, Theodor» von Wilhelm Goeters erschienen. Goeters stellte darin fest, anders als das Luthertum sei «der Calvinismus dem Pietismus wesensverwandt». Was die deutschen reformierten Kirchen als Pietismus erreicht habe, gleiche «nur eine[r] Welle, die von den Niederlanden und England herüber[ge]flutet»

7 Ulrich Gäbler: Evangelikalismus und Réveil, in: ders. u. a. (Hg.): Geschichte des Pietismus, Bd. 3: Der Pietismus im neunzehnten und zwanzigsten Jahrhundert, Göttingen 2000, 27–84, hier 39–56.

8 Vgl. dazu Karl Barth: Die protestantische Theologie im 19. Jahrhundert. Ihre Vorgeschichte und ihre Geschichte, Zürich ³1946, 579–587, vor allem 585f., aber auch Elisabeth Moltmann-Wendel: Theologie und Kirche bei Hermann Friedrich Kohlbrügge (BEvTh 25), München 1957, 53f.

9 Schlatter schrieb zum Reformationsjubiläum 1917 unter dem Titel «Ihr habt gehört, dass zu den Alten gesagt wurde. Ein Gespräch mit Calvin. Abhandlung zur Auslegung der Bergpredigt» eine unveröffentlicht gebliebene Studie. Sie befindet sich unter der Nr. 216 im Adolf-Schlatter-Archiv im Landeskirchlichen Archiv Stuttgart. Werner Neuer: Adolf Schlatter. Ein Leben für Theologie und Kirche, Stuttgart 1996, 547.

10 Tholuck veröffentlichte Calvins Institutio und seinen Psalmenkommentar (je 2 Bde.) sowie in 7 Bdn. seine neutestamentlichen Kommentare. Vgl. dazu Friedrich August Gotttreu Tholuck, in: LACTW (1831), Nrn. 41–43.

sei.[11] Goeters stand und blieb mit seiner Beobachtung von Wesensverwandtschaft und geistiger Nähe zwischen Calvinismus und Pietismus nicht allein.

Auf die weit ins 16. Jahrhundert zurückgehende enge Verbundenheit zwischen den reformierten Kirchen der Niederlande und denjenigen am Niederrhein und deren gegenseitige Durchlässigkeit hatte bereits Heppe hingewiesen. Es sei begreiflich, schrieb er, «dass die pietistische Erregung, nachdem sie im Niederland Boden gewonnen und sich daselbst ausgestaltet hatte, sofort auch in den reformirten Gemeinden des Rheinlands Eingang fand».[12]

James I. Good hat 1894 den Pietismus als dem reformierten Glauben «intrinsic» bezeichnet, und Ernest F. Stoeffler hat ihm 1973 zugestimmt: Es treffe zu, «that by the very nature of his historical emphasis upon the Christian life the Reformed Tradition was historically more amenable to pietistic emphases than the Lutheran Tradition».[13]

Ein weiterer Vertreter der These von der «Wesensverwandtschaft» von Calvinismus und Pietismus war der Lausanner Kirchenhistoriker Henri Vuilleumier. Er schrieb 1930, Speners Desiderate eines intensiveren Schriftgebrauchs, einer vertieften Frömmigkeitspraxis und einer Reform des Theologiestudiums seien den Reformierten dank ihres Brauchs der lectio continua, ihrer Betonung der Notwendigkeit der Heiligung und der Praxisnähe ihrer Hohen Schulen besser vertraut gewesen als den Vertretern der lutherischen Tradition.[14]

---

11 Wilhelm Goeters: Undereyck, Theodor, in: RE³ 20 (1908), 228–233, hier 230, Z. 30–41. Das Bild der Welle ist nicht eindeutig: Es gibt mächtige, umwälzende Wellen und andere, die sanft ans Ufer spülen. Aber Begriff und Sache der Wesensverwandtschaft lassen nur den Schluss zu, Goeters habe an letztere gedacht. Er hat dafür drei Jahre später selber die Bestätigung geliefert: Wilhelm Goeters: Die Vorbereitung des Pietismus in der reformierten Kirche der Niederlande bis zur labadistischen Krisis 1670, Leipzig 1911 (Nachdruck Amsterdam 1974).

12 Heppe, Geschichte (wie Anm. 3), 465f.

13 Ich verdanke den Hinweis auf Good F. Ernest Stoeffler: German Pietism During the Eighteenth Century (SHR. Supplements to NVMEN 24), Leiden 1973, 218. Leider ignoriert Stoeffler in den beiden Bänden seiner sonst magistralen Darstellung die Schweiz als Ursprungsland der reformierten Tradition und deren Pietismus. Wenn Ritschl den Pietismus (!) in der Schweiz erst seit Lavater berücksichtigt hatte, so war das angesichts der damaligen Forschungslage verständlich. Seither waren aber die beiden Werke von Wilhelm Hadorn: Geschichte des Pietismus in den Schweizerischen Reformierten Kirchen, Konstanz/Emmishofen 1901, und Paul Wernle: Der schweizerische Protestantismus im 18. Jahrhundert, Bd. 1: Das reformierte Staatskirchentum und seine Ausläufer (Pietismus und vernünftige Orthodoxie), Tübingen 1923, erschienen. Vgl. F. Ernest Stoeffler: The Rise of Evangelical Pietism (SHR. Supplements to NVMEN 9), Leiden 1971, 109.

14 Henri Vuilleumier: Histoire de l'Église Réformée du Pays de Vaud sous le régime bernois, Bd. 3: Le refuge, le piétisme, l'orthodoxie libérale, Lausanne 1930, 184f.

Ähnlich wie Heppe und Goeters spricht Heiner Faulenbach von einem «fliessenden Übergang» zwischen reformerischen Frömmigkeitsbewegungen im niederländischen Protestantismus und dem aufbrechenden reformierten Pietismus in Deutschland. Er sieht in ihm das Resultat «einer inneren Umwandlung der Orthodoxie durch die auf konkrete Frömmigkeit abzielende voetianische wie coccejanische Theologie».[15]

Vor einigen Jahren hat Johannes Wallmann Goeters These wieder aufgegriffen und präzisiert, worin seiner Meinung nach die besagte Wesensverwandtschaft besteht. Dass in den Anfängen des reformierten Pietismus eine zentrale Gestalt wie Johann Arndt im Luthertum fehle, sei nicht verwunderlich und erkläre sich «aus der stärkeren Disposition des Calvinismus auf pietistische Frömmigkeit. Für die Parole einer Akzentverschiebung von der Lehre auf das Leben fehlte in der reformierten Theologie mit ihrer Betonung des tertius usus legis die Notwendigkeit».[16]

Goeters und Heppe, Good und Vuilleumier, Stoeffler, Faulenbach und Wallmann sprechen nicht von der Bedeutung Calvins, sondern von der grundsätzlichen Affinität des Calvinismus für den reformierten Pietismus.[17] Sie sprechen von der durch den englischen Puritanismus und den niederländischen Präzisismus vermittelten Bedeutung Calvins für den reformierten Pietismus. Vielleicht ist, so paradox es klingen mag, diese Affinität ein, wenn nicht gar der tiefer liegende Grund dafür, dass Calvins Bedeutung für den reformierten Pietismus noch ungenügend thematisiert worden ist?

Nimmt man an, dass spätere wirkungsgeschichtliche Stadien in Kontinuität zu ihrem Ursprung stehen, dann könnte die Beobachtung der genannten Autoren auch für die direkte Beziehung zwischen dem Reformator und dem reformierten Pietismus gelten. Trifft das zu? Um in dieser Frage einen Schritt weiter zu kommen, soll nun mit dem Thema Kirchenzucht ein, wenn nicht der für die Kongruenz von Lehre und Leben bei Calvin und im reformierten Pietismus zentrale Punkt anvisiert werden. Wir beginnen mit dem Beispiel Bern, weil es sich als Ausgangspunkt und Rahmen für die weiteren Überlegungen eignet.

---

15 Heiner Faulenbach: Die Anfänge des Pietismus bei den Reformierten in Deutschland, in: PuN 4 (1977/1978), 190–234, hier 233.

16 Johannes Wallmann: Der Pietismus, Göttingen 2005, 49.

17 Mit der Feststellung solcher Affinität soll keineswegs die unhaltbare und unfruchtbare Gegenüberstellung von «toter Orthodoxie» und pietistischer Reformbewegung im Luthertum wiederbelebt werden. Vgl. dazu Martin Brecht: Das Aufkommen der neuen Frömmigkeitsbewegung in Deutschland, in: Geschichte des Pietismus, Bd. 1 (wie Anm. 5), 166–187.

II.

Zwischen den beiden Nachbarkirchen der strategisch zentral gelegenen Stadt Genf und des mächtigen Stadtstaates Bern bestanden in der Reformationszeit erhebliche Spannungen. Calvin hat sich noch auf dem Sterbebett bitter über den «Verrat» beklagt, den die Berner Kirche an der Genfer Kirche begangen habe. Umgekehrt hat er die Geduld der Berner Politiker und Theologen oft arg strapaziert. Die jeweiligen Kirchenkonzepte waren verschieden: Der in ihrem Wesen ökumenischen, freien Kirche Calvins stand Berns Staatskirchentum mit seiner Einheit von Christengemeinde und Bürgergemeinde gegenüber. Konflikte waren unausweichlich. Sie wurden in Lehr- und Zeremonialfragen sowie auf den Gebieten der Kirchenleitung und der Kirchendisziplin ausgetragen.

Die Kirche Christi lebt nach Calvin von Gottes Selbstmitteilung in Wort und Sakrament. Der Gottesdienst geschieht zur höheren Ehre Gottes und zum Wohl der Menschen. Dazu gehören der Psalmengesang, das Gotteslob und die Reinheit von Lehre und Leben. Die Integrität der Kirche als des Leibes Christi erfordert aber auch eine Disziplin, die als ultima ratio den Bann, den Ausschluss vom Abendmahl, einschliesst.[18]

Zwischen Genf und Bern umstritten war zum einen der Bann als solcher und zum andern die Frage, wer die Disziplin handhaben solle. Im Unterschied zu Calvin wollte Bern und wollten Calvins Gegner in Genf vom Bann absehen. Nicht dass Bern in seiner Kirche nicht hätte zum Rechten sehen wollen. Aber die Obrigkeit wollte dabei die Hand mit im Spiel haben und sich mit der Sozialdisziplinierung durch das Chorgericht begnügen. Das Chorgericht aber war vom Staat bestellt[19], der so, das war Calvins Optik, sich in die kirchlichen Angelegenheiten einmischte. Und das Genfer Konsistorium, das den Bann

---

18 Zur Kirchenzucht bei Calvin und in der Reformationszeit vgl. den luziden Beitrag von Hans-Jürgen Goertz: Kirchenzucht, 3. Reformationszeit, in: TRE 19 (1990), 176–183, hier 178. Goertz fasst die dreifache Begründung der Kirchenzucht bei Calvin nach dessen Institutio Christianae Religionis von 1559 (IV,12,5) konzis wie folgt zusammen: «1. muss der Leib Christi vor Schändung bewahrt, auch das Abendmahl darf nicht durch Unwürdige entweiht werden, 2. dürfen die Guten nicht durch Umgang mit den Bösen verdorben und 3. sollen die Sünder zu Reue und Umkehr bewegt werden.»

19 Heinrich Richard Schmidt: Dorf und Religion. Reformierte Sittenzucht in Berner Landgemeinden der Frühen Neuzeit (Quellen und Forschungen zur Agrargeschichte 41), Stuttgart 1995, 44, formuliert unter Berufung auf Richard Feller präzis: «Das Chorgericht zeigte ein doppeltes Gesicht, einmal war es ‹nicht Organ der Gemeinde, sondern des Staates›, zum anderen war es in dieser Eigenschaft mit erheblichen Kompetenzen ausgestattet, die es in der konkreten Arbeit selbständig handhabte.»

handhabte, war von der Kirche bestellt, die so, das war Berns Optik, in die bürgerliche Existenz eingriff.[20]

Dieser Konflikt war unvergessen, als in den neunziger Jahren des 17. Jahrhunderts in der Berner Kirche pietistische Pfarrer die Kirchendisziplin wiederzubeleben begannen. Nach allem, was wir wissen, taten sie es in Zusammenarbeit mit dem örtlichen Chorgericht, dessen Hauptaufgabe darin bestand, «die Gemeinde für die Feier des Abendmahls würdig zu machen».[21] Wilhelm Hadorn formuliert präzis, wenn er schreibt, sie hätten «wieder etwas Kirchenzucht zu handhaben» versucht,[22] denn um mehr als einen Ansatz dazu handelte es sich nicht. Worum ging es?

Samuel Güldin, der von 1692 bis 1696 in der Gemeinde Stettlen bei Bern wirkte und zu den Mitbegründern und Multiplikatoren der pietistischen Reformbewegung gehörte, ging, um den «Seelen-Zustand» seiner Gemeindeglieder zu «sondieren», von Haus zu Haus. Vor Abendmahlssonntagen besuchte er jeweils die ganze Gemeinde, um hier vom Besuch abzuraten, dort aber dazu zu ermuntern. Er wollte verhindern, dass mit dem Abendmahl, indem man seinen Besuch als Bürgerpflicht betrachtete, Missbrauch getrieben wurde, und die religiöse Bedeutung des Sakraments neu betonen.[23] So erin-

20 Dieser Abschnitt stammt aus meinem Vortrag «Jean Calvin und die Schweizer. Mit einem Seitenblick auf seine Bedeutung für die Herrnhuter in der Schweiz», in: Beiträge pädagogischer Arbeit. Gemeinschaft evangelischer Erzieher in Baden 53/2 (2010), 22–34 (vgl. den Beitrag 29–44 in diesem Band); Vgl. auch Kurt Guggisberg: Calvin und Bern, in: Martin Haas/René Hauswirth (Hg.): Festgabe für Leonhard von Muralt zum siebzigsten Geburtstag, Zürich 1970, 266–285, hier 282.

21 Schmidt, Dorf (wie Anm. 19), 13; Vgl. Heinz Schilling: Reformierte Kirchenzucht als Sozialdisziplinierung? Die Tätigkeit des Emder Presbyteriums in den Jahren 1557–1562, in: Ders./Wilfried Ehbrecht (Hg.): Niederlande und Nordwestdeutschland. Studien zur Regional- und Stadtgeschichte Nordwestkontinentaleuropas im Mittelalter und in der Neuzeit, Köln/Wien 1983, 261–327, hier 273; Heinz Schilling: Sündenzucht als frühneuzeitliche Sozialdisziplinierung. Die calvinistische presbyteriale Kirchenzucht in Emden vom 16. bis 19. Jahrhundert, in: Georg Schmidt (Hg.): Stände und Gesellschaft im Alten Reich (VIEG, Beiheft 29), Wiesbaden 1989, 265–302, hier 269.

22 Hadorn, Geschichte (wie Anm. 13), 51.

23 Rudolf Dellsperger: Die Anfänge des Pietismus in Bern. Quellenstudien (AGP 22), Göttingen 1984, 58f. Die Quelle ist der Brief Samuel Schumachers an August Hermann Francke vom 22. März 1695, in: ebd. 177–202, hier 196: «Er besuchet seine Zuhörer von Haus zu Haus, sondirt ihren Seelen Zustand. [...] Vor den Heil. Zeiten da man communiciren will, gehet er zuvor durch die gantze Gemeinde und redet mit seinen Zuhörern, wie sie sich befinden, und rahtet den einen und andern, sie sollen nicht kommen, wenn er siehet ihren gefährlichen Standt, andere aber frischet er an, dass sie kommen sollen, welches eine tieffe impression in den Hertzen der Zuhörer machen kann, es ist aber eine zimlich unwehrte Arbeit.» – Zu Güldin vgl. Rudolf Dellsperger: Kirchengemeinschaft und Gewissensfreiheit. Samuel Güldins Einspruch gegen Zinzendorfs Unionstätigkeit in Pennsylvania, in: ders.: Kirchengemeinschaft und Gewissensfreiheit. Studien zur

nerte er auch die Chorrichter an ihre Aufgabe, Sünder «nit eher als nach vorhergethaner buß, rew und leid über ihre sünde zum heiligen nachtmal zugehen zuvermahnen, vnd so sie etwan streitige persohnen weren, sie zuvor wider zuversöhnen». Einen mit seinem Bruder und dessen Frau zerstrittenen Chorrichter bat er, «sie wollten eher daß heilige nachtmal nit besuchen als vnversühnt hinzutreten, nach der regul vnsers herrn [...]».[24] Von Christoph Lutz, Güldins Nachfolger in Stettlen, weiss Hadorn zu berichten, er habe die «Chorrichter ... als die Ältesten dazu angehalten, dass sie die Leute vor der Abendmahlsfeier besuchten, und durch Ermahnungen zu einem würdigen Abendmahlsgenuss vorbereiteten».[25] Ähnlich wie Güldin und Lutz werden andere Kollegen gedacht und gehandelt haben.[26] Von zwei weiteren pietistischen Pfarrern, Samuel Dick in Spiez und Nikolaus Bachmann in Koppigen, ist jedenfalls bekannt, dass sie, doch wohl mit derselben Zielsetzung, Hausbesuche machten.[27]

Heinrich Richard Schmidt urteilt in seiner grundlegenden Untersuchung zur reformierten Sittenzucht, der bernische Pietismus habe «die Idee des Bannes revitalisiert».[28] Er hat für die allerdings relativ kurze Dauer von Güldins und Lutz' Wirksamkeit in Stettlen eine auffallend geringe Zahl von Anklagen vor Chorgericht festgestellt und daraus vorsichtig den Schluss gezogen, den beiden Pietisten «könnte der Versuch geglückt sein, einen Übergang vom Fremd- zum Selbstzwang zu erreichen»: «Sie motivierten die Gemeinde und bedienten sich dabei nicht des Chorgerichts oder brauchten sich dessen nicht zu bedienen. Von einer laschen Amtsführung kann man nach allem, was man

---

Kirchen- und Theologiegeschichte der reformierten Schweiz: Ereignisse, Gestalten, Wirkungen (BSHST 71), Bern u. a. 2001, 182–205. Güldin wurde 1699 des Amtes enthoben und 1702 des Landes verwiesen. Er wanderte nach Aufenthalten in Hamburg und Magdeburg 1710 nach Pennsylvania aus. Er gilt als der erste reformierte Pfarrer deutscher Sprache in der Geschichte dieses Landes. In Jahrgang 33 der Zeitschrift «Pennsylvania Mennonite Heritage» ist als Nummer 2 vom April 2010 unter dem Titel «Samuel Güldin and the Mennonite Voyage of 1710» ein ausschliesslich Güldin gewidmetes Heft mit Beiträgen von Andreas Mielke und Sandra Yelton und mit sorgfältig edierten und kommentierten Quellentexten und einer umfangreichen Bibliographie erschienen.

24 Kirchgemeindearchiv Stettlen, Chorgerichtsmanual 7. April 1693, zitiert nach Schmidt, Dorf (wie Anm. 19), 311.

25 Hadorn, Geschichte (wie Anm. 13), 54.

26 Dies müsste anhand der Akten des Berner Pietistenprozesses von 1699 näher untersucht werden. Wernle, Protestantismus 1 (wie Anm. 13), formuliert mit Bezug auf pietistische Pfarrer vage: «Um [...] den Unterschied des Christen vom Weltmenschen auch äusserlich zu markieren, traten einzelne von ihnen für eine Verschärfung der Kirchenzucht, für Fernhaltung grober unbussfertiger Sünder vom Abendmahl ein.»

27 Schumacher an Francke, 22.03.1695, zitiert nach Dellsperger, Anfänge (wie Anm. 23), 197.

28 Schmidt, Dorf (wie Anm. 19), 311.

weiss, bei ihnen nicht sprechen. Auch das Chorgericht scheinen sie nicht vernachlässigt zu haben. Vielleicht haben sie es aber seltener eingesetzt und ihre Gemeindeangehörigen erst ‹informell› zu beeinflussen versucht, wie es aus manchen Einträgen herausklingt.»[29]

Hadorn meint nun, das «Vorbild für die Reformversuche» sei «die calvinische Kirche von Genf» gewesen.[30] Ohne Bezug zu diesem konkreten Fall, aber grundsätzlich dieser Ansicht war auch Henri Vuilleumier, wenn er schrieb, die radikalen Pietisten hätten sich hinsichtlich ihres Rigorismus an Calvin orientiert.[31] Ich habe mich Hadorns Meinung im Blick auf Güldin angeschlossen, wobei ich mich von Güldins Feststellung leiten liess, er und seine Freunde hätten ihre Wende «zu Genf, in sede Calvini» erlebt.[32] War dies neben ihrem Pochen auf reformatorische Orthodoxie nicht ein Hinweis auf Calvins grundlegende Bedeutung für die vier Berner Pietisten?

Das ist möglich, muss aber nicht so sein. Nach Paul Wernle war nämlich das Modell von Kirchenzucht, das der Genfer Reformator dem Rat abgerungen hatte, nach Calvins Tod der «Übermacht der staatskirchlichen Idee» erlegen und zur «Harmlosigkeit» herabgesunken.[33] Das mag als krass formuliert erscheinen. Johann Valentin Andreae beispielsweise hat anlässlich seines Genfer Besuches von 1611 die disciplina Genevensis «über die maßen gefallen». Er hat in Matthieu Scarron einen Pfarrer kennengelernt, «der eine schöne Haußkirche und disciplin […] gehabt». [34] Aber es bleibt offen, ob er neben diesem leuchtenden Beispiel die Genfer Kirchenordnung auf dem Papier oder auch deren Anwendung meint. Dass Jean de Labadie, der Begründer des separatistischen Zweiges im reformierten Pietismus, ein halbes Jahrhundert später während seiner Genfer Zeit (1659–1666) die kirchliche Disziplin wiederbeleben musste, ist ein Hinweis darauf, dass es mit ihr nicht zum Besten bestellt

---

29 Schmidt, Dorf (wie Anm. 19), 154; Nach Schilling, Sündenzucht (wie Anm. 21), 273, hat sich in Emden, gemessen an der Zahl traktandierter Fälle, neben dem Gründungskirchenrat das pietistische Presbyterium am intensivsten der Kirchenzucht angenommen.

30 Hadorn, Geschichte (wie Anm. 13), 53.

31 Vuilleumier, Histoire 3 (wie Anm. 14), 189: «[…] ils n'étaient que de trop fidèles disciples de Calvin qui, n'éprouvant pas pour son propre compte le besoin de semblables délassements [sc. de la vie naturelle et sociale] et y voyant un danger pour la vie chrétienne, les avait fait interdire par des lois disciplinaires sous peine non seulement de répréhension, mais d'amende, de prison, de suspension de la sainte cène, sans compter l'excommunication.»

32 Dellsperger, Anfänge (wie Anm. 23), 59.

33 Wernle, Protestantismus 1 (wie Anm. 13), 79.

34 Martin Brecht: J. V. Andreae und Herzog August zu Braunschweig-Lüneburg. Ihr Briefwechsel und ihr Umfeld (Clavis Pansophiae 8), Stuttgart-Bad Cannstatt 2002, 70–72, hier 70.

war.[35] Aber das war nun auch schon eine Weile her und blieb aufs Ganze gesehen Episode. Die Genfer Kirche vom Ende des 17. Jahrhunderts dürfte als Vorbild für eine Erneuerung der Kirchenzucht ausscheiden. Wer solche Pläne hegte, musste sich entweder direkt am Reformator orientieren, oder ihn erreichten auf andern Wegen entsprechende Impulse, die auf Calvin zurückgingen.

Samuel Güldin und Christoph Lutz hatten mit ihren Gesinnungsgenossen Samuel Schumacher und Samuel Dick zwischen 1689 und 1691 eine akademische Studienreise unternommen, die sie durch die Westschweiz, Deutschland, die Niederlande und England führte. Diese verlief für damalige Berner Theologen in üblichen Bahnen. Manche Reiseziele waren aber insofern ausgesucht, als sie dem Kontakt mit Pietisten dienten. Leider ist über die Begegnungen in den Niederlanden und in England kaum etwas bekannt. Sicher ist, dass die Vier einzeln oder gemeinsam Johann Jakob Schütz in Frankfurt, Johann Heinrich Horb in Hamburg, die labadistische Gemeinschaft in Wieuverd, Theodor Undereyck in Bremen, den Kreis um Philipp Jakob Spener in Berlin und die Stadt Leipzig besuchten, wo es nach wie vor Sympathisanten von August Hermann Francke gab.[36] Auch über diese Begegnungen weiss man meist nicht mehr, als dass sie stattgefunden haben.

Das ist im Fall von Theodor Undereyck nicht anders. Mit ihm reduziert sich die Verbindung zum Berner Pietistenquartett zudem auf Samuel Schumacher, der den Winter 1690/91 in der Hansestadt zubrachte und dort eine schwere religiöse Krise erlebte.[37] Mit Undereyck ist aber der Versuch einer

35 Nach Goebel, Geschichte 2 (wie Anm. 2), 200, begann Labadie «sein Amt sogleich mit einer Busspredigt und drang unter dem grössten Zulaufe fortwährend auf Reformation des Lebens, wodurch alsbald eine heilsame Bewegung der Besserung entstand. Die Kirchen wurden wieder voll und die Wirtshäuser leer oder geschlossen, der Sonntag wieder zum Ruhetag, das Saufen und Spielen nahm dagegen ab, Spielgewinnste wurden freiwillig zurückgegeben, der Handel ward ehrlicher, Recht und Gerechtigkeit strenger gehandhabt. So auch Heppe, Geschichte (wie Anm. 3), 284f.; Ritschl, Geschichte 1 (wie Anm. 4), 204, berichtet hingegen nach Labadies Freund und Biographen Pierre Yvon, «dass die Erfolge, welche Labadie erkämpfte, ihn über die Wirkungslosigkeit seiner eigentlichsten Bestrebungen nicht täuschten. Er hat sehr oft darüber geseufzt, wie wenige Seelen sich der Ausübung der evangelischen Wahrheiten gänzlich ergaben durch einen innerlichen und wirksamen Verkehr mit Gott und durch eine wirkliche Erneuerung ihres Lebenswandels. Für sein mystisch-asketisches Lebensideal fand er also in der volkreichen Muttergemeinde des Calvinismus keinen Raum». Vgl. auch Goeters, Vorbereitung (wie Anm. 11), 148–150.

36 Dellsperger, Anfänge (wie Anm. 23), 43f.

37 Zu Schumachers Bremer Aufenthalt und seinem Brief an einen Freund in Bremen vom 3. April 1693, der von Johann Henrich Reitz im dritten Teil seiner «Historie der Wiedergebohrnen» veröffentlicht worden ist, vgl. Johann Henrich Reitz: Historie Der Wiedergebohrnen. Vollständige Ausgabe der Erstdrucke aller sieben Teile der pietistischen

Wiederbelebung der Kirchenzucht verknüpft. Wir verlassen, indem wir uns auf ihn konzentrieren, vorerst den Berner Rahmen.

III.

Theodor Undereyck, von 1670 bis zu seinem Tod an Neujahr 1693 Pastor primarius an St. Martini in Bremen, stammte aus einer niederländischen Exulantenfamilie.[38] Er war 1635 in Duisburg zur Welt gekommen und hatte in Utrecht, Duisburg und Leiden Theologie studiert. Von seinen akademischen Lehrern haben ihn vor allem Gisbert Voetius, die Leitfigur der «Nadere Reformatie», und der Föderaltheologe Johannes Coccejus beeindruckt, in Utrecht zudem als Prediger Jodocus van Lodenstein und Justus van den Bogaert. Seine akademische Reise führte ihn in die Schweiz und nach Frankreich und England. Eine Begegnung mit Jean de Labadie in Genf hat er stets bestritten.[39] 1660 wurde Undereyck Pfarrer in Mühlheim an der Ruhr. Mit aufrüttelnden Predigten, einer Reform des kirchlichen Unterrichts, ernster, mit nachgehender Seelsorge gepaarter Kirchenzucht und durch Erbauungsversammlungen neben dem Gottesdienst wirkte er in seiner Gemeinde auf ein lebendiges Christentum hin. Von 1668 bis zu seiner Berufung nach Bremen war Undereyck Prediger am Hof der Landgräfin Hedwig Sophie in Kassel.

1679 legte er zusammen mit seinem Gesinnungsgenossen Cornelius de Hase dem Bremer Bürgermeister ein Memorial vor. Sie forderten darin grössere kirchliche Freiheit gegenüber dem städtischen Kirchenregiment, die Einrichtung eines Presbyteriums zur Durchführung der Kirchenzucht und den

Sammelbiographie (1698–1745). Erster Band, Teile I-III (1698–1701) (Deutsche Neudrucke, Reihe Barock, Bd. 29/1, Teil III [Offenbach] 1701), hg. v. Hans-Jürgen Schrader, Tübingen 1982, 215–236; Dellsperger, Anfänge (wie Anm. 23), 44–52; Vgl. Hans-Jürgen Schrader: Erfahrung der äussersten Anfechtung. Die Sünde wider den Heiligen Geist (Mt 12,31) in literarischen Reflexen, in: Christian Soboth/Udo Sträter u. a. (Hg.): «Aus Gottes Wort und eigener Erfahrung gezeiget». Erfahrung – Glauben, Erkennen und Gestalten im Pietismus. Beiträge zum III. Internationalen Kongress für Pietismusforschung 2009 (Hallesche Forschungen 33/1), Halle 2012, 185–207, hier 191–194, 196f. Vor Bremen besuchte Schumacher die labadistische Gemeinde in Wieuverd. Über sie und ihren Gründer las er in Bremen Bücher.

38 Zum Folgenden vgl. Goebel, Geschichte 2 (wie Anm. 2), 300–312; Heppe, Geschichte (wie Anm. 3), 469–478; Ritschl, Geschichte 1 (wie Anm. 4), 371–376; Goeters, Undereyck (wie Anm. 11); Johann Friedrich Gerhard Goeters: Der reformierte Pietismus in Deutschland, in: Brecht, Geschichte des Pietismus 1 (wie Anm. 5), 241–277, hier 244–249, 253–256; Rudolf Mohr: Undereyck, Theodor, in: TRE 34 (2002), 268–272; Johannes Wallmann: Pietismus (wie Anm. 16), 50–55.

39 Heppe, Geschichte (wie Anm. 3), 473.

Ausschluss Ungläubiger vom Abendmahl und von der Taufe ihrer Kinder.[40] Die Denkschrift fand bei den städtischen Behörden kein Gehör. Sie ist aber ein Hinweis darauf, wie ernst es Undereyck mit dem Gedanken und der Praxis der Kirchenzucht meinte. Inwiefern liess er sich dabei von Calvin anregen? Welche Rolle spielte Calvin in seinem Denken? Die Frage ist für unser Thema insofern relevant, als die Anfänge des Pietismus unter den Reformierten Deutschlands mit Undereycks Namen verbunden sind.

1670, in seiner Kasseler Zeit, veröffentlichte Undereyck sein Hauptwerk «Christi Braut unter den Töchtern zu Laodicæa».[41] Adressatin ist die Gemeinde von Laodicea, die entsprechend dem coccejanischen Geschichtsschema die Kirche «in diesen letzten Tagen» darstellt. Das Thema des Traktats ist die Kraft des rettenden Glaubens in Wiedergeburt und Heiligung. In drei Teilen werden in 27 Thesen die Kennzeichen, die Hindernisse und die Mittel zur Förderung des wahren Glaubens behandelt. Johann Friedrich Gerhard Goeters charakterisiert die beiden ersten Teile treffend folgendermassen: «Das Wesen des wahren Glaubens erfasst Undereyck in einer Vereinigung und Gemeinschaft mit Christus durch Wort und Geist, in Busse und dem festen Vorsatz, alle schädlichen Mitteldinge zu meiden. Es geht um eine Erneuerung des Menschen nach Vernunft und Willen. Die Hindernisse sind falsche Sicherheit, Vertrauen auf nur äusserlichen Gottesdienst und ein Sich-Verlieren in äusseren Dingen. Man darf dem Werk Gottes in uns nicht widerstehen.»[42]

---

40 Heppe, Geschichte (wie Anm. 3), 476; Goeters, Undereyck (wie Anm. 11), 230, Z. 30–41: Memorial der beyden Prediger Theodor Undereyck und Cornelius de Hase an den präsidierenden Bürgermeister Dr. Harmes, praesentatum Ven. Ministerio 1679, d. 27. Juni; Wallmann, Pietismus (wie Anm. 16), 52.

41 Christi / BRAUT / Unter den Töchtern zu Laodicæa / Das ist / Ein hochnötiger Tractat / Jn diesen letzten Tagen. | Darinnen | Die lebendige Krafft deß seeligmachenden Glaubens von allem Schmach=Reden der in dieser Zeit Christ=scheinender Spötter / nicht nur auß der H. Schrifft; sondern auch auß gleichlautenden Zeugnüßen der darinn gottseelig erfahrnen und von Gott gelehrten Männern gereiniget und verthädiget wird. Jn Drey Theil: | Deren | Der {I. die unsichtbare Kennzeichen II. die verschiedenen Hindernüssen III. die darzu nöthige Mittel} in sich verfast | Von | Theodor UnderEyck / Predigern zu Cassel. | Perkins Tom. I. über die I. Epist. Joh. | Es ist der allergrösseste Gewissens=Fall / der jemahls kann fürgestellet werden / woran der Mensch erkennen soll /dass er ein Kind Gottes sey. | HANAU / Bey Johan Jngebrand / Buchhändl. / 1670. Ein Exemplar des seltenen Buches befindet sich in Halle, BFSt: 32 G 10. – Da ich das Buch während eines kurzen Aufenthalts in Halle nur partiell habe einsehen können, stütze ich mich hier neben eigenen Beobachtungen auch auf die sachliche Inhaltsangabe bei Goeters, Der reformierte Pietismus (wie Anm. 38), 248f. Goebel und Heppe gehen auf das Buch nicht ein; Stoeffler, Rise (wie Anm. 13), 171f. fusst auf Ritschl, Geschichte 1 (wie Anm. 4), 371–374, dem das Buch vorgelegen hat.

42 Goeters: Der reformierte Pietismus (wie Anm. 38), 248.

Die Thesen 18–27 des dritten Teils mit ihren Erläuterungen nehmen am meisten Raum ein. Sie behandeln die rechten Mittel zum geistlichen Leben, d. h. Fragen wie das Streben des Christen nach gesellschaftlichem Ansehen, sein Verhältnis zu Besitz und Geld, seine Verpflichtung zur Wohltätigkeit, seinen Umgang mit Essen und Trinken und seine Stellung zu Luxus und Vergnügungen. Sie entfalten also eine evangelische Ethik in nuce, deren einziges Ziel in der Heiligung und in der Abgrenzung gegenüber allem nur äusserlichen Christentum besteht. Mitteldinge gibt es nicht. Kirchenzucht ist kein Thema, weil sie sich unter solchen Voraussetzungen erübrigt. Ein wahrer Christ ist in allen Lebenssituationen gehalten und bestrebt, einen präzisen Lebensstil zu führen: «Welches alles desto weniger als eine unnötige Præcisiät zu verwerffen / weil es des auffrichtigen Liebhabers Art und Ampt ist nicht allein die grobe Laster / sondern auch die geringste Sünden / ja auch was darzu Anlaß geben kann / zu meiden und zu fliehen.»[43] Das geht alle an, betrifft aber die Inhaber des Predigtamts in besonderem Mass.

Albrecht Ritschl, der Undereyck wegen des ersten Teils von «Christi Braut» «hochfliegende geistliche Genusssucht» unterstellt hat, bescheinigt ihm im Blick auf den dritten Teil den Rückzug «auf die Linie des correcten Calvinismus».[44] Verschiedentlich ist in der Forschung auf die zwischen diesem Werk und «calvinistischen Dogmatikern»[45] bzw. Calvin selber bestehenden Bezüge hingewiesen worden.[46] Wie gross Calvins Anteil an Undereycks Argumentation ist, wird dann ersichtlich, wenn man die Gesamtstruktur des Traktats beachtet.

Jede These wird durch Stellen aus der Heiligen Schrift, den Kirchenvätern, reformierten Bekenntisschriften und reformierten Dogmatikern, aus englischen, niederländischen und deutschen Asketikern belegt. Darunter figurieren auch Autoren wie Luther[47], Johann Arndt und Heinrich Müller. So gesehen ist Calvin für Undereyck ein Zeuge unter anderen. Sieht man jedoch näher hin, so stellt man fest, dass der Genfer Reformator in der Regel unmittelbar nach den Schriftbelegen und meist vor den reformatorischen Bekenntnisschriften aufgeführt wird.[48] Calvin ist für Undereyck zweifellos nach der Bibel der herausragende Gewährsmann.

---

43 These XXV.

44 Ritschl, Geschichte 1 (wie Anm. 4), 373f.

45 Ritschl, Geschichte 1 (wie Anm. 4), 372.

46 Faulenbach, Anfänge (wie Anm. 15), 218–220; Do-Hong Jou: Theodor Undereyck und die Anfänge des reformierten Pietismus, Bochum 1994, 182.

47 Gegen Ritschl, Geschichte 1 (wie Anm. 4), 372.

48 These 25 beispielsweise bildet in dieser Beziehung eine Ausnahme, hebt aber Calvins herausragende Bedeutung auch so hervor. Die Belege stammen der Reihe nach aus der Bibel, dem Heidelberger Katechismus und der Pfälzischen Kirchenordnung, Phil 2,11

Als Zwischenergebnis kann festgehalten werden, dass Theodor Undereyck dem Gedanken und der Praxis der Kirchenzucht grosse Bedeutung beimass. Ob er sich dabei direkt auf Calvin berief, muss hier offen bleiben. Angesichts der grossen Bedeutung, die Calvin in Undereycks literarischem Hauptwerk zukommt, würde es hingegen erstaunen, wenn dem nicht so wäre. Wie im nächsten Abschnitt zu zeigen sein wird, tut man allerdings gut daran, sich für eine indirekte Beeinflussung Undereycks durch Calvin in dieser Frage offen zu halten. Aufgrund von Undereycks Beispiel darf ferner als gesichert gelten, dass man sich in der Anfangszeit des Pietismus unter den Reformierten Deutschlands oft und gern auf den Genfer Reformator berufen hat. Und schliesslich ist es möglich, dass Undereycks Kirchenzucht und Calvinbezug auch Samuel Schumacher und über diesen seine Berner Freunde beeindruckt haben.

IV.

Theodor Undereyck war in seiner Studienzeit durch seinen Lehrer Gisbert Voetius im Sinne der «Nadere Reformatie» geprägt worden. Damit ist eine Frömmigkeitsbewegung gemeint, die in den Niederlanden des 17. Jahrhunderts die Reformation der Lehre durch eine solche des Lebens vertiefen und vollenden wollte. Sie ist wie der englische Puritanismus älter als der mit Undereycks Namen verknüpfte reformierte Pietismus, steht diesem aber so nahe, dass Wilhelm Goeters das eingangs erwähnte Bild von der aus England und den Niederlanden nach Deutschland herüberflutenden Welle prägen konnte.

Das Deutsche Historische Museum Berlin und die Johannes a Lasco-Bibliothek Emden haben der «Nadere Reformatie» im Katalog zu ihrer Jubiläumsausstellung zum Calvinjahr 2009 ein eigenes Kapitel gewidmet. Darin wird neben Willem Teellinck, dem Vater der Bewegung, und Wilhelm à Brakel (1635–1711) dessen Vater Theodor à Brakel (1608–1699) behandelt, welcher der zweiten Generation der «Nadere Reformatie» angehörte.[49] Ob Undereyck Theodor à Brakels weit verbreitete Erbauungsbücher gekannt hat, kann ich

---

in holländischer Übersetzung, Calvin (Brief), Miguel de Molinos, Guilielmus Amesius, Johannes Hoornbeeck, Daniel Dyke, Peter Streithagen, Robert Bolton, Guilielmus Saldenus, Heinrich Müller. In andern Fällen führt Undereyck auch die Dordrechter Canones und in extenso Kirchenväter wie Johannes Chrysostomus und Augustin an.

49 Arie de Reuver: Reformierte Frömmigkeitsformen in den Niederlanden des 17. Jahrhunderts, in: Ansgar Reiss/Sabine Witt (Hg.): Calvinismus. Die Reformierten in Deutschland und Europa. Eine Ausstellung des Deutschen Historischen Museums Berlin und der Johannes a Lasco Bibliothek Emden, Dresden 2009, 311–316.

nicht sagen.[50] Entscheidend ist die Frage, welche Bedeutung Calvin in der «Nadere Reformatie» und in ihr für die Kirchenzucht zukam.

Theodor Gerhard à Brakel war das Kind eines von Haus aus katholischen Vaters. Seine Mutter starb früh. Er war, wie ein Jahrhundert nach ihm Zinzendorf, ein religiös hoch sensibles, frühreifes Kind, hat aber nie Theologie studiert, sondern wurde nach einer unmittelbaren, visionären Berufung als ein Mensch von «singuliere gaven» nach der Dordrechter Kirchenordnung in den regulären Kirchendienst aufgenommen und wirkte ab 1638 in Beers und Jellum (Friesland), Burg (Insel Texel) und Makkum (Friesland). Er soll, «als Prediger, Katechet und Seelsorger unermüdlich thätig, […] zugleich eine strenge Kirchenzucht» gehandhabt haben.[51] Berühmt geworden ist er durch zwei Bücher über das geistliche Leben eines Christen: «Het geestelyke leven ende de stand eens geloovigen menschen hier op aarde» (1648) und «De trappen des geestelijken levens» (postum 1670 von seinem Sohn Willem veröffentlicht).[52]

Beide Werke sind aus der persönlichen spirituellen Praxis erwachsen. Drei-, in der Regel viermal am Tag – frühmorgens, vor dem Mittagsmahl, in der Abenddämmerung und vor dem Schlafengehen – sammelte sich Brakel zur Meditation über der Heiligen Schrift. Grund, Wesen und Ziel dieser «Übungen», wie er sie nannte, umschrieb er folgendermassen: «Wen es von Herzen verlangt Gottes Gnade und die Vergebung seiner Sünden zu fühlen und zu schmecken dass der Herr freundlich und süss ist, und zu wachsen in der Gemeinschaft Gottes und überfliessender zu werden in der Liebe Jesu Christi, der muss vor allem täglich einige christliche Übungen vornehmen. Unter diesen Übungen verstehe ich himmlische Meditationen, geistliche Betrachtungen und stille Gespräche mit Gott, wodurch man sein Herz aufrichtig vor Gott untersucht und dasselbe in demüthigen Geberden und Danksagungen sich ergiessen lässt und die Wohlthaten Gottes betrachtet. Denn ein wiedergeborener Mensch ohne göttliche Übung ist gleich einem Fisch ohne

---

50 Goebel, Geschichte 2 (wie Anm. 2), 826, schreibt, Brakel habe wie Lodenstein, Vitringa und van der Waeyen bei der Pfarrerschaft am Niederrhein in hohem Ansehen gestanden. Es ist also durchaus möglich, dass Undereyck als ehemaliger Pfarrer in Mühlheim an der Ruhr Brakels Buch bei dessen Erscheinen zur Kenntnis genommen hat.

51 Heppe, Geschichte (wie Anm. 3), 179.

52 Heppe, Geschichte (wie Anm. 3), 173–185; Ritschl, Geschichte 1 (wie Anm. 4), 268–276; Goeters, Vorbereitung (wie Anm. 11), 93–97; Stoeffler, Rise (wie Anm. 13), 148–151; Johannes van den Berg: Die Frömmigkeitsbestrebungen in den Niederlanden, in: Brecht, Geschichte des Pietismus 1 (wie Anm. 5), 57–112, hier 91–93; de Reuver, Frömmigkeitsformen (wie Anm. 49), 315f.

Wasser und kann nicht lange ohne die Empfindung der Gegenwart Gottes leben.»[53]

Dasselbe Thema, nämlich die gottgewollte religiöse Entwicklung in den Lebensaltern des Kindes, des Jünglings und des Mannes, behandelt Brakel in «Die Stufen des geistlichen Lebens».[54] Die wahre Glückseligkeit des Menschen besteht in der Gemeinschaft mit Gott, zu der er durch Askese und gewissenhafte Lebensführung, vor allem aber durch fortwährende Meditation gelangen kann. Ein wesentliches Element seines Lebensstils ist eine strikte Sonntagsheiligung.

Welche Bezüge bestehen zwischen Theodor à Brakel und Calvin? Zur Frage nach der Kirchenzucht ist das Entscheidende bald gesagt: Einerseits war die Disziplin in den reformierten Gemeinden der niederländischen Volkskirche eine feste Einrichtung. Es ist normal, dass ein auf einen präzisen Lebensstil bedachter Pfarrer wie Brakel darauf Wert gelegt hat. Wer andererseits als erwachsener Christ zur Bewahrung der Andacht «1) ohne Unterlass betet, 2) einen bestimmten Zug aus der Leidensgeschichte sich den Tag über meditierend vergegenwärtigt, 3) im Umgang mit Menschen die Weltlichen flieht, mit den Frommen gute erbauliche Gespräche führt, 4) sich nicht ohne Not in irgendwelche weltliche Berufsgeschäfte verflechten lässt, 5) stets ein gehorsames Herz bewahrt, 6) alles aus dem Glauben tut, 7) ganz der göttlichen Vorsehung sich ergibt»[55] – wer so lebt, der hat die Disziplin so sehr verinnerlicht, dass er der äusseren nur zur Not bedarf.

Ritschl weist auf das Calvin und Theodor à Brakel gemeinsame, zentrale Motiv der Heiligung hin. Auch Calvin kenne Stufen der Heiligung und lehre darauf besonders zu achten. Arie de Reuver erinnert an den hohen Stellenwert des regelmässigen meditativen Bibelstudiums bei Calvin und bemerkt unter Hinweis auf dessen Institutio, dass Gotteserkenntnis für Calvin immer auch existentielle Herzenserkenntis sei.[56] Ritschl meinte, Brakel behandle das Thema der Heiligung nicht theoretisch, sondern kontemplativ, und entlehne dafür Vorstellungen und Praktiken aus der mystischen Tradition.[57] Während er konkret an Jan van Ruysbroek dachte, weisen Johannes van den Berg und Arie de Reuver auf die bernhardinische Passionsmystik hin. Van den Berg meint, dass wir bei Theodor à Brakel «einem Frömmigkeitstyp begegnen, in dem nicht nur der theokratische, sondern teilweise auch der ethische Aspekt der ‹Nadere Reformatie› hinter dem mystischen verschwindet».[58]

---

53 Zitiert nach Heppe, Geschichte (wie Anm. 3), 180.

54 Vgl. 1 Joh 2,12–14.

55 Zitiert nach Goeters, Vorbereitung (wie Anm. 11), 95f.

56 De Reuver, Frömmigkeitsformen (wie Anm. 44), 315 mit Hinweis auf Inst. (1559), I,10,2.

57 Ritschl, Geschichte 1 (wie Anm. 4), 271, 275.

58 Van den Berg, Frömmigkeitsbestrebungen (wie Anm. 52), 93.

Theodor à Brakels Verhältnis zu Calvin ist zugleich von Nähe und Distanz geprägt. Beide sehen beispielsweise im Lob Gottes eine, wenn nicht *die* zentrale Lebensäusserung einer christlichen Existenz. Andererseits spielt die Kirche, der doch Calvins ganze Aufmerksamkeit galt und der Brakel als Pfarrer diente, in dessen Erbauungstraktaten praktisch keine Rolle. Es dreht sich alles um das eine Thema «Gott und die Seele». Das hat an der volkskirchlichen Reformpartei, zu der Brakel gezählt wird, schon Wilhelm Goeters beobachtet, und er hat es dem in den Niederlanden des 17. Jahrhunderts erwachenden Subjektivismus zugeschrieben.[59] Es ist wohl kein Zufall, dass der Herausgeber der ersten deutschen Übersetzung der «Staffel deß geistlichen Lebens» vor der Gefahr der Geringschätzung der äusseren Gnadenmittel meinte warnen zu müssen.

Diese vom Pietisten Daniel Knopf, von Beruf Finanzfachmann und Armenpfleger, besorgte Übersetzung erschien im Jahr 1698 in Bern.[60] Knopf, damals dreissigjährig, hatte bei Samuel Güldin in Stettlen Gottesdienste besucht und wurde Taufpate von dessen zweitem Kind. Er beteiligte sich an der Übersetzung von Pierre Poirets Traktat «Les vrais principes de l'éducation chretienne des enfants», setzte sich für die Verbreitung von Werken der englischen Philadelphierin Jane Leade in deutscher Sprache ein und scheint auch sonst ein fleissiger Abnehmer und Promotor (radikal)pietistischer Literatur gewesen zu sein. Dafür wurde er im Berner Pietistenprozess von 1699 mit 500 Pfund gebüsst.[61]

---

59 Goeters, Vorbereitung (wie Anm. 11), 58: «Allgemein innerhalb der uns beschäftigenden Gruppe findet sich ein sicheres Verständnis dafür, dass die wirkliche Besserung der sittlichen Zustände überall eine Belebung des individuellen Glaubens zur Voraussetzung hat. Über das innere Leben, das Verhältnis der einzelnen Seele zu ihrem Gott und Erlöser wird im Grunde mehr und eifriger verhandelt als über die Auswirkungen im Leben.»

60 Die Staffel | Deß | Geistlichen | Lebens. | Beschrieben in Holländischer | Sprach / und zum vierdten mahl | getruckt. | Durch | THEODORUM à BRAKEL, | bey leben Predicanten zu Makum, | in Frießland. | Und nunmehr zu gemeiner Erbauung zusamen | gezogen/und in unsere Mutter=Sprach | übersetzt. | BERN. | In der Hoch=Oberkeitlichen Truckerey. | Durch Andreas Hügenet. 1698. Die beiden Exemplare der Zentralbibliothek Bern tragen die Signaturen Theol. XXXI. 98 und d 437. Schon Ritschl, Geschichte 1 (wie Anm. 4), 269, hat auf diese Ausgabe hingewiesen. Es handelt sich wie bei der andern deutschsprachigen Ausgabe von Wilhelm Conrad Baumann, Frankfurt ^{5}1733, um eine gekürzte Fassung. Sie wurde für diesen Aufsatz benützt, aber es wird, da sie meines Wissens noch nie mit dem holländischen Original verglichen wurde, nicht nach ihr zitiert. Die erwähnte Warnung des Herausgebers findet sich gegen Ende des unpaginierten Vorworts.

61 Dellsperger, Anfänge (wie Anm. 23), passim (Register); Isabelle Noth: Ekstatischer Pietismus. Die Inspirationsgemeinden und ihre Prophetin Ursula Meyer (1682–1743) (AGP 46), Göttingen 2005, 80, vgl. auch 373f.; Kaspar Bütikofer: Der frühe Zürcher Pietismus

Damit schliesst sich ein zweiter Kreis. Theodor à Brakel hat als Vertreter der «Nadere Reformatie» im Geiste des aufkommenden Subjektivismus seiner Zeit das spirituelle Erbe Calvins vertreten. Bei ihm erscheint der Calvinismus in einer Gestalt, die ihn für den Pietismus attraktiv machte. Samuel Schumacher kündigte August Hermann Francke die Übersetzung von Brakels Buch als «ein herrliches für die Kirche Gottes sehr nützliches Werck» an, indem er dessen Wert für die Gotteserfahrung wie für die Gotteserkenntnis hervorhob: «[...] es beschreibet das Englische Leben, welches dieser große Heilige [...] in diesem Leben geführet hat, wie derselbige in einer so genauen Freundschafft mit Gott gestanden, wie ein Freund mit dem andern; wie seine Seele ist hinaufgezogen worden in Gott umb ihn zu kennen in seinen Herrlichen Eygenschafften, Gerechtigkeit Barmherzigkeit etc.»[62] Knopfs Brakel-Übersetzung ist aber auch ein Beleg für die engen Beziehungen zwischen der reformierten Schweiz und den Niederlanden. Zur Kirchenzucht ergaben sich bei Brakel abgesehen von der Tatsache, dass sie Teil seiner pfarramtlichen Tätigkeit war, keine signifikanten Erkenntnisse, es sei denn, man bezeichne ihre Verinnerlichung zur Selbstzucht durch geistliche Übungen als eben dies.

V.

Ein reformierter Christ des 18. Jahrhunderts, der die Notwendigkeit der Kirchenzucht im neuzeitlichen Kontext, die subjektive Würdigkeit als Bedingung für die Teilnahme am Abendmahl besonders betont, der das Abendmahl in besonderer Weise ernst genommen und für seine Person andächtig gefeiert hat, war der Pietist und Mystiker, Seelsorger und Dichter Gerhard Tersteegen (1697–1769).[63] Mit ihm kehren wir nochmals an den Niederrhein, nach Mühlheim an der Ruhr zurück.

Tersteegen orientierte sich in der Abendmahlsfrage am Vorbild der Jerusalemer Urgemeinde: In der Eucharistie feiert die Gemeinde die Gemeinschaft mit Christi Leib und Blut und erleben ihre Glieder die Gemeinschaft mit- und untereinander. Wer nicht zur Gemeinde gehört, oder wer ihr zwar angehört,

(1689–1721). Der soziale Hintergrund und die Denk- und Lebenswelten im Spiegel der Bibliothek Johann Heinrich Lochers (1648–1718) (AGP 54), Göttingen 2009, 391, 398f., 412.

62 Schumacher an Francke, 22.03.1695, zitiert nach Dellsperger, Anfänge (wie Anm. 23), 201.

63 Cornelis Pieter van Andel: Gerhard Tersteegen. Leben und Werk – sein Platz in der Kirchengeschichte, Neukirchen-Vluyn 1973; Johann Friedrich Gerhard Goeters: Der reformierte Pietismus in Bremen und am Niederrhein im 18. Jahrhundert, in: Brecht, Geschichte des Pietismus 2 (wie Anm. 5), 372–427, hier 390–410.

aber gegen ihre Normen verstösst, ist davon ausgeschlossen. Für Tersteegen hielt sich die Kirche seiner Zeit nicht mehr an diese apostolische Ordnung. Deshalb blieb er dem Abendmahl fern. Er hat sich dafür unter anderem auf Calvin berufen.

Tersteegen hat über seine Haltung in dieser Frage verschiedentlich Rechenschaft abgelegt. Der Traktat, um den es hier geht, ist spät, wahrscheinlich 1768, entstanden und unter dem Titel «Beweis, dass man demjenigen, der von Gott in seinem Gewissen zurückgehalten wird, mit offenbaren Weltkindern und Gottlosen nicht zum Abendmahl zu gehen, seine Gewissensfreiheit ungekränkt lassen müsse» 1774 aus dem Nachlass herausgegeben worden.[64] Tersteegen versteht sich nicht als Kirchenstürmer, er will auch niemandem Skrupel einreden. Aber es geht für ihn um eine Gewissensfrage und um eine Frage der Gewissensfreiheit. Wenn Pfarrer Gemeindeglieder wegen ihrer Abendmahlsabstinenz unter Druck setzen, ist dies «ein Gott missfälliger und sündlicher Gewissenszwang». (280) Davor will er sie schützen. Er tut es mit einem minutiösen Schriftbeweis und durch Entkräftung möglicher Gegenargumente.

Die volkskirchliche, unterschiedslose Zulassung aller zum Abendmahl steht nach ihm im Widerspruch zu seiner Einsetzung und zu Schrift und Heidelberger Katechismus. Nicht nur das Böse in uns ist ein Grund, dem Abendmahl fernzubleiben, auch die «bösen und unwürdigen Menschen neben uns» sind es. (280) Das von der Gemeinde in der Mahlfeier abgelegte Zeugnis, durch das Teilen des einen Brotes ein Leib zu sein, kann sich nicht auf «Weltmenschen» erstrecken. (281) Wer nach 1 Kor 5,11 mit einem offenbaren Sünder nicht essen soll, kann auch nicht mit ihm Abendmahl feiern. Wenn man mit Juden, Heiden, Türken und Ketzern schon nicht zum Abendmahl gehen darf, dann auch nicht mit denjenigen, «welche sagen, dass sie Gott erkennen, ihn aber mit den Werken verleugnen […]» (282) Das hiesse den Bund Gottes verletzen und Gottes Zorn und Gericht provozieren.

Nicht wer sich des Abendmahls enthält, sondern wer es missbraucht, verachtet es. Die Gefahr geistlichen Hochmuts besteht in der Tat, hebt aber das Gebot der Absonderung von den Bösen nicht auf. Das Richtverbot darf nicht

64 Zur Entstehungszeit vgl. Max Goebel: Geschichte des christlichen Lebens in der rheinisch-westphälischen evangelischen Kirche, Bd. 3: Die niederrheinische reformirte Kirche und der Separatismus in Wittgenstein und am Niederrhein im achtzehnten Jahrhundert, Coblenz 1860 (Nachdruck Giessen/Basel 1992), 422; Dietrich Meyer hat den Text auf der Grundlage des Erstdrucks neu ediert: Dietrich Meyer (Hg.): Gerhard Tersteegen. Ich bete an die Macht der Liebe. Eine Auswahl aus seinen Werken, Giessen/Basel 1997, 278–295. Die Ziffern in runden Klammern im Text beziehen sich auf diese Ausgabe. Beim Archiv der Evangelischen Kirche im Rheinland bedanke ich mich für die Übersendung einer Kopie der Ausgabe Elberfeld 1864.

daran hindern, den Baum an seinen Früchten erkennen zu wollen. Wenn Pfarrer sagen, man solle die Prüfung seiner Würdigkeit dem Gewissen jedes Einzelnen überlassen, geben sie Gelegenheit, «sich schuldig zu machen an dem Leib und Blut Christi». An dieser Stelle ereifert sich Tersteegen dann doch: «Paulus schreibt an *Gläubige,* dass sie sich selbst prüfen sollen; jetzt aber werden offenbare Gottlose und unbussfertige Weltkinder zum Abendmahl gelassen, die im geringsten nicht tüchtig sind, sich selber prüfen zu können; sollen denn darum die Prediger ihrer Pflicht auch vergessen und nur alles gehen lassen, wie es geht, unter dem nichtigen Vorwand, der Mensch müsse *sich selbst* prüfen?» (287)

Für Tersteegen ist es undenkbar, dass Judas am Abendmahl teilgenommen hat. Neben der Schrift und dem Heidelberger Katechismus beruft er sich in dieser Frage auf eine ganze Reihe reformierter Theologen des 16. und 17. Jahrhunderts aus der Schweiz, Deutschland und den Niederlanden, unter ihnen auf Wolfgang Musculus, Theodor Beza und Johannes Piscator. (288) Das letzte Wort gehört aber Calvin, den er in Bezug auf die bedingte Zulassung zum Abendmahl dem Wortlaut nach frei, aber sachlich richtig zitiert: «Dies ist deutlich in der Heiligen Schrift gegründet, dass das Abendmahl allein soll ausgeteilt werden an denen, die da bequem sind, 1) den Leib und das Blut des Herrn zu unterscheiden, 2) den Zustand ihrer Seelen und ihres Gewissens zu unterscheiden, 3) den Tod des Herrn zu verkündigen und dessen göttliche Kraft einzusehen und zu ergründen.» (293)

Nun hat Cornelis Pieter van Andel geltend gemacht, Tersteegen rekurriere, wenn man den Kontext der Institutio berücksichtige, zu Unrecht auf Calvin, beleuchte dieser doch an der besagten Stelle mit der Ablehnung der Kinderkommunion einen anderen Aspekt der Abendmahlsthematik: «Es ist wahrscheinlich, dass Tersteegen die Institutio nie selbst in Händen gehabt hat, sondern das Zitat irgendwo fand und also falsch gebrauchte.»[65]

Das ist möglich, entwertet aber diesen Calvin-Bezug für unsere Fragestellung nicht. Erstens zeigt er, dass Calvin für Tersteegen auch zwei Jahrhunderte nach seinem Tod eine Autorität war. Es ist wenig wahrscheinlich, dass er sich auf ihn aus rein taktischen Gründen berufen hat. Zweitens war für ihn Kirchenzucht im Zeitalter der Aufklärung offensichtlich nicht obsolet geworden. Er konstatierte eine wachsende Distanz zwischen neutestamentlichem und neuzeitlichem Christentum und weigerte sich, die Zulassungsbedingungen zum Abendmahl zu ermässigen. Drittens aber konnte Tersteegen seinerseits Calvin

65 Van Andel, Tersteegen (wie Anm. 63), 174; Ähnlich Wallmann, Pietismus (wie Anm. 16), 65: «Die Ferne zur reformatorischen Theologie ist nicht zu übersehen. Der in der christlichen Literatur so bewanderte Tersteegen hat wohl niemals eine Schrift von Luther oder Calvin in der Hand gehabt.»

nur bedingt für sein Abendmahlsverständnis in Anspruch nehmen, und zwar nicht nur hinsichtlich des erwähnten Zitates, sondern aus grundsätzlichen Gründen: Er hat das Abendmahl spiritualisiert, indem er es von Kirche und Amt trennte und als «intimes Geschehen zwischen Jesus und der frommen Seele» erlebte und verstand.[66]

Zwischen Gerhard Tersteegen und dem Berner Kulturphilosophen und Pietisten Beat Ludwig von Muralt (1665–1749) gibt es, und dies nicht nur hinsichtlich der Themen Kirchenzucht und Abendmahl, frappante Parallelen. Es handelt sich nicht um ursächliche Zusammenhänge, obwohl die beiden sich gekannt haben. Muralt war unter den Frommen am Niederrhein eine bekannte Persönlichkeit, und als er sich zu Beginn der vierziger Jahre als alter Mann in Begleitung seiner zweiten Frau und im Gefolge einer Inspirierten bei ihnen in Solingen und auf der Insel Texel aufhielt, hat Tersteegen sich angelegentlich nach dem «lieben Alten Herrn v. Muralt» erkundigt.[67]

Muralt, Spross einer einflussreichen Berner Patrizierfamilie, war unter den Gebildeten durch seine 1725 erstmals gedruckten und dann oft neu aufgelegten «Lettres sur les Anglois et les François» und unter den Frommen durch seine Haltung im Berner Pietistenprozess bekannt geworden. Er kannte die beiden Kulturen, die er in seinem zweibändigen Werk glänzend beschrieb und scharf analysierte, aus eigener Erfahrung, und verfügte über eine umfassende Bildung. Als er für die Pietisten Partei ergriff und selber dem Gottesdienst fernblieb, haben die in Staat und Kirche tonangebenden Kreise die Gefahr, die ihnen damit drohte, erkannt, dem unbotmässigen Standesgenossen den Prozess gemacht und ihn Anfang 1701 ins Exil geschickt.[68]

---

66 Van Andel, Tersteegen (wie Anm. 63), 174.

67 Gerhard Tersteegen an Johann Schmitz, Mühlheim 11.01.1741, in: Horst Neeb (Hg.): Gerhard Tersteegen und die Familien Schmitz in Solingen. Briefe aus den Jahren 1734–1764, Düsselsorf 1997, 97f. Tersteegen äussert sich kritisch über die inspirierte Dorothea Allgäuer und zeigt sich besorgt über deren Einfluss auf Muralt. Er warnt vor «ausserordentliche[n] und bedenkliche[n]» religiösen Erfahrungen und weist hin auf «den zug und leitung des sanften Geistes Jesu, der im der seelen, nicht aber in den sinnen wirckte». Zu Dorothea Allgäuer (1699–1748), die im St. Galler Sterberegister als Erz-Fanatica bezeichnet wird, vgl. Michael Knierim/Johannes Burkardt: Die Gesellschaft der Kindheit Jesu-Genossen auf Schloss Hayn. Aus dem Nachlass des von Fleischbein und Korrespondenzen von de Marsay, Prueschenk von Lindenhofen und Tersteegen 1734–1742. Ein Beitrag zur Geschichte des Radikalpietismus im Sieger- und Wittgensteiner Land, Hannover 2002, 152, 261.

68 Zu von Muralt vgl. Rudolf Dellsperger: Beat Ludwig von Muralts Emigration aus der Kirche. Hinweise zu seinem Weg zwischen Pietismus und Aufklärung, in: ders., Kirchengemeinschaft (wie Anm. 23), 66–84. Weitere Belege zu seiner Person und zu seinem «Fall» verspare ich auf eine umfassendere Studie.

Muralt wollte sich dagegen zur Wehr setzen. Er gab den 41 eng beschriebenen Folioseiten, auf denen er seine Verweigerung von Kirch- und Abendmahlsgang begründete und sich gegen den Vorwurf der Gottesverachtung verwahrte, den Titel: «Gewüßenhaffte beschwerden über / etliche mengel unserer kirch und prediger. / Oder / Apologey eines, wegen genöthigter unterlaßung der offentlichen versamblungen, für einen gefährlichen Gottsverachter gehaltenen und angeklagten Christens.» Er kritisierte darin das geistliche Ministerium scharf und klagte, dass die Eucharistie «eine algemeine und entheiligte mahlzeit ist, daß sie jederman ohne unterscheid offen stehet. Niemand enthelt sich darvor: verstokte weltmenschen, offentliche sünder, allerley unnützes gesinde, ja die Gottlosen leute, die für jedermans augen ärger als die unvernünfftigen Thier leben, tretten in einem ordenlichen habit und gravitetischen schritt herzu, und derer nicht eine kleine anzahl; mit einem wort eben diejenigen menschen, von welchen unsere prediger klagen, sie haben villicht noch keinen bekehrt, müßen an disem heyligen tag und heyligen ohrt auff einmahl alle heilig, und Christi wahre jünger sein; welche greuwliche profanation dem lieben Gott geklagt seye».[69]

Die Kirchenzucht hatte in Muralts Augen versagt. Sie funktionierte nicht mehr, weder auf der Stufe der Laien, schon gar nicht der Vornehmen unter ihnen, noch auch auf der Stufe der Pfarrer. Deshalb mied er die Kirche. Der Druck, dem er sich deswegen von geistlicher Seite ausgesetzt sah, hat ihn in seiner Renitenz weiter bestärkt, denn es ging auch für ihn wie für Tersteegen um eine Gewissensfrage und um eine Frage der Gewissensfreiheit.

Zur selben Zeit, am selben Ort und mit derselben Begründung wie Muralt blieb auch Samuel Güldin dem Gottesdienst fern. Er und Muralt waren Freunde. Güldin, der seit seiner Suspension keine Amtswohnung mehr hatte, wohnte mit seiner Familie vorübergehend bei Muralt. Einer drohenden Festnahme haben sie sich gemeinsam durch die Flucht nach Biel entzogen.

Muralt ist Separatist geblieben, selbst dann, als ihn sein naher Verwandter Georg Thormann 1705 in einem Brief zur Rückkehr in die Kirche zu bewegen versuchte. Auch Thormann sympathisierte mit dem Pietismus, blieb aber der Kirche treu. Er hatte in einem Traktat über das Täufertum zu einer grundlegenden Erneuerung in Staat und Kirche aufgerufen, war Dekan des Kapitels Burgdorf und amtierte als hoch angesehener Pfarrer in Lützelflüh. Samuel Schumacher war bei ihm Vikar gewesen und hatte von Lützelflüh aus seine beiden Briefe nach Bremen und an August Hermann Francke geschrieben. Muralt lehnte Thormanns Einladung unter Berufung auf sein Gewissen, auf

69 Der umfangreiche, noch unveröffentlichte Text stammt von Ende 1699/Anfang 1700 und wird im Herrschaftsarchiv des Schlosses Oberdiessbach aufbewahrt. Eine Veröffentlichung ist geplant.

die Bibel und auf Luther höflich aber entschieden ab. Solange die Freiheit, der Kirche fernzubleiben, nicht bestehe, könne er auch nicht in sie zurückkehren.[70] Ein Kirchenstürmer freilich war zu diesem Zeitpunkt auch er nicht mehr. Exil und Retraite hatten ihn gelehrt, sich mehr mit seiner eigenen Korruption zu beschäftigen als mit der der Andern.

VI.

Wir sind von der Beobachtung einer Revitalisierung und Vertiefung der Kirchenzucht durch pietistische Pfarrer im bernischen Ministerium ausgegangen. Ihr Ziel war die Verinnerlichung der Fremd- zur Selbstdisziplin. Sie haben damit in ihren Gemeinden und bei einflussreichen Laien Resonanz gefunden. Unter der Voraussetzung, dass es dabei nicht bloss um ein neues Ernstnehmen des zwinglianischen, sondern des calvinischen Kirchenzuchtgedankens ging, stellte sich die Frage, auf welchen Wegen dieser am Ende des 17. Jahrhunderts nach Bern gelangt sein könnte, zumal er dort in der Reformationszeit auf Ablehnung gestossen war und das zeitgenössische Genf als Herkunftsort kaum in Frage kam. Mehrere Indizien wiesen nach Bremen, an den Niederrhein und in die Niederlande, wo das Erbe Calvins und der Kirchenzuchtgedanke nach wie vor lebendig waren. Anhand der Beispiele von Theodor Undereyck, Theodor à Brakel und Gerhard Tersteegen konnte, wenn auch nur in Ansätzen, gezeigt werden, was dies in der Anfangszeit des reformierten Pietismus in Deutschland, zur Zeit der «Nadere Reformatie» in den Niederlanden und unter den zur Zeit der Aufklärung Erweckten am Niederrhein konkret hiess. Obwohl die Unterschiede im Verständnis von Kirchenzucht von Fall zu Fall beträchtlich waren, wird man doch, wie im bernischen Pietismus am Ende des 17. Jahrhunderts, deren Verinnerlichung zur Selbstzucht als allgemeine Tendenz ausmachen können, die überdies mit einer Verinnerlichung des

70 Beat Ludwig von Muralt an Georg Thormann, 10. November 1705. Der Brief ist nach einer Abschrift in der Burgerbibliothek Bern (Signatur M.h.h. III.272, 676–685) in sprachlich modernisierter und überarbeiteter Form erstmals veröffentlicht worden von E. Ritter, in: Quelque documents sur Béat de Muralt, Bulletin de l'Institut National Genevois 32, Genève 1894. Eine kritische Edition des Originals, das sich in Schublade 41 des Familienarchivs von Wattenwyl im Neuen Schloss Oberdiessbach befindet, liegt zur Veröffentlichung bereit. Zu Thormann vgl. Dellsperger, Anfänge (wie Anm. 23), 30–33; Res Rychener, «Der Probier-Stein». Pfarrer Georg Thormanns «Gewissenhaffte Prüffung des Täuferthumbs» 1693, in: MH 14 (1991), 27–50; Hanspeter Jecker/Heinrich Löffler, «Wie dem schädlichen Übel der Taüfferey zu remedieren sey». Neue Streiflichter auf die Entstehung der Amischen. Zwei Briefe des Pfarrers Johann Rudolf Salchli von Eggiwil im Emmental (1693f.), in: MH 28/29 (2005/06), 89–145, hier 128–145.

Abendmahls, bis hin zu dessen Spiritualisierung, einherging. Dies kommt einer Bestätigung der beobachteten Wesensverwandtschaft von Calvinismus und reformiertem Pietismus gleich, die allerdings nach und nach zu einer entfernten Verwandtschaft wurde, was auch für das Verhältnis des reformierten Pietismus zu Calvin selber gelten dürfte.

Fragt man nach den Wurzeln der Kirchendisziplin im reformierten Pietismus, so wäre für den bernischen Kontext neben Calvin und dem Calvinismus zudem auf die Täufer hinzuweisen, die ihre Kritik an der Staatskirche im Kern mit deren Defizit einer konsequenten Disziplin begründeten. Es ist offensichtlich, dass Pietisten diesbezüglich auch von ihnen gelernt haben. Wie sonst soll man sich erklären, dass – um nur dieses eine Beispiel zu nennen – vom Pietismus ergriffene Frauen und Männer sich den Täufern meinten anschliessen zu sollen, «weil unter dem großen Hauffen eine solche große Verderbnis sey»?[71] Dies bliebe weiter zu erhellen.[72] Doch damit stossen wir einmal mehr an die Grenzen dieses Versuchs.

---

71 Dellsperger: Anfänge (wie Anm. 23), 56–59, 65, 196f. Zum Thema Täufertum und Pietismus vgl. Noth, Ekstatischer Pietismus, 61–63.

72 Ich danke Hanspeter Jecker dafür, dass er mir diesen wichtigen Aspekt in Erinnerung gerufen hat.

Täufertum und Pietismus um 1700. Das Beispiel Bern

Bern ist für die Beziehungen zwischen Täufertum und Pietismus an der Wende vom 17. zum 18. Jahrhundert ein repräsentatives Beispiel. Der mächtige Stadtstaat umschloss das «letzte schweizerische Täuferreservat»[1] und gehörte zugleich zu den Zentren des Pietismus in der Schweiz. Gewiss waren die Täufer auch hier eine Minorität. Ihr Anteil an der Bevölkerung betrug nicht ganz 3 Promille.[2] Aber sie waren eine Minderheit, an der sich der Staat seit mehr als anderthalb Jahrhunderten die Zähne ausgebissen hatte. Gegen Ende des 17. Jahrhunderts nahm die Bewegung an Grösse und Ansehen erneut zu, und als der Magistrat 1710 und 1711 zu den Mitteln der Deportation und der erzwungenen Auswanderung griff, stiess er, wie schon 1659 in den Niederlanden, nicht nur bei Mennoniten, sondern bei Politikern und Gelehrten weithin auf Protest und Unverständnis. Die bernischen Täufer spielten auf der Bühne Europas und bald auch auf derjenigen England-Amerikas eine bedeutende Rolle.

Im Vergleich zum Täufertum war der bernische Pietismus jung.[3] Er trat Ende der achtziger, Anfang der neunziger Jahre des 17. Jahrhunderts in Erscheinung und war eine komplexe soziale Bewegung ohne feste Organisa-

---

1 Hans Rudolf Lavater: Die vereitelte Deportation emmentalischer Täufer nach Amerika 1710. Nach dem Augenzeugenbericht der «Röthenbacher Chronik», in: MH 14 (1991), 59. Eröffnungsreferat am Internationalen Kolloquium zum Thema «‹Bis das gantze Land von disem Unkraut bereiniget seyn wird›. Das Täufertum im Spannungsfeld von obrigkeitlicher Repression, pietistischem Aufbruch und internationaler Diplomatie». (01.–02.09.2011 am Ausbildungs- und Tagungszentrum Bienenberg/Liestal).

2 Vgl. Hans Rudolf Lavater: Anmerkungen zur historischen Täuferstatistik, in: MH 23 (2000) 77–98, 87.

3 Rudolf Dellsperger: Die Anfänge des Pietismus in Bern. Quellenstudien (AGP 22), Göttingen 1984; Isabelle Noth: Ekstatischer Pietismus. Die Inspirationsgemeinden und ihre Prophetin Ursula Meyer (1682–1743) (AGP 46), Göttingen 2005, 54–76.

tion und Leitung. Rasch entstanden Konventikel, waren mystische und pietistische, nach dem Massstab der Zensur heterodoxe Bücher im Umlauf. Innert weniger Jahre breitete sich der Pietismus in der Stadt und auf dem Land aus, ohne sich an die Grenzen von Stand und Geschlecht zu halten. Er war eine kirchliche Reformbewegung und zugleich mehr als dies: Er trug auch separatistische Züge, wobei die Grenzen zwischen kirchlichen und radikalen Ausprägungen fliessend waren. Seine weitere Geschichte braucht uns noch nicht zu beschäftigen. Wichtig ist vorerst nur, dass er in Bern zehn Jahre nach seiner Entstehung für immer hätte ausgelöscht sein sollen. Dies war das Ziel eines grossen Prozesses vom Jahr 1699. Philipp Jakob Spener in Berlin und August Hermann Francke in Halle haben von dieser Staatsaktion mit Sorge gehört, und Nikolaus Ludwig von Zinzendorfs Grossmutter Henriette Katharina von Gersdorf hat die «Schweizer», wie man in Deutschland die verbannten oder emigrierten Berner Pietisten nannte, tatkräftig unterstützt. So spielte auch der bernische Pietismus auf der europäischen und bald auch auf der englisch-amerikanischen Bühne eine Rolle. Am Anfang der schweizerischen Auswanderung in die Neue Welt standen neben Berner Täufern Berner Pietisten.

Darf man von einer Schicksalsgemeinschaft zwischen den beiden Bewegungen sprechen? Täufertum und Pietismus waren im fraglichen Zeitraum in Bern massivem staatlichen – und das heisst im Rahmen der damaligen politischen Strukturen immer auch: kirchlichen – Druck ausgesetzt. Beide sollten sie vollständig unterdrückt, zum Verschwinden gebracht werden. Bei der Wahl der Mittel, um dieses Ziel zu erreichen, war die Obrigkeit nicht zimperlich. Auch Pietisten sind scharf überwacht, vor Gericht gestellt, verurteilt, gebüsst, ihres Amtes enthoben oder verbannt worden. Einige haben diese Prozedur nicht lange überlebt.[4] Aber ins Exil wurden insgesamt wenige geschickt. Andere haben diesen Weg, weil sie es in der heimischen Enge nicht mehr aushielten, selber gewählt.

Fasst man hingegen das Schicksal der Täufer ins Auge, so ergibt sich trotz Gemeinsamkeiten ein anderes Bild: Sie sind über eine lange Zeit hinweg, um 1700 erneut energisch und in grosser Zahl systematisch aufgespürt, zum Zweck geistlicher Belehrung eingesperrt und, wenn sie hartnäckig oder besser: wenn sie ihrer Überzeugung treu blieben, im besten Fall unter Verlust von

---

4 Johannes Müller, dem Vikar und weithin beliebten Prediger in Belp, wurde die Predigterlaubnis entzogen. Er wurde an die Hochschule relegiert und starb kurz nach Prozessende. Dellsperger: Anfänge (wie Anm. 3), 136; Wilhelm Hadorn: Geschichte des Pietismus in den Schweizerischen Reformirten Kirchen, Konstanz/Emmishofen [1901], 108; Samuel Schumacher, von dem noch die Rede sein wird und der seit 1696 Pfarrer in Melchnau war, hat die Sanktionen des Prozesses bei angegriffener psychischer und physischer Gesundheit ebenfalls nicht lange überlebt. Er ist 1701 gestorben. Rudolf Dellsperger: Schumacher, Samuel, in: HLS 11 (2012), 237.

Hab und Gut verbannt worden. Ein antipietistisches Pendant zum Täuferjäger fehlt. Es hat wohl mehr oder weniger rabiate Pietistengegner, aber keine Pietistenjäger gegeben, und dies hängt, wie sich zeigen wird, mit der sozialen Verwurzelung, der religiösen und politischen Identität der beiden Bewegungen und ihrem unterschiedlichen Alter zusammen.

I. Motive und Ziele obrigkeitlicher Täuferpolitik

Worin bestand die religiöse und politische Identität der bernischen Täuferbewegung und welches waren – um die Thematik aufzunehmen, die Hansrudolf Lavater im Rahmen dieses Kolloquiums hätte behandeln wollen – die Motive und Ziele der obrigkeitlichen Täuferpolitik? Oberstes Ziel war die endliche und gänzliche Reinigung des ganzen Landes vom – so die offizielle Sprachregelung – «Unkraut» der Täufer, von diesem «schädlichen Krebs, welcher, so man ihm nit gebührend und bey Zeiten begegnet, umb sich frist und also bald ein Glid nach dem andern angreift, bis der ganze Leib in äußerstes Verderben und Unheil grathet».[5] Der Grund für die Säuberung vom Unkraut und die Amputation vom Krebsschaden der Täufer war ein primär politischer Dissens. Lavater hat ihn treffend so formuliert: Die täuferische «Verweigerung von Kindertaufe, Eid und Waffendienst war das äussere Zeichen einer radikalen Nachfolge Christi, die den Rückzug aus dem sozialen und politischen Leben – die Entfremdung auf sich nahm. In der Aufrichtung der reinen Gemeinde sah die Geistlichkeit das alte Sektenmotiv aufscheinen, im passiven Gehorsam erkannte die Obrigkeit das anarchische Moment. Mit der täuferischen Dissoziation von Christen- und Bürgergemeinde war die gemeinsame Basis von Kirche und Staat in Frage gestellt».[6] Die Begriffe «Entfremdung», «Sekte», «Anarchie» und «Dissoziation von Christen- und Bürgergemeinde» leiten zu den Motiven obrigkeitlicher Täuferpolitik über.

Lavater unterscheidet deren zwei. Das eine nennt er das politische Argument. Der städtische Geistlichkeitskonvent drückte sich in seinem Gutachten vom April 1659 differenziert aus, wenn er schrieb, die Täufer stimmten in wichtigen Stücken des Glaubens wie dem Apostolischen Glaubensbekenntnis, den Zehn Geboten und dem Unser Vater mit der Kirche überein.[7] Gewiss fehlen die Sakramente in dieser Aufzählung, und auch vom Kirchen- und Bibelverständnis ist nicht die Rede. Dennoch handelte es sich um die Feststel-

---

5 Ernst Müller: Geschichte der bernischen Täufer. Nach den Urkunden dargestellt, Frauenfeld 1895, 168.

6 Lavater, Deportation (wie Anm. 1), 53.

7 Müller, Geschichte (wie Anm. 5), 168.

lung eines Teilkonsenses, welche die zuständige Kommission in ihren Bericht an den Rat übernahm. Da der Glaube nicht eingetrichtert werden könne, meinte sie, sei von der Verhängung der Todes- und Galeerenstrafe abzusehen. Die Gnädigen Herren sollten, «wo die theologischen Gründ bei ihnen [den Täufern] nüt verfangen, politice procedieren [...] und sy [die Täufer] uß ihren Landen und Gebieten schaffen».[8]

«Politice procedieren»: Diese Formulierung verweist auf das andere Motiv obrigkeitlicher Täuferpolitik, das Lavater als das «bürgerlich-militärische» bezeichnet. Er erinnert an den Dreissigjährigen Krieg und an die Belagerung Wiens durch die Türken. Bern war davon nicht direkt betroffen, wohl aber vom Bauernkrieg von 1653, vom Ersten Villmerger Krieg drei Jahre danach, von der Aufhebung des Ediktes von Nantes und deren Folgen für die Reformierten Frankreichs und Savoyens. Auch stellte die Expansionspolitik Ludwigs XIV. für Bern eine ständige Bedrohung dar. Deswegen habe der Gesandte der evangelischen Orte im Haag den dortigen Mennoniten 1710 zu bedenken gegeben, Bern weise Täufer nicht aus dogmatischen Gründen aus, «sondern weil in ihrem Glauben Dinge sind, die der Staatsverfassung direkt zuwiderlaufen. Keine Macht kann es mißbilligen, wenn Ihre Exzellenzen [der Berner Magistrat], welche kein stehendes Heer unterhalten und ihren Unterthanen keine andern Lasten auferlegen, als die Pflicht der Verteidigung des Vaterlandes, eine Religion nicht dulden können, welche die einzigen Grundlagen ihrer Sicherheit umstürzt».[9] Wir werden diesem Argument, dann auf Pietisten gemünzt, wieder begegnen.

Nun stellten viele Zeitgenossen zwischen Pietismus und Täufertum eine diffuse oder offensichtliche, jedenfalls verdächtige Affinität fest. Damit wären wir beim Thema, wenn nicht noch zwei Vorbemerkungen nötig wären.

II. Zur Fragestellung

Erstens: Es geht hier nicht um die Frage, ob der bernische Pietismus traditionsgeschichtlich betrachtet ein Ableger des Täufertums war. Eine derartige Abhängigkeit ist den Pietisten von ihren Gegnern im 18. Jahrhundert oft angelastet und von ihnen ebenso oft bestritten worden. Im 19. Jahrhundert haben Max Goebel und Albrecht Ritschl den Pietismus zwar theologisch verschieden qualifiziert, aber übereinstimmend als eine abgeschwächte, moderate Form bzw. als eine Erneuerung täuferischer Tendenzen des 16. Jahrhunderts verstanden. Sie stellten, ohne einen direkten Einfluss des Täufertums auf den Pie-

8 Müller, Geschichte (wie Anm. 5), 171.

9 Müller, Geschichte (wie Anm. 5), 281f.

tismus zu behaupten, zwischen den beiden Bewegungen Ähnlichkeiten und vergleichbare Strukturen fest. In der gegenwärtigen Forschung spielt die Frage nach dem Verhältnis der beiden Bewegungen eine untergeordnete Rolle, was auf ihr differenzierteres Verständnis zurückzuführen sein dürfte. Die Wurzeln des Pietismus werden eher in der Orthodoxie oder im mystischen Spiritualismus als im Täufertum vermutet.[10]

Wenn nicht die Frage nach der Abhängigkeit der jüngeren von der älteren Bewegung zur Debatte steht, worum geht es denn? Es geht um die Fragen nach Beziehungen und Interaktionen, nach Ähnlichkeiten und Unterschieden zwischen diesen eigenständigen Bewegungen. Worin bestanden diese Gemeinsamkeiten und Unterschiede zwischen Täufertum und Pietismus? Ich will, ehe wir uns mit den Quellen befassen, den Versuch einer vorläufigen Antwort wagen. Während das Täufertum sich genuin als Radikale Reformation verstand, intendierte der Pietismus die zweite, die Vollendung der Reformation. Während jenes geographisch und sozial im 18. Jahrhundert auf die Landschaft und den Bauernstand fokussiert war, strahlte dieser von städtischen Milieus und deren Umgebung zunehmend in ländliche Gebiete aus und rekrutierte seine Mitglieder aus allen Gesellschaftsschichten. Dennoch war die Aussenwahrnehmung einer beträchtlichen Nähe zwischen den beiden Bewegungen nicht unbegründet. Diese bestand in der radikalen Nachfolge Jesu und einer verbindlichen Glaubenspraxis. In sozialer und kirchlicher Hinsicht verfügten beide Bewegungen zudem über ein erhebliches kritisches Potential.

Meine zweite Vorbemerkung ist eine Einschränkung: Die Quellen, die meinem Versuch zu Grunde liegen, sind staatlicher, kirchlicher und pietistischer, jedoch nur selten täuferischer Herkunft. Das mag auch mit der Quellenlage zu tun haben, liegt aber mehr noch an meinen Grenzen: Ich bin in der Pietismusforschung besser zu Hause als in der Täuferforschung. Wenn ich nun Briefe, Verhörprotokolle, Untersuchungsberichte, theologische Thesen und Verteidigungsschriften aus der Geschichte des bernischen Pietismus auf unsere Fragestellung hin lese, kann ich bestenfalls einen Beitrag zu unserer Thematik leisten, den andere ergänzen und korrigieren, auf dem andere weiter bauen werden.

---

10 Hans Schneider: The Attitude of Pietists towards Anabaptism, in: ders., Gesammelte Aufsätze, Bd. 1: Der radikale Pietismus (Arbeiten zur Kirchen- und Theologiegeschichte 36), hg. von Wolfgang Breul, Leipzig 2011, 207f.; Robert Friedmann: Mennonite Piety Through the Centuries. Its Genius and Its Literature (SAMH 7), Goshen Ind. 1949, konstatiert bei einem theologischen Vergleich von Täufertum und Pietismus deren substanzielle Verschiedenheit; Vgl. auch Ernst Crous: Pietismus, in: MennLex 3 (1958), 372–374.

III. Spuren aus dem letzten Jahrzehnt des 17. Jahrhunderts

Versuchen wir das Verhältnis von Täufertum und Pietismus anhand einiger Beispiele aus den neunziger Jahren zu beleuchten. Zu den Gründern und Multiplikatoren in Berns pietistischer Bewegung gehörten junge Theologen. Drei von ihnen sind für unsere Fragestellung wichtig: Samuel Güldin, Samuel Schumacher und Samuel Dick. Sie hatten auf ihren Studienreisen durch Deutschland und Holland wichtige Zentren und Exponenten des Pietismus aufgesucht und amtierten seit 1792/1793 als Vikare und Pfarrer in Lützelflüh im Emmental, in Stettlen östlich von Bern und in Spiez am Thunersee.

Samuel Schumacher begann im Sommer 1693 in seiner Vikariatsgemeinde Lützelflüh unter grossem Zulauf Hausversammlungen durchzuführen, die ein erweckliches Gepräge hatten. Ein Kollege sah darin «Winkel-Predigten» und «Wiedertäufferische Versamlungen» und zeigte Schumacher beim Landvogt an. Ob es sich beim Denunzianten wohl um jenen Kollegen handelte, von dem Schumacher 1691 an Johann Heinrich Gernler in Basel schrieb, er fürchte bald keine Predigthörer mehr zu haben, so sehr hätten die Täufer in der Umgebung zugenommen?[11] Der Vormarsch des Täufertums war eine Tatsache und hing, wie Mark Furner gezeigt hat, auch mit der Hungersnot der frühen neunziger Jahre zusammen, mit der die täuferische Spiritualität besser zurecht kam als die kollektive Straftheologie der Berner Staatskirche.[12] Der Rat reagierte mit einem Mandat, nach dem alle renitenten Täufer verbannt werden sollten.[13] Schumacher berichtet im Brief an Gernler weiter, Georg Thormann, der

11 Samuel Schumacher an Johann Heinrich Gernler, 30.09.1691 (UB Basel, Ms. Ki. Ar. 130a, Nr. 175).

12 Mark Furner: Die Täufer, in: André Holenstein u. a. (Hg.): Berns mächtige Zeit, Bern 2006, 257–262, hier 257f.; Mark Furner.: The repression and survival of Anabaptism in the Emmental, Switzerland 1659–1743, o. O. 1998, Chapter 2, v. a. 95–114: «Within the seventeenth century political, economic and demographic crises, Anabaptism may have answered a popular and personal religion need that the more authoritarian, uncharismatic state church could not meet.» (113); Zur Geschichte des Berner Täufertums vgl. jetzt Hanspeter Jecker: «Biss das gantze Land von disem Unkraut bereinigt sein wird.» Repression und Verfolgung des Täufertums in Bern – ein kurzer Überblick zu einigen Fakten und Hintergründen, in: Rudolf Dellsperger/Hans Rudolf Lavater (Hg.): Die Wahrheit ist untödlich. Berner Täufer in Geschichte und Gegenwart. Beiträge eines Vortragszyklus an der Universität Bern im Winter 2006/2007, Bern 2007, 97–131.

13 Mandat vom 16.03.1691 bei Müller, Geschichte (wie Anm. 5), 145: Den Täufern wird angelastet, dass sie «den hochobrigkeitlichen Stand verwerfen, ihnen den Eydt der Treuw nie leisten, sich aller militärischen Exercicien und was sonsten zu Schutz und Schirmb des Vatterlands dinet, sich gentzlich entziehen». Man habe deshalb «bey disen so gefehrlichen Zeiten höchst nöthig befunden, sollche Leuth alls unserem Landt nur beschwährlich und unseres Schutzes unwürdig in unsern Landen nit mehr zu gedulden».

Pfarrer in Lützelflüh und zugleich sein, Schumachers, Kostherr war, habe dagegen interveniert und erreicht, dass der Rat den Vollzug des Mandats aufgeschoben habe. Thormann arbeite an einem Buch, in dem er den Täufern so weit wie möglich entgegen komme und mit Kritik am geistlichen und weltlichen Stand nicht spare, aber auch offen sage, inwiefern die Täufer Unrecht hätten. Gemeint ist Georg Thormanns Buch «Probier-Stein [...] Deß Täufferthums», das 1693 in eben dem Jahr erschien, als Schumacher mit seinen Hausversammlungen begann, und dessen Doppelstrategie er gut wiedergibt: Das Ziel war nicht Toleranz, sondern die Bekehrung der Täufer im Gleichschritt mit einer Reform von Kirche und Staat.[14]

Wir wissen über die Zusammensetzung der bis zu 90 Teilnehmerinnen und Teilnehmer an Schumachers Versammlungen nicht Bescheid. Aber der Kontext, in dem sie stattgefunden haben, lässt es als möglich, wenn nicht als wahrscheinlich erscheinen, dass auch Täufer und so genannte Halbtäufer daran teilnahmen, dass also der Vorwurf, es seien «Wiedertäufferische Versamlungen», nicht oder doch nicht nur üble Nachrede war. Waren in Lützelflüh und Umgebung die Grenzen zwischen dem Pietismus eines Samuel Schumacher und eines Georg Thormann und dem Täufertum durchlässig? Stand ihr Pietismus als Erweckungsbewegung dem Täufertum und umgekehrt das Täufertum ihrem Pietismus so nahe, dass Zeitgenossen sie nur schwer voneinander unterscheiden konnten?

Ähnliche Fragen ergeben sich, wenn man die zum Kapitel Bern gehörenden Kirchgemeinden Bolligen, Stettlen, Vechigen, Worb, Schlosswil und Biglen ins Auge fasst. Die Visitation von 1696 ergab, dass der mancherorts schlechte Kirchenbesuch mit der rigiden Handhabung der Täufermandate durch die Ortspfarrer in direktem Zusammenhang stand. Wer die Täufer angreife, der greife das ganze Land an, ging die Rede, und die Pfarrer beklagten sich, sie machten sich durch die amtliche Verwicklung in die obrigkeitliche Täuferpolitik mehr und mehr verhasst. Viele ihrer Gemeindeglieder besuchten den Gottesdienst statt am Ort in Stettlen. Manche machten sich dazu schon am Samstag auf und trieben unterwegs ihr «täuffer-wesen», «so daß under der hand das Täufferthum täglich also zunemme». Der so angesprochene Prädikant von Stettlen, Samuel Güldin, meinte lakonisch, eigentlich sollte doch in der Art und Weise, wie ein Weibel und wie ein Pfarrer den Täufermandaten

14 Zu Thormanns «Probier-Stein» vgl. Dellsperger, Anfänge (wie Anm. 3), 53–55; Res Rychener: «Der Probier-Stein». Pfarrer Georg Thormanns «Gewissenhaffte Prüffung des Täufferthumbs» 1693, in: MH 14 (1991) 27–50; Hanspeter Jecker/Heinrich Löffler: «Wie dem schädlichen Übel der Taüfferey zu remedieren sey.» Neue Streiflichter auf die Entstehung der Amischen. Zwei Briefe des Pfarrers Johann Rudolf Salchli im Emmental (1693f.), in: MH 28/29 (2005/2006) 89–145.

nachlebe, ein grosser Unterschied bestehen.[15] – Das Beispiel Stettlen lehrt zweierlei: Zum einen distanzierte sich der Pietist Güldin von der obrigkeitlichen Täuferpolitik. Er sollte es später noch viel klarer tun. Zum andern ist es möglich, ja wahrscheinlich, dass der Vorwurf des «täuffer-wesen[s]» Täufer und Pietisten gleichzeitig treffen sollte und auch tatsächlich traf.

Instruktiv für die Affinität von Täufertum und Pietismus ist schliesslich das Missverständnis, das aufkam, kaum hatte Samuel Dick 1693 seinen Dienst in Spiez angetreten. Dick legte in seinen Predigten so viel Wert auf die Notwendigkeit einer geistlichen Wiedergeburt, dass diejenigen unter seinen Zuhörern, die sich angesprochen fühlten, zu den Täufern meinten übertreten zu müssen, wenn es ihnen mit ihrem Glauben und ihrer Seligkeit ernst sei. Das Missverständnis war vielleicht im Wortsinn nahe liegend, denn Spiez lag am Rand der Ämter Frutigen und Niedersimmental mit ihrem hohen Täuferanteil an der Wohnbevölkerung.[16]

Ich war 1984 noch der Meinung, die pietistische Reformbewegung habe gegenüber dem Täufertum «bei aller vorhandenen Affinität eine Art kirchlicher Alternative» sein wollen und sei dies tatsächlich auch gewesen.[17] Orientiert man sich an dem, was Schumacher, Güldin und Dick ursprünglich anstrebten, dann gibt es für diese Ansicht nach wie vor gute Gründe, und auf Georg Thormann trifft sie erst recht zu. Blickt man hingegen auf das, was die jungen Theologen in ihren Wirkungskreisen mit auslösten, dann dürfte die Alternative zwar intendiert, aber auch durchkreuzt worden sein. Die Wirklichkeit war komplexer, als ich früher angenommen habe.[18]

---

15 Dellsperger, Anfänge (wie Anm. 3), 57.

16 Lavater, Deportation (wie Anm. 1), 59–61; Lavater, Anmerkungen (wie Anm. 2), 83–87.

17 Dellsperger, Anfänge (wie Anm. 3), 67.

18 Auf die Nähe zwischen den beiden Bewegungen weist überzeugend hin Isabelle Noth, Ekstatischer Pietismus (wie Anm. 3), 64–68: «Nicht ohne Grund wurden die Anhänger des Pietismus anfänglich dem täuferischen Lager zugeordnet. Es gelang ihnen neben und im Austausch mit den Täufern lange Zeit nicht, als Träger einer eigenständigen Bewegung aus deren Schatten herauszutreten. […] Die Grenzen waren aufgrund der zahlreichen gemeinsamen theologischen Anliegen in der Tat fliessend, obschon es starke Bestrebungen v. a. von Anhängern im Theologen- und Pfarrerstand gab, die pietistische Bewegung als innerkirchliche Reformbewegung zu situieren und sich damit klar von den Täufern abzugrenzen.» (64f.); Hans Schneider stellt fest, Forschungen zu den Anfängen des Pietismus förderten häufig nicht nur ein Nebeneinander von kirchlichen und radikalen Tendenzen zutage, sondern «oft eine erstaunliche Kontinuität zu spiritualistischen Zirkeln oder sogar täuferischen Gruppierungen». Hans Schneider: Rückblick und Ausblick, in: Wolfgang Breul/Marcus Meier/Lothar Vogel (Hg.): Der radikale Pietismus. Perspektiven der Forschung (AGP 55), Göttingen 2010, 451–468, 456.

Zwei Briefe vom Juli 1698 mögen an dieser Stelle weiterführen. Im einen berichtete Marx Huber, Pfarrer in der Zürcher Gemeinde Rafz, dem Bürgermeister Heinrich Escher über ein Gespräch, das er mit seinem Amtskollegen Abraham Bauernkönig von Bolligen geführt hatte: Der Irrgeist der alten Täufer und nun derjenige der Pietisten nehme überhand und drohe die Berner Kirche zur Sekte, zum Unort, zum *abortus* zu machen. Es gebe Pfarrer, die für sich die Salbung mit dem Heiligen Geist, die wahre «Unction», beanspruchten, was regelrechte Wallfahrten des Landvolks zu diesen «Heiligen» zur Folge habe. Neben der Kirche sah Bauernkönig auch den Staat in Gefahr: «Es werden ihre Bauren zu solchen armen tropfen gemacht, daß sie im fahl der noth nit zugebrauchen, dem vatterland keine dienst leisten, u. ihre mitt Eignoßen bey actionen in compromiß setzen thäten, da man meinte sie würden sich wehren, würden sie nach ihrer Lehr die wehr im Nothfall niederlegen, ihre socios abandonnieren, das ein cordater Zürcher sich besinnen würde in einer action nebent einem Berner zufechten [...].»[19]

Die Kirchgemeinde Bolligen lag am Rand jener Region, von der im Zusammenhang mit Güldin bereits die Rede war, und die einen hohen Anteil an Täufern und Pietisten aufwies. Bauernkönig erwähnte Täufer und Pietisten in einem Atemzug, strich, obwohl er auch ihre Protektion durch ranghohe Patrizier beklagte, die Attraktivität der Pietisten für den Bauernstand hervor und bezweifelte ihre entschlossene Wehrbereitschaft. Er traute Pazifismus und damit die Schwächung von Berns Bündnisfähigkeit auch ihnen zu. Das kann man als Verunglimpfung lesen. Man kann darin aber auch ein weiteres Indiz für die faktische oder doch befürchtete Nähe zwischen Täufertum und Pietismus sehen.[20]

---

19 Dellsperger, Anfänge (wie Anm. 3), 87f.

20 Nähe zum Täufertum in puncto Pazifismus und zudem in puncto Gütergemeinschaft hat den Pietisten und Philadelphiern zur selben Zeit auch der Zürcher Griechischprofessor und Chorherr am Grossmünster Johann Heinrich Schweizer (1646–1705) angelastet. Er tat es in einer nur handschriftlich verbreiteten Schrift vom 31. Juli 1698 mit dem Titel «Ursachen und Gründe, warum die sogenannte Philadelphische Societet oder Pietistische Brüderschafft, wie sie in Engelland, Teutschland und Holland dißmahlen ist, beydes, der Kirchen Godtes und dem gemeinen Wesen, sonderlich in der reformierten Eydgnoßschafft gefährlich und hiemit unleidenlich seye»: Pietisten stellten für Kirche und Staat eine Gefahr dar, «weil etliche von dem Almosen solche hochsteigende Pflicht Reglen treiben, daß wenig Unterschied zwischen der widertäufferischen Gemeinschafft der Gütern und ihrer Lehr zu finden», und «weil sie zwar die Nothwehr zur Beschirmung des gemeinen Wesens, wo sie oberkeitlich Mißfallen beförchten, nicht laügnen, aber wo sie außert Gefahr, ein andere Sprach führen und auch dahin ihre Principia zielen». Hans Schneider: Ein Dokument zur Frühgeschichte des Zürcher Pietismus. Johann Heinrich Schweizers «Ursachen und Gründe» (1698), in: Jürgen Seidel

Im andern Brief – er ist an den Zürcher Pfarrer Johann Jakob Ulrich gerichtet – spricht Berns Dekan Samuel Bachmann von einer doppelten Bedrohung für seine Kirche, einer äusseren durch das zunehmende Täufertum und einer inneren durch den anschwellenden Pietismus: «Unsere Kirchen wird mächtig betrüebt, von außen, durch unsere Wiedertaüfer, die an etlichen Ohrten unsers Landts zunemmen; von innen durch die, so genanten Pietisten, welche hier in der statt fortsetzen Ihre Conventicula Pietatis, und die ofentlichen Versamlungen verlassen [...].» Pietistische Pfarrer stünden in der Gunst einflussreicher Patrizierinnen und hätten «einen gar großen Zulauf von gemeinem Unerkanten Landtvolck, weil selbige gantz popular Predigen [...]». Bachmann *unterscheidet* zwischen Täufern und Pietisten, er wirft sie nicht in einen Topf, aber er versteht sie als *gemeinsame* Bedrohung, die Pietisten speziell als Gefahr für die «reinigkeit und einigkeit in unser Helvetischen Kirchen».[21]

Machen wir einen Zwischenhalt. Beide Bewegungen sind im Verlauf der neunziger Jahre angewachsen. Auch wenn der Pietismus sich tendenziell als kirchliche Reformbewegung und das Täufertum sich dezidiert als eigene Kirche verstand, waren sie nicht leicht voneinander zu unterscheiden. In theologischen und ethischen Fragen und in der Pflege gottesdienstlicher Gemeinschaft gab es zwischen ihnen eine weit gehende Übereinstimmung. Der Pietismus war längst nicht mehr nur eine städtische Bewegung. Er hatte auf dem Land, ja in täuferischen «Stammlanden», Fuss gefasst. Von Konkurrenz fehlt aber jede Spur, im Gegenteil: Pietisten und Täufer scheinen miteinander solidarisch gewesen zu sein.

Die religiöse Lage war für die Amtsträger in Staat und Kirche unübersichtlich geworden. Eine Klärung drängte sich auf, und zwar, da man sich mit den Täufern in einer Sackgasse befand, mit den Pietisten. Als Huber und Bachmann ihre Briefe schrieben, war die amtliche Untersuchung durch die Religionskommission bereits im Gang. Ziel des Verfahrens war es, «sothane der reinen religion undt gottesdienst widrige ding gentzlichen zuzernichten».[22] Im Februar 1699 lag die *Relation*, der Kommissionsbericht zu Handen des Grossen Rates, vor.

Was gibt die *Relation* und was gibt die gegen sie gerichtete *Apologie* Samuel Güldins für unsere Thematik her? Güldin hatte, als er sie im Jahr 1718 publi-

---

(Hg.): Gegen den Strom. Der radikale Pietismus im schweizerischen und internationalen Beziehungsfeld, Zürich 2011, 123–149, hier 143f.

21 Dellsperger, Anfänge (wie Anm. 3), 88; Zum Wortlaut des für die Zeit unmittelbar nach dem Prozess wichtigen Briefs Bachmanns an Ulrich vom 27.09.1699 vgl. Rudolf Dellsperger: Der radikale Pietismus in der Schweiz und seine Beziehungen zu Deutschland. Ein fragmentarischer Überblick und ein Exempel vom Spätsommer 1699, in: Breul u.a., Der radikale Pietismus (wie Anm. 18), 171–187, hier 183f. (103–121, bes. 118–121 in diesem Band).

22 Dellsperger, Anfänge (wie Anm. 3), 83.

zierte, einen weiten Weg hinter sich. Er war nach dem Prozess zunächst abgesetzt und später, nachdem er den antipietistischen Assoziationseid geleistet hatte, zum Pfarrer von Boltigen im Simmental ernannt worden. Als er den Eid aus Gewissensgründen widerrief, wurde er am 18. Januar 1702 auf Beschluss des Grossen Rates aus Bern verbannt. Er emigrierte mit seiner Familie nach Deutschland und von dort 1710 nach Pennsylvania.[23]

Als Druckort der *Relation* und der *Apologie* wird Philadelphia angegeben.[24] Das ist fiktiv, denn in Pennsylvania gab es damals noch keine deutsche Druckerpresse. Die heute sehr seltene Schrift wird in Deutschland gedruckt worden sein. Das Erscheinungsjahr hingegen ist richtig, denn im selben Jahr schrieb Güldin aus Frankfurt einen Brief an den Berner Schultheissen Samuel Frisching (1638–1721), dem er die gedruckte Schrift beilegte und der Sinn und Zweck sowie Schicksal und Kontext der *Apologie* zum Thema hat.[25] Das Erscheinungsjahr stimmt im Fall der *Apologie* aber nicht mit dem Entstehungsjahr überein. Güldin wird sie wesentlich früher geschrieben haben. Das kann aus mehreren Quellen, unter anderem aus einem undatierten Brief Güldins an den späteren Schultheissen Christoph I. Steiger (1651–1735), geschlossen werden.[26] Die beiden Briefe Güldins an Frisching und Steiger werden im Anhang zu diesem Aufsatz wiedergegeben. Vorerst aber sollen die Gründe, die für eine frühe Datierung der *Apologie* sprechen, in einem kurzen Exkurs dargelegt werden.

---

23 Die Nachweise bei Rudolf Dellsperger, Kirchengemeinschaft und Gewissensfreiheit. Samuel Güldins Einspruch gegen Zinzendorfs Unionstätigkeit in Pennsylvania 1742, in: ders.: Kirchengemeinschaft und Gewissensfreiheit. Studien zur Kirchen- und Theologiegeschichte der reformierten Schweiz: Ereignisse, Gestalten, Wirkungen (BSHST 71), Bern u. a. 2001, 196, Anm. 33.

24 [Samuel Güldin:] Kurtze APOLOGIE oder Schutz=Schrifft der unschuldig verdächtig=gemachten und verworffenen Pietisten zu in der Schweitz: in sich haltend I. Die wider sie gethane *Relation* der Commission vor einer hohen Oberkeit daselbst, so beschehen den 9. Junii 1699. II. Die Apologie oder Schutz=Schrifft dagegen/ auffgesetzt und ans Licht gegeben von Samuel Güldin/ gewesenen Prediger und Diacono in allen dreyen Haupt=Kirchen daselbst. Gedruckt zu Philadelphia im Jahr Christi 1718. – Im April 2010 ist in Jahrgang 33 der Zeitschrift Pennsylvania Mennonite Heritage als Nummer 2 unter dem Titel «Samuel Güldin and the Mennonite Voyage of 1710» ein ausschliesslich Güldin gewidmetes Heft mit Beiträgen von Andreas Mielke und Sandra Yelton, mit sorgfältig edierten und kommentierten Quellentexten und einer umfangreichen Bibliographie erschienen.

25 Die Herausgeber von Henri Vuilleumier: Histoire de l'Église Réformée du Pays de Vaud sous le régime bernois, Bd. 3: Le refuge, le piétisme, l'orthodoxie libérale, Lausanne 1930, Tafel 2 (gegenüber 242) und 745f. zogen gemeinsam mit Emil Bloesch und Adolf Fluri Bern als Druckort in Erwägung, was aber mit dem Brief Güldins an Frisching hinfällig geworden ist.

26 Vgl. unten IX.1.

Kurtze
APOLOGIE
oder
Schutz=Schrifft
Der unschuldig verdächtig=gemachten und verworffenen
Pietisten
zu Bern in der Schweitz:
in sich haltend
I. Die wider sie gethane Relation der Commission vor einer Hohen Oberkeit daselbst/ so beschehen den 9. Junii 1699.
II. Die Apologie oder Schutz=Schrifft dagegen/ auffgesetzt und ans Licht gegeben von
Samuel Güldin/
gewesenen Prediger und Diacono in allen dreyen Haupt=Kirchen daselbst.
Gedruckt zu Philadelphia im Jahr Christi 1718.

Abb. 1: Titelblatt von Samuel Güldins Kurtze[r] APOLOGIE oder Schutz=Schrifft. Der Druckort Philadelphia ist fiktiv und programmatisch gemeint. Die Schrift wird 1718 in Deutschland gedruckt worden sein. Entstanden ist sie aber wahrscheinlich um das Jahr 1702. Sie ist eine wertvolle Quelle für die Beziehungen zwischen Berns Täufern und Pietisten um 1700. BBB Mss.h.h.XII.60 (2).

IV. Exkurs zur Datierung der *Apologie*

Zahlreiche Gründe sprechen für die Entstehung der *Apologie* um das Jahr 1702. Erstens: Die Schrift ist in Kenntnis des Wortlauts der *Relation* der Religionskommssion abgefasst worden. Diese Voraussetzung war Ende 1701 noch nicht gegeben (vgl. unter viertens). Zweitens: In seinem Brief an Christoph I. Steiger bedauert Güldin, dass nun, da die *Apologie* nicht übergeben worden sei, eine nicht namentlich genannte Person, die er auch als «1. persohn» bezeichnet, nicht mit der Wahrheit konfrontiert werden könne. Nun sei es dafür «so weit zuspath». Mit dieser Person, deren Namen Güldin wegen der Postzensur nicht nennen durfte, wird Dekan Samuel Bachmann (1636–1709) gemeint sein. Bachmann, der sich als Mitglied der Religionskommission durch besondere Schärfe hervortat, erlitt am 25. Januar 1703 auf der Kanzel einen Schlaganfall, infolge dessen er sein Amt nicht mehr ausüben konnte.[27] Drit-

27 Vgl. Samuel Bachmann an Hans Jakob Ulrich, 21.09.1703, «mit gar schwacher und mater hand». Dies ist der letzte Brief Bachmanns in seiner umfangreichen Korrespon-

tens: Güldin spricht Steiger als «ancien Seigneur Baillif de Lentzbourg» an, welches Amt dieser bis 1693 versah, nicht jedoch als Schultheissen, zu dem Steiger 1718 ernannt wurde. Die *Apologie* kann folglich nicht erst 1718, im Jahr ihrer Drucklegung, entstanden sein. Viertens: Die Tatsachen, dass Güldin bei der Übergabe der *Apologie* auf Drittpersonen angewiesen war, und dass er sich brieflich an Steiger wendete, sprechen dafür, dass er sich zu diesem Zeitpunkt bereits ausser Landes befand. Das Verbannungsurteil des Grossen Rates datiert vom 18. Januar 1702.[28] Viertens: Wichtig ist ein weiterer undatierter Brief Güldins. Er ist an die Religionskommission gerichtet. Nach ihm waren Güldins Wahl zum Pfarrer von Boltigen vom 18. August 1701 und sein als bedenklich beurteilter Auftritt vor Schultheiss Emanuel von Graffenried vom 29. August 1701, bei dem er offenbar um Entbindung vom Assoziationseid nachsuchte, bereits Vergangenheit. In diesem Brief kündigt Güldin seine *Apologie* wie folgt an: «Wan Meine HochgeEhrte Herren mir ihre *relation* communicieren und ich darauß ersehen werde, wie Sie alles genohmen, so will ich Ihnen dan auch auff alle und jede Puncten schrifftlich antworten.»[29] Fünftens: Zwei weitere Anhaltspunkte können der *Apologie* selber entnommen werden. Nach ihr war Johannes Müller «sel»[ig], also kürzlich verstorben,[30] und Samuel Schumacher war nicht mehr im Amt. Die erste Angabe kann ich noch nicht datieren, die zweite aber führt ins Jahr 1701.[31]

Alle diese Gründe machen eine Entstehung der *Apologie* um das Jahr 1702 wahrscheinlich. Spätestens in diese Zeit fallen auch die apologetischen Texte

---

denz mit Ulrich. (ZBZH, S 360). Vgl. auch oben Anm. 21. Hans-Beat Flückiger: Bachmann, Samuel, in: HLS 1 (2002), 641. Ein Teil der Amtsgeschäfte wurde nach Bachmanns Erkrankung vom Theologieprofessor Johann Rudolf Rudolf (1646–1718) besorgt. Vgl. Friedrich Trechsel: Johann Rudolf Rudolf. Professor und Dekan. Ein Theologenbild der alten Schule, in: Berner Taschenbuch 1882, 1–99, hier 94.

28 Es sei nicht verschwiegen, dass der Brief an Steiger Probleme aufgibt, für die ich noch keine Lösung habe. Vier Passagen lassen es nämlich als möglich erscheinen, dass Güldin ihn von Bern aus geschrieben hat, dass also die *Apologie* auf 1701 zu datieren wäre. Erstens rechnet Güldin damit, dass ihm Gefahr droht. Er war 1701 tatsächlich hinter Gittern. Zweitens bleibt er, wie er es 1701 in Muri getan hat, dem Gottesdienst fern. Drittens ist er zur Annahme einer allfälligen Berufung nicht bereit, und viertens findet er es zwecklos, auf den Wortlaut der Theologischen Thesen der Synode vom 5. Juli 1699 zu warten.

29 Samuel Güldin [an die Religionskommission], o. O.u. D. (ZBZH, S 277).

30 *Apologie* 17, IV, 15. (Die erste arabische Zahl des Nachweises bezieht sich auf die Seite, die [wenn vorhanden] römische Zahl auf das Kapitel und die zweite arabische Zahl auf den Paragraphen. Dies gilt auch für die Nachweise aus der *Relation*.)

31 *Apologie* 29, X, 11. Nach Auskunft des Taufrodels der Kirchgemeinde Melchnau K 6 im StABE vollzog Schumacher im Juni 1701 seine letzte und sein Amtsnachfolger am 3. Juli seine erste Taufe.

von Güldins Freund Beat Ludwig von Muralt.[32] Vielleicht hat Güldin die Schrift geschrieben, während er sich mit seiner Familie beim Ehepaar Petersen in Niederndodeleben bei Magdeburg aufhielt. Auch wenn eine spätere Bearbeitung nicht ausgeschlossen werden kann, fällt es für unsere Fragestellung ins Gewicht, ob die Schrift in Pennsylvania, wo dem Umgang mit Täufern nichts mehr im Weg stand, oder in zeitlicher Nähe zu denjenigen Ereignissen entstanden ist, die sich um die Jahrhundertwende in Bern abgespielt haben. Mit diesem Vorzeichen soll es nun um die Frage gehen, wie sich unser Thema im offiziellen Untersuchungsbericht und in Güldins Verteidigungsschrift spiegelt.

V. Die *Relation* der Religionskommission und Güldins *Apologie*

Hanspeter Jecker hat zwischen den oben beobachteten erwecklichen Aufbrüchen der neunziger Jahre, die Täufer und Pietisten erfassten, und der Langenbrucker Erweckung der Jahre 1696 bis 1698 erstaunliche inhaltliche Parallelen festgestellt. Er hat zudem herausgearbeitet, wie komplex der Zusammenhang zwischen Pietismus und Täufertum sein konnte: Wird ein kirchlich-pietistischer Aufbruch abgewehrt, indem man ihn als «täuferisch» verunglimpft, so weckt bzw. verstärkt eben dies bei den Betroffenen das Interesse am Täufertum.[33] Lässt sich für Bern Ähnliches beobachten? Vergleichen wir Stellen aus der *Relation*, die Pietisten bzw. pietistisches Verhalten als «täuferisch» bezeichnen, also disqualifizieren, mit entsprechenden Passagen aus Samuel Güldins *Apologie*.

Mit peinlicher Genauigkeit legt der Bericht den Pietisten die Verbreitung «täuferischen» Gedankenguts, die Befolgung «täuferischer» Praktiken, die Durchführung «täuferischer» Versammlungen und die Teilnahme an solchen zur Last.[34] Einige Beispiele mögen dies illustrieren. Samuel König, dem Vikar an der Berner Spitalkirche, einem glänzenden Gelehrten und Vertreter eines chiliastischen Pietismus[35], wird vorgeworfen, er habe behauptet, in der ersten

32 Rudolf Dellsperger: Beat Ludwig von Muralts Emigration aus der Kirche. Hinweise zu seinem Weg zwischen Pietismus und Aufklärung, in: ders., Kirchengemeinschaft (wie Anm. 23), 66–84.

33 Hanspeter Jecker: Ketzer – Rebellen – Heilige. Das Basler Täufertum von 1580 bis 1700, Liestal 1998, 530–583, hier 582.

34 *Relation* 14, V; 16, VII, 2; 25, 7; 26, 3.

35 Dellsperger, Anfänge (wie Anm. 3), 93–114; Rudolf Dellsperger: Samuel Königs «Weg des Friedens» (1699–1711). Ein Beitrag zur Geschichte des radikalen Pietismus in Deutschland, in: ders., Kirchengemeinschaft (wie Anm. 23), 96–132; ders.: Samuel

Kirche seien nicht die «Gelehrten und Weisen dieser Welt» zu Predigern gewählt worden, sondern «Baurs- und Handwercksleut» – was «wiedertäufferisch» sei.[36] Güldin entgegnet, dies sei weder ein «Irrthumm noch *Wiedertäufferisch*/ sondern die praxis *der ersten Kirchen* gewesen [...]».[37] Möglicherweise haben er und König Gottfried Arnolds «Wahre Abbildung der ersten Christen» gelesen, die damals in Bern zirkulierte.[38]

Mehrmals moniert der Bericht, im Verlauf des pietistischen «Predigtgeläufs», mithin unter Missachtung des Parochialprinzips, sei es zu «Täuffer=Versammlungen» gekommen. Täufer und Pietisten würden sich gegenseitig einladen, «wie dann insgemein die Sag gaht/ daß die so genannten Pietisten und die Täuffer sich wol mit einander verstehend/ ja daß die vom Exilio ins Land wiederkehrende Täuffer sich mit dem Exempel der Pietisten beschönen/ und damit stärcken wollend [...]: item/ daß Täuffer an gewissen Orten in der Nachbarschafft Versammlung gehalten/ und einige Pietisten/ so ihnen ohne Zweiffel bekannt waren/ darzu eingeladen, selbige auch erschienen sind/ laut ihrem eigenen Bekanntniß».[39] Neben der Feststellung eines geschwisterlichen Einvernehmens zwischen Täufern und Pietisten ist der Vorwurf brisant, heimkehrende Täufer stützten sich im Sinne eines Präzedenzfalls auf im Land lebende Pietisten. Güldin schweigt dazu. Offenbar verhielt es sich so.

Dafür platzt ihm an jener Stelle der Kragen, wo er liest, «daß es viel absonderlichen Zusammenlauffens/ heimlicher gottsdienstlicher Versammlungen/ auch so gar mit den Wiedertäuffern/ gibt».[40] Er entgegnet, das Stichwort «absonderlich» aufnehmend: «Daß man auch absonderlich sich viel zusammen erbauet/ und nit zum Fressen und Sauffen/ sondern im Namen JEsu/ zusammengekommen/ gesungen/ und keine Menschen sectirisch angesehen/ sondern jedermann/ auch gar die Täuffer/ geliebet»,[41] das sei so. Nur habe man früher «die ersten Christen/ und auch hernach die Reformirte und Hugenotten in Franckreich/ vor den Heyden und denen antichristischen Gemeinds=Genossen daran erkannt und gesagt: *Sie singen Psalmen*. Nun aber

---

Königs «Grundsätze von der Allgemeinen Gnade Gottes» (1723), in: Wilfried Härle/ Barbara Mahlmann-Bauer (Hg.): Prädestination und Willensfreiheit. Luther, Erasmus, Calvin und ihre Wirkungsgeschichte (MThSt 99), Leipzig 2009, 223–236 (123–141 in diesem Band).

36 *Relation* 10, III, 9.

37 *Apologie* III, 23. Fettdruck im Original wird kursiv wiedergegeben.

38 Dellsperger, Der radikale Pietismus (wie Anm. 21), 116 in diesem Band.

39 *Relation* 26, 4.

40 *Relation* 25, 7.

41 *Apologie* 31, 7.

wird das wieder zur Sünde gemacht und als eine Klage vor Obrigkeit gebracht. Unter was Leuten leben wir denn?»[42]

Den Vorwurf, das Täufertum negiere den obrigkeitlichen Stand, lässt Güldin nicht gelten,[43] und schon gar nicht die refrainartige Beschwörung des Schreckgespensts des Münsteraner Täufertums.[44] Der Pietismus als friedliche Bewegung unterscheide sich davon in Lehre und «Conduite». Nicht die Lehre vom Tausendjährigen Reich sei der Grund für die Münsteraner Unruhen gewesen, sondern «Beschwerungen/ ungerechte Aufflagen und andere *Ungerechtigkeiten,* [...] wie solches der *Bauren=Krieg* hin und her außweiset».[45] Solche Unruhen seien die «*elenden Früchte der Reformation* [...]/ da beides Obere und Untere zu viel Freyheit genommen/ und die *christliche Freyheit* so elendig mißbraucht haben.»[46]

In der *Relation* wird eindringlich vor dem kirchenspaltenden Potential des Pietismus gewarnt: Es genüge «ein einziger Irrthumm/ obgleich nicht capital, [...] allermassen die leydige Erfahrung der alten Montanisten/ Donatisten/ heutigen Täuffern und Schwärmern/ so in dero Fußstapffen tretten/ solches erweißt: so bleibt es denn nit dabey; die Irrthümmer nemmen gemeinlich zu/ fressen starck um sich/ und werden je länger je böser».[47] Güldins Entgegnung ist ein leidenschaftliches Plädoyer für die Glaubens- und Gewissensfreiheit. Bestehe nämlich Orthodoxie darin, in der Kirche «*nit die geringste neuerliche Meynung*» zu dulden, weder «*Glantz oder Erleuchtung der Hertzen*», noch «*Licht und Glantz der Heiligkeit und Reinigkeit des Lebens*», sondern allein die Finsternis, so werde «alle christliche Freyheit des Gewissens und Glaubens gehemmt/ auch/ wo jemand anders haltet/ außgejagt und verfolgt [...]/ wie an dem Exempel der Täuffern seit der Reformation her/ und auch heut zu tag an andern bekannt [...]».[48] Die Reformierten Schweizer Kirchen täten gut daran, sich auf ihre Orthodoxie nichts einzubilden. Er habe auf seiner akademischen Studienreise, zumal in Holland «viel ein anders erfahren; als da man so wol wegen der Formulæ consensus, als auch wegen Verfolgung der Täuffern/ sehr

---

42 *Apologie* 23, VIII, 8.

43 *Apologie* 33, 8.

44 *Relation* 12, III, 11 besagt, aus dem Chiliasmus würden «bey unruhigen neugierigen Köpffen/ nun und dann allerhand Unheyl/ gefährliche Bewegung/ und gar auch Aufstand wider die Oberkeiten/ erwachsen: wie solches die leydigen Exempel des Müntzers/ Johannes van Leiden, Knipperdollings/ und anderer Münsterischen Schwärmern im vergangenen Seculo, und die in Engelland in diesem Jahrhundert entstandene Unruhe/ erwahren».

45 *Apologie* 32f., 6.

46 *Apologie* 33, 6.

47 *Relation* 24, 3.

48 *Apologie* 30, 1.

verächtlich und verkleinerlich gesprochen. Und was die Herren Holländer von den heutigen Proceduren in Bern halten; werden die Herren C[ommittierten] so wol als eine hohe Oberkeit auß ihren eigenen Schreiben selbst verstanden haben.»[49]

Samuel Güldin ist ein Kronzeuge für die engen Beziehungen, die in Bern um 1700 zwischen Täufern und Pietisten bestanden haben, und es scheint in der Tat so gewesen zu sein, dass der von Seiten der Obrigkeit und der Pfarrerschaft erhobene Vorwurf der Nähe zum Täufertum Pietisten nicht abgeschreckt, sondern eher neugierig gemacht hat. Güldin streitet diese den Pietismus belastende Nähe nicht ab, er bestätigt sie vielmehr. Insofern waren sich die Religionskommission und er einig. Aber sie werteten diese Nähe verschieden. Während Güldin darin eine Chance für eine Erneuerung von Staat, Kirche und Gesellschaft sah, befürchteten Berns Obrigkeit und Kirche davon mehrheitlich deren Zersetzung. Es ist paradox: Wenn in Bern um 1700 eine Volksgruppe Grund gehabt hätte, an einem politisch motivierten Trauma zu leiden, dann wären es die Täufer gewesen. Insofern mag es deplatziert sein zu sagen, Bern sei im Pietistenprozess auch *seinem* Täufer-Trauma erlegen. Aber man wollte, aus der leidigen Täufergeschichte «klug» geworden, gegenüber einer devianten religiösen Minorität rechtzeitig auf der Hut sein – und beging prompt die alten Fehler. Das haben bereits Zeitgenossen so gesehen. Sie machten sich im Grossen Rat für die Angeklagten stark, drangen aber bei weitem (noch) nicht durch.

VI. Der Kontext der *Apologie*

In der *Apologie* erinnerte Güldin daran, Bern geniesse in den Niederlanden wegen seiner Täuferpolitik und wegen seines Beharrens auf der Formula Consensus einen zweifelhaften Ruf. Neben der anhaltenden Täuferverfolgung[50] dürfte in den Consensusstreitigkeiten in der Waadt denn auch ein wichtiger Grund für die Veröffentlichung der *Relation* und der *Apologie* gelegen haben, wobei wohl auch das Erscheinungsjahr 1718 alles andere als zufällig war.

In der Formula Consensus ecclesiarum helveticarum von 1675 hatten die reformierten Schweizer Kirchen ihren Willen bekundet, gegen den Einfluss der reformierten Hochschule von Saumur, wo Moïse Amyraut (1596–1664) gewirkt hatte, an der Lehre von der doppelten Prädestination, wie die Dordrechter Synode sie definiert hatte, und an der pünktlichen Unantastbar-

---

49 *Apologie* 30, 4.
50 Vgl. Jecker, Land (wie Anm. 12), 123.

keit des biblischen Wortlauts festzuhalten. Sie hatten sich damit unter Europas Protestanten isoliert und gegen jegliche Unionsbestrebungen immunisiert. Wohlmeinende Interventionen des Erzbischofs von Canterbury, der Könige von England und Preussen und des Corpus Evangelicorum blieben wirkungslos. Zwar verhielten sich die Kirchen von Basel, Neuenburg und Genf der Formel gegenüber reserviert – in ihnen machte sich der Einfluss der «Vernünftigen Orthodoxie» bemerkbar –,[51] aber Zürich und Bern hielten unbeirrt an ihr fest. In Berns Fall war dies insofern gravierend, als sich an der Lausanner Akademie dagegen Widerstand regte. Dort lehrten Professoren, die für fortschrittliche Ideen aus Frankreich empfänglich waren. Zwischen Lausanne und Bern begann ein zähes Ringen, in dem politische Interessen mit eine Rolle spielten und das sich über ein Vierteljahrhundert hinzog. Die Verpflichtung der Geistlichen auf die Consensusformel wurde in der Waadt zu einem Symbol für geistige und politische Unterdrückung. Der Konflikt erreichte in den Jahren 1717 und 1718, als anonyme handschriftliche Satiren gegen die Formel herumgeboten wurden, einen Höhepunkt.[52]

Mit den Verfolgungen, von denen Güldin in seiner *Apologie* spricht, und die es nach seinem Brief an Schultheiss Frisching zu stoppen galt, war gewiss die Repression gegen Täufer und Pietisten gemeint. Der *aktuelle* Anlass aber für seine Intervention dürfte der Konflikt um die Consensusformel gewesen sein, dessen – so Güldin im erwähnten Brief – «ubel gelegte[s] fundament» er in der Unterdrückung des Pietismus sah. In der Tat mussten nach dem Prozess vom Sommer 1699 alle Burger, Amtleute und Pfarrer mit dem Assoziationseid dem Pietismus abschwören. Dieser Eid, den die Kandidaten der Theologie mit der Unterschrift unter die Consensusformel zu leisten hatten, wurde für die Waadt eigens um die Stichworte Sozinianismus und Arminianismus verschärft.[53] Gewiss gab es zwischen Täufern, Pietisten und vom Geist der Frühaufklärung bewegten Waadtländer Theologen erhebliche Unterschiede, aber im Verhältnis zum bernischen Staat und seiner Kirche gehörten sie mit ihrem Hunger nach Glaubens- und Gewissensfreiheit zusammen. Deshalb nahm im Jahr 1718 der mittlerweile radikale Pietist Güldin offen für sie Partei. Er sollte damit nicht allein bleiben: Fünf Jahre später – verdeckter als er, aber ebenso

51 Rudolf Dellsperger: Der Beitrag der «vernünftigen Orthodoxie» zur innerprotestantischen Ökumene. Samuel Werenfels, Jean-Frédéric Ostervald und Jean-Alphonse Turretini als Unionstheologen, in: ders., Kirchengemeinschaft (wie Anm. 23), 51–65.

52 Emil Bloesch: Geschichte der schweizerisch-reformierten Kirchen, Bd. 2, Bern 1899, 77–98, bes. 88–98; Vuilleumier, Histoire 3 (wie Anm. 25), 632–740; Kurt Guggisberg: Bernische Kirchengeschichte, Bern 1958, 458–461; Rudolf Pfister: Kirchengeschichte der Schweiz, Bd. 2: Von der Reformation bis zum zweiten Villmerger Krieg, Zürich 1974, 11–14.

53 Vuilleumier, Historire 3 (wie Anm. 25), 312–315.

unmissverständlich – hat auch Samuel König aus seinem Exil in der Wetterau in die Consensusstreitigkeiten eingegriffen.[54] Damals erreichte der Konflikt mit einem gescheiterten Aufstandsversuch und der Hinrichtung des Anführers Major Davel seinen Höhepunkt – tragische Ereignisse, aus denen Schultheiss Christoph I. Steiger den Schluss zog, man solle sich von den Theologen weniger dreinreden lassen, in Glaubenssachen «minder dictieren als suadieren» und die Erörterung schwerer, unnötiger Fragen vermeiden. «Hoc religiosum, hoc christianum et sanum.»[55]

«… minder dictieren als suadieren»: Für das Gespräch im Umgang mit Menschen anderer Glaubensüberzeugung, konkret mit Schwarzenauer Neutäufern und Berner Täufern, hatten sich im Jahrzehnt zuvor auch Samuel König und Nicolas Samuel de Treytorrens eingesetzt. Bei ihnen schwangen wie bei Güldin leidvolle eigene Erfahrungen mit. Von ihnen und ihren Stellungnahmen aus den Jahren 1712 und 1717 soll nun noch kurz die Rede sein.[56]

VII. Samuel König und Nicolas Samuel de Treytorrens

1711 wurde König nach bewegten Jahren des Exils, die er vorwiegend in Hessen, Magdeburg und Halle verbracht hatte, von Graf Ernst Casimir von Ysenburg-Büdingen zum Hofprediger, Ersten Pfarrer, Inspektor und Konsistorialrat berufen.[57] Im Territorium mit den Landesteilen Büdingen und Marienborn, dessen Kirchenwesen er während vier Jahren an leitender Stelle mitprägte, genossen nach dem Toleranzpatent vom März 1712 Neuzuzüger, Wohlverhalten vorausgesetzt, Gewissensfreiheit und wirtschaftliche Privilegien. Dies betraf neben anderen die aus dem radikalen Pietismus hervorgegangene Gemeindebildung der Schwarzenauer Neutäufer. Ihretwegen kam es um Taufen, die Alexander Mack in den Jahren 1711 und 1712 im Marienborner Gebiet vollzog, dennoch zum Konflikt. Der für Marienborn zuständige Graf Karl August (1667–1727) ordnete aus Sorge über die Sakramentssspendung durch Unbefugte und die Entstehung einer neuen Denomination ein Verhör an, bei dem König mitwirken sollte. Dieser bat jedoch um Dispens und empfahl statt eines Verhörs ein freundliches Gespräch mit den Betroffenen, um sie

---

54 Dellsperger, Königs «Grundsätze …» (wie Anm. 35).

55 Zitiert nach Peter Herren, Zwei Predigten zum Tod des Major Davel, Seminararbeit phil. I, Spiez 1972, 4f. (Typoskript).

56 Auf Elisabeth Tscharner, die sich in selbstloser Diakonie unermüdlich um die Opfer der obrigkeitlichen Täuferpolitik kümmerte, geht Hanspeter Jecker in seinem Beitrag ein (= Hanspeter Jecker: Der Grosse Berner Täufer-Exodus von 1711, in: MH 34/35 (2011/12), 115–174, hier 144f.).

57 Dellsperger, Königs «Weg des Friedens» (wie Anm. 35).

von der «partheiischen liebe und sectirerey» abzubringen und von der «unpartheiyschen Christ=brüderlichen liebe» zu überzeugen. Man solle ihnen klarmachen, dass sie aus dem Sakrament der Einheit ein Sakrament der Zertrennung und des Parteigeistes gemacht hätten, aber von einer Landesverweisung absehen. Es scheint König gelungen zu sein, die Mitglieder des Konsistoriums davon und von der Ansicht zu überzeugen, dass «diese Taufe an sich selbst nicht verwerflicher als die Kindertaufe» sei.[58]

Zwei Jahre später, 1714, wurde der Neutäufer Christian Liebe aus Schwarzenau, ein Prediger der Pfälzer Täufer, in Bern zur Galeerenstrafe verurteilt. Wiederum waren es niederländische Mennoniten, die sich, unterstützt von Nicolas Samuel de Treytorrens (1671–1728), für ihn stark machten. De Treytorrens, aus adliger Waadtländer Familie und als Meier von Cudrefin früh schon in bernischen Diensten, hatte sich, des Pietismus verdächtigt, von der Religionskommission nicht einschüchtern lassen, sondern Hab und Gut verschenkt und war der angedrohten Verbannung zuvorgekommen. Er erwarb in Schwarzenau ein Haus, tauchte 1715 in Bern auf, um sich für Liebes Befreiung einzusetzen, wurde wegen Pietisterei inhaftiert und anschliessend ausgewiesen. Erschüttert von dem, was er am eigenen Leib erfahren, mehr aber noch von dem, was er in den bernischen Gefängnissen gesehen hatte, schrieb er sich 1717 die «Lettre missive» von der Seele. Darin malte er den Berner Exzellenzen die Korruption der Christenheit und den Abfall der Konfessionskirchen von der Religion Jesu und der Apostel drastisch vor Augen. Er warf ihnen vor, in ihrem Namen geschehe «Anabaptisten, Pietisten und anderen mehr» Unrecht. Namentlich aber rief er sie angesichts des nahen Weltgerichts zur Umkehr auf. Sie sollten die unschuldigen «Kinder Gottes» gewähren lassen.[59]

Als de Treytorrens dies schrieb, hatte unter den bernischen Täufern infolge einer befristeten Amnestie von 1711 bereits ein Massenexodus vorwiegend amischer Gläubiger eingesetzt. Der Erlass gewährte freien Abzug unter Mitnahme der Güter bei Verlust des Heimatrechts. Die Emigranten begaben sich, seitdem auch Louis XIV. die Täufer aus dem Elsass ausgewiesen hatte, vor allem ins Fürstbistum Basel, ins Neuenburgische, in den Raum Montbéliard und später nach Nordamerika.[60]

Damit sind wir beim Thema unseres Kolloquiums angelangt. Fassen wir die Resultate dieses Versuchs zum Schluss zusammen.

---

58 Heinz Renkewitz: Hochmann von Hochenau (1670–1721). Quellenstudien zur Geschichte des Pietismus (AGP 5), Witten 1969, 278–280; Hans Schneider: Der radikale Pietismus im 18. Jh., in: Martin Brecht u. a. (Hg.): Geschichte des Pietismus, Bd. 2: Der Pietismus im achtzehnten Jahrhundert, Göttingen 1995, 107–197, hier 121–123.

59 Pierre Barthel: Die «Lettre missive» (1717) des Nicolas S. de Treytorrens, in: PuN 11 (1985), 1–39; Schneider, Der radikale Pietismus (wie Anm. 58), 138f., 183.

60 Jecker, Land (wie Anm. 12), 122f.

VIII. Bilanz und offene Fragen

Erstens: Stichproben aus den neunziger Jahren, der Jahrhundertwende und des zweiten Jahrzehnts des 18. Jahrhunderts ergeben unabhängig von ihrer pietistischen, antipietistischen bzw. antitäuferischen Tendenz ein einheitliches Bild: Die Quellen bezeugen eine beträchtliche Nähe zwischen Täufern und Pietisten. Eine inhaltliche Bestimmung dieser Nähe fällt bei der repressionsbedingten Diskretion der Texte allerdings nicht leicht. Neben nachbarschaftlichen Kontakten sind Einladungen zu Versammlungen und deren Besuch bezeugt. Solche Besuche geschahen offenbar oft im Rahmen des pietistischen «Predigtgeläufs». Über ihr Ausmass und die Frage, inwiefern die Zusammenkünfte auf Gegenseitigkeit beruhten, sind wir schlecht im Bild. Sie scheinen aus Bibellektüre, Gebet und Gesang bestanden und ein erweckliches Gepräge gehabt zu haben. Täuferische Propria wie die Eid- und Wehrdienstverweigerung wurden von ihren Gegnern zwar auch Pietisten angelastet, jedoch dürfte es sich dabei um bewusste Verunglimpfungsversuche gehandelt haben. Hingegen ist es wahrscheinlich, dass pietistische Pfarrer des Berner Ministeriums sich bei ihren Bestrebungen um eine gemässigte Kirchendisziplin neben calvinistischen auch von täuferischen Vorbildern leiten liessen.[61] Literarische Einflüsse, wie sie Marcus Meier vom Täufertum auf den radikalen Pietismus nachgewiesen hat, sind auch für Bern möglich, wenn nicht wahrscheinlich.[62] Ich bin aber, Irrtum vorbehalten, in meinen Quellen auf keine entsprechenden Spuren gestossen.[63] War die Nähe zwischen Täufern und Pie-

---

61 Rudolf Dellsperger: Calvins Bedeutung im reformierten Pietismus. Ein Versuch anhand des Themas Kirchenzucht, in: Marco Hofheinz/Wolfgang Lienemann/Martin Sallmann (Hg.): Calvins Erbe. Beiträge zur Wirkungsgeschichte Johannes Calvins (Reformed Historical Theology 9), Göttingen 2011, 257–279 (45–68 in diesem Band).

62 Marcus Meier: Die Schwarzenauer Neutäufer. Genese einer Gemeindebildung zwischen Pietismus und Täufertum (AGP 53), Göttingen 2008, 112–118.

63 Hadorn, Pietismus (wie Anm. 4), 120, spricht ohne Nachweis von einem Büchlein mit dem Titel «Apologie oder Verteidigungsschrift für die sogenannten Pietisten gegen einige Beschuldigungen und Lästerungen», das 1701 erschienen und sofort verboten worden sei, und bemerkt dazu: «Man möchte sich, wenn man dieses Büchlein liest, ernstlich fragen, ob unter diesen Leuten von früher her wohl noch täuferische Anschauungen verbreitet gewesen waren?» Auf diese Schrift, die ohne Verfasser- und Ortsangabe als «APOLOGIE, oder Vertheidigungs=Schrift/ Für die so genandten Pietisten/ Gegen einige Beschuldigungen und Lästerungen/ womit sie durchgehends überschüttet werden. Nebst angehängter Anrede An Christliche Obrigkeiten» (Bayerische Staatsbibliothek München) im Jahr 1700 erstmals erschienen ist, hat bereits 1877 Julius Studer hingewiesen: Julius Studer: Der Pietismus in der Zürcherischen Kirche im Anfang des vorigen Jahrhunderts, nach ungedruckten Urkunden, besonders des Zürcher Staatsarchivs, in: Gustav Volkmar (Hg.): Jahrbuch der Historischen Gesellschaft Züricher Theologen, Erster Halbband, Zürich 1877, 109–209, hier 117f. Nach Studer durchgeht die

tisten primär inhaltlich bestimmt, also nicht bloss auf den Druck zurückzuführen, dem beide Seiten ausgesetzt waren, so handelte es sich bei ihr, wie anhand von Güldins *Apologie* gezeigt wurde, auch nicht um eine Rückprojektion aus zeitlicher Distanz.

Zweitens: Fasst man Protagonisten des bernischen Pietismus ins Auge, so gilt es im Blick auf ihr Verhältnis zum Täufertum zu differenzieren. Georg Thormann, der einen innerkirchlichen Pietismus vertrat, steuerte einen, wenn auch gemässigten, antitäuferischen Kurs, indem er die Täufer für die Staatskirche, deren Schäden er nicht verschwieg, zu gewinnen versuchte. Während Samuel Schumacher und Johannes Müller am Prozess zerbrachen, haben sich Samuel Güldin, Samuel König und Nicolas Samuel de Treytorrens, welche dieses Ätzbad überlebt und sich in der Folge radikalisiert haben, in ihrem Exil für die Duldung der Täufer eingesetzt. Sie taten es aufgrund ihrer eigenen Erfahrungen und immer auch mit einem Seitenblick auf die in die Consensusstreitigkeiten verwickelten Waadtländer Theologen. Die Formulierung des Waadtländers de Treytorrens, Bern tue «Anabaptisten, Pietisten und anderen mehr» Unrecht, dürfte in dieser Hinsicht vielsagend, wenn auch verschlüsselt sein. Dies würde bedeuten, dass für Bern die Thematik «Täufertum und Pietismus» im ersten Viertel des 18. Jahrhunderts nicht isoliert betrachtet werden darf, sondern in einem weiteren Horizont nonkonformistischer Strömungen gesehen werden muss.

3. Die hier herangezogenen Quellen sprechen durchwegs von «den» Täufern, nehmen sie also als Einheit wahr und scheinen von der Spaltung in Amische und Reistische von 1693 entweder nichts zu wissen oder doch davon

---

Apologie «alle die ungerechten Beschuldigungen, welche im Allgemeinen gegen die lebendigen Christen aller Zeiten, im Besondern gegen die damaligen Pietisten erhoben wurden, deckt Zweck und Anlass dieser Lästerungen auf, welche sowohl gegen die Lehren als gegen die Praxis des Pietismus ersonnen werden und wendet sich schliesslich an die Obrigkeit, die allezeit durch die Bösen, d. h. die Priester gegen die Frommen aufgehetzt worden sei. [...] Auch ohne Gewissenszwang könne die Obrigkeit Handhaberin der zwei Gesetzestafeln Mosis sein [...]. Die Regierung möge daher wohl bedenken, dass sie nicht Herrscherin, sondern Dienerin sei, und dass alle Herrschaften und Republiken durch Gewissensfreiheit gesegnet worden seien». Studer vermutet in der Schrift mit guten Gründen den Einfluss von Gottfried Arnolds «Unpartheiischer Kirchen-und Ketzerhistorie», auf die in der Schrift auf Seite 28 denn auch ausdrücklich Bezug genommen wird. Das Büchlein kann anhand zahlreicher Indizien dem radikalen Pietismus lutherischer Provenienz zugewiesen werden. Die von Hadorn vermuteten älteren täuferischen Traditionen dürften durch Arnold vermittelt sein. Vgl. auch Schneider, The Attitude (wie Anm. 10), 214f. Ich sage Hans Rudolf Lavater und Frau Eva-Maria Ansorg von der Universitäts- und Forschungsbibliothek Erfurt/Gotha für wertvolle Hinweise zu dieser interessanten Schrift, die ein vertieftes Studium lohnen würde, herzlichen Dank.

nicht Notiz zu nehmen. Dieser merkwürdige Sachverhalt könnte aber sehr wohl auf den vorliegenden Versuch in dem Sinn zurückfallen, als sich darin die einseitig pietistische bzw. antipietistische Quellenbasis spiegelt, die zudem alles andere als vollständig ist. Die Trennungsbriefe wurden nicht befragt, und auch Güldins zweite Schrift von 1718 wurde für diesen Versuch nicht ausgewertet.[64] Mit anderen Worten und einem problematischen Vergleich: Der Tunnel wurde nur von einer Seite vorangetrieben, und bis zum Durchstich, wenn denn überhaupt einer möglich ist, ist es noch weit.

IX. Anhang

1. Samuel Güldin an [Christoph I. Steiger][65], o. O.und o. D.[66]

Zusammenfassung

Wie Güldin erfahren hat, ist die *Apologie* nicht übergeben worden. Er ist enttäuscht, weil die Gegner so nicht gewarnt würden. Er hätte sich eine gelegentliche Publikation gewünscht. Die Schrift sei nicht zu scharf im Ton. Das Argument, sie hätte ihn in Gefahr gebracht, lässt er mit Hinweis auf Stephanus aus der Apostelgeschichte nicht gelten. Nun könne eine gewisse Person nicht mehr mit der Wahrheit konfrontiert werden. Güldin bleibt dem Gottesdienst fern. Zu Kompromissen ist er nicht einmal um den Preis einer Berufung bereit. Auch habe es keinen Zweck auf die Thesen zu warten. Güldin erwartet das Signal zum Sturm auf Babel.

---

64 Kurtze Lehr= und Gegensätze zur Erläuterung der göttlichen Wahrheit: Jn sich haltend I. Die falschen Theses, so wider den so genannten Pietismum zu Bern in der Schweitz auffgesetzt/ und um deren Widerstands willen einige Lehrer abgesetzt und verfolgt worden sind; II. Die Gegensätze/ dadurch die göttliche Wahrheit erläutert und gerettet wird. Zur Ehre GOttes und zur Beförderung der Wahrheit und seines Reichs aufgesetzt von Samuel Güldin/ gewesenem Prediger und Diacono in den dreyen Haupt=kirchen daselbst. Gedruckt zu Philadelphia Anno 1718. – Vielleicht ist beispielsweise auch Güldins Brief vom 17.03.1701 an Jakob Bucher wegen dessen Kindstaufe, von dem das Berner Ratsmanual unterm 23., 25. und 30.4.1701 berichtet (StABE A II 588) – Güldin kam deswegen ins Gefängnis –, für die vorliegende Thematik relevant und ein Hinweis darauf, dass die Quellen bei weitem nicht ausgeschöpft sind.

65 Christoph I. Steiger (1651–1735) studierte Theologie in Lausanne und Orléans, wurde 1680 Mitglied des Grossen Rates, 1683 Grossweibel, 1687 Landvogt in Lenzburg, 1709 Mitglied des Kleinen Rates und Heimlicher, 1711 Welschseckelmeister und war von 1718 bis 1731 Schultheiss des Standes Bern. Barbara Braun-Bucher: Steiger, Christoph von, in: HLS 11 (2012), 851.

66 BBB, M.h.h. XIII 102, Nr. 21.

Text

In Christo Jesu geEhrt[er] und hertzlich gel[iebter] H[err] Gv[atter].[67]
Die Weisheit Gottes sey ob uns!

Habe vernommen durch empfang der *Apologie*, wie sie hiemit nit übergeben worden.[68] So ich mich selbs betrachte, bin ich dessen gar wol zufrieden. Wann ich aber alles andere betrachte, so kan ich nit finden daß es gut sey, daß sie nit übergeben worden. Dann also hab ich kein antwort auff die gründ meines ersten brieffs;[69] dardurch wirt niemands gewarnet; ein solches zeügnuß were nohtwendig gewesen der persohn,[70] wie ich es einmal damals meinte; die feind werden nur frecher, wo die warheit nit an tag komt, und liegen[71] mehr und mehr. Der H[err] G[vatter] hat wollen dass unsere verantwortungen vor diesem *publiciert* wurden,[72] dass hette ich lieber nit gethan, sonder hinder 3 p. und unpartheyische zeugen gelegt. Jetzund hette ich gern gehabt, dass sie hinder den N.[73] gelegt wurde, oder auch zu seiner zeit *publiciert*, H[err] Gv[atter] aber nit, ja es ist die frag wer recht habe. Für mich selbs soll ich schweigen und wollte es auch lieber thun, weil ich für mich nichts als gefahr sehe, ja wann aber dann der sach geholffen were.

Ist etwas darinn hart geredt, so hette es von deßwegen doch nit völlig sollen underwegen bleiben; sondern nur *corrigiert* werden, wie ich es der *Correction* doch gern underworffen. Allein es ist doch nichts so hart geredt, dass es nit alles wahr, und [2] noch härter hette können außgetruckt werden. Die sach selbs ist hart und noch härter zugangen, man muß sie sagen, wie sie ist. Es heist: Nennt fein das kind mit namen, wie ihrs findt, und schmieret nit ein pflaster auff den schaden. Ich hab ja auch nur die namen *Babel, Antich[ristus]*, falscher prophet, wolff p. gar wol brauchen können und habe es doch nit gethan, sondern nur wie und was man hette fassen und gestehen müßen. Sagte man die liebe hette es nit können tragen und wol außdeuten, es hette hart angegriffen. R[es]p[onsio][:] Was ist es jetz mehr[74] für ein zeit[,] der liebe also zugebrauchen, da sie nüt mehr hilfft, es manglet jetz schärffe, etzwaßer. Wann

67 Christoph Steiger war Taufpate (berndeutsch: Gvatter) von Samuel Güldins drittem Kind Christoph.

68 Die *Apologie* war an die Religionskommission gerichtet. Vgl. zu Anm. 29.

69 Es muss offen bleiben, ob der Brief an die Religionskommission von Ende 1701 (Anm. 29) gemeint ist.

70 Höchst wahrscheinlich meint Güldin Dekan Samuel Bachmann (vgl. IV. Exkurs).

71 lügen.

72 Die Verhörprotokolle, welche die von der Religionskommission Befragten nach der Einvernahme anfertigten (BBBE, M.h.h. XIII, 102). Sie blieben unpubliziert.

73 Nicht ermittelt.

74 Dieses Wort streichen (Zeilenversehen).

man warten will zusagen, du bist ein Antichrist p. wie lang wirt man müssen warten? Wann wirt mans ertragen können? Nimmermehr. Die Wölff wollen allzeit underm schaafspelz angesechen werden.[75] Finde also so viel gründ, dass ich mich nimmer explizieren kann, dass es nit gut gewesen were. Ein eintziger grund von meiner gefahr hergenommen, kenne ich wol, aber ist mir nit genugsam. Stephanus hat auch hart geredt und ist gestorben Act. 7: Hat er darumb nit recht gethan? Wanns zeit und noht erfordert, so sollen wir zeugen und heißen darumb die martyres./.zeugen, dass wir zeugen sollen, wann es uns schon ein leiden kostet. Was hat es bißharo geholffen, dass es nit geschechen? Der Wolff hat desto frecher gebissen? Ich habe allzeit gemeint, man hette die *Improcedur* der *Commission*[76] angreiffen sollen. Allein es wirt doch noch einmal hervormüßen, were es aber nit besser gewesen früh als spath? [3]

Diese und andere gründ mehr zeigen ein nohtwendigkeit dass auffs wenigste das hette geschechen sollen, was 1. persohn[77] betrifft. Nun es ist jetz so weit zuspath, ich schreibe aber nit den H[errn] Gv[atter] zustraffen, sondern einmal zuzeigen, wie ich das nit wol von mir selbs begehrt, sondern aus vielen gründ darzu getrieben war; Und dann auch darmit zu begehren gründ warumb es ist underlaßen worden, zur antwort auf die meinen. Ich für mein theil bin nach dem fleisch, besser zufrieden also, als wann es geschechen were, aber ins heiligthum zugehen, finde ich warlich einen scrupel. Es sey aber gnug, der H[err] Gv[atter] kann nach gelegenheit antworten, vil ist nit von nöthen. Der H[err] wolle uns zeigen und das *signal* geben, wann babel angegriffen und gestürmt werden soll. Die materie ist einmal da, und lasst sich Babel nit mehr heilen, auch werden wir es auff unserer seiten warlich nicht plätzen lassen durch ein einiche *vocation* worzu es sey, dass nit alles zuvor heraus gekommen und das *mysterium iniquitatis* entdekt. Were es aber nit besser es gescheche bey zeiten, als erst in 1. jahr p. Auff die *theses* zuwarten, ist nüt, diese sachen hangen ja nüt an einander.[78] Der H[err] zeige uns hiemit die stund, das tocsin[79] were schon gelaütet, man sollte nun die wölff jagen, und nit regieren lassen. Gott der zeit und stund seiner macht vorbehalten, offenbahre selbs alles, und leite uns nach seinem Wolgefallen, wie es zu seiner ehr am meisten gereicht. Sein gnad sey ob dem gantzen haus Amen.

75 Vgl. Mt 7,15.

76 Die Religionskommission.

77 Vgl. IV. Exkurs.

78 Die 20 von den Professoren Johann Rudolf Rudolf und David Wyss verfassten und anlässlich der Synode vom 5. Juli 1699 verabschiedeten antipietistischen Thesen. Sie erlangten nie Bekenntnisstatus, sondern blieben als theologische Lehrnorm ungedruckt, bis Güldin sie 1718 zusammen mit seinen Gegenthesen veröffentlichte. Dellsperger, Anfänge (wie Anm. 3), 144–164 und oben Anm. 64.

79 Engl. Sturmglocke.

Sein ger[inger] diener am creütz des H[errn] J[esus] Ch[ristus]
S[amuel] G[üldin].

[Adresse:] Monsieur Steiguer ancien seigneur Baillif de Lentzbourg à Berne.

2. Samuel Güldin an Schultheiss Samuel Frisching, Frankfurt am Main, 6. Mai 1718[80]

Zusammenfassung

Güldin gratuliert Frisching zu seiner Wahl. Er ist überzeugt, dass dieser über das ungerechte Verfahren gegen den Pietismus informiert ist und schickt ihm die *Relation* und zuhanden des Grossen Rates 100 Druckexemplare der *Apologie* in der Hoffnung, er werde für die Wahrheit eintreten. Güldin bezweckt nicht eine Wiedergutmachung oder seine Rechtfertigung, sondern ein Ende der Verfolgungen und die Überführung der Verfolger. Er fordert eine öffentliche, freie und unparteiische Untersuchung des Verfahrens vor der Religionskommission. Er ist, sollte er sein Ziel erreichen, bereit, die *Apologie* zu kassieren, droht aber andernfalls auch mit ihrer Verbreitung. Güldin schliesst in der Hoffnung auf die Rettung der Ehre Gottes und der Kirche sowie der Wahrheit mit guten Wünschen.

Text

Hochgeachter Gnädiger Herr Schultheiß.

Daß Ew[er] Gn[aden] durch Göttl[iche] Providentz zu einem Hochansehnlichen EhrenHaubt eines H[ohen] Stands erwehlt:[81] dazu wünsche von hertzen allen Göttl[ichen] segen, daß dero Regierung zu vielfältigem heil u[nd] frieden wie des gantzen Lands, also auch u[nd] sonderl[ich] der streiten-

---

80 BBB, M.h.h. XXXIV. 175 (siehe die nachfolgenden Abbildungen). Ich danke Frau Anne Schmidt-Lange für ihren freundlichen Hinweis auf diesen mir bisher unbekannten Brief.

81 Samuel II. Frisching (1638–1721), Oberbefehlshaber der Reformierten im Zweiten Villmergerkrieg (1712), wurde 1715 nach einer erfolgreichen Ämterlaufbahn in hohem Alter Schultheiss des Standes Bern. Zu seiner Herkunft und Jugend vgl. Barbara Braun-Bucher: Der Berner Schultheiss Samuel Frisching 1605–1683. Schrifttum, Bildung, Verfassung und Politik des 17. Jahrhunderts auf Grund einer Biographie, Bern 1991, 219–226, ferner das Porträt von Johann Rudolf Huber (1713), in: André Holenstein u. a. (Hg.): Berns goldene Zeit. Das 18. Jahrhundert neu entdeckt, Bern 2008, 478.

Abb. 2: Samuel Frisching (1638–1721). Kupferstich von Martin Bernigeroth, Titelbild zu Sinold v. Schütz, Die Europäische Fama (Zeitschrift 1702–1735), 187. Theil, Leipzig 1716.
BBB Mss.Mül.Gr.A.422.

den Kirchen[82] Jesu Christi bey ihnen ausschlagen, u[nd] sein reich u[nd] warheit dadurch warhafftig befördert u[nd] befestigt werden möge.

Wie nun der erste grund des streits u[nd] der undertrükung der warheit u[nd] dero Liebhabern, folgends auch aller der daher entstandnen *proceduren* geleget; wie nur eine Parthey u[nd] dero klägden vor Obrigkeit verhört, die andere aber u[nd] ihre verantwortung dagegen gäntzl[ich] *supprimiert* worden: werden Ew[er] Gn[aden] als unter dero *præsidio* es damals geschehen,[83] selbs am besten wissen.

82 Die irdische Kirche der im Streit mit der «Welt» verwickelten Menschen im Unterschied zur himmlischen Kirche der Erlösten.

83 Die 1698 zur Untersuchung des Pietismus eingesetzte Religionskommission kann nicht gemeint sein, denn Samuel II. Frisching gehörte ihr nicht an. Hingegen zeigte sich Fri-

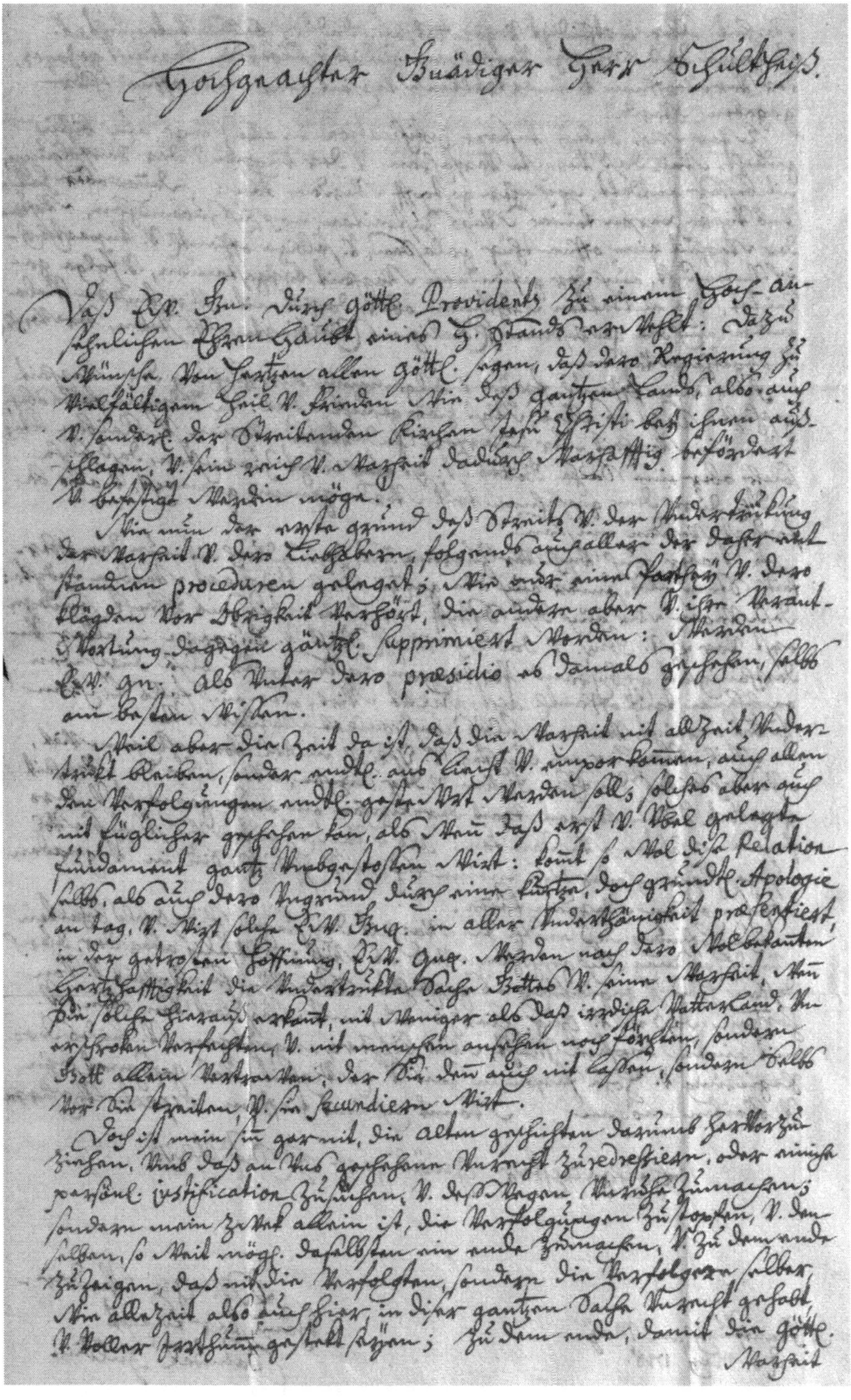
Hochgeachter Gnädiger Herr Schultheiß.

Weil aber die zeit da ist, daß die warheit nit allzeit undertrükt bleiben, sonder endtl[ich] ans liecht u[nd] emporkommen, auch allen den verfolgungen endtl[ich] gesteueret werden soll; solches aber auch nit füglicher geschehen kan, als wenn das erst u[nd] ubel gelegte fundament gantz umbgestossen wirt: kommt so wol dise *Relation* selbs, als auch dero ungrund durch eine kurtze, doch gründtl[iche] *Apologie* an tag, u[nd] wirt solche Ew[er] Gna[den] in aller underthänigkeit *præsentiert*, in der getrosten hoffnung, Ew[er] Gna[den] werden nach dero wolbekannten hertzhafftigkeit die undertrükte sache Gottes u[nd] seine warheit, wenn Sie solche hieraus erkannt, nit weniger als das irrdische vatterland, unerschroken verfechten,[84] u[nd] nit menschen ansehen noch förchten, sondern Gott allein vertrawen, der Sie denn auch nit lassen,[85] sondern Selbs vor Sie streiten, u[nd] sie *secundieren* wirt.

Doch ist mein sinn gar nit, die alten geschichten darumb hervorzuziehen, umb das an uns geschehene unrecht zu *redressieren*,[86] oder einiche persönl[iche] *justification* zusuchen, u[nd] deswegen unruhe zumachen; sondern mein zwek allein ist, die verfolgungen zu stopfen, u[nd] denselben, so weit mögl[ich] daselbsten ein ende zumachen, u[nd] zu dem ende zu zeigen, daß nit die verfolgten, sondern die verfolgere selber, wie allezeit also auch hier, in dieser gantzen sache unrecht gehabt, u[nd] voller Irrthumm gestekt seyen; zu dem ende, damit die göttl[iche]

[2] warheit selber vertheidigt u[nd] gerettet, auch dadurch besser untersucht; u[nd] hingegen das bisherige verfahren billicher selber in verdacht gezogen, der verworffnen u[nd] undertrükten warheit aber eine offene thür gegeben werde.

Zwar wirt dabey unserer *justification* in alle wege auch billich gedacht, weil das unrechte verfahren u[nd] der ungrund der verfolgungen nit besser entdekt, noch eher gestopfft werden kan: Dennoch aber hat man umb unsere person keines wegs zustreiten, noch sich zubemühen, wofern der warheit eine

sching 1713 als Präsident einer Kommission, in der auch Johann Rudolf Rudolf mitwirkte, für eine «Verbesserung der Mänglen, so sich in Schulen und Kirchen der Stadt und Landschaft Bern eräugen», aufgeschlossen. Die Kommission nahm mit den Forderungen nach geistlicher Motivation zum Pfarrerberuf, christozentrischer Verkündigung, nachgehender Seelsorge und verinnerlichter Kirchenzucht Desiderate auf, die 15 Jahre zuvor noch als pietistisch abgewiesen worden waren. Nicolas Samuel de Treytorrens hat in seiner *Lettre missive* für Frisching denn auch lobende Worte gefunden. Will Güldin Frisching als ehemaligen Präsidenten derjenigen Kommission ansprechen, die 1713 das an den Pietisten begangene Unrecht de facto, wenn auch nicht de iure anerkannt hat? Bloesch, Geschichte 2 (wie Anm. 52), 78f.; Hadorn, Pietismus (wie Anm. 4), 259f.; Vuilleumier, Histoire 3 (wie Anm. 25), 622 und 525, Anm. 2.

84 Eine Verbeugung vor dem Sieger von Villmergen.

85 verlassen.

86 wiedergutzumachen.

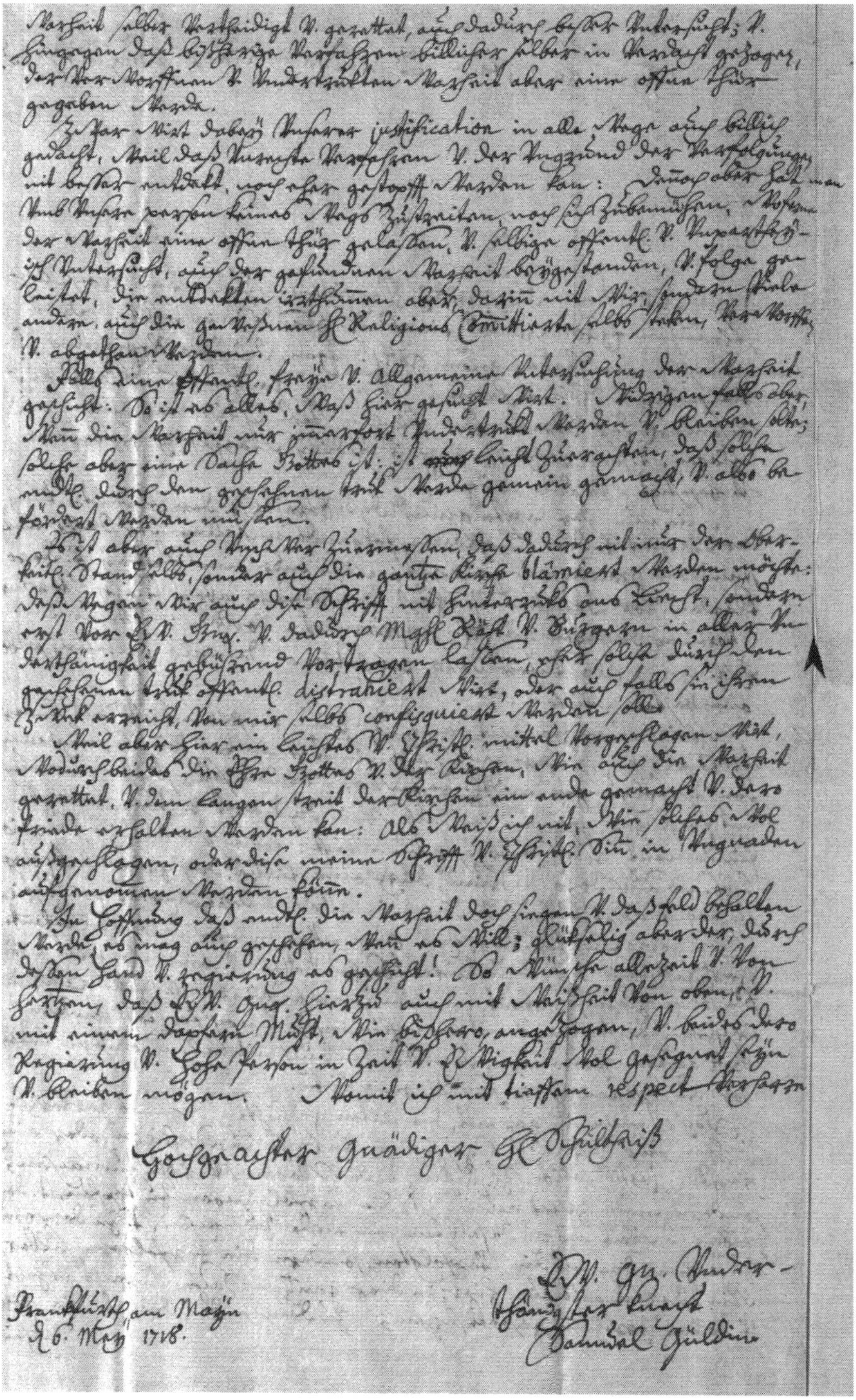

Hochgeachter gnädiger H. Schultheiß

Ew. W. Gn. Under-
thänigster knecht
Samuel Güldin

Frankfurth am Mayn
26. May 1718.

offene thür gelassen, u[nd] selbige offentl[ich] u[nd] unpartheyisch untersucht, auch der gefundnen warheit beygestanden, u[nd] folge geleistet, die entdekten irrthummen aber, darinn nit wir, sondern viele andere, auch die gewesnen H[erren] Religions Committierte[87] selbs steken, verworffen u[nd] abgethan werden.

Falls eine offentl[iche] freye u[nd] allgemeine untersuchung der warheit geschicht: So ist es alles, was hier gesucht wirt. Widrigen falls aber, wenn die warheit nur immerfort undertrükt werden u[nd] bleiben solte; solche aber eine Sache Gottes ist: ist leicht zu erachten, daß solche endtl[ich] durch den geschehnen truk werde gemein gemacht, u[nd] also befördert werden müssen.

Es ist aber auch unschwer zu ermessen, daß dadurch nit nur der Oberkeitl[iche] Stand selbs, sonder auch die gantze Kirche *blâmiert* werden möchte: deßwegen wir auch diese schrifft nit hinderrruks ans Liecht, sondern erst vor Ew[er] Gna[den] u[nd] dadurch M[einen] G[nädigen] H[erren] Räht u[nd] Burgern in aller underthänigkeit gebührend vortragen lassen, eher solche durch den geschehenen truk offentl[ich] *distrahiert* wirt, oder auch falls sie ihren zwek erreicht, von mir selbs *confisquiert* werden soll.

Weil aber hier ein leichtes u[nd] Christl[iches] mittel vorgeschlagen wirt, wodurch beides die Ehre Gottes u[nd] der Kirchen, wie auch die warheit gerettet, u[nd] dem langen streit der Kirchen ein ende gemacht u[nd] dero friede erhalten werden kann: Als weiß ich nit, wie solches wol außgeschlagen, oder diese meine Schrifft u[nd] Christl[icher] Sinn in ungnaden aufgenommen werden könne.

In hoffnung daß endtl[ich] die warheit doch siegen u[nd] das feld behalten werde, es mag auch geschehen, wenn es will; glükselig aber der, durch dessen hand u[nd] regierung es geschicht! So wünsche allezeit u[nd] von hertzen, daß Ew[er] Gna[den] hierzu auch mit weißheit von oben, u[nd] mit einem dapfern Muht, wie bißhero angezogen, u[nd] beides dero Regierung u[nd] Hohe Person in Zeit u[nd] Ewigkeit wol gesegnet seyn u[nd] bleiben mögen. Womit ich mit tieffem respect verharre

Hochgeachter Gnädiger H[err] Schultheiß
Ew[er] Gn[aden] underthänigster Knecht
Samuel Güldin.
Frankfurth am Mayn d[en] 6. May 1718.[88] [3]

---

87 Die Mitglieder der Religionskommission von 1698/99.

88 Den näheren Umständen von Güldins Aufenthalt in Deutschland im Jahr 1718 habe ich noch nicht nachgehen können. Der vorliegende Brief war und ist bisher das einzige Zeugnis seiner für mich überraschenden Reise nach Europa.

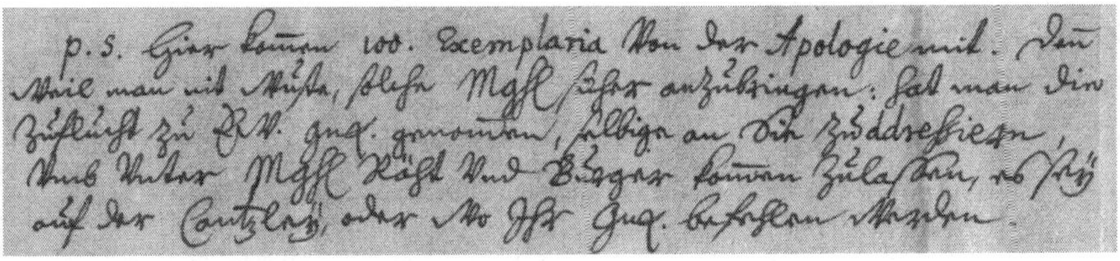

p. s. Hier komen 100. Exemplaria Von der Apologie mit. Den
Weil man mit Mühe, solche MgH Ehr anzubringen: hat man die
Zuflucht zu E.V. gnd. genomen, selbige an die Zuaddreßieren,
Und Unter MgH Räht Und Burger komen zulaßen, es seÿ
auf der Cantzleÿ, oder Wo Ihr Gnd. befohlen werden.

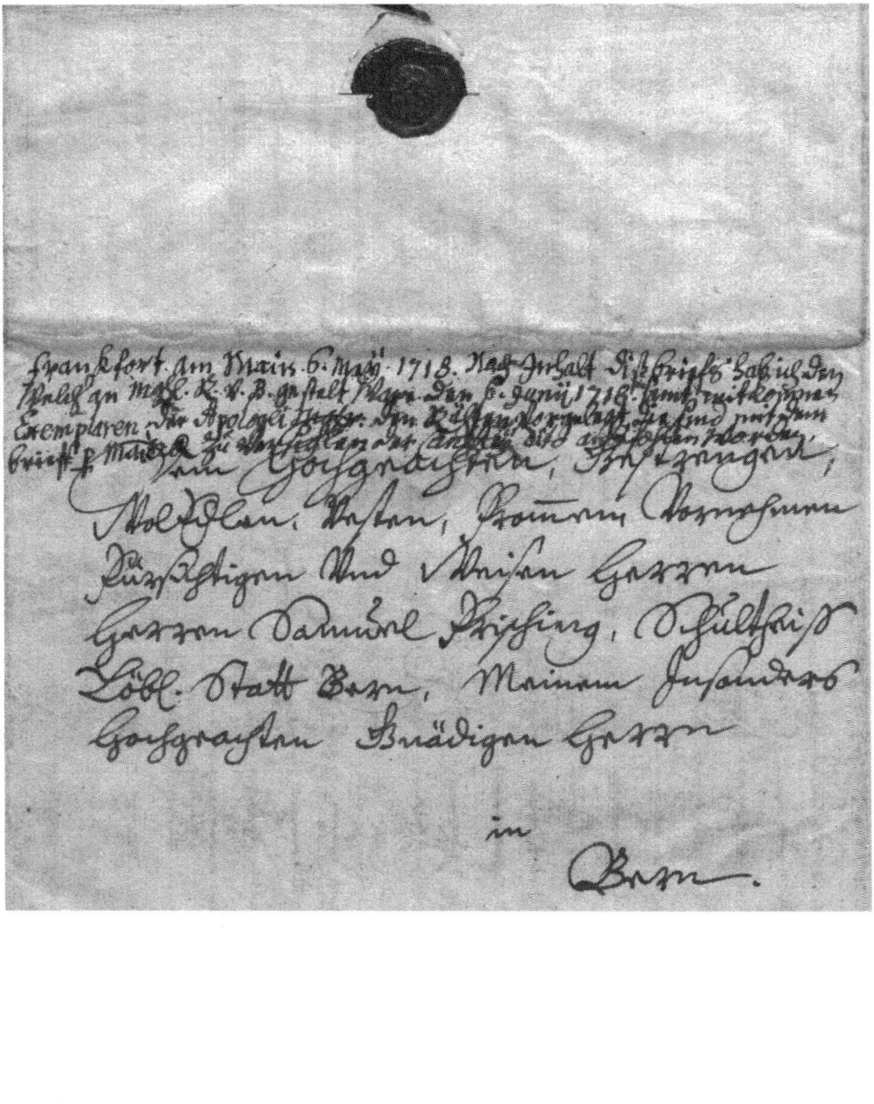

Franckfort am Main 6. Maij 1718. Nach Inhalt [illegible]
[illegible] 1718 [illegible]
Exemplaren der Apologei [illegible]
brieff [illegible]

Dem Hochgeachten, Ehrengeachten,
Wohledlen, Vesten, Frommen Vornehmen
Fürsichtigen Und Weisen Herren
Herren Samuel Frisching, Schultheiß
Löbl. Statt Bern, Meinem Insonders
Hochgeachten Gnädigen Herren

in

Bern.

p.s. Hier kommen 100. *Exemplaria* von der *Apologie* mit. Denn weil man nit wuste, solche M[einen] g[nädigen] H[erren] sicher anzubringen: hat man die zuflucht zu Ew[er] Gna[den] genommen, selbige an Sie zu *adressieren*, umb unter M[einen] g[nädigen] H[erren] Räht und Burger kommen zulassen, es sey auf der Cantzley, oder wo Ihr Gna[den] befehlen werden.

[Siegel]

[Notiz von der Hand Samuel Frischings:] Frankfort am Main. 6. May 1718. Nach Inhalt diß briefs hab ich den[,] Welcher an M[eine] g[nädigen] H[erren] R[ät] u[nd] B[urger] gestelt[,] Ware den 6. Junij 1718.[,] samt mitkomnen *Exemplaren* der *Apologei* M[einen]g[nädigen] H[erren] den Rähten vorgelegt. Die sind mit dem brieff per Maien 6 zu versiglen der Canzley dito anbefohlen worden.[89]

[Adresse:] Dem Hochgeachten, Gestrengen, WolEdlen, Vesten, Frommen Vornehmen Fürsichtigen und Weisen Herrn Herren Samuel Frisching, Schultheiß Löbl[icher] Statt Bern, Meinem Insonders Hochgeachten Gnädigen Herrn, in Bern.

89 Ich danke Herrn Dr. Vinzenz Bartlome vom Staatsarchiv Bern für seine freundliche Hilfe bei der Entzifferung der Handschrift des Schultheissen. – In seiner Sitzung vom 6. Juni 1718 beschloss der Kleine Rat, von der Apologie nicht Kenntnis zu nehmen und diese in der Kanzlei zu verwahren: «Zedel an meinen Herrn Stadtschreiber. Es hat der außert Landts sich befindliche Predigkant Güldj Meinen Gnädigen Herren in einer *Enveloppe* an Meinen Gnädigen Herrn Cons[ul] Frisching ein schreiben zusambt zweyen bündten von *Exemplaren* seiner *Apologey* überschikt. Ihr Gnaden aber habendt darauff nichts reflectiren noch die Apologey ablesen lassen wollen, sondern das besserre befunden, Ihme Meinem Gnädigen Herrn himit aufzutragen diesere beydt bündt uneröffnet zusambt dem Schreiben in der Cantzley wohlverwahrt auffzubehalten, damit kein *Exemplar* darvon komme: Inmaßen Er Mein Gnädiger Herr die dißöhrtige anstalt Irthum [die darin enthaltenen Irrtümer?] bestens wüßen werde.» (StABE, A II 662, S. 160).

Der radikale Pietismus in der Schweiz und seine Beziehungen zu Deutschland

Ein fragmentarischer Überblick und ein Exempel vom Spätsommer 1699

Im Sommer 1978 verbrachte ich in der Burgerbibliothek Bern bei der Lektüre der *Acta pietistica* lange, schöne Wochen und Monate, bis mich Dr. Hans Haeberli, der damalige Leiter der Bibliothek, beiseite nahm und mir sagte, auch ein Dr. Schneider aus Göttingen interessiere sich für «meine» Quellen. Ich erschrak, liess mir die Adresse geben und schrieb an die Eisenacherstrasse 13 einen Brief. Darin verriet der Satz, ich suche den Kontakt «nicht etwa aus der Befürchtung heraus, unsere Themenkreise könnten sich überschneiden», exakt meine Sorge. Es vergingen keine zwei Wochen, bis Herr Schneider und ich uns in Hofgeismar gegenüber sassen. Wir lernten uns nicht als Konkurrenten, sondern als Kollegen kennen und begannen sogleich mit einem lebhaften Austausch von Quellen und Hinweisen. Dabei erlebte und erlebe ich mich mehr als Nehmenden denn als Gebenden, was mich Herr Schneider aber nie spüren liess.

I. Der radikale Pietismus in der Schweiz und seine Beziehungen zu Deutschland

Auch die Beziehungen zwischen dem radikalen Pietismus in der Schweiz und Deutschland waren ein Geben und Nehmen.[1] Soweit wir wissen, begann der Austausch 1689 mit dem Besuch zweier Radikaler, eines gewissen Wolters

1 Vgl. zum Folgenden Hans Schneider: Der radikale Pietismus im 17. Jahrhundert, in: Martin Brecht (Hg.): Geschichte des Pietismus, Bd. 1: Der Pietismus vom siebzehnten

bzw. Walther aus Lüneburg und Johann Friedrich Speyer aus der Pfalz, in Zürich und Bern. Er förderte das Bestehen früher radikaler Zirkel in der deutschen Schweiz zu Tage.[2] Kurz danach brachen junge Berner Theologen zu längeren Studienreisen auf, die sie unter anderem nach Deutschland führten. Achtet man auf ihre Adressaten, zu denen beispielsweise Johann Jakob Schütz in Frankfurt gehörte, so fällt ihre Unvoreingenommenheit für den Pietismus radikaler Prägung auf.[3] Ende 1695, Anfang 1696 förderte in Bern ein nächster Besuch aus Deutschland, diesmal aus Leipzig, die Existenz einer pietistischen Bewegung zu Tage, die inzwischen gewachsen war und sich, nicht zuletzt dank der Verbreitung mystischer und spiritualistischer Autoren wie Valentin Weigel, Jakob Böhme, Johannes Tauler und Christian Hoburg,[4] weiter radikalisiert hatte. Dies lässt sich an den 19 theologischen Thesen ablesen, die der Rat nun ausarbeiten liess. Sie enthalten einen umfangreichen Katalog hetero-

---

bis zum frühen achtzehnten Jahrhundert, Göttingen 1993, 391–437; ders.: Der radikale Pietismus im 18. Jahrhundert, in: Martin Brecht/Klaus Deppermann (Hg.): Geschichte des Pietismus, Bd. 2: Der Pietismus im achtzehnten Jahrhundert, Göttingen 1995, 105–197; Rudolf Dellsperger: Der Pietismus in der Schweiz, in: Brecht u.a., Geschichte des Pietismus 2, 588–616. Weitere Hinweise auf Quellen und Literatur finden sich in diesen Beiträgen.

2 Rudolf Dellsperger: Die Anfänge des Pietismus in Bern. Quellenstudien (AGP 22), Göttingen 1984, 37f.; Isabelle Noth: Ekstatischer Pietismus. Die Inspirationsgemeinden und ihre Prophetin Ursula Meyer (1682–1743) (AGP 46), Göttingen 2005, 61–63. – Der vorliegende Versuch ist auf Schweizer Seite weitgehend auf Bern ausgerichtet. Nach Abschluss des Manuskripts ist die nunmehr grundlegende Untersuchung zum frühen Zürcher Pietismus erschienen: Kaspar Bütikofer: Der frühe Zürcher Pietismus (1689–1721). Der soziale Hintergrund und die Denk- und Lebenswelten im Spiegel der Bibliothek Johann Heinrich Lochers (1648–1718) (AGP 54), Göttingen 2009. Obwohl der Kaufmann Johann Heinrich Locher sich gegenüber Wolthers Unsündbarkeitslehre reserviert verhielt, geriet er ins Visier der Obrigkeit. Seine grosse, exquisite Bibliothek wurde eingezogen und, da als heterodox eingestuft, grossenteils beschlagnahmt. Auf der Inventarliste figurieren Titel von Arndt bzw. Arndtianern (mit Quellen), von Jakob Böhme (mit Vorläufern), von Vertretern der Naturmystik, von Vertretern endzeitlicher Erwartungen sowie von Anhängern der Apokatastasis-Lehre. Das Verzeichnis gewährt pars pro toto Einblick in den weit gefächerten geistigen Horizont der pietistischen Bewegung, deren sozialen Hintegrund Bütikofer anhand der beiden, in den Repressionsschüben von 1698 und 1713 gemassregelten Generationen mustergültig erhellt.

3 Dellsperger: Anfänge (wie Anm. 2), 38–44. Zu Schütz' Kontakten in die Schweiz, insbesondere zu Johann Heinrich von Schönau und Heinrich Locher in Zürich, vgl. Andreas Deppermann: Johann Jakob Schütz und die Anfänge des Pietismus (BHTh 119), Tübingen 2002, 319–321.

4 In einer Zensurliste von 1695 figurieren auch die Namen von Thomas von Kempen, Giovanni Bona, Antoinette Bourignon und Pierre Poiret. Dellsperger, Anfänge (wie Anm. 2), 78f.; Noth, Ekstatischer Pietismus (wie Anm. 2), 63f.

doxer, separatistischer Ansichten.[5] Rat und Konvent wurden in ihrer Abwehrhaltung bestärkt, als sie im Sommer 1698 vom Fall des reformierten Herborner Theologieprofessors Heinrich Horch erfuhren, der die Amtskirche als Babel und die Hohe Schule als Satansschule verwarf. Mit der Konsultation der Zürcher und der Berner Kirche durch die Herborner Schule in dieser Sache begann die Zusammenarbeit deutscher und schweizerischer Behörden im Kampf gegen den radikalen Pietismus.[6]

Der Konflikt ist in Bern im Prozess von 1699 mit besonderer Härte ausgetragen worden. Er endete mit dem Versuch, die Bewegung durch Repression zu ersticken, und mit dem erzwungenen oder freiwilligen Exil renitenter Männer und Frauen. Die meisten von ihnen gingen nach Deutschland, wo sie, wie in Magdeburg und Niederndodeleben, in kleinen Kolonien als «Stille im Lande» lebten oder, wie in den ysenburgischen und wittgensteinischen Grafschaften, mit Gleichgesinnten dem zur Jahrhundertwende erwarteten Anbruch des Tausendjährigen Reichs entgegenfieberten und dem philadelphischen Kirchenideal zum Durchbruch zu verhelfen suchten.[7] Der bekannteste Vertreter der letzteren Richtung ist Samuel König. Er spannte in Herborn mit Heinrich Horch und in Berleburg mit Johann Henrich Reitz und Ernst Christoph Hochmann von Hochenau zusammen.[8] Prominente Deutsche, unter ihnen Zinzendorfs Grossmutter Henriette Katharina von Gersdorf, setzten sich für die vertriebenen Schweizer ein,[9] deren Entwicklung in vielen Fällen nach einem Radikalisierungsschub in ruhigere Bahnen mündete.[10] König beispielsweise

5 1984 war ich noch der Ansicht, die Thesen würden den frühen Berner Pietismus «nur in seinen extremsten und vereinzelt auftretenden Ausprägungen» treffen (Dellsperger, Anfänge (wie Anm. 2), 72–78, hier 77). Dabei liess ich mich von den Positionen junger Theologen leiten, die als Multiplikatoren der pietistischen Bewegung eine wichtige Rolle gespielt haben, die aber, wie Noth, Ekstatischer Pietismus, 57–70, gezeigt hat, für deren heterogene Vielfalt nicht allein repräsentativ sind.

6 Dellsperger, Anfänge (wie Anm. 2), 117–121.

7 Allein in der Wetterau um Frankfurt lebten anfangs des 18. Jahrhunderts rund 40 Schweizer Exulanten.

8 Rudolf Dellsperger: Samuel Königs «Weg des Friedens» (1699–1711). Ein Beitrag zur Geschichte des radikalen Pietismus in Deutschland, in: ders.: Kirchengemeinschaft und Gewissensfreiheit. Studien zur Kirchen- und Theologiegeschichte der reformierten Schweiz: Ereignisse, Gestalten, Wirkungen (BSHST 71), Bern 2001, 96–132, hier 100–108, 113–121; Schneider, Der radikale Pietismus im 18. Jahrhundert (wie Anm. 1), 121–123; Marcus Meier: Die Schwarzenauer Neutäufer. Genese einer Gemeindebildung zwischen Pietismus und Täufertum (AGP 53), Göttingen 2008, 147–154.

9 Heinz Renkewitz: Hochmann von Hochenau (1670–1721). Quellenstudien zur Geschichte des Pietismus (AGP 5), Göttingen [2]1969, 74–76.

10 Anders verlief der Weg des Berners Carl Anton Püntiner, der bei den Berleburger Ereignissen von 1700 neben Hochmann von Hochenau und König eine zentrale Rolle spielte und sich dann der Sozietät der Mutter Eva anschloss, bevor er in Schwarzenau eine

ist 1711 vom Grafen Ernst Casimir von Ysenburg-Büdingen zum Hofprediger, Ersten Pfarrer, Inspektor und Konsistorialrat berufen worden.

Zu den beiden Gemeindebildungen des radikalen Pietismus, den Schwarzenauer Neutäufern und den Wahren Inspirationsgemeinden, unterhielten Schweizer Radikale im Exil und in der Heimat vielfache Beziehungen.

Der spätere Erbauungsschriftsteller und Boehme-Herausgeber Nikolaus Tscheer wurde – wie auch von den Gichtelianern – vorübergehend von beiden Bewegungen angezogen, bis er sich von jeder Bindung löste.[11] Andreas Boni, der zusammen mit seiner Frau Johanna Nöthiger in Schwarzenau zu den acht Erstgetauften gehörte, stammte aus der Basler Landschaft. Er war in seiner Heidelberger Zeit vor allem durch Hochmann in radikalpietistischem Sinn geprägt worden und stand mit Alttäufern vermutlich amischer Richtung in Verbindung.[12] Missionare aus Schwarzenau gelangten bis Basel und Bern, während die Berner Separatisten Johann Heinrich Müslin, ein Freund von Tersteegen und Charles Hector de Marsay, und Nicolas Samuel de Treytorrens, der Anwalt der geplagten Berner Alttäufer, sich für einige Zeit in Schwarzenau niederliessen,[13] und Samuel König in Büdingen sich für einen toleranten Umgang mit den Neutäufern einsetzte.[14]

Die Thunerin Ursula Meyer gehörte als Prophetin zum innersten Kreis der Wahren Inspirationsgemeinden. Sie hatte zwischen 1715 und 1719 Aussprachen, von denen deren 156 gedruckt wurden. Johann Friedrich Rock und seine Gefährten verliehen in den zwanziger und dreissiger Jahren auf ihren Schweizer Reisen dem Separatismus trotz prominenter Gegner wie Samuel

---

Bleibe fand. Zu ihm vgl. Dellsperger, Anfänge (wie Anm. 2), 84f.; Renkewitz, Hochmann (wie Anm. 9), passim, bes. 100–102; Willi Temme: Krise der Leiblichkeit. Die Sozietät der Mutter Eva (Buttlarsche Rotte) und der radikale Pietismus um 1700 (AGP 35), Göttingen 1998, passim, bes. 181–184; Meier, Neutäufer (wie Anm. 8), 145.

11 Dellsperger, Anfänge (wie Anm. 2), 125–127; Michael Knierim/Johannes Burkart: Die Gesellschaft der Kindheit Jesu-Genossen auf Schloß Hayn. Aus dem Nachlaß des von Fleischbein und Korrespondenzen von Lindenhofen und Tersteegen 1734 bis 1742. Ein Beitrag zur Geschichte des Radikalpietismus im Sieger- und Wittgensteiner Land, Hannover 2000, 262f.; Ulrich Bister: Nicolaus Tscheer – Briefe und andere Vermächtnisse, in: Reiner Braun/Wolf-Friedrich Schäufele (Hg.): Frömmigkeit unter den Bedingungen der Neuzeit. FS Gustav Adolf Benrath (Quellen und Studien zur hessischen Kirchengeschichte 6, Sonderveröffentlichungen des Vereins für Kirchengeschichte in der Ev. Landeskirche in Baden 2), Darmstadt/Kassel 2001, 89–101, hier 97; Noth, Ekstatischer Pietismus (wie Anm. 2), 14.

12 Meier, Neutäufer (wie Anm. 8), 37–53, 169–172.

13 Zu Müslin vgl. Rudolf Dellsperger: Müslin, Johann Heinrich, in: HLS 9 (2010), 41. Zu de Treytorrens: ders., Der Pietismus in der Schweiz (wie Anm. 1), 595f., und Schneider, Der radikale Pietismus im 18. Jahrhundert (wie Anm. 1), 183, Anm. 236.

14 Schneider, Der radikale Pietismus im 18. Jahrhundert (wie Anm. 1), 122.

Lutz und Samuel König kräftig Auftrieb.[15] Von Johann Adam Gruber als Prophet hingegen nicht anerkannt wurde der Toggenburger Goldschmied und ehemalige Marburger Theologiestudent Hans Ulrich Giezendanner, als er auf der Ronneburg erschien. Er hatte, nachdem er wegen Predigtstörung aus Marburg weg gewiesen worden war, 1716 Bussrufe für die Eidgenossenschaft und den Stand Zürich ausgerichtet.[16]

Zum Abschluss dieser kleinen Umschau, die sich fortsetzen liesse und dennoch stets lückenhaft bliebe, seien zu den Themen Literaturaustausch und Asylgewährung noch zwei weitere Beispiele angefügt. 1701 erschien der Bekehrungsbericht des Berners Samuel Schumacher in Johann Henrich Reitz' *Historie der Wiedergebohrnen*. Dieses Erbauungsbuch wurde von Schaffhausen bis zum Genfersee nicht nur, aber auch in radikalpietistischen Kreisen fleissig gelesen, beispielsweise von François de Magny, der seinerseits autobiographische Schriften von Reitz und Johann Tennhardt ins Französische übersetzte.[17] Und ein Territorium, auf dem vertriebene Pietisten Asyl fanden, war das seit 1707 preussische Neuchâtel, wo unter dem Schutz des toleranten Landesherrn in Auvernier[18] und Colombier radikalpietistische Zellen bestanden. Von hier aus liess Beat Ludwig von Muralt die *Lettres sur les Anglois et les François* drucken, und hier entstanden in den zwanziger und dreissiger Jahren seine späteren philosophischen und religiösen Schriften.[19]

---

15 Zu Ursula Meyer vgl. Noth, Ekstatischer Pietismus (wie Anm. 2), zu Rocks Missionsreisen ebd., 275–286 und 292–296, und Hans-Jürgen Schrader: Inspirierte Schweizerreisen, in: Alfred Messerli/Roger Chartier: Lesen und Schreiben in Europa. Vergleichende Perspektiven, Basel 2000, 351–382, hier 357.

16 Thomas Hanimann: Zürcher Nonkonformisten im 18. Jahrhundert. Eine Untersuchung zur Geschichte der freien christlichen Gemeinde im Ancien Régime, Zürich 1990, 43–49, 329–335.

17 Hans-Jürgen Schrader: Literaturproduktion und Büchermarkt des radikalen Pietismus. Johann Henrich Reitz' «Historie der Wiedergebohrnen» und ihr geschichtlicher Kontext (Palaestra 283), Göttingen 1989, 283–286, 502f.

18 Gabrielle Berthoud: Des piétistes à Auvernier au début du XVIIIe siècle, in: Musée Neuchâtelois, Troisième série 19 (1982), 143–153.

19 Rudolf Dellsperger: Beat Ludwig von Muralts Emigration aus der Kirche. Hinweise zu seinem Weg zwischen Pietismus und Aufklärung, in: ders., Kirchengemeinschaft (wie Anm. 8), 66–84; Ders.: Le christianisme n'exige pas moins de nous que la vie entiere. Zu drei Briefen Beat Ludwig von Muralts aus dem Jahr 1702, in: Wolfgang Breul-Kunkel/Lothar Vogel (Hg.): Rezeption und Reform. FS für Hans Schneider zu seinem 60. Geburtstag (Quellen und Studien zur hessischen Kirchengeschichte 5), Darmstadt/Kassel 2001, 239–250; Ders.: Eine «missratene» Heirat. Beobachtungen zu zwei Briefen Beat Ludwig von Muralts vom März 1717, in: Martin Rose (Hg.): Histoire et Herméneutique. Mèlanges offerts à Gottfried Hammann, Genève 2002, 117–126; Ders.: Béat-Louis de Muralt au Pontet, in: Le Manoir du Pontet à Colombier, in: nouvelle revue neuchâteloise No 76 (Hiver 2002), 16–26 (deutsche Originalfassung: 27–34); Ders.: Bruch oder

Hans Schneider hat im ersten seiner beiden grundlegenden Handbuchbeiträge zum radikalen Pietismus festgestellt, die deutschen Radikalen hätten «durch die aus der Schweiz nach dem Berner Pietistenprozess ausgewiesenen oder ausgewanderten pietistischen Gesinnungsfreunde [...] Verstärkung und Bestätigung» erfahren.[20] Hier sollte anhand einiger Beispiele gezeigt werden, dass und inwiefern dies auch umgekehrt gilt. Es handelte sich tatsächlich um ein gegenseitiges Geben und Nehmen. Ein gastliches Land, geschweige denn ein Asylland für radikale Pietisten war die reformierte Schweiz in der ersten Hälfte des 18. Jahrhunderts freilich nicht. Das haben etwa Rock und seine Gefährten auf ihren Reisen zur Genüge erfahren müssen. Aber der schweizerische radikale Pietismus hat aus Deutschland auf dem Besuchsweg und über den Büchermarkt wertvollste Impulse erhalten. Das liesse sich auch anhand des so genannten «Libellierens» zeigen, der illegalen Einfuhr polemisch-apologetischer Traktate, durch die Exulanten auf die Entwicklung in ihrer alten Heimat Einfluss zu nehmen versuchten.[21] Hier soll jedoch ein Ereignis aus der Geschichte der Beziehungen zwischen schweizerischem radikalem Pietismus und Deutschland näher betrachtet werden, das auf den ersten Blick nach einer Episode aussieht. Hans Schneider hat darüber 1985 eine schöne Miszelle veröffentlicht.

II. Der Besuch dreier deutscher Pietisten in Bern vom August 1699

Im August 1699 – der Prozess lag erst zwei Monate zurück – traf in Bern ein nächster Besuch aus Deutschland ein. Zwei der drei Reisenden waren Hochmann von Hochenau und George Henry Krafft. Der Dritte im Bunde war hingegen nicht, wie lange vermutet wurde, Gottfried Arnold – er weilte, wie Hans Schneider gezeigt hat, zur fraglichen Zeit in Quedlinburg – sondern ein junger Arnoldi aus Frankfurt, von wo die Gruppe in die Schweiz aufgebro-

---

Kontinuität? Zeitgenössische Stimmen und neue Quellen zu Beat Ludwig von Muralts Entwicklung, in: Udo Sträter u. a. (Hg.): Interdisziplinäre Pietismusforschungen. Beiträge zum Ersten Internationalen Kongress für Pietismusforschung 2001 (Hallesche Forschungen 17/1), Halle und Tübingen 2005, 201–211.

20 Schneider, Der radikale Pietismus im 17. Jahrhundert (wie Anm. 1), 418.

21 Vgl. Schrader, Literaturproduktion (wie Anm. 17), 185, 202 (Samuel Güldin, Kurtze Apologie, Philadelphia [Berleburg] 1718), 152, 159 (Samuel König, Neue Klag Mosis, o. O. [Offenbach] 1701), 204 (Dasselbe, Berleburg 1723). Als Beat Ludwig von Muralts *Lettres sur les Anglois et les François* zusammen mit der *Lettres sur les Voiages*, die in den neunziger Jahren entstanden waren, 1725 in Genf erschienen, geschah auch dies in der Hoffnung, damit in Bern etwas bewegen zu können.

chen war.[22] Samuel König hatte seine Freunde seinem Paten und Protektor Niklaus von Rodt, ehemals Landvogt von Interlaken,[23] empfohlen, der sie auf seinem Gut im Breitfeld vor den Toren der Stadt gastlich aufnahm und ihnen Berns Sehenswürdigkeiten – die Kirchen, das Zeughaus und die neu eingerichtete Bibliothek – zeigte, wie überhaupt die Reise auch ihre touristischen Seiten hatte. Offenbar sprach sich die Anwesenheit der Gäste herum. Jedenfalls fanden sich am Sonntag, dem 27. August, als man in Stadt und Land das Heilige Abendmahl feierte,[24] die Menschen wie bei früheren derartigen Gelegenheiten scharenweise auf dem Breitfeld ein, um die Freunde aus Deutschland zu sehen und zu hören. Dazu bekamen sie in Form von Bibellektüre und Auslegung reichlich Gelegenheit. Hochmann soll, das Gesicht zur Stadt gewendet, für diese gebetet haben. Anderntags führte von Rodt seine Gäste nach Spiez am Thunersee, wo mit den Pfarrern Samuel Güldin und Johannes Müller und den Patriziern Friedrich von Wattenwyl senior und Oberst Gabriel Frisching vier weitere Gesinnungsfreunde zu ihnen stiessen. Die Gesellschaft, zu der auch von Rodts Tochter Maria gehörte, bestand nun aus wenigstens neun Personen. Man übernachtete im Pfarrhaus bei Samuel Dick, einem weiteren Pietisten der ersten Stunde. Anderntags ging's – wahrscheinlich auf dem Wasserweg – nach Interlaken, wo von Rodt Landvogt gewesen und wo er nach wie vor hoch angesehen war, und weiter nach Grindelwald, wo man den Gletscher besichtigte. Nun griff der Berner Rat ein. Er beorderte den Grossweibel mit sechs Bewaffneten nach Unterseen, wo die Reisegesellschaft im Haus des Schultheissen die Nacht zubringen wollte. Als das Detachement eintraf, waren die Fremden, durch einen Eilboten aus Bern vorgewarnt, über Brienz und den Brünigpass bereits entkommen. Ihre Gastgeber wurden in Bern in Untersuchungshaft gesetzt und am 11. September vom Grossen Rat bestraft. Von Rodt musste das Land wegen Beherbergung verdächtiger fremder Personen, Durchführung verbotener Versammlungen, Beihilfe zur Flucht der Fremden und Korrespondierens mit Ausgewiesenen binnen zwei Wochen verlassen und die Verfahrenskosten tragen.[25]

---

22 Dellsperger, Anfänge (wie Anm. 2) 167, 172. – Hans Schneider: Gottfried Arnolds angeblicher Schweizbesuch im Jahre 1699, in: ThZ 41 (1985), 434–439, hat in der Frage nach dem dritten Reisenden definitiv Klarheit geschaffen. Er verzeichnet auch die ältere Literatur.

23 Zu Niklaus von Rodt vgl. Noth, Ekstatischer Pietismus (wie Anm. 2), 79f., 323–331.

24 Das Abendmahl wurde in der Berner Kirche viermal jährlich (zu Weihnachten, Passion und Ostern, Pfingsten und anfangs des Herbstmonats) jeweils an zwei aufeinander folgenden Sonntagen gefeiert. Vgl. Kurt Guggisberg: Bernische Kirchengeschichte, Bern 1958, 277.

25 StABE, AII 580 (29.8.1699), 374f., und AII 581 (11.9.1699), 44. Wortlaut des Urteils bei R. von Diesbach: Nikolaus Rodt (1650–1726), in: Sammlung Bernischer Biographien 3,

Diese Darstellung beruht neben dem Manual des Berner Rates auf zwei Quellen: zum einen auf einem Brief von Samuel Bachmann, Berns Oberstem Dekan, an Hans Jakob Ulrich[26] in Zürich vom 27. September 1699,[27] und zum andern auf einem Bericht mit dem Titel «H. Niclaus Rodts Vogts von Hinderlachen Historie», den Johann Rudolf Gruner[28] in seine *Acta pietistica* aufgenommen hat.[29] Während Bachmann die Ereignisse aus nächster Nähe und mit unverhohlener Bitterkeit schildert, tut es der Verfasser der zweiten Quelle aus einiger Distanz und mit spürbarer Sympathie für seinen «Helden». Seine Version ist ausführlicher, steht aber nicht im Widerspruch zu Bachmanns Bericht. Selbst wenn er schreibt, der Magistrat habe befürchtet, von Rodt könnte in seiner ehemaligen Landvogtei eine Rebellion anzetteln, so lässt sich das mit den *turbae* vereinbaren, von denen Bachmann gleich im ersten Satz spricht. Die beiden Quellen stimmen auch darin überein, dass in ihnen von dem, was die drei Fremden – wohl vor allem Hochmann und Krafft – an jenem Augustsonntag und an dessen Vorabend gesagt haben, mit keinem Wort die Rede ist. Die Gäste treten in Erscheinung, aber sie erhalten kein Profil. Heinz Renkewitz hat deshalb in seinem Hochmann-Buch die Episode zu Recht mit «*Auftakt* in der Schweiz» überschrieben.[30] Mehr war es im Blick auf Hochmanns Leben nicht. Anders stellen sich die Dinge dar, wenn man die eigentlichen *dramatis personae*, nämlich von Rodt, seine Freunde und den «Chor» der heilsbegierigen und gewiss oft auch neugierigen Bernerinnen und Berner ins Auge fasst, denen der Besuch aus Deutschland galt.

Bern 1898, 8f.

26 Hans Jakob Ulrich (1636–1709) war seit 1681 Pfarrer an der Predigerkirche und Chorherr am Grossmünsterstift.

27 Vgl. unten VII. Anhang.

28 Johann Rudolf Gruner (1680–1761) wurde 1725 Pfarrer in Burgdorf und 1744 Kapitelsdekan. Er trug neben Mineralien, Münzen, Medaillen und Antiken in 386 Bänden historische, topographische und genealogische Quellen zusammen, u. a. die für die Anfänge des Pietismus in Bern unentbehrlichen *Acta pietistica*. Rudolf Dellsperger: Gruner, Johann Rudolf, in: HLS 5 (2006), 768.

29 BBB, M.h.h. X 62, 549–553. Im Stammbuch der Familie von Rodt werden Johann Franz von Wattenwyl und Daniel Knopf als mögliche Verfasser dieses Berichts genannt. Diesbach, Rodt (wie Anm. 25), 6.

30 Renkewitz, Hochmann (wie Anm. 9), 47 (Hervorhebung R. D.)

III. Der Berner Pietismus im Spiegel der Korrespondenz von Dekan Samuel Bachmann

Um beim Bild zu bleiben: der «Chor» tritt in den insgesamt 56 Briefen Bachmanns an Ulrich, die aus der Zeit zwischen Februar 1697 und September 1703 erhalten geblieben sind[31], recht plastisch in Erscheinung. Doch bevor von ihm die Rede ist, soll der Absender der Briefe vorgestellt werden. Samuel Bachmann, der 1672 als Helfer ans Berner Münster kam, wünschte sich, als er 1696 Oberster Dekan wurde, «daß ich in dieser stelle mich so könne verhalten, daß mein getreuer H[er]r und Gott, dem ich diene, mich getreu in seinem Dienst erfinden könne [...]».[32] Seine theologischen Gewährsleute waren mit Gwalther, Musculus und Calvin Vertreter der zweiten Reformatorengeneration. Ihre Kommentare schätzte er hoch, während er den Neuansatz der Vernünftigen Orthodoxie, den Jean-Frédéric Ostervald in seinem Katechismus vertrat, ablehnte. «Der Gott der Wahrheit», schrieb er bei dieser Gelegenheit, «erhalte under unß seine himlische Wahrheit pur, lauter und unverfelscht, und gebe unß samtlich die Gnad, dass wir nach derselben Gott wohlgefellig wandlen.»[33] Mit Bachmann stand der Berner Kirche in der Zeit ihrer tiefsten Krise seit der Reformation ein überzeugter orthodoxer Theologe vor.[34]

Sein Bild des Pietismus war ein Feindbild. Während für ihn die Täufer die Kirche von aussen bedrohten, taten es die Pietisten von innen. Die Gefahr, die

31 ZB ZH, S 360, 132–236.

32 Bachmann an Ulrich, 24.02.1697.

33 Bachmann an Ulrich, 18.10.1702. 1702 liess der Berner Magistrat vom Theologen Johann Rudolf Rudolf ein Gutachten über Ostervalds Katechismus, die *censura bernensis*, anfertigen. Vgl. Alexander Schweizer: Die protestantischen Centraldogmen in ihrer Entwicklung innerhalb der reformierten Kirche, Bd. 2: Das 17. und 18. Jahrhundert, Zürich 1856, 767–771; Rudolf Dellsperger: Johann Rudolf Rudolf oder: Theologie im Wandel der Zeiten, in: Argovia 103 (1991), 126–138, hier 132f.

34 Sein gleichnamiger Sohn schloss sich in Zürich den Radikalen an und lehnte Kirchgang und Abendmahl ab, scheint aber den Weg zurück zur Amtskirche gefunden zu haben (Bachmann an Ulrich, 19.06.1700 und 22.02.1701). Von ihm ist ein Glaubensbekenntnis vom 17.02.1701 erhalten, in dem er wieder eine orthodoxe Position vertritt. (ZB ZH, 360, 243–245.) – Erhellend für Samuel Bachmanns Stellung gegenüber heterodoxen Gruppierungen ist seine Anfrage vom 27.02.1693, die dem Eggiwiler Pfarrer Johann Rudolf Salchli Anlass zu einer ausgesprochen polemischen und verächtlichen Abgrenzung gegenüber dem Täufertum gab. Vgl. Hanspeter Jecker/Heinrich Löffler: «Wie dem schädlichen Übel der Taüfferey zu remedieren sey». Neue Streiflichter auf die Entstehung der Amischen. Zwei Briefe des Pfarrers Johann Rudolf Salchli von Eggiwil im Emmental (1693f.), in: MH 28/29 (2005/06), 89–145 (Bachmanns Anfrage: 113, Salchlis Antwort vom 07.03.1693: 114–127). Dazu ein Brief Salchlis an Georg Thormann von Ende 1693/Anfang 1694, der für die Rezeption von dessen «Probier-Stein [...] Deß Täufferthums» von 1693 wichtig ist.

von ihnen ausging, hielt er in jeder Hinsicht für gross. Er erlebte den Pietismus als radikal, separatistisch, heterodox und antiklerikal. Er sah, wie die Bewegung, die Stände und Geschlechter übergreifend, in der Stadt wie auf dem Land den kirchlichen und gesellschaftlichen Frieden gefährdete.[35] In ihr spielten ungewöhnlich viele Frauen, adlige und einfache, gänzlich neue, führende und unbotmässige Rollen.[36] Bachmann hielt Pietistinnen und Pietisten für schlaue und verlogene[37], freche und listige[38], hochmütige Menschen[39]. Er wusste, dass sie in einer weit verzweigten, überkonfessionellen und internationalen Organisation namens Philadelphische Sozietät zusammengeschlossen waren und sich Sioniten nannten.[40] Diese Information stammt zwar aus einem Brief, der erst ein Jahr nach den Ereignissen vom Spätsommer 1699 geschrieben wurde, gibt aber Bachmanns Grundgefühl, es mit einem gut organisierten und zugleich schwer fassbaren Gegner zu tun zu haben, gut wieder.

Bringt man in Abzug, was bei Bachmann schlicht Ressentiment ist, dann kann man sich den «Chor» nun durchaus vorstellen: Es handelte sich um eine für damalige Verhältnisse grosse Schar von rund dreihundert Frauen und Männern aus der Stadt und deren Umgebung[41], die der Kirche und ihren Pfarrern kritisch bis ablehnend gegenüberstanden und in separaten Zirkeln ihr eigenes religiöses Leben pflegten. Sie befanden selber darüber, ob das, was die Kirche ihnen vorsetzte, genügte. Denn sie wussten, was für sie gut war, und sie bestärkten sich darin gegenseitig. Kirche war nach ihnen entweder philadelphische Gemeinschaft der Wiedergeborenen, oder sie war nicht Kirche. Dies hatte für sie längst vor dem grossen Pietistenprozess gegolten. Seit-

---

35 Bachmann an Ulrich, 08.07.1698.

36 Bachmann an Ulrich, 09.09.1698; 11.11.1699; 09.03.1700. In der ZBZH, 360, 58–64, befindet sich ein anonymer, undatierter Brief einer Bernerin an einen Stadtpfarrer, in dem das Ministerium, von wenigen löblichen Ausnahmen abgesehen, mit beissender Schärfe angegriffen wird.

37 Bachmann an Ulrich, 10.08.1698.

38 Bachmann an Ulrich, 22.10. und 30.11.1698; 15.04. und 15.07.1699; 09.03.1700.

39 Bachmann an Ulrich, 13.01.1699.

40 Bachmann an Ulrich, 19.06.1700: «Die Pietisten kennen einanderen specifice und haben einen Catalogum aller Philadelphischen Societet und aller Sioniten, wie sie sich selbst namßen. Der H[er]r sollte dießen Catalogum von ihm begehren, daraus wurde er ersechen die große anzahl der Pietisten by unß.» Es ist mir nicht bekannt, welchen Katalog Bachmann meint. Mit dem *Catalogus amicorum in Germania,* den Nils Thune: The Behmenists and the Philadelphians. A Contribution to the Study of English Mysticism in the 17th and 18th Centuries, Uppsala 1948, 125f. abdruckt, ist er jedenfalls nicht identisch, da dieser von 1703 stammt und keine Namen von Personen aus der Schweiz verzeichnet.

41 Das Ratsmanual spricht von rund 300 Personen (StABE, AII 580 [29.08.1699], 374f.), Bachmann an Ulrich, 27.09.1699, vom «haufenweiß herzulaufenden Volck» und Niklaus Rodts «Historie» (wie Anm. 29), 551, von einem «groß geleuff von den Pietisten».

her galt es erst recht. Die Kirche, deren Ansehen schon wegen der Verfolgung der Täufer schwer gelitten hatte, war nicht mehr glaubwürdig. «Exodus!», lautete deshalb die Devise. Die Versammlung auf dem Breitfeld dürfte nicht bloss eine Erbauungsveranstaltung, sondern eine Protestdemonstration gewesen sein.

IV. Niklaus von Rodt als Mitglied und Rückhalt der pietistischen Bewegung

Der Bericht in den *Acta pietistica* erzählt von den engen Beziehungen, die von Rodt Vater und Tochter zu Samuel Güldin und Samuel König pflegten, und vom Einspruch, den von Rodt während des Pietistenprozesses am 10. Juni 1699 im Grossen Rat erhob: Nachdem tags zuvor König ausgewiesen und Christoph Lutz und Güldin suspendiert worden waren, sollten fünf weitere Urteile gefällt werden. Da stand «H[err] Vogt Rodt vor R[ät] und Burger auff, und sagte: Ihr M[eine] Gn[ädigen] Herren wolt ihr abermahl handlen wie gestern, da es hargangen wie bey der verurtheilung Christi. Herodes und Pilatus waren zugegen und hat alles *Crucifige* geruffen etc.».[42] Von Rodt wurde wegen dieses Protests vermahnt.

Diese Überlieferung dürfte zuverlässig sein, findet sich doch die Anspielung auf den Prozess Jesu, nur zugespitzt auf die Rolle der Geistlichkeit, auch in von Rodts Brief an seinen Bruder Samuel vom Juli 1699, der ihn, auch in seiner Eigenschaft als bernischer Pfarrer, beschworen hatte, sich doch ja nicht an die Spitze der pietistischen Bewegung zu stellen. Aber von Rodt war zu keinen Kompromissen mehr bereit. Er unterschied – mit einem Seitenhieb auf Dekan Bachmann, der nicht habe sagen können, zu wem er gehöre – zwischen natürlichen Menschen und wiedergeborenen Christen. Er beklagte den Verfall der institutionellen Kirche, auch der Reformationskirchen, und verwies auf die «in disen lesten zeiten» gewährte Gelegenheit, statt auf den äusserlichen Gottesdienst allein auf Christus zu vertrauen. Und er verschloss sich der Bitte, «dass ich meinen bey jederman gehabten ruhm, ehr, ansehen und gunst nit so liederlich verscherzen wolle», und dem obrigkeitlichen Ansinnen, die angeblich wahre durch Unterdrückung der wirklich wahren Religion zu stützen.[43]

Letzteres bedeutet, dass von Rodt nicht bereit war, sich durch den Assoziationseid vom Pietismus zu distanzieren. Als der Grosse Rat eine Deklaration, die er in dieser Sache einreichte, nicht gelten liess, und er die Bedenkfrist

42 Niklaus Rodts «Historie» (wie Anm. 29), 550.

43 Die Edition des Briefwechsels zwischen Samuel Rodt und Niklaus Rodt findet sich bei Noth, Ekstatischer Pietismus (wie Anm. 2), 323–331.

ungenutzt verstreichen liess, wurde er aus dem Rat und allen seinen Kommissionen ausgeschlossen. In seinem Fall betraf dies unter anderem die Standes-, Burger-, Zoll- und Jägerkammer. Diese Entscheidung fiel am 23. August, also in jener Woche, als Rodt die deutschen Gäste bei sich logierte und durch die Stadt führte.[44] Damit verstiess er aber wissentlich gegen eine andere vom Rat nach dem Prozess erlassene Bestimmung, wonach Fremde mit «ungesunden Religionsmeinungen» – und das waren Freunde Samuel Königs zweifellos – scharf zu beobachten und gegebenenfalls anzuzeigen seien.[45] Und als er am besagten Abendmahlsonntag die Versammlung auf seinem Grund und Boden nicht nur duldete, sondern offen förderte, handelte er – und mit ihm alle Anwesenden – gegen den Grossratsbeschluss vom 15. Juni 1699, wonach «Conventiculieren und privat exercierende religions actus […] under persohnen ungleichen alters, geschlächts und qualitet» in einem Land mit einer Religion, öffentlichem Gottesdienst und einer «wohl policierten» Obrigkeit unter Androhung schwerer Strafen verboten waren.[46]

Niklaus von Rodt war ein hoch angesehner Staatsmann mit einem glänzenden *cursus honorum*.[47] Dass er die Pietisten protegierte und sich selber zu ihnen zählte, war seit einigen Jahren stadtbekannt. Jetzt, nach dem Prozess, steuerte er an vorderster Front der Bewegung einen Konfliktkurs mit Kirche und Staat. Versteht man die Versammlung vom 27. August und die anschliessende Reise ins Oberland vor diesem Hintergrund, dann versteht man auch, weshalb die Obrigkeit seiner habhaft und ihn loswerden wollte. Es sei nochmals festgehalten: Über den Inhalt von Hochmanns Gebet für die Stadt Bern ist nichts bekannt. Aber schon die Tatsache dieser Handlung durch einen fremden Pietisten war eine Provokation in einer ganzen Reihe von Provokationen.

---

44 StABE, AII 580 (23.08.1699), 343.

45 StABE, AII 579 (16.06.1699), 435f.

46 StABE, AII 579 (15.06.1699), 423–426.

47 Sprossen seiner Karriere waren u. a.: 1673 Substitut der Staatskanzlei, 1676 Stubenmeister bei Kaufleuten, 1680 Mitglied des Grossen Rates, 1682 Unterschreiber, 1683 einer von drei Sekretären des Generalstabs, 1684 Gerichtsschreiber, 1687 Landvogt von Interlaken, 1692 Obmann von Kaufleuten, 1694 Mitglied des Schulrates, zwischen 1688 und 1699 siebenmal Sechzehner von Kaufleuten. Vgl. Diesbach, Rodt (wie Anm. 25), 5.

V. Niklaus von Rodt und Gottfried Arnold

Niklaus von Rodt verliess Bern, nachdem er seine Angelegenheiten geregelt hatte[48], am 18. September zusammen mit seiner Tochter Maria. Bachmann kennt seinen neuen Aufenthaltsort noch nicht. Dafür weiss er, dass die drei Fremden auf der Herreise mit Johann Jakob Dachs in Holderbank einen weiteren pietistischen Gesinnungsfreund aufgesucht hatten.[49] Dem Verfasser der *Historie* hingegen ist Niederndodeleben bei Magdeburg als von Rodts neues Domizil bekannt. Von dort – das weiss wiederum Bachmann zu berichten – habe er, *noster Pietista,* im Mai 1702 dem Vater von Samuel König Christian Hoburgs «Der unbekannte Christus» geschickt. Darin stimme Hoburg ein Lob auf David Joris an, der in Basel gestorben und begraben, dessen Leichnam aber später wieder exhumiert und unter dem Galgen verscharrt worden sei, «welches dan ein Zeugnus ist, was Hoburg seye».[50] Bachmann überliess es Ulrich, den entsprechenden Rückschluss auf von Rodt zu ziehen.

---

48 Den Armen der Landvogtei Interlaken vermachte er 2000 Pfund. Einen beträchtlichen Teil seines ansehnlichen Vermögens liess er unter der Verwaltung seines Bruders Emanuel, des Stadtschreibers, in Bern zurück, und bezog davon jährlich die Zinsen. Er hat 1720 beim Zusammenbruch des Bankhauses Malacrida & Cie. 12'562 Kronen verloren. Die Bank war von Verweigerern des Assoziationseides gegründet worden. Sie kaufte gutgläubig riskante und moralisch höchst fragwürdige Titel der englischen Bank Law und fallierte mit dieser zusammen. Verzeichnuß der Creditoren an H. Malacrida und Compagnie sambt dero habender Capitalien und Zinsen calculiert biß 1. X^{bris} 1720. Wie auch der Creditoren an Müller, Wattenweill und Compage in Engelland, wie sie Ao 1722 sich befunden. 1701 Handschrift im Sammelband H. XXII.117 der ZBBE; W. F. von Mülinen: Law und Malacrida, in: Neues Berner Taschenbuch 1897, Bern 1896, 137–162; Vgl. Nikolaus Linder: Die Berner Bankenkrise von 1720 und das Recht. Eine Studie zur Rechts-, Banken- und Finanzgeschichte der Alten Schweiz (Zürcher Studien zur Rechtsgeschichte 53), Zürich 2004. – Emanuel von Rodt und der Vater von Samuel König stritten monatelang um die Herausgabe von Samuels Bibliothek, die sich offenbar noch im Hause von Rodt befand. Der Stadtschreiber weigerte sich, die Bücher herauszugeben, solange Vater König nicht den Fuhrlohn von 50 Talern für diejenigen Bände bezahle, die der junge König «auß der frömbde [habe] abharferggen lassen». StABE, AII 584 (27.04.1700); 22; AII 585 (15.08.1700), 362f; AII 5686 (11.09.1700), 33; AII 586 (12.09.1700), 41–43.

49 Johann Jakob Dachs (1667–1744) gehörte seit 1692 als Kandidat an der Oberen Spitalkirche und seit 1695 als Pfarrer in Holderbank zu den bernischen Pietisten. Im Prozess von 1699 wurde er wegen Verbreitung verbotener Literatur (u. a. von Christian Hoburg) und wegen seiner auswärtigen Kontakte verurteilt, aber im Amt belassen. Seine Karriere – er wurde 1714 Helfer, 1717 Pfarrer am Berner Münster und 1732 Oberster Dekan – illustriert die allmähliche kirchliche Integration des Pietismus. Rudolf Dellsperger: Dachs, Johann Jakob, in: HLS 3 (2004), 562.

50 Bachmann an Ulrich 18.10. und 01.12.1702. Der Leichnam des Täuferführers David Joris, der zwölf Jahre seines Lebens inkognito in Basel zugebracht hatte, wurde 1556

Niklaus von Rodt hat in der Tat aus dem Exil verbotene beziehungsweise höhern Orts ungern gesehene Bücher nach Bern geschickt oder doch empfohlen. Das geht aus einem Brief hervor, den er am 16. Februar 1700 aus «Niedertoden Leben bey Magdeburg» nach Bern geschrieben hat.[51] Er bedankt sich darin beim Adressaten für die ihm und den Seinigen bis zuletzt erwiesene Liebe und Freundschaft und versichert ihn seiner treuen Fürbitte, damit ihm für das, was seinem ewigen Frieden diene, und für den elenden Zustand des «Bernischen Reformirten Christenthums» die Augen aufgingen. Denn «ein wahrer und nicht ein dodter, ein that und nicht ein[52] Christ zu sein, erforderet nicht nur die Historie von Christi Gebuhrt, seinem Leiden, Sterben, Aufferstehung und Himmelfahrt in dem hirn zu wüßen und viel davon zu plauderen und zu disputiren zu können, sondern Christum mit allem seinem verdienst im Geist kennen, ja Christum selbsten im hertzen würklichen haben, und besitzen [...]».

Es folgt eine lange Reihe neutestamentlicher Gebote. Von ihnen würden die Pfarrer zwar behaupten, sie überstiegen menschliches Vermögen. In Wirklichkeit würden aber die Wiedergeborenen in der Nachfolge Christi sie nach Kräften befolgen, und sie könnten es auch. Von Rodt erinnert an «das Leben der Ersten Christen, in was heyligkeit, verlaugnung ihrer selbsten sie mit eingewandlet sind. Deren Leben mit sonderbahrem fleiß beschrieben hat *Gotfrid Arnold* in einem Buch titulirt Wahre Abbildung der Ersten Christen im Glauben und Leben. Welches herliche buch M[ein] h[ochwohlgeborener] g[nädiger] H[err], wie ich von meinem freund[53] berichtet bin, haben wirdt. Derselbe wolle nur fleisig darinn lesen, so gewißlich nicht ohne frucht sein, und in disen zeiten demselben ein großes licht geben wirdt, sonderlich aber wolle M[ein] h[hochwohlgeborener] g[nädiger] H[err] wohl betrachten das achte buch, welches da von dem verfahl der lehrern handlet, und die so schöne gar deutlich darinn abgebildet stehet [...]».

Man dürfe nicht meinen, fährt von Rodt fort, mit der Reformation habe in der Geistlichkeit ein Sinneswandel stattgefunden. Zwar seien äusserliche Missstände in der Kirchenorganisation, in Lehre und Kult behoben worden, «aber die subtilern Götzen und Bildern in dem Tempel unserer herzen sindt geblieben, alß da sindt: Sauffen, Fressen, Ehrsucht, Geltgeitz, Wohlüstigkeit,

---

nach einem Gerichtsverfahren zusammen mit einem Teil seiner Bücher verbrannt.

51 BBBE, M.h.h. XIII 102, Nr. 19, unpaginiert. Es handelt sich um eine Abschrift. Gross- und Kleinschreibung sind schwankend. In Zweifelsfällen wird die Kleinschreibung bevorzugt. – Da der Anfang des Briefes fehlt, ist der Adressat unbekannt. Die Titulatur und andere Anspielungen lassen aber den Schluss zu, dass er Mitglied des Kleinen Rates und hochrangiger Offizier in bereits fortgeschrittenem Alter war.

52 Ein Wort fehlt: maul, hirn?

53 Mit dem Freund könnte Samuel König gemeint sein.

Hoffarth, Weltpracht, Stoltz, Unzucht &c. als welche noch täglich zu Bern sowohl von Geistlichen alß Weltlichen, Hochen als Niedern angebettet werdind, maßen in damahliger *Reformation* man nicht weiters gekommen, und hat man darbey mehr Politische als Geistliche Absichten gehabt».

Diesen Lasterkatalog hat von Rodt zum grössten Teil wörtlich aus dem achten Buch von Gottfried Arnolds Werk *Die erste Liebe* übernommen.[54] Wie dieser will er die Kirche und ihre Amtsträger aber nicht *nur* kritisieren. Er räumt ein, dass es Versuche zur Einführung der Reformation «auch in der Krafft eines Gottsehligen und Christlichen Lebens» immer wieder gegeben habe; «Seindt aber alsbald von den so genanten *Orthodoxen*, weilen selbige Ihres Fleisch mit seinen lüsten und begierden und den alten Adam nicht gern kreuzigen, sonder lieber in den Gemächligkeiten der Welt leben wollten, verkäzeret, und verdamt worden gleichwie es heutigs tags auch geschiecht. Welches aber alles sehr verständig beschreiben thut gedeuter *Arnold* in seiner Kirchen- und Käzer Historie, welches buch ich M[einem] h[ochwohlgeborenen] g[nädigen] H[errn] an recommandiren thue, darauß Er ohn zweifel großen nuzen ziehen wirdt.»

VI. Schluss

Da der Adressat dieses Briefes nicht bekannt ist, wissen wir auch nicht, ob er dieser Empfehlung gefolgt ist. Er scheint immerhin im Besitz der *Ersten Liebe* gewesen zu sein. Von Rodts Hochschätzung für dieses Buch illustriert Hans Schneiders Feststellung, wonach Gottfried Arnolds *Erste Liebe* in radikalpietistischen Kreisen «besonderen Anklang» gefunden habe: «Das von Arnold entworfene Idealbild der Urchristen und seine Schilderung des Abfalls von der ersten Liebe schien die eigene Kritik an den kirchlichen Zuständen der Gegenwart zu bestätigen und den kontradiktorischen Rückgriff auf die Ursprünge zu legitimieren.»[55] Und wenn Paul Wernle Arnolds noch 1739 von den Schaffhauser Pietisten neu aufgelegte *Kirchen- und Ketzerhistorie* als «das Standard-Werk der neuen [separatistischen] Richtung» in der Schweiz bezeichnete,[56] dann ist Niklaus von Rodt auch dafür ein frühes Beispiel, auch wenn er seinen Brief aus dem Exil nach Hause sandte.

---

54 Gottfried Arnold: Die erste Liebe, hg. v. Hans Schneider (KTP 5), Leipzig 2002, 13–15, 101–119; Mir lag zudem die vom Halberstädter Verleger Gensch in Frankfurt gedruckte 2. Auflage vor. (ZBBE, Theol. fol. 6). Hans Schneider: Nachwort, in: ebd., 187–208, hier 201f. Anm. 47.

55 Schneider, Nachwort (wie Anm. 54), 203.

56 Paul Wernle: Der schweizerische Protestantismus im 18. Jahrhundert, Bd. 1: Das reformierte Staatskirchentum und seine Ausläufer (Pietismus und vernünftige Orthodoxie),

Wir haben – zuerst in Form eines Überblicks und dann anhand eines Beispiels – nach dem radikalen Pietismus in der Schweiz und seinen Beziehungen zu Deutschland gefragt. Dabei haben wir die beiden Ebenen der Gastfreundschaft und des literarischen Austauschs unterschieden. Die Episode vom Spätsommer 1699 spielte auf beiden Ebenen. Hochmanns und seiner Freunde Bernbesuch provozierte eine pietistische Demonstration, die von der Obrigkeit als gefährlich eingestuft und entsprechend sanktioniert wurde. Gottfried Arnold hat diese Ereignisse nicht miterlebt. Aber wir haben allen Grund zur Annahme, dass seine Bücher im schweizerischen radikalen Pietismus schon damals gelesen wurden.[57]

VII. Anhang: Samuel Bachmann an Jakob Ulrich, 27. September 1699[58]

Wohl=Ehrwürdiger, getreuer und vilgeliebter H[r] und Bruder in Christo

Ich habe nit lenger verschweigen können die große *turbas*, die allhier erregt ein gewißer hiesiger Landtvogt (welcher sein leben lang unserem *ministerio* von hertzen abhold ware, und vil beschwerliches wider selbiges hat helfen außwirken, sonderlich den tax, darunder alle arme Predicanten seufzen).[59] Denselben und seine Tochter hat Köng[60] gäntzlich in den *Pietismum* verstrickt, so weit, daß er disem Landtvogt drey Teutsche Kerli (die auch Pietisten waren, welche ein gewißer Hirtzel[61] nach Zürich solle begleitet haben) zugeschickt und recommendiert. Die hat er logiert 8 Tag lang, selbige sind von unseren Pietisten, Güldin[62] und Anderen, besucht worden. Dieße Gsellen, nachdem es ruchbar worden, dass sie in diesers L[and]vogts matten seyen, sind am Sontag,

---

Tübingen 1923, 140.

57 Diesbach, Rodt (wie Anm. 25), 9 und Guggisberg, Kirchengeschichte (wie Anm. 24), 392 berichten ohne Belege, Niklaus von Rodt sei nach Überfelds Tod von den Gichtelianern zum Vorsteher gewählt worden. Die Quelle ist möglicherweise eine Marginalie in *Copia Schreibens von H. Niclaus Tscheer an die Freund in dem Schweitzer-Land, von dem dißmahligen Zustand der Pietistischen Gemeinden in Teutschland;* Vgl. Bister, Tscheer (wie Anm. 11), 99. Ich habe den Wahrheitsgehalt dieser Aussage noch nicht überprüfen können.

58 ZBZH S 360, 170f.

59 Seit 1694 waren die Pfarreien des deutschen Landesteils in drei Klassen mit abgestuftem Steuertarif eingeteilt. Vgl. Guggisberg, Kirchengeschichte (wie Anm. 24), 494.

60 Wie Küng eine andere Namensform für König.

61 Es konnte noch nicht ermittelt werden, um wen es sich handelt.

62 Samuel Güldin (1664–1745) wurde 1692 Pfarrer in Stettlen und 1696 Helfer am Berner Münster. Als Pietist im Prozess von 1699 suspendiert und 1702 ausgewiesen, wanderte er nach Aufenthalten in Hamburg und Magdeburg 1710 nach Pennsylvania aus. Rudolf Dellsperger: Kirchengemeinschaft und Gewissensfreiheit. Samuel Güldins Einspruch

den 27. Aug.[,] da man zu Statt und Land das Hl. Abendmal gehalten,[63] so frech worden, dass sie denselben gantzen Tag dem haufenweiß herzulaufenden Volck geprediget haben; Am Montag darauf ist dieser Landtvogt mit seiner Tochter und dießen dreyen Gsellen ins Oberland gereißet nach Spietz. Da sie der Güldin, Müller[64] und zween andere weltliche Pietisten[65] angetrofen, daselbst ubernachtet by einem Pfarrer, der ihnen nit ungünstig ware;[66] Morndrigen Tags reißeten weiters nach Grindelwald den Glätscher zu besechen p. In der Zuruckreiß kehrten sie ein bim Schultheiß zu Underseen;[67] Da sie ob dem Nachtessen waren, langete by ihnen an H^r^ Großweibel[68] von hier mit vier anderen begleitet, vermeinende die 3 Frembde zu erhaschen, und selbige gefencklich nach Bern zu führen, selbige aber haben sich drey stund zuvor, ehe H^r^ Großweibel angelangt, fortgemacht, alß die per einen expreßen sind verwarnet worden,[69] also dass sie entwüscht. Da hat H^r^ Großweibel den arrest angelegt dem H^rn^ Landtvogt selbsten, wie auch H^rn^ Güldin und H^rn^ Müller, die hat er am Freitag mit sich nacher Bern geführt und sind alle drey in das gefencknus gelegt[,] darin etlich Tag enthalten und von underschiedenlichen Sachen examiniert und H^r^ Landtv[ogts] Fehler so groß befunden worden, dass er aller seiner ehren entsetzt und mit einem eyd des Landes verwießen worden. Welches er mit Gedult angenommen in der meinung, er leyde das um Christi willen, und ist den 18. diß von hier verreiset mit seiner Tochter, wohin aber, weiß man noch nicht. Güldin und Müller sind auch ledig gelassen worden, und bleiben Jhres *Characters* halben annoch eingestellt, und werden

---

gegen Zinzendorfs Unionstätigkeit in Pennsylvania 1742, in: ders., Kirchengemeinschaft (wie Anm. 8), 182–205; Ders.: Güldin, Samuel, in: HLS 5 (2006), 812.

63 Vgl. Anm. 24.

64 Johannes Müller war seit 1697 Vikar in der Gemeinde Belp. Er wirkte wie Güldin im Sinne des Pietismus, wurde suspendiert und starb kurze Zeit nach dem Ende des Prozesses. Vgl. Dellsperger, Anfänge (wie Anm. 2), Register.

65 Friedrich von Wattenwyl (1665–1741). Er verweigerte den Assoziationseid und war der Vater des gleichnamigen Zinzendorf-Freundes und -Mitarbeiters. Bei Gabriel Frisching, dem zweiten «weltlichen Pietisten», handelt es sich wohl um Gabriel Frisching (1656–1735), der 1708 Mitglied des Kleinen Rates und 1715 Zeugherr wurde. HBLS 3 (1926), 341.

66 Gemeint ist Samuel Dick (†1738), der zusammen mit Güldin, Christoph Lutz und Schumacher einen Kreis junger pietistischer Theologen bildete. Er wurde 1693 Pfarrer in Spiez und 1706 in Oberdiessbach.

67 Schultheiss von Unterseen, einer an der Aare zwischen Brienzer- und Thunersee gelegenen Ortschaft mit Stadtrecht, war 1699 Anton Engel (1658–1711). HBLS 3 (1926), 37.

68 Im Jahr 1699 war David Salomon von Stürler (1661–1733) Grossweibel.

69 Den Alarm ausgelöst hat Daniel Knopf (1668–1738), der sich für die Übersetzung und den Druck von Werken von Theodorus à Brakel und Jane Leade eingesetzt hatte und im Prozess mit 500 Pfund gebüsst worden war. Vgl. Dellsperger, Anfänge (wie Anm. 2), Register.

so lang bleiben in solchem stand, biß sie werden zum Creutz kriechen, welches aber sie schwär wird ankommen, als sie noch in der meinung sind, sie haben nit gefehlt, sonder sie leyden um Xi willen.

Die *Academi[ci] Marpurg[enses]* haben uns geschrieben, und geklagt, unser Köng helfe mit Horcher[70], Klopper[71] und Reitz ihre Kirchen betrüeben, und begehren auß befelch Ihres Landgraffen in Hessen bericht, uß was ursach Köng des Landts verwießen, was seine *Errores* und sein thun und lassen by unß geweßen; worüber sie nach aller weitläufig[72] bericht empfangen; erwarten weiteres von dannen, wie es dem Köng ergehen werde.[73]

Gl[eich] wie eine hoche Oberkeit Räth und Burger den aufgesetzten *Associations* Eyd g[e]g[en] *Pietismum* und alle erneuerungen, und für die *Helvetische Confession* selbige zu handhaben,[74] geleistet, also werden in diser wochen alle Capitel in teutschen Landen zusammen berufen, ein Jedes an seinen Ohrt, dass auch alle Predicanten zu Statt und Land dießen Eyd solennisch præstieren;[75] der H[er]r wolle dießen Eyd mit seinem sägen begleiten, daß derselbe ein krefftigs band seye, unser aller hertzen in unserem Gott und seiner himlischen Lehre zu vereinbahren, und unß eine erwünschte Ruh in unser Kirchen zu verschafen.

Mein Hoch=Ehrwürd[iger] Hr Doctor und Antistes Klingler[76] ist in einer Baden=Cur zu Schintznacht[77] geweßen (die der Gnädige Gott mit seinem himlischen sägen kreftig wolle seyn laßen, zu deßelben erwünschten gesundheit)[.] Da er außert zweifel auch in kundtschaft gerathen mit Hr Dachß,[78]

70 Johann Heinrich Horch (1652–1722). Vgl. Schneider, Der radikale Pietismsus im 17. Jahrhundert (wie Anm. 1), 407–410; ders., Der radikale Pietismus im 18. Jahrhundert (wie Anm. 1), 119–121.

71 Balthasar Christoph Klopfer (1659–1703). Vgl. Renkewitz, Hochmann (wie Anm. 9), 59f. und Register.

72 Ein Wort bzw. eine Silbe fehlt: weitläufig[keit?].

73 Die Anfrage der Universität Marburg konnte bislang nicht gefunden werden. Hingegen sind die Antwort aus Bern vom 16.09.1699 und die Rückantwort aus Marburg vom 17.10.1699 bekannt. Vgl. Dellsperger, Samuel Königs «Weg des Friedens» (wie Anm. 8), 104.

74 Der Wortlaut des Assoziationseides vom 14.06.1699 bei Dellsperger, Anfänge (wie Anm. 2), 143.

75 Die Vereidigungen der Kapitel deutschen Landes fanden zwischen 27. September und 10. Oktober 1699, diejenigen welschen Landes am 28. Dezember 1699 statt.

76 Anton Klingler (1649–1713), von 1688 bis zu seinem Tod Antistes der Zürcher Kirche, war nach Wernle, Protestantismus 1 (wie Anm. 56), 131f. «ein Kirchenfürst, wie Zürich noch keinen besessen, so standesbewusst, so hochfahrend und dabei so borniert».

77 Schinznach im Aargau, beliebtes Kurbad und häufiger Treffpunkt von Städtern aus Basel, Zürich, Bern, Solothurn und Luzern.

78 Zu Dachs vgl. Anm. 49.

Predicant zu Holderbanck,[79] by welchem die drey teutschen Gesellen auch eingekehrt. Verlangte H^{rn} Doctoris meinung zu vernemmen, was er von dießem halte, ist auch ein Pietist p.

Weiß dißmal nüt weiters, alß nechst empfehlung der Göttlichen Gnad Meinen Ehrwürdigen H^{rn} zu versichern, dass ich seye deßelben

dienstgeflißener
Bachmann
den 27. 7bris 1699

79 Holderbank liegt wenige Kilometer südlich von Schinznach Bad.

Samuel Königs «Grundsätze von der Allgemeinen Gnade Gottes» (1723)

Die mit dem Begriffspaar «Willensfreiheit und Prädestination» umschriebene Thematik war in der ersten Hälfte des 18. Jahrhunderts oft Gegenstand schriftlicher und mündlicher Debatten. Dies lässt sich anhand des Tagebuchs illustrieren, das der Basler Pietist Hieronymus Annoni (1697–1770) geführt hat, als er sich 1736 mit zwei jungen Schweizer Studenten auf einer Bildungsreise durch das Elsass, die Niederlande, Böhmen und Deutschland befand.[1]

In Strassburg diskutierte die Gruppe mit dem lutherischen Pfarrer und Professor Johann Andreas Gnilius (1694–1741) über Fragen der Prädestination und der gratia universalis.[2] In Duisburg lernten sie den Theologieprofessor Christoph Raab (1683–1748) und dessen in ihren Augen merkwürdigen Versuch kennen, «inter gratiam universalem et horribile decretum einen Mittelweg aufzuzeigen».[3] Auch der Hallenser Theologe und Francke-Freund Joachim Lange (1670–1744) kam ohne Umschweife auf das Thema der gratia universalis zu sprechen.[4] In Leipzig schliesslich bezeichnete Professor Pfeif-

1 Johannes Burkardt/Hildegard Gantner-Schlee/Michael Knierim (Hg.): Dem rechten Glauben auf der Spur. Eine Bildungsreise durch das Elsaß, die Niederlande, Böhmen und Deutschland. Das Reisetagebuch des Hieronymus Annoni von 1736, Zürich 2006 (abgekürzt: Reisetagebuch Annoni); Zu Annoni vgl. Hildegard Gantner-Schlee: Hieronymus Annoni (1697–1770). Ein Wegbereiter des Basler Pietismus (Quellen und Forschungen zur Geschichte und Landeskunde des Kantons Basel-Landschaft 77), Basel 2001.

2 Reisetagebuch Annoni, 42f. (23. April).

3 Reisetagebuch Annoni, 74–76, hier 75 (11. Mai). Raab galt in Duisburg als Pietist und wurde 1724 als Professor entlassen, später aber wieder in sein Amt eingesetzt. Vgl. Heinz Renkewitz: Hochmann von Hochenau (1670–1721). Quellenstudien zur Geschichte des Pietismus (AGP 5), Witten 1969, 206; Theodor Wotschke: August Hermann Franckes rheinische Freunde in ihren Briefen, in: Monatshefte für rheinische Kirchengeschichte 22 (1928), 264–278.

4 Reisetagebuch Annoni, 201 (31. Juli). Joachim Lange war der Verfasser eines Buches mit dem Titel «Die evangelische Lehre von der allgemeinen Gnade», das 1733 in Halle

fer die reformierte Lehre vom decretum absolutum «als etwas sehr Abscheuliches und nicht nur der Union, sondern auch der Toleranz im Wege Stehendes». Annoni entgegnete, «daß solche Kontrovers nicht so leicht zu dezidieren seie, daß beidseitige Meinungen ihre Schwierigkeiten haben und es folglich mit Recht heißen könne: Theologi certant et adhuc sub judice lis est [und] daß in der alten Kirche Augustinus auch pro praedestinatione geschrieben, Hieronymus aber pro universali gratia gefochten habe, ohne sich deßwegen zu trennen, ja daß Lutherus selbst ein Particularist und nichtsdestoweniger ein großer Mann gewesen».[5]

Samuel Königs Traktat von 1723 gehört in den Zusammenhang dieser verbreiteten und, wie Pfeiffers scharfe Attacke und Annonis schlagfertige Antwort zeigen, engagiert geführten Debatte. Das Ziel dieses Versuchs besteht darin, Königs Schrift der Vergessenheit zu entreissen, sie auf dem weiten Feld dieser Debatte zu orten bzw. ihren Sitz im Leben so präzis wie möglich zu bestimmen. Es soll in drei Schritten erreicht werden. Zuerst ist der Autor des Traktats kurz und mit einem kleinen Akzent auf der Büdinger Zeit vorzustellen. In einem zweiten Schritt soll über die 22 Thesen und die drei Zugaben berichtet und zuletzt nach dem Adressatenkreis gefragt werden.

I. Der Autor

Samuel König wurde am 17. September 1671 in Bern getauft und ist am 30. Mai 1750 daselbst gestorben.[6] Sein Vater Samuel (1646–1706) war Pfarrer[7], seine Mutter Katharina Judith Perret die Tochter eines hohen bernischen Beamten. Sein Sohn Samuel (1712–1757) führte als Professor der Mathematik

---

erschien.

5 Reisetagebuch Annoni, 209f. (4. August).

6 Vgl. zum Folgenden: Paul Wernle: Der schweizerische Protestantismus im 18. Jahrhundert, Bd. 1: Das reformierte Staatskirchentum und seine Ausläufer (Pietismus und vernünftige Orthodoxie), Tübingen 1923, 282–286 (und Register); Rudolf Dellsperger: Die Anfänge des Pietismus in Bern. Quellenstudien (AGP 22) Göttingen 1984, S. 93–114; Rudolf Dellsperger.: König, Samuel, in: NDB 12 (1980), 343f.; Rudolf Dellsperger: Samuel Königs «Weg des Friedens» (1699–1711). Ein Beitrag zur Geschichte des radikalen Pietismus in Deutschland, in: ders.: Kirchengemeinschaft und Gewissensfreiheit. Studien zur Kirchen- und Theologiegeschichte der reformierten Schweiz: Ereignisse, Gestalten, Wirkungen (BSHST 71), Bern 2001, 96–132; Hans Schneider: Der radikale Pietismus im 18. Jahrhundert, in: Martin Brecht/Klaus Deppermann (Hg.): Geschichte des Pietismus, Bd. 2: Der Pietismus im achtzehnten Jahrhundert, Göttingen 1995, 107–197, hier 121–123.

7 Auf seinem Grabstein am Turm der Kirche Gerzensee steht der Sinnspruch: «Welcher Stirbt, Ehe er Stirbt | Der Stirbt nicht, wann er Stirbt.»

und der Philosophie in Franeker mit Maupertuis einen berühmten Streit über das «Prinzip der kleinsten Aktion».[8] König selber wurde nach Studien der Theologie, Orientalistik und Mathematik in Bern, Zürich (bei Johann Heinrich Heidegger [1633–1698]), Basel und Franeker (bei Campegius Vitringa [1659–1722]) 1698 in seiner Heimatstadt Vikar an der Spitalkirche. Er entwickelte sich rasch zu einem der führenden Köpfe der pietistischen Reformbewegung, der 1699 der Prozess gemacht wurde. König wurde als Kritiker der obrigkeitlichen Staatskirche und wegen Heterodoxie (Chiliasmus) verbannt. In Hessen und den umliegenden Territorien vertrat er mit Heinrich Horch [1652–1729] und Ernst Christoph Hochmann von Hochenau [1670–1721] einen prophetisch-enthusiastiaschen Pietismus. Er fieberte wie sie dem zur Jahrhundertwende erwarteten Anbruch des Tausendjährigen Reichs entgegen und suchte dem philadelphischen Kirchenideal zum Durchbruch zu verhelfen. In Halle fand er 1707 zu einer kritisch-solidarischen Haltung zur Kirche zurück.

1711 wurde König, nachdem ein erster Versuch der Rückkehr nach Bern gescheitert war,[9] von Graf Ernst Casimir von Ysenburg-Büdingen zum Hofprediger, Ersten Pfarrer, Inspektor und Konsistorialrat berufen.[10] Im Territo-

---

8 Paul Zaugg: Der Mathematiker, Physiker und Philosoph Samuel König der Jüngere (1712–1757), in: Der kleine Bund, 152. Jg., Nr. 98 und 104 (28.04. und 05.05.2001); Ursula Goldenbaum: Das Publikum als Garant der Freiheit der Gelehrtenrepublik. Die öffentliche Debatte über den «Jugement de l'Académie Royale des Sciences et Belles Lettres sur une Lettre prétendue de M. de Leibnitz» 1752–1753, in: dies. (Hg.): Appell an das Publikum. Die öffentliche Debatte der deutschen Aufklärung 1687–1796, Bd. 2, Berlin 2004, 509–652.

9 Zu den Umständen dieses Scheiterns vgl. Dellsperger, «Weg des Friedens» (wie Anm. 6), 111.

10 Zu Königs Berufung vgl. Matthias Benad: Toleranz als Gebot christlicher Obrigkeit. Das Büdinger Patent von 1712 (Studia irenica 27), Hildesheim 1983, 125, 397f.; Michael Seitz: Samuel Königs Tätigkeit als Inspektor in Büdingen. Mit einer Erläuterung von drei theologischen Schriften, die in seiner Büdinger Zeit entstanden, Lizentiatsarbeit ev.-theol. Bern 1992, 4–6 (masch.). König verheiratete sich 1711 mit Anna Maria Nöthiger aus Bern. Ihnen wurden zwei Söhne und zwei Töchter geboren. Die Patenschaften geben Auskunft über die familiären und freundschaftlichen, aber auch über die pietistischen Beziehungen des Ehepaars König und zeigen, wie stark dieses sich nach wie vor mit Bern verbunden fühlte:
31.07.1712: ein Johann Samuel. Paten: Kanzleirat Otto Heinrich Becker und Frau Hofpredigerin A. Catharina Hossin.
20.12.1715: eine Margaretha Salome. Paten: Anna Margaretha Zeerleder (1699–1768, Tochter der Margaretha Zeerleder-Lutz [1764–1750]), Jfr. Salome Nöthigerin und Hr. Daniel Knopf, alle aus Bern. (Zu Margaretha Zeerleder und Daniel Knopf vgl. Dellsperger, Anfänge [wie Anm. 6], Register).
19.12.1717: eine Juliana Henriette. Paten: Gräfin Juliana von (Lippe-) Biesterfeld, geb. Gräfin von Conwitz (=Kunowitz), Ehefrau von Ferdinand von Lippe-B. (vgl. Renkewitz, Hochmann von Hochenau [wie Anm. 3], 177) und Hr. Vincentz Nöthiger, Bern.

rium mit den Landesteilen Büdingen und Marienborn, dessen Kirchenwesen er während vier Jahren an leitender Stelle mitprägte, genossen seit dem Toleranzpatent vom März 1712 Neuzuzüger Gewissensfreiheit und wirtschaftliche Privilegien. Dies betraf unter anderem die aus dem radikalen Pietismus hervorgegangenen Gemeindebildungen der Schwarzenauer Neutäufer und der Wahren Inspirationsgemeinden. Während König sich 1712 für einen toleranten Umgang mit den Neutäufern einsetzte – er empfahl statt eines Verhörs ein freundliches Gespräch mit ihnen, um sie von der «partheiischen liebe und sectirerey» abzubringen und von der «unpartheiyschen Christ=brüderlichen liebe» zu überzeugen –,[11] lehnte er die Inspirationsbewegung von Anfang an ab.[12]

König sah sich schon kurz nach seinem Amtsantritt mit der Klage von Büdinger Bürgern konfrontiert, er bekenne sich nicht eindeutig zu einer der drei anerkannten Konfessionen. Der Vorwurf zielte auf seine Unterstützung der obrigkeitlichen Toleranzpolitik, von der die ansässige Bürgerschaft für sich Nachteile befürchtete. König drehte den Spiess um, indem er darlegte, auch und gerade sein konfessionalistisches Verständnis stelle für den reformierten Glauben eine Gefahr dar.[13] Ebenfalls wurden anlässlich der Visitation von 1713 Beschwerden gegen ihn laut, die sich aber als unhaltbar erwiesen.[14] König war also als Person, Theologe und Verfechter der gräflichen Toleranzpolitik umstritten. Nicht alle Büdinger schätzten ihren Ersten Pfarrer und Inspektor so sehr wie der ehemalige Kanzleirat und Mitinitiant des Toleranzedikts, Otto Heinrich Becker, der an seinen früheren Landesherrn Ernst Casimir schrieb: «Meinen Zustand betr. lebe ich, Gott sey dank, gantz ver-

---

Der zweite Sohn des Ehepaars König hiess Daniel (1725–1747) und war Militärarzt. Diese Angaben aus dem Taufregister 1681–1739 des Dekanats Büdingen verdanke ich Hans Schneider, Marburg.

11 Der Wortlaut von Königs Brief an Graf Ernst Casimir vom 25.11.1712 findet sich bei Seitz, Inspektor (wie Anm. 10), Anhang 1: Transkribierte Korrespondenz, 26f.; vgl. Renkewitz, Hochmann von Hochenau (wie Anm. 3), 278–280; Schneider, Der radikale Pietismus im 18. Jahrhundert (wie Anm. 6), 122.

12 Königs Brief vom 27./28.02.1715, in dem er beschreibt, wie er Johann Tobias Pott und seine Angehörigen und Freunde aus seinem Haus hinaus komplimentierte, ist wiedergegeben bei Seitz, Inspektor (wie Anm. 10), Anhang 1: Transkribierte Korrespondenz, 30–32; Zur Inspirationsbewegung in der Wetterau vgl. Benad, Toleranz (wie Anm. 10), 278–319; Matthias Benad: Ekstatische Religiosität und gesellschaftliche Wirklichkeit. Eine Untersuchung zu den Motiven der Inspirationserweckung unter den separatistischen Pietisten in der Wetterau, in: PuN 8 (1982), 119–161; Zu Benad vgl. die Rezension von Hans Schneider, in: PuN 13 (1987), 283–289; Isabelle Noth: Ekstatischer Pietismus. Die Inspirationsgemeinden und ihre Prophetin Ursula Meyer (1682–1743) (AGP 46), Göttingen 2005, 84–91 und passim.

13 Benad, Toleranz (wie Anm. 10), 236–240.

14 Benad, Toleranz (wie Anm. 10), 244–250.

gnügt, nur bedaure, daß ich hier keinen Samuel König habe, aus dessen Predigten ich mich erbauen könnte. Jtzo kan ich und meine Frau erst recht erkennen, was wir an dem Insp. König gehabt, weil die hiesigen Predigten gegen jene wie Nacht gegen Tag, wie Wasser gegen Wein, wie Spreu gegen Korn sind. Ew. Hochgräfl. Gnd. und die Stadt Büdingen sind wahrhafft glücklich und haben es vor eine große Gnade Gottes zu achten, dass Sie einen solchen Prediger haben.»[15]

1715 bat König aus Gründen, die noch nicht völlig geklärt sind, um seine Entlassung aus dem Dienst. Er blieb aber in Büdingen und wirkte beim Aufbau der Hohen Schule mit, an der er auch als Lehrer tätig war. Seit 1720 war er Pfarrer der französischen Waldensergemeinde in Waldensberg. In dieser Zeit entstanden eine beachtliche Anzahl erbaulicher und wissenschaftlicher Publikationen. Neben der hier zu besprechenden Schrift von 1723 sind dies:

1. Theologisches PROGNOSTICON, | Oder | Erbauliches Gespräch | zwischen Phosphorus und Eusebius, | von dem | bevorstehenden und von diesem 1717. Jahr an | zu erwarten seyenden | Untergang des Türckisch | =Mahometischen Reichs | und anderen gewiss künfftigen Dingen | Nach Anleitung der H. Prophetischen Schrifft | sonderlich des XXXI Capituls Esaiae, | auffgesetzt von | SAMUEL KOENIG.[16]

2. ETYMOLOGICON | HELLENO- | HEBRÆVM; | SEU | PRIMITIVA GRÆCA | EX | HEBRÆO FONTE | VICINISQUE ORIENTIS LINGUIS, | VTI | CHALDÆA, SYRA, ARABICA | ATQUE ÆTHEOPICA, | DEDUCTA, | INTERSPERSIS NON PAVCIS | OBSERVATIONIBVS | PHILOLOGICO-CRITICIS. | OPVSCVLVM/ STVDIOSIS GRÆCÆ ET HEBRÆÆ | LINGVÆ | APPRIME VTILE. | ELVCVBRANTE | SAMVELE KOENIGIO, | V. D. M. | - | FRANCOFURTI, APVD JOH. JACOBVM HAVGIVM, | - | M DCC XXII.

3. Neue Klage Mosis von den Abweichungen der aus Egypten aufsteigenden Israeliten/ oder von den Fehlern der anfangenden Christen. Wobey mit=angehänget [...] Kurtze und nervose Regeln von Uebung der Vollkommenheit und Gegenwart Gottes/ des berühmten LAURENTII de la Resurrection und Herrn Courbons [...] Berleburg/ bey Johann Jacob Haug/ 1723.[17]

---

15 Otto Heinrich Becker an Graf Ernst Casimir I. von Ysenburg-Büdingen, Greiz 25.06.1714 (Fürstlich Ysenburg- und Büdingensches Archiv zu Büdingen, Kulturwesen Fasz. 27, Nr. 211). Ich verdanke dieses Zitat Hans Schneider, Marburg.

16 Bisher nicht einsehen konnte ich die von Georg Thudichum in: Geschichte des Gymnasiums in Büdingen, nebst Nachrichten aus dem dasigen Kirchen- und Schulwesen überhaupt, Büdingen 1832, 54 erwähnte Fortsetzung dieser Schrift: Der in Blut verwandelte Mond, und vertrocknete Türckische Euphrat [...], Büdingen 1718.

17 Diese Angaben nach Hans-Jürgen Schrader: Literaturproduktion und Büchermarkt des radikalen Pietismus. Johann Henrich Reitz' «Historie Der Wiedergebohrnen» und ihr geschichtlicher Kontext (Palaestra 283), Göttingen 1989, 204. Schrader weist auf S. 152

Samuel König. Schabkunstblatt von Johann Ludwig Nöthiger nach einem Porträt von Robert Gardelle. BBB, Mss.Mül.Gr.A.679

4. BIBLIA/ | Das ist: | Die gantze Göttliche | Heil: Schrift | Alten und Neuen | Testaments/| Nach der Teutschen Ubersetzung | D. Martin Luthers/| Mit | Kurtzen Summarien/ oder | Innhalt jeden Capituls/ Erbauli= | chen Anmerckungen aus dem Grund= | text und Orientalischen Versionen/| wie auch vielen | Parallelen oder gleichen Schrifft=Stellen/| Samt nöthigen Vorreden zum Unterricht | die Schrifft nützlich zu lesen/| und angehängtem | Psalmen= und Gesang=Buch/| Für die so selbiges dabey zu haben verlangen. | Zu gemeinem besten mit sonderbarem Fleiß ausgefertiget. | - | Büdingen/| Gedruckt bey Joh. Friedr. Regelein/ Hoch=Gräfl. | Ysenburgischen Hof=Buchdrucker. 1724

1730 wurde König wieder in das Berner Bürgerrecht aufgenommen und als Professor für Orientalistik und Mathematik angestellt, blieb aber, und dies nicht zuletzt wegen seines heterodoxen Universalismus, vom Pfarrdienst ausgeschlossen.[18] Dennoch war er auf erbaulichem und wissenschaftlichem Gebiet weiterhin rastlos tätig.

---

eine erste, vom Offenbacher Drucker und Verleger Bonaventura de Launoy 1701 herausgebrachte Auflage dieser Schrift nach.

18 Dazu sei hier nur Folgendes angemerkt: Im Mai dieses Jahres wurde Königs Bitte um Landsöffnung (d. h. Erlaubnis zur erneuten Niederlassung auf bernischem Territorium) vom Kleinen und Grossen Rat entgegengenommen und zur Prüfung an die Religionskommission weitergeleitet (St. A. B. A II 712, 327f. [05.05.1730]; 407–409 [17.05.1730]). Der Kommission lagen zwei Empfehlungsschreiben der Grafen Ferdinand Maximilian und Ernst Casimir von Ysenburg-Büdingen vom 5. bzw. 8. Juni 1730 vor. Die Kommission verlangte von König eine schriftliche Erklärung seiner Bereitschaft zur Konformität mit Ordnung und Lehre der Berner Kirche. Das mündliche Examen ergab die Lehren vom Tausendjährigen Reich, von der allgemeinen Gnade und von der Wiederbringung aller Dinge als mit der Formula Consensus und der Confessio Helvetica Posterior unvereinbare Sonderlehren Königs. Die Kommission empfahl, König sei zu begnadigen, in seinen bürgerlichen Rechten zu restituieren und als Dozent für orientalische Sprachen an der Hohen Schule anzustellen, nicht aber wieder in das bernische Ministerium aufzunehmen. (St. A. B. B III 174, 95f. [07.07.1730]; 96f. [22.08.1730]; 97–101 [28.08.1730]) Dieser Empfehlung ist der Grosse Rat in seiner Sitzung vom 13. September mit 64 zu 34 Stimmen gefolgt. Ein Wiedererwägungsgesuch Königs um Aufnahme in das Predigtamt wurde abgewiesen. (St. A. B. A. II 714, 187–191 [13.09.1730]; 228f. [20.09.1730]; 132, 448 [12.09.17331]) Er liess sich aber als Leiter von Konventikeln, Reiseprediger und Seelsorger nicht einschränken und blieb, wie Akten aus den Jahren 1732, 1733, 1737 und 1740 zeigen, für seine kirchlichen und weltlichen Oberen ein enfant terrible. – Vgl. auch die aus den Quellen geschöpfte Darstellung bei Wernle, Protestantismus 1 (wie Anm. 6), 282–285.

II. Die Schrift

Der vollständige Titel der Schrift lautet: «Grund=Sätze | von der | Allgemeinen | Gnade GOTTES/ | Mit klaren und deutlichen | Sprüchen Heil Schrifft bewiesen/ | und gegen einige Einwürffe be= | haubtet; | Samt einer Zugabe/ | Von dem Sinn der Ersten Chri= | sten/ wie auch der Ersten Reformirten/ | belangend die allgemeine Gnade/ | vorgestellet | von | SAMUEL KÖNIG, | V. D. M. | Büdingen/ | Gedruckt bey Joh. Friedr. Regelein. | 1723.»[19]

In diesem Traktat lehnt Samuel König die reformierte Lehre vom doppelten Dekret Gottes ab und erklärt, Gottes Heilswille sei universal. Dabei weiss er die Bibel, ihre frühesten Ausleger und Übersetzer (die «Ersten Christen») und die Väter der reformierten Kirche (die «Ersten Reformierten») auf seiner Seite. Die 22 Thesen werden biblisch-theologisch belegt. Biblisch begründete Gegenargumente werden so lange diskutiert, bis der jeweilige Dissens bereinigt ist. Die Schrift hat folgende Disposition: Auf drei trinitarische folgen elf christologische und sieben theologische Thesen. Der Schlusssatz ist trinitarisch.

Vorerst geht es darum, den Gedankengang der Schrift nachzuzeichnen.[20] Auf die in ihrem Titel erwähnte «Zugabe» soll erst später eingegangen werden.

Die erste These lautet: «JEsus Christus ist das ewige Wort des Vaters/ durch welches alle Dinge gemacht sind/ und welches von Anfang der Welt biß zu Ende geredet hat/ und reden wird zu allen Geschöpffen/ die da hören können/ ins besonders zu den Menschen.» Dieser Satz fusst auf dem Johannesprolog: Jesus Christus ist das Wort, das «vor, in und nach der Erschaffung der Welt bei GOtt war» (3). Da Gott allgegenwärtig ist, ist es auch dieses Wort. Wie alles durch es gemacht ist, so wird auch alles von ihm getragen und erhalten. Ohne expliziten, aber mit sachlichem Bezug zu Justinus Martyr heisst es: «Christus JEsus ist der Verstand aller verständigen Geister/ das Wort aller Redenden/ und die Weisheit aller Weisen.» (4)

---

19 Martin Tielke: Die Theologische Literatursammlung des Fürstenhauses Ysenburg-Büdingen, hg. von der Kulturstiftung der Länder in Verbindung mit der Johannes a Lasco Bibliothek (Patrimonia 295), Berlin/Emden 2007, 34f., schreibt versehentlich, beim Druck Büdingen 1723 handle es sich um eine Neuausgabe eines Erstdrucks von 1707. In Wirklichkeit ist der Büdinger Druck die Erstausgabe. Zum Bibliotheksnachweis auf S. 33 ist zu ergänzen, dass sich zwei Exemplare der Schrift in der Universitätsbibliothek Basel (His 85:3 und ChrAr 75:4) befinden und ein Exemplar in der Zentralbibliothek Zürich (Z XXI 291_2). In Bern konnte bisher kein Exemplar nachgewiesen werden.

20 Seitenzahlen in Klammern verweisen auf diese Schrift. Vgl. zum Folgenden auch die wertvollen Ausführungen bei Seitz, Inspektor (wie Anm. 10), 35–42, die ich dankbar benützt habe.

Die zweite These führt diesen Gedanken weiter. Sie handelt vom Christuszeugnis des Alten Testaments: «Ferners /dass diß Wort des Vaters Jesus Christus/ und Gott selbst in ihm/ zu allen Menschen geredet habe/ und noch rede/ alle Menschen lehre und unterweise/ ist aus vielen Zeugnüssen und Sprüchen Altes Testaments zu ersehen.» (5) In und mit Adam und Eva, Kain und Abel, Noah und seinen Söhnen hat Gott alle Menschen angesprochen. Christus war der Engel, der zu Hagar und Ismael, zu Abimelech, Laban und Bileam, er war die Stimme, die zu Eliphas von Teman und seinen Freunden sprach, «wie es auch ein jeder in seinem Hertzen und Gewissen finden wird/ so man nur drauf mercken will». (6) König unterscheidet vom partikularen Schriftwort Gottes durch Mose und die Propheten das «inwendige/ ewige und wesentliche Wort Gottes». Es tut sich in den Seelen, in den Herzen und Gewissen aller Menschen kund, beispielsweise in Träumen und durch die «ewige Weisheit/ welche GOtt und Christus selbst ist». (7–9) Dies hat im Wirken des Heiligen Geistes seine Entsprechung: Es geschieht mittelbar durch den Dienst am Wort und ist insofern partikular, und es geschieht unmittelbar als Überzeugung der Herzen und ist insofern universal.

Die christologische Entfaltung dieser trinitarischen Grundlegung beginnt mit dem Satz, Christus sei das «wahrhafftige Licht und Leben aller und jeder Menschen», er erleuchte «mit dem Licht der Weisheit/ der Wahrheit und des Lebens alle und jede Menschen». Dies geschieht «im verborgensten Hertzens=Grund». (12f.) Da aber das Licht auf die Finsternis des Fleisches stiess, musste es sich selbst *im* Fleisch offenbaren, d. h. «brüderlich und freundlich/ und dennoch in ungemeiner Klarheit/ ja voller Gnade und Wahrheit unter den Menschen erscheinen/ und mit ihnen handeln». (14f.) Weil aber nur wenige «Erstlinge» sich von ihm erwecken liessen, wurde nach Weihnachten Karfreitag gleichsam unausweichlich. Denn «[…] damit er [Christus] aber seyn möchte das Heyl GOttes bis an der *Welt* Ende/ […] so mußte er nach dem Willen GOttes die Sünden der *gantzen Welt* und *aller Menschen* am Creutzes=Holtz tragen/ und also die Versöhnung seyn für die Sünden der *gantzen Welt*/ und *aller Menschen*/ auf daß er der *gantzen Welt* aus der Finsterniß zum Licht und von der Sünde zur Gerechtigkeit und zum lebendigmachenden Geist verhelfen könnte/ und also der *Welt* Heyland wäre in der Wahrheit.» (16)[21] Die von Christus vollbrachte Versöhnung ist so universal wie die Schöpfung. (22)

Hier seien kurz zwei Einwände genannt. Dem Argument, Christus sei nach Mt 20,28 und 26,28 nicht für alle, sondern für viele gestorben, begegnet König mit dem Gegenargument, im Neuen Testament – er beruft sich v. a. auf

21 Die Hervorhebungen von R. D. sollen exemplarisch die theologische Stossrichtung des Textes betonen.

den Römerbrief – sei «viele Menschen» sehr oft gleichbedeutend mit «alle Menschen». (24) Auf den Einwand, es heisse in Joh 10,11.15, Christus lasse sein Leben für seine Schafe, entgegnet er, dies dürfe, auch wenn zunächst an die Schafe aus dem Haus Israel gedacht sei, nicht in partikularem Sinn gedeutet werden. Denn «[...] ist Christus für niemand/ als für Gottlose und Sünder gestorben/ nicht für die Gerechten/ so ferne sie gerecht sind/ nicht für die Guten/ so ferne sie gut sind/ noch viel weniger darum/ dieweil sie gerecht und gut sind/ sondern so ferne sie/ und darum/ dieweil sie Gottlose und Sünder sind wie alle Menschen». (25)

Christi Versöhnung, Gnade und Gerechtigkeit überwiegt Adams Sünde, Schuld und Strafe. Birgt Adams Ungehorsam den allgemeinen zeitlichen, geistlichen und ewigen Tod, so Christi Gehorsam die nicht weniger allgemeine Verheissung zum Leben. Röm 5,12–21 wird als Gegensatz zwischen Adam in seiner «alles beschwemmenden Sünde» und Christus in seiner «alles beschwemmenden Gnade» konsequent universalistisch ausgelegt. (30)

Nun kommt ein entscheidend neues Moment ins Spiel: Der menschlichen Einwilligung in das in Adam geschehene allgemeine Verderben wird die von Gott ermöglichte menschliche Einwilligung in das von Christus gewährte allgemeine Heil gegenüber gestellt. Dieses Heil gilt «für und über alle Menschen/ die da wollen/ und ist allen Krafft zum Wollen erworben/ und gantz nahe ans Hertz gelegt. Ja der gantze Christus mit aller seiner Gnade und Heyl ist allen Menschen so hertzlich gegönnet/ und so nahe ans Hertz geleget/ so nahe ihnen Adams Natur/ Sünd und Tod ist/ darinn sie stecken». (29) Die Entscheidung über Heil und Unheil liegt beim Menschen. Die Kraft zur Einwilligung ist der Glaube. Er ist Gabe für alle. Denn – König betont es mehrmals – Christus ist nicht für Gläubige, sondern für Ungläubige gestorben, und Ungläubige sind alle. Er formuliert wohl in Anlehnung an Luthers 28. Heidelberger These: «[...] Christus findet keine Gläubige/ sondern er macht Gläubige». (37)[22]

Aus der zweiten, theologischen Thesenreihe sei der erste Satz etwas eingehender behandelt. Er lautet: «GOTT hat alle Menschen vor und nach Grundlegung der Welt mit erbarmenden Liebes=Augen angesehen/ und keinen nie absolute gehasset/ oder verworffen/ und hiemit ein Vatter=Hertz zu ihnen allen getragen/ ohne Ansehen der Person/ weilen alle sein sind.» (46) Die überwiegend alttestamentlichen Belegstellen ergeben ein Hohelied auf Gottes Liebe zu all jenen, die sich von ihm «ziehen lassen». (48) Der Negation eines decretum horribile scheinen aber Röm 9,13 bzw. Mal 1,2.3 entgegenzustehen. Wie geht König mit der Aussage um, Gott habe den Jakob geliebt, den Esau hingegen gehasst? Er zeigt, dass dieses Wort nicht von Jakob und Esau als

22 Amor Dei non invenit sed creat suum diligibile, Amor hominis fit a suo diligibili. Martin Luther, WA 1, 354, 35f.

Personen, sondern von Israel und Edom als Völkern handelt. Aber auch dann sei die Annahme einer absoluten Verwerfung der einen bzw. – dies kann e silentio geschlossen werden – einer absoluten Erwählung der andern falsch. Vielmehr sei das Pauluswort «mystice», allegorisch, und nach Röm 8 im Licht des Gegensatzes von πνεῦμα und σάρξ zu verstehen: «*Jacob*/ d.i. alle Glaubige/ die Jacobs Geist/ Glauben und Gottseligkeit haben/ *habe ich geliebet* / aber *Esau*/ d.i. alle Freche/ Unglaubige/ Verächter/ und Liebhaber dieser Welt/ wie Esau/ *habe ich gehasset*. [...] Also verwirfft GOtt keinen Menschen absolute, sondern er verwirfft das *Fleisch*/ d.i. alle fleischlich= und weltlich=gesinnte Hertzen/ die seinem Geist nicht Platz geben. Hingegen erwehlt er den Geist/ d.i. alle die dem Geist Gottes Platz geben/ und geistlich gesinnet werden [...]» (51)[23]

Entscheidend ist somit, ob die menschliche der göttlichen Gesinnung entspricht. Tut sie es nicht, ereignet sich, wie an Juden und Heiden geschehen, das «Gericht der Verstockung». (52, 60) Ausreden sind ausgeschlossen, denn es gab und gibt keinen Menschen, der Gottes Gnade nicht im Herzen erfahren hätte und erfahren könnte, wie Gott auch jeden Menschen, und sei es durch «Noth/ Creutz und Trübsal» zu Busse und Bekehrung ruft. Alle wussten und wissen, dass Gott ist, wussten und wissen um Gut und Böse, Recht und Unrecht. In den Schriften der «Heyden» findet König zwar «viele [...] schöne Göttliche Wahrheiten», fügt aber hinzu: «ach hätten sie nur solchen Wahrheiten nachgelebet.» (57) Stattdessen hätten sie Gottes Wahrheit durch eigene Schuld verloren. Gott aber, der die Herzen prüfe, verhalte sich zu allen Menschen «unpartheyisch», nicht nach ihrer Erscheinung, «sondern wie er eines jeden Hertz und Werck findet und erkennet». (61f.)

In der letzten, wiederum trinitarischen These unterscheidet König zwischen einer «allgemeine[n] und geringere[n] Gnade» und einer «sonderbare[n] und mächtige[n] Gnade». Er knüpft damit nochmals beim Gegensatz zwischen Universalismus und Partikularismus, aber auch bei demjenigen zwischen natürlicher und offenbarter Theologie an und hebt ihn auf eine andere, höhere Ebene und damit auf. Er begreift diese Gegensatzpaare als Pole eines Wachstums- und Reifeprozesses, dessen Movens Gottes Gnade und Liebe sind. Ihnen entsprechen auf der Seite des Menschen Gehorsam, Glaube, Offenheit und Bereitschaft zur Nachfolge. Da die These auch kompositorisch ein Kunstwerk ist, soll sie im vollen Wortlaut wiedergegeben werden: «Aus allen obigen Sätzen ist nun unschwer zu erkennen/ wie die allgemeine und geringere Gnade werden könne eine sonderbare und mächtige Gnade; nehmlich durch Gehorsam. Wer der ersten/ allgemeinen und geringen Gnade GOttes Platz giebt in seinem Hertzen/ ihrer Lehre/ Zucht und Zug glaubet/ folget und

23 Hervorhebungen im Original. Die Hervorhebung von *Geist* als Pendant zu *Fleisch* ist wohl versehentlich unterblieben.

gehorchet/ der wird balde höherer/ grösserer und sonderbarerer Gnaden gewürdiget werden. Wer der allgemeinen Liebe GOttes/ Gnade Christi und Zucht des Geistes das Hertz aufthut (durch die Gnade) und ergiebt sich selbst zu allem Gehorsam/ d.i. zur Liebe und Furcht GOttes/ zur Nachfolge Jesu Christi/ zum Gebet und Dienst des Geistes/ hiemit zu aller Tugend/ zu welcher der Geist der Zucht anweist/ der wird Gott lieb und werth/ und kömmt balde zu mehrerem Genuß/ Krafft und Erfahrung der Göttlichen Liebe/ und zu mehreren Gnaden aus Christo/ und zu mehrer Gemeinschafft des heiligen Geistes. Ja ihm wird Gnade um Gnade ohne Maaße und Ziel gegeben/ und werden alle Verheissungen GOttes an ihm reichlich erfüllet werden.» (64f.)

König hat seinem Traktat als Stützen für seine Thesen drei Anhänge beigegeben. Zunächst beruft er sich schon im Haupttext mehrmals auf die syrische Übersetzung der Peschitta. (12, 53, vgl. 16) Er sieht in ihr eine Vertreterin der Lehre von der allgemeinen Gnade, der er wegen ihres Alters hohe Autorität beimisst.[24] Im ersten Anhang stellt er eine ganze Reihe von Stellen zusammen, an denen die Peschitta den griechischen Text in universalistischem Sinn wiedergibt. (67–69)[25]

Im zweiten Anhang zeigt König anhand von Kirchenväter-Zitaten, dass Christi Leben und Sterben, seine Liebe und sein Licht allen Menschen und der ganzen Welt gelten. (69–75) Namentlich erwähnt werden Origenes († 253/54), Makarios der Ägypter († um 390), Maximus Confessor († 662), Ambrosius von Mailand († 397), die Synode von Arles 490, Faustus (von Riesz) († um 490/500) und Prosper (Tiro von Aquitanien) († nach 455). Es gebe, meint König, unzählige Kirchenväter-Zeugnisse, die besagen, «daß GOtt das Licht der Weisheit und seiner Gnade und die Zucht seines Geistes» in die Herzen aller Menschen gelegt habe. Wer ihm Gehör schenke, werde «zu dem Brunn des ewigen Lichtes selbsten hinan gebracht», wer es hingegen nicht tue, «verderbe durch seine eigene Schuld». (73) Als Zeugen dafür werden Cyrill von Alexandrien († 444), Johannes Chrysostomus († 407), Clemens von Alexandrien († vor 215) und Justinus Martyr († um 165) mit seiner Lehre vom λόγος σπερματικός aufgeführt.

Zum Schluss weist König wiederum durch eine Zusammenstellung von Belegzitaten nach, dass, abgesehen von Calvin und Beza, die Väter der refor-

---

24 In der Vorrede zu seiner Bibelausgabe von 1724 schreibt König, die syrische Übersetzung sei «denen übrigen orientalischen Versionen billig vorzuziehen/ als die älteste/ und von erleuchteten Christen/ ja Apostolischen Jüngern gemacht gegen Ende des ersten/ oder Anfangs des zweyten Jahrhunderts».

25 Z. B. Lk 2,10: grosse Freude allem Volk = grosse Freude der ganzen Welt; Tit 2,11, wo das πᾶσιν durch Verdoppelung verstärkt wird («Denn es ist geoffenbahret die Gnade GOttes/ die alle lebendig [d.i. heyl und selig] macht/ allen Menschen.»); Röm 11,32, wo «alle» durch «jeder» bzw. «jeglicher» wiedergegeben wird, um Ausnahmen auszuschliessen.

mierten Kirche mehrheitlich die Lehre von der allgemeinen Gnade vertreten haben. Für Zürich nennt er Heinrich Bullinger (1504–1575)[26] und, was hinsichtlich der geographischen Zuordnung allerdings unzutreffend ist, Wolfgang Musculus (1497–1563).[27] Unter den französisch-reformierten Theologen beruft er sich auf John Camero (1579–1625), Paul Testard (ca. 1597–1650), David Blondel (1590–1655), Moïse Amyraut (1596–1664) und Jean Daillé (1594–1670). Auf den universalismus hypotheticus von Amyraut wird ausdrücklich Bezug genommen, wenn es heisst, er sei mit Testard der Ansicht gewesen, «Christus sey für alle Menschen gestorben/ sufficienter als ein genugsam Löß=Geld für alle/ aber efficaciter, dass der effect des Glaubens und der Bekehrung daraus erfolge/ für die Auserwehlten». (76) Mit Frage 37 des Heidelberger Katechismus, wonach Christus «den Zorn GOttes wider die Sünde des gantzen menschlichen Geschlechts getragen hat», und dem Bekenntnis Friedrichs III. von der Pfalz von 1577 beschliesst König die Reihe seiner Zeugen.[28]

Hier ist ein kurzer Zwischenhalt angezeigt. Erstens: König lehnt in seinem Traktat die orthodoxe reformierte Lehre von einem decretum absolutum ab. In der konsequenten Betonung des Heils für *jeden* Menschen bzw. für *alle* Menschen sowie für die *ganze* Welt kommt sein Universalismus auch sprachlich prägnant zum Ausdruck. Zweitens: Auf eine Interpretation und kontextuelle Situierung seiner biblischen und historischen Quellenbelege verzichtet König weitgehend. Für ihn geht es einzig und allein darum, die zeitlose Wahrheit der allgemeinen Gnade im Zeugnis der Heiligen Schrift, der frühen Christenheit und der reformierten Väter nachzuweisen. Drittens: Königs Universalismus beruht auf der grundsätzlichen Unterscheidung von innerem und äusserem Wort. «Innen» und «aussen», «inwendig» und «auswendig» stehen

---

26 Aus dem elften Kapitel der Confessio Helvetica Posterior mit dem Titel «Von unserem Herren Jesu Christo/ wahrem Gott und Menschen/ und dem einigen Heiland der gantzen Welt» zitiert König nach der Ausgabe Bern 1608 zweimal den Satz: «Wir glauben und lehren/ dass dieser JESUS Christus sey unser HERR der einig und ewige Heyland des gantzen menschlichen Geschlechts und der gantzen Welt.» (45, 75) Zur Frage der Prädestination bei Bullinger vgl. die luzide Darstellung bei Ernst Koch: Die Theologie der Confessio Helvetica Posterior (BGLRK 27), Neukirchen-Vluyn 1968, 90–98, bes. 94f.

27 Wolfgang Musculus (1497–1563) lehrte von 1549 bis zu seinem Tod in Bern. Zu seiner Gnadenlehre vgl. Hermann Selderhuis: Die loci communes des Wolfgang Musculus, in: Rudolf Dellsperger/Rudolf Freudenberger/Wolfgang Weber (Hg.): Wolfgang Musculus (1497–1563) und die oberdeutsche Reformation (Colloquia Augustana 6), Berlin 1997, 311–330, hier 321f.

28 Nach den Reformierten Bekenntnisschriften, hg. im Auftrag der Evangelischen Kirche in Deutschland von Heiner Faulenbach/Eberhard Busch, Bd. 1/1, 1523–1534, 18, kommt diesem aus dem Testament Friedrichs III. von der Pfalz stammenden, inhaltlich auf den Heidelberger Katechismus abgestützten Text allerdings nicht kirchliche Geltung zu.

für zwei Weisen von Offenbarung innerhalb ein und derselben Offenbarung Gottes in Jesus Christus: der in der Heiligen Schrift gegebenen partikularen und der im Grund des menschlichen Herzens verankerten universalen. Bei letzterer knüpft König explizit an den Römerbrief und implizit an natürlich-theologische und mystische Traditionen an. Viertens: In der partikularen Offenbarung manifestiert sich nach König Gottes gnädiger Wille zur Überwindung des menschlichen Widerstandes gegen seinen universalen Heilsplan. Der Christozentrismus ist die Stärke von Königs Entwurf; seine historisch gesehen «normale», wirkungsgeschichtlich betrachtet aber empfindliche Schwächen sind hingegen Antijudaismus und Antipaganismus. Fünftens: So evident der Aspekt der Eigenverantwortlichkeit aller Menschen für ihr Heil im anthropologischen Kontext des Zeitalters von Pietismus und Aufklärung sein mochte, so wenig nachvollziehbar ist er in christentums- und menschheitsgeschichtlicher Perspektive. Der Rückgriff auf das Verstockungsmotiv mag historisch gesehen verständlich sein, aber er ist theologisch problematisch und mit für die intellektuelle Verkrampfung verantwortlich, von der – bei allem sonstigen Schwung – auch Königs Entwurf geprägt ist. Insofern sind seine theologischen Fragen und Antworten diejenigen einer «vergangenen Epoche».[29]

Für Königs Zeitalter war die Thematik allerdings höchst aktuell. Die Fragen nach dem Zweck bzw. nach den Adressaten der Schrift hängen damit direkt zusammen.

III. Die Adressaten

Königs Traktat war Teil jener theologischen Debatte, von der einleitend anhand von Annonis Reisetagebuch von 1736 bereits die Rede war. Sie war im 17. Jahrhundert unter anderem in den reformierten Kirchen der Niederlande, Frankreichs, Deutschlands und der Schweiz mit grosser Intensität geführt worden.[30] Nun ist es keineswegs ungewöhnlich, dass König als *Pietist* eine Konzeption vertrat, welche die Universalität des göttlichen Heilsangebots mit dem freien menschlichen Willen kombinierte. Ebenso wenig überrascht es, dass er dies in einem Territorium tat, in dem Toleranz galt.[31]

---

29 Seitz, Inspektor (wie Anm. 10), 44.

30 Theodor Mahlmann hat die entsprechenden Entwicklungen und Diskussionen meisterhaft dargestellt: ders., Prädestination V. Reformation bis Neuzeit, in: TRE 27 (1997) 118–156, hier 130–134 und 137–140,.

31 Benad, Toleranz (wie Anm. 10), 242, schreibt: «Königs Abgehen vom decretum absolutum der reformierten Orthodoxie zugunsten der zentralen Bedeutung einer persönli-

Gibt es also gute Gründe, die zur Entstehung der Schrift geführt haben können und wohl auch geführt haben, so fragt es sich doch, ob damit ihr «Sitz im Leben» bereits hinreichend bestimmt ist. Michael Seitz hat auf die Gleichzeitigkeit des Traktats mit den Konsensusstreitigkeiten in der bernischen Waadt hingewiesen und, allerdings ohne weitere Begründung, die Vermutung geäussert, es könnte Königs Absicht gewesen sein, den Gegnern der Konsensusformel in seiner Heimat eine «Argumentationshilfe» an die Hand zu geben.[32] – Wie könnte das gemeint sein?

In der Formula Consensus ecclesiarum helveticarum von 1675 hatten die reformierten Schweizer Kirchen ihren Willen bekundet, gegen den Einfluss der Schule von Saumur, wo Moïse Amyraut gewirkt hatte, an der Lehre von der doppelten Prädestination, wie die Dordrechter Synode sie definiert hatte, und an der pünktlichen Unantastbarkeit des biblischen Wortlauts festzuhalten.[33] Sie hatten sich damit unter Europas Protestanten isoliert und gegen jegliche Unionsbestrebungen immunisiert. Wohlmeinende Interventionen des Erzbischofs von Canterbury, der Könige von England und Preussen und des Corpus Evangelicorum blieben wirkungslos. Zwar verhielten sich die Kirchen von Basel, Neuenburg und Genf der Formel gegenüber reserviert – in ihnen machte sich der Einfluss der «Vernünftigen Orthodoxie» bemerkbar –, aber Zürich und Bern hielten unbeirrt an ihr fest. In Berns Fall war dies insofern gravierend, als sich an der Lausanner Akademie dagegen Widerstand regte. Dort lehrten Professoren, die für fortschrittliche Ideen aus Frankreich empfänglich waren. Zwischen Lausanne und Bern begann ein zähes Ringen, in dem – die Waadt war bernisches Untertanengebiet – politische Interessen mit eine Rolle spielten und das sich über ein Vierteljahrhundert hinzog. Es erreichte in den Jahren 1722 und 1723 seinen Höhepunkt. Kandidaten, die den Eid auf die Konsensusformel leisten sollten, hatten dies auch vorher schon nur mit dem Zusatz «quatenus cum scriptura consentit» getan, aber nun duldete Bern dies nicht mehr. Sieben renitente Kandidaten wurden im Mai 1722 von der Liste gestrichen; im nächsten Jahr scheiterte ein auch religiös motivierter Aufstandsversuch gegen die bernische Herrschaft. Sein Anführer, Major Davel, endete auf dem Schafott.[34]

---

chen Hinwendung zur Heilstat Christi ebnet trennende theologische Unterschiede zwischen den Konfessionen, insbesondere zum Luthertum, ein.»

32 Seitz, Inspektor (wie Anm. 10), 35f.

33 Alfred Adam: Lehrbuch der Dogmengeschichte, Bd. 2, Gütersloh 1968, 398–401; Gottfried Hornig: Lehre und Bekenntnis im Protestantismus, in: Gustav Adolf Benrath u. a. (Hg.): Die Lehrentwicklung im Rahmen der Ökumenizität (HDThG 3), Göttingen 1984, 89–94.

34 Emil Bloesch: Geschichte der schweizerisch-reformierten Kirchen, Bd. 2, Bern 1899, 77–98, bes. 88–98; Henri Vuilleumier: Histoire de l'Eglise réformée du Pays de Vaud

Königs Schrift von 1723 als «Argumentationshilfe» für die Gegner der Konsensusformel in dieser Auseinandersetzung – ist diese Vermutung haltbar? Es gibt Indizien, die dafür sprechen. Es gilt sie nun der Reihe nach zu benennen und zu erwägen.

Erstens: Einmal explizit und einmal implizit, und dies an wichtigen Stellen, nimmt König auf die Konsensusformel kritisch Bezug. Wie gezeigt wurde, beruft er sich für seine These mit dem Zweiten Helvetischen Bekenntnis und dem Heidelberger Katechismus auf die *alten* reformierten Bekenntnisschriften. Den Passus, an dem er die Confessio Helvetica Posterior für die universale Gnade reklamiert, beschliesst er mit der bezeichnenden Bemerkung: «Denn damals wus[s]te man von der Formula Consensus noch nichts.» (76) Dies ist die eine Stelle. Die andere betrifft das Fazit seiner Schrift und lautet: «Aus allem obigen ist zu ersehen/ dass nicht gut ist/ sich an menschliche formulas und systemata zu halten/ und die für ein Fürbild der heylsamen Lehr zu achten. Besser ist es/ sich an die latifundia Scripturæ, an die Schrifft selbsten/ sonderlich an die Apostolischen Schrifften/ als an das rechte Fürbild der heylsamen Lehre/ zu halten.» (78) Nun kann man das zweite Zitat auch als Ausdruck typisch pietistischer Reserve gegenüber Bekenntnis und Bekenntiszwang überhaupt verstehen. Aber auch dann ist die Konsensusformel mitgemeint, von der sich König im ersten Zitat eindeutig abgrenzt: Sie ist nach ihm – nur dies kann der Sinn der beiden Aussagen sein – unreformatorisch und unbiblisch.

Dies allein darf allerdings noch nicht als Votum zu den Konsensus*streitigkeiten* verstanden werden. Es kann sich auch einfach um eine kritische Stellungnahme zur Konsensus*formel* und dann um eine Botschaft an diejenigen Schweizer Kirchen und Schulen handeln, die an ihr nach wie vor festhielten. Die Berufung auf Bullinger und die Confessio Helvetica Posterior, auf Musculus und auf den Heidelberger Katechismus fügt sich in diese Sicht gut ein. Nicht gegen sie spricht die Beobachtung, dass sich König an eine gebildete Leserschaft wendet, zitiert er doch aus Altem und Neuem Testament, aus der Peschitta und den Kirchenvätern dann, wenn es der Klarheit dient, in den Ursprachen.[35]

---

sous le régime bernois, Bd. 3: Le refuge, le piétisme, l'orthodoxie libérale, Lausanne 1930, 632–740; Kurt Guggisberg: Bernische Kirchengeschichte, Bern 1958, 458–461; Rudolf Pfister: Kirchengeschichte der Schweiz, Bd. 2: Von der Reformation bis zum zweiten Villmerger Krieg, Zürich 1974, 11–14.

35 Aus diesem Grund halte ich es auch für ausgeschlossen, dass König als Zielpublikum die Hugenottengemeinde Waldensberg vor Augen gehabt haben könnte. Mindestens ein Teil der Gemeindeglieder verstand zwar Deutsch – König predigte am Sonntagmorgen Deutsch und am Sonntagabend Französisch – (vgl. Adam Heilmann: Geschichte der waldensischen Kolonie Waldensberg, in: Geschichtsblätter des deutschen Hugenot-

Zweitens: Ganz am Ende der christologischen Thesenreihe nimmt König neben den bereits erwähnten Stellen aus der Confessio Helvetica Posterior und dem Heidelberger Katechismus scheinbar beiläufig auf die Berner Disputation von 1528 Bezug. Er zitiert als Beleg für die allgemeine Geltung des Sühnopfers Christi ohne Stellenangabe aus den «10. Schluß=Reden» den «etlichemahl» vorkommenden Satz, «dass der HERR Jesus mein und aller Welt Behalter/ das ist/ Erlöser sey». (45) Dieses nicht wörtliche, aber sinngemäss zutreffende Zitat findet sich nicht in den zehn Berner Thesen, wohl aber im Disputationsprotokoll zur ersten These. Nach ihm stimmten der altgläubige Pfarrer Theobald Huter von Appenzell und Zwingli in dieser Formulierung überein, ohne sich freilich über deren Konsequenzen einigen zu können.[36] Es dürfte kein Zufall sein, dass König in diesem Punkt auf einen Konsens rekurrierte, der «konfessionell» noch nicht belastet war, und dass er auf die Akten der Berner Disputation zurückgriff, dürfte die hier zu prüfende Vermutung stützen.

Drittens: Dasselbe gilt von einem weiteren Bezug zu Bern, der so gut versteckt ist, dass er heute nur dem Wissenden auffällt, damals aber keinem Gebildeten verborgen bleiben konnte. Als eine der neutestamentlichen Kardinalstellen für die Universalität des Heilsangebots führt König 1 Tim 2,1–6 an, wo von der Fürbitte für alle Menschen und vom Willen Gottes die Rede ist, dass alle Menschen gerettet werden. In These zwölf grenzt er sich energisch – die Sache sei doch «sonnen=klar» – von einer Interpretation ab, die statt «alle Menschen» «allerley Menschen» übersetzt. (40f., vgl. 23 und 77) Das ging auf Johannes Piscator, dessen Übersetzung seit 1684 bernische Staatsbibel war,

---

tenvereins 12/4–6, Magdeburg 1903, 67), aber seine theologisch schwergewichtigen Thesen sind trotz der weitgehenden Meidung von Fachausdrücken und gelehrten Debatten nicht für eine weitere Öffentlichkeit bestimmt.

36 Handlung/ oder Acta | Gehaltner Disputation | Zu Bern in Uchtland/ | Jm Jahr/ M. D. XXVIII. | Mit angehenckter Eydgenössischer Confession/ oder | Bekanntnuß deß wahren Christenlichen Glaubens. […] Gedruckt zu Bern/ in Hoch=Oberkeitlicher Truckerey: |-| Durch Andreas Hügenet. M. DCCI. – Aufgrund einer kursorischen Durchsicht, also ohne Anspruch auf Vollständigkeit, seien hier diejenigen Stellen genannt, auf die König sich bezieht: 104 (Huter: «[…] erkenn ich auch Gott den Herren Jesum Christum myn Behalter/ und aller Welt ein Haubt zesyn.»), 105 (Zwingli: «[…]das unser lieber Pfarrer und Brůder von Appenzell erkennt/ dass Christus der Herr syn Behalter seye/ auch aller Welt Behalter seye.» Im selben Votum Zwinglis zwei weitere, fast gleichlautende Formulierungen.), 106f. (Zwingli: «Fromme Christen/ dass sich der Pfarrer bezügt/ wie er nit mynes Glaubens seye/ und hat aber daby gester offentlich verjehen [bekannt]/ er bekenne Gott den Herren Jesum Christum synen Behalter und der gantzen Welt/ bezüg ich mich/ dass ich den Glauben auch hab/ und laß daby einem jeden Christen das Urtheil/ wie sich deß Pfarrers Red und Warheit und dem gestrigen Verjehen verglyche […]).

und der diese Stelle im Interesse der doppelten Prädestinationslehre so übertrug.[37] Sein Name tat nichts zur Sache, an der es aber keinen Zweifel gab: Die Berner Bibel und die hinter ihr stehende Theologie befanden sich an dieser entscheidenden Stelle nicht im Einklang mit dem Urtext.

Viertens: Im letzten Teil seines Traktats beruft sich König neben einigen Reformierten aus dem deutschen Sprachraum auf eine – um mit Jean Alphonse Turretini zu sprechen – Wolke von Zeugen[38] aus dem französischen Protestantismus. Darunter befindet sich mit Moïse Amyraut derjenige Theologe, dessen universalismus hypotheticus die Konsensusformel ablehnte, dessen Theologie aber gerade in der Waadt Resonanz fand. König behauptet nun, Amyraut sei 1637 – wie Testard im selben Jahr von der Nationalsynode von Alençon – von der Provinzialsynode von Charenton geprüft und «mit Lob und Ruhm dimittiret worden». (76) Dies war freilich eine einseitige Sicht der Dinge, denn wenn die Synode Amyraut seines Amtes auch nicht enthoben hatte, so hatte sie ihn doch zu grösserer Zurückhaltung angehalten.[39] König hingegen wollte sagen, Amyrauts Theologie, die in der Berner Kirche als heterodox abgelehnt wurde, sei in der französisch-reformierten Kirche anerkannt. Er war der Meinung, was dort recht sei, sollte hier billig sein.

IV. Schluss

Samuel König lehnte in seinem Traktat von 1723 die Lehre von der doppelten Prädestination und mit ihr die Konsensusformel von 1675 ab. Er verband die Universalität des göttlichen Heilsangebots mit der Freiheit menschlicher Entscheidung und berief sich auf das Zeugnis der Heiligen Schrift, der Alten Kirche und der reformierten Väter. Seine Schrift ist bei aller Zeitgebundenheit ein eindrückliches Dokument theologischer Reflexion, das der Vergessenheit entrissen zu werden verdient.

---

37 Zur Piscatorbibel vgl. Guggisberg, Kirchengeschichte (wie Anm. 34), 373–378; Rudolf Dellsperger: «Das Heilig wort Gottes in der Haubtstatt». Zum theologie- und kirchengeschichtlichen Hintergrund der Berner Piscatorbibel, in: ders., Kirchengemeinschaft (wie Anm. 6), 29–50 (hier auch die ältere Literatur); Ulrich Bister (Hg.): Die reformierte Herborner Bibel des Johann Piscator. Geschichte und Wirkung, Herborn 2001.

38 Zu Jean-Alphonse Turretini und seinem Buch *Nubes testium pro moderato et pacifico in rebus theologicis judicio et instituenda inter Protestantes concordia* vgl. Rudolf Dellsperger: Der Beitrag der «Vernünftigen Orthodoxie» zur innerprotestantischen Ökumene. Samuel Werenfels, Jean-Frédéric Ostervald und Jean-Alphonse Turretini als Unionstheologen, in: ders., Kirchengemeinschaft (wie Anm. 6), 51–65, hier 54.

39 Die Forschung verdankt Theodor Mahlmann neben dem bereits erwähnten TRE-Artikel (vgl. Anm. 30) eine luzide Darstellung der Auseinandersetzungen über den Amyraldismus: Theodor Mahlmann: Rivet, André, in: BBKL 8 (1994), 420–436.

In Königs Gedankengang finden sich mit dem Rekurs auf die Akten der Berner Disputation von 1528 und der Ablehnung des in der Piscatorbibel der Stelle 1 Tim 2 unterstellten Heilspartikularismus wichtige Momente, die nur auf Bern und die Berner Kirche gemünzt sein können. Nimmt man hinzu, dass die Schrift zu einem Zeitpunkt erschien, als die Auseinandersetzung um die Konsensusformel in der Waadt ihren Höhepunkt erreichte, und berücksichtigt man, dass König sich ausgerechnet in dieser Situation zu dem in Bern verfemten, aber in der Waadtländer Opposition geschätzten Amyraldismus bekannte, dann ist dies alles zwar noch kein Beweis für die Vermutung, König habe mit seinen «Grund=Sätzen von der allgemeinen Gnade Gottes» den Gegnern der Konsensusformel in seiner Heimat eine «Argumentationshilfe» an die Hand geben wollen, aber es sind doch gewichtige Indizien, die in diese Richtung weisen.[40] So liesse sich auch der manchmal offen, manchmal verhalten polemische Ton der Schrift erklären. Seine Chancen, jemals nach Bern zurückkehren zu können, hätte König, wenn unsere Vermutung denn stimmt, mit den «Grund=Sätzen von der Allgemeinen Gnade GOTTES» allerdings kompromittiert. Aber derartige Rücksichten kannte er nicht.

40 Ob noch ein weiteres Argument in die Waagschale gelegt werden darf, wage ich vorderhand noch nicht zu entscheiden: König zeichnet auf dem Titelblatt der «Grund=Sätze» wie auf einer zweiten Schrift vom vorangehenden Jahr als Verbi Divini Minister (V. D. M.), also mit demjenigen Titel, der den Kandidaten in den reformierten Kirchen der deutschen Schweiz bei der Ordination verliehen wurde. Nun war ihm aber 1699 der «Charakter», mithin die Befähigung zum Pfarramt und damit vermutlich auch dieser Titel aberkannt worden. Besteht König darauf, und dies allenfalls aus Solidarität mit den in der Waadt von der Liste gestrichenen Kandidaten?

«Ich aber behaupte den Gott am Kreuze.»

Zinzendorfs Auftritt vor den Genfer Theologen (1741)

«Ich aber behaupte den Gott am Kreuze.» Das ist ein steiler Satz. Ein Freund schrieb mir dazu: «Das Zitat [...] so ganz einfach pur und kommentarlos zu lesen, macht mich natürlich etwas ratlos.» In der Tat stellt der Satz eine Provokation dar, die, wenn man die Weglassung ergänzt, noch an Schärfe gewinnt: «Ich aber *gehe meinen Gang*, u[nd] behaupte den Gott am †e.» Der Autor lässt sich nicht irritieren. Was er zu sagen hat, ist nach ihm und für ihn so wichtig, dass er «Kreuz» im Original kurzerhand durch das Zeichen ausdrückt: †.

Der Satz steht in einem Brief, den Zinzendorf am 1. Mai 1741 in Genf geschrieben hat. Er hat mit dem Schluss-e (Kreuz*e*) schon etwas Patina angesetzt. Aber er bleibt schwer verdaulich. Das war anno 1741 nicht anders. Die Genfer würden ganz unterschiedlich darauf reagieren, schrieb Zinzendorf, «theils heimlich drauf horchen u[nd] paßen, theils sich davor erschüttern, theils Ja sagen ohne gefühl, theils sich dagegen setzen wie Stahl u[nd] Ertz»[1].

---

1 Zinzendorf an Unbekannt, Genève 01.05.1741 (Unitätsarchiv Herrnhut [UAH] R.19. C.7a.20). Wortlaut im Anhang 1. – Abschiedsvorlesung an der Theologischen Fakultät der Universität Bern, 8. Februar 2007, und Vortrag im Unitätsarchiv Herrnhut anlässlich der Präsentation von Bd. 6/1 der Zinzendorf-Werkausgabe, 4. Juli 2008. Die Vortragsform wird beibehalten. – Titel von Zinzendorf-Schriften werden abgekürzt zitiert nach dem Bibliographischen Handbuch zur Zinzendorf-Forschung, unter Mitarbeit von Hans-Christoph Hahn, Jörn Reichel, Hans Schneider, Gudrun Meyer, hg. v. Dietrich Meyer, Düsseldorf 1987 (zit: BHZ). Zitate aus handschriftlichen Quellen werden möglichst buchstabengetreu wiedergegeben. Die spärliche Sekundärliteratur zu Zinzendorfs Genfer Aufenthalt wird möglichst lückenlos, allgemeine Sekundärliteratur hingegen nur in seltenen Fällen angegeben.

Ich habe meinem Vortrag den Untertitel «Zinzendorfs Auftritt vor den Genfer Theologen» gegeben. Was als offene Begegnung gedacht war, entwickelte sich zu einer Tragikomödie. Das Stück hat einen Prolog, zwei Akte und einen Epilog. Meine Quellen sind nicht nur, aber vorwiegend handschriftliche Texte. Sie reichen vom rasch hingeworfenen Billet über den ausführlichen Brief bis hin zum umfangreichen, ausgereiften Mémoire.[2]

Prolog: Die Ausgangslage

Graf Nikolaus Ludwig von Zinzendorf ist am 9. März 1741 in Begleitung von sieben Personen in der Calvinstadt eingetroffen. Eine Vorhut, bestehend aus der Gräfin, ihrer Tochter Salome, dem Sohn Christian Renatus, Abraham von Gersdorf, Johann Nitschmann dem Älteren und einigen Schwestern war schon seit einem Monat am Ort. Anfang März waren Carl Heinrich von Peistel, Arvid Gradin und einige weitere Brüder angekommen, und als Nachhut folgte eine Gruppe mehrheitlich Jugendlicher. Insgesamt umfasste die hochkarätige Reisegesellschaft etwa 50 Personen.[3]

Worin bestand der Zweck der Reise? Wäre es Zinzendorf bloss darum gegangen, Genf als Studienort für seinen Sohn Christian Renatus zu erkunden, dann hätte er sich einen derartigen Aufwand sparen können. Nein, er besuchte die Stadt, wo Johannes Calvin gelebt und gewirkt hatte, das historische Zentrum der reformierten Welt. Er suchte das Gespräch mit der reformierten Theologie, mit der Genfer Kirche.[4] Denn die Herrnhuter waren nicht nur bei strengen Lutheranern und entschiedenen Separatisten umstritten, sie waren es auch in reformierten Kreisen. Noch nicht drei Jahre waren vergangen, seit der Amsterdamer Kirchenrat in einem Hirtenbrief vor ihren Irrtü-

2 Auf handschriftlichen Texten aus dem Archiv der Genfer Sozietät, dem Tagebuch Abraham von Gersdorfs, Briefen und Berichten basiert der anonyme Artikel Le comte de Zinzendorf et l'activité morave à Genève en 1741, in: Journal de l'Unité des Frères 65 (1900) 73–84 (N° 3) und 105–117 (N° 4), in gekürzter Fassung wieder abgedruckt in: La semaine religieuse de Genève. Organe du Protestantisme évangélique 48 (1900) 141f. (No 33, 18 Août) und 147f. (No 34, 25 Août) (zit : Le comte de Zinzendorf).

3 Hellmut Reichel: Die Anfänge der Brüdergemeine in der Schweiz mit besonderer Berücksichtigung der Sozietät in Basel, in: UnFr 29/30 (1990), 58–65, hier 59–61.

4 Zum Anlass der Reise vgl. August Gottlieb Spangenberg: Leben des Herrn Nicolaus Ludwig Grafen und Herrn von Zinzendorf und Pottendorf, Bd. 5 [Barby 1774], ND Hildesheim/New York 1971 (BHZ [wie Anm. 1] A 51, V), 1309f., und Zinzendorf an Johann Jakob Hœgger (1680–1742), Genève 17.03.1741, in: Büdingische Sammlung, Bd. 3. [Büdingen 1744/45], ND Hildesheim 1966 (BHZ A 50, IX), 47–53.

mern gewarnt hatte.[5] Das Schreiben war in Europa, in den holländischen Kolonien und in Amerika verbreitet und ging der Gemeine überall als schlechter Ruf voraus. Das hatte Zinzendorf über Neujahr 1740/41 auch in Bern erfahren müssen. Während ihn die einen mit offenen Armen empfangen hatten, war er bei andern auf eine Wand aus Vorurteilen und Ablehnung gestossen.[6]

Die Reise nach Genf fand vor diesem Hintergrund statt. Es war Zinzendorf aber nicht um eine offizielle Anerkennung der Herrnhuter Brüdergemeine seitens der Genfer Kirche zu tun. Er hat mehrmals, letzten Endes aber erfolglos betont, eine «Approbation» sei das Letzte, was er wolle und gewollt habe.[7] Er kam nicht als Bittsteller, sondern er suchte das Gespräch auf Augenhöhe. Das lässt sich daran zeigen, wie die «Pilgergemeine» mit den Sakramenten umging.

Unter dem Datum des 17. März, also acht Tage nach Zinzendorfs Ankunft, findet sich im Protokoll der *Compagnie des Pasteurs* der folgende Eintrag: Der Graf, der sich Bischof der Brüdergemeine nenne (*se disant Evèque des Frères Moraves*) und von Jablonsky geweiht worden sei, wünsche das Kind seines Mitarbeiters Cossart[8] zu taufen und ersuche um das Einverständnis der *Compagnie.* Diese erteilte Pfarrer Michel Léger (1685–1745) den Auftrag, Zinzendorf von dieser Idee abzubringen.[9] Léger wies Zinzendorf auf die rechtliche Zuständigkeit des Konsistoriums und des Magistrats in dieser Sache und auf

---

5 Cornelius van den Bogaerde: Herderlyke en vaderlyke Brief, Amsterdam 1738 (BHZ B 39), in deutscher Übersetzung abgedruckt in: Büdingische Sammlung, Bd. 2 [Büdingen 1742/43], 289–339.

6 Rudolf Dellsperger: Zinzendorf und die Herrnhuter Brüdergemeine zwischen Berner Patriziat und Heimberger (Oberländer) Brüdern, in: UnFr 29/30 (1990), 128–156, hier 135–142; wieder abgedruckt in: ders.: Kirchengemeinschaft und Gewissensfreiheit. Studien zur Kirchen- und Theologiegeschichte der reformierten Schweiz: Ereignisse, Gestalten, Wirkungen (BSHST 71), Bern u. a. 2001, 133–162; Rudolf Dellsperger: Frauenemanzipation im Pietismus, in: Sophia Bietenhard u. a. (Hg.): Zwischen Macht und Dienst. Beiträge zur Geschichte und Gegenwart von Frauen im kirchlichen Leben der Schweiz, Bern 1991, 131–152, hier 148–151.

7 Lullin an Zinzendorf, Genève 03/13.04.1741 (UAH R.18. A.8a.37). Zinzendorf an Unbekannt, Genève 01.05.1741: «An die […] approbation denke ich weiter nicht, sondern nur ans Zeugnis […]». (Wortlaut des Briefes Anhang 1.) Zinzendorf an Ami, genannt Amédée, Lullin (1695–1756), Falmouth 16.10.1741: «Je n'avois nulle intention, Monsieur, de Vous demander à Geneve votre approbation, et Vous me faites plus de tort que Vous ne pensez peut etre en ce que Vous insinuez au public, comme si cela avoit êté le moins du monde ma pensée.» (UAH R.18. A.8a.8) Zinzendorf an Antoine Maurice (1677–1756), o. O. 10.09.1741 (Datierung unsicher, UAH R.18. A.8a.11).

8 Heinrich Friedrich Cossart aus Frankfurt/Oder (1714–1763) war in Bern Hauslehrer beim Postherrn Beat Rudolf Fischer von St. Blaise (vgl. Anm. 49).

9 Compagnie des Pasteurs. Proces verbaux des seances de la Compagnie, Archives de l'État de Genève, R 25, 377 (17.03.1741).

die Bestimmung der Kirchenordnung hin, wonach Taufe und Abendmahl nur in Genfer Kirchen und durch ordinierte Genfer Pfarrer administriert werden dürften.[10] Eine Woche später vermeldet das Protokoll der *Compagnie*, der Graf habe sich auf der Stelle (*sur le champ*) damit einverstanden erklärt und Léger gebeten, die Taufe gleich selber vorzunehmen.[11]

Zur selben Zeit, als Pfarrer Léger Zinzendorf so instruierte, feierte dieser mit seiner Genfer Hausgemeinde erstmals Abendmahl, nach der Herrnhuter Liturgie, mit Fusswaschung und Liebesmahl. Es geschah am 18. März wohl in strikt privatem Rahmen.[12] Vierzehn Tage später, am 2. April, war Ostern: Abendmahlssonntag. Ob es die Fremden im öffentlichen Gottesdienst wohl mitfeiern und damit den Verdacht des Separatismus aus der Welt schaffen würden?[13] So lautete die Frage aus Genfer Perspektive. Ob sie als Fremde am Tisch des Herrn willkommen sein würden? So stellte sich die Frage für die Hernhuter. Beide Seiten mussten Farbe bekennen. Am Ende nahm rund ein Dutzend reformierte Herrnhuter an der kirchlichen Feier teil.[14] Dieser Schritt

10 Michel Léger an Zinzendorf, Genève 17.03.1741: «[…] que c'est une question qui est du ressort de notre Consistoire […] et que d'ailleurs cette afaire devroit etre communiquée au Magistrat, sans la permission duquel nous ne pouvons rien acorder dans de semblables cas; et ce d'autant plus que nos Ordonnances Ecclesiastiques […] portent expressement; que les Sacremens du Batesme et de la Sainte Cene, ne pourront etre administrés que dans nos Temples; et ce par des Ministres dont la Vocation sera connue a notre Compagnie.» (UAH R.18. A.8a. 33).

11 Compagnie des Pasteurs. Proces verbaux des seances de la Compagnie 377 (24.03.1741). Im Brief desselben Datums an Jakob Hœgger (wie Anm. 4) bestritt Zinzendorf zwar, jemals die Absicht gehabt zu haben, Cossarts Kind zu taufen, gab aber gleichzeitig zu verstehen, er akzeptiere die Entscheidung der Compagnie des Pasteurs.

12 Vgl. den Bericht von Carl Heinrich Peistel vom März 1741 bei Reichel, Anfänge (wie Anm. 3), 63f.

13 Der Separatismus-Vorwurf wurde in der Stadt schon vor Zinzendorfs Ankunft laut. Vgl. Le comte de Zinzendorf (wie Anm. 2), 76.

14 Le comte de Zinzendorf (wie Anm. 2), 107f. und Zinzendorf an Friedrich von Wattewille, Genève 05.04.1741 (UAH R.20. C.27a.35). Zinzendorf spricht ausdrücklich von «reformierten Geschwistern», was auch mit der Anmerkung zum Brief von Pasteur Dentand an Zinzendorf vom 01.04.1741 in: Büdingische Sammlung 2 (wie Anm. 5), 658 übereinstimmt. Man darf deshalb in dieser Abendmahlsfeier nicht mit Wilhelm Hadorn: Geschichte des Pietismus in den Schweizerischen Reformierten Kirchen, Konstanz/ Emmishofen 1901, 327 ein ökumenisches Ereignis sehen. Anders als Hadorn Le comte de Zinzendorf (wie Anm. 2), 109f. und Paul Wernle: Der schweizerische Protestantismus im 18. Jahrhundert, Bd. 1: Das reformierte Staatskirchentum und seine Ausläufer (Pietismus und vernünftige Orthodoxie), Tübingen 1923, 386.

brachte ihnen in der Stadt grosse Sympathien ein.[15] Zuvor hatten junge Pfarrer gedroht, man werde sie verjagen, wenn sie nicht kommunizierten.[16]

Was heisst das nun? Der Bescheid der *Compagnie* in der Tauffrage war kirchenrechtlich einwandfrei und wird dem Juristen Zinzendorf eingeleuchtet haben, obwohl er die Taufe hätte vornehmen können. Er war Mitglied des geistlichen Standes und hatte als Bischof selber Brüder ordiniert, die als Missionare in vielen Gegenden der Welt Menschen tauften. Und wenn die Reformierten unter den Herrnhutern am Abendmahl teilnahmen, während die Lutheraner unter ihnen wohl abseits standen, blieben sie damit nur sich selber treu. Sie waren Christen verschiedener konfessioneller Herkunft, die sich im Glauben eins wussten, ohne dass sie deswegen ihre kirchliche Prägung hätten aufgeben müssen. Vielmehr war es so, dass sie diese als kostbare Mitgift in ihre ökumenische Gemeinschaft der Kinder Gottes einbrachten.

Das war die Ausgangslage: Oben auf dem Hügel die ehrwürdige Genfer Territorialkirche, das Zentrum der reformierten Welt, und unten in der Vorstadt die kleine, junge ökumenische Kirchengemeinschaft, die im Begriff war, die Welt zu erobern. Konnte es da eine Begegnung auf Augenhöhe geben? Sachliche Information war dafür eine wichtige Voraussetzung.

Erster Akt: Die Selbstdarstellung

Unmittelbar nach Ostern tauchte in Gesprächen mit Genfer Pfarrern und Professoren die Idee auf, die Herrnhuter Brüdergemeine könnte eine Selbstdarstellung vorlegen.[17] Zinzendorf, obwohl anhaltend fieberkrank[18], machte sich sogleich an die Arbeit. Er konnte auf Vorarbeiten zurückgreifen. Am 28. April lag das umfangreiche Memorandum vor.[19] Es erhielt später den Titel Lettre sur l'Eglise des Frères [,] leur Origine, leur Histoire, leur discipline et leur Croyance, addresseé à la Venerable Compagnie Mess[ieurs] les Pasteurs et Professeurs de l'eglise de Genève.

15 Lullin an Zinzendorf, 06.04.1741: «La Communion de Dimanche a produit un tres bon effet[,] j'espere que la suite manifestera encor mieux Nos bonnes intentions reciproques.» (UAH R.18. A.8a. 36).

16 Zinzendorf an Unbekannt, 02.04.1741 und Pfr. Dentand d. Ä an Zinzendorf, 01.04.1741 (UAH R.18. A. No.8a.32 u. 16).

17 Zinzendorf an Polykarp Müller, Genève 14.04.1741 (UAH Th S/A 50a [11]).

18 Zinzendorf an Unbekannt, Genève 26.03.1741 und Lullin an Zinzendorf, Genève 30.03.1741 (UAH R.18. A.8a 14 u. 39) sowie Zinzendorf an von Wattewille, Genève 05.04.1741 (wie Anm. 14).

19 Dies ist das erste, später durchgestrichene Datum des Dokuments. Es stimmt mit der Angabe in Zinzendorfs Brief vom 01.05.1741 überein (Anhang 1).

Es liegt zurzeit in zehn Handschriften vor. Das Exemplar mit Zinzendorfs Unterschrift datiert vom 12. Mai 1741 befindet sich in der Bibliothèque publique et universitaire de Genève.[20] Die neun anderen Handschriften, darunter eine Übersetzung ins Englische, werden im Unitätsarchiv Herrnhut aufbewahrt. Zwei Handschriften sind Vorstufen zur Genfer Fassung. Die englische Übersetzung basiert ihrerseits auf einer englischen Vorfassung. Peter Lauber hat die komplizierte Überlieferungsgeschichte in seiner Lizentiatsarbeit minutiös erforscht und als Stemma dargestellt.[21] Bedenkt man, dass drei Handschriften seitengetreu, also zitierfähig sind, dann wird man schon daraus auf die grosse Bedeutung schliessen dürfen, welche die Herrnhuter dem Dokument beimassen. Zinzendorf bezeichnet es als authentisches Denkmal und Zeugnis der Gemeine (*monument authentique de ce qui se passe parmi nous*[22], *témoignage authentique*[23]). «Authentisch» will sagen: echt, wahr im Unterschied zu all den Zerrbildern, die in Umlauf waren.

Was sollten die Genfer Theologen aus dem Memorandum über die Herrnhuter in Erfahrung bringen können? Ich fasse in fünf Punkten zusammen und klammere die Bereiche Gemeindeleben und Theologie vorerst aus.

Erstens: Die Herrnhuter sind eine alte Kirche. Diese geht auf die Böhmischen bzw. Mährischen Brüder zurück, denen Luther und Calvin ihre Hochschätzung bezeugt haben. Die Brüderunität, wie sie auch hiess, war, von Verschnaufpausen abgesehen, Kirche unterm Kreuz, Kirche im Untergrund. Johann Amos Comenius, ihr bedeutendster Vertreter, starb 1670 im Exil. Niemand rechnete mehr mit diesem Kirchlein in einem Winkel Polens, als es um 1722 plötzlich auf der Bühne des protestantischen Europa erschien (*paroit tout d'un coup avec un nouvel èclat sur le theatre de toute l'Europe Protestante*[24]).

Zweitens: Diese Bühne waren Zinzendorfs Güter in der Oberlausitz, wo Glieder der Unität sich als Flüchtlinge niederliessen. Es kam zu Spannungen zwischen den ortsansässigen Lutheranern und den prinzipientreuen Neuan-

---

20 Bibliothèque publique et universitaire de Genève, Ms. fr. 471 (abgekürzt: GE).

21 Peter Lauber: Handschriftenstemma und Quellensuche für Nikolaus Ludwig von Zinzendorfs Brief an die Compagnie des Pasteurs in Genf 1741. Lizentiatsarbeit im Fach Neuere Kirchengeschichte, Bern 2007. Durch subtile Beobachtungen am Text gelingt es Lauber, die Handschriften einander so zuzuordnen, dass sich ein Stemma ergibt, das bei der derzeitigen Quellenlage ein Höchstmass an Plausibilität besitzt. Zudem kann er zeigen, dass rund ein Drittel des ersten und rund ein Fünftel des zweiten Briefteils auf ältere Texte mit den Titeln Histoire des Frères Moraves bzw. La Sainte Doctrine des Frères Moraves aus dem Herrnhuter Archiv zurückgehen. Das bedeutet, dass Zinzendorf für ungefähr einen Viertel des Genfer-Briefs auf Vorlagen zurückgreifen konnte, während der Rest des umfangreichen Textes in Genf entstanden sein dürfte.

22 GE, 2r.

23 GE, 4v.

24 GE, 4r.

siedlern. Zwar verpflichtete Zinzendorf Herrnhuts Einwohner in den Statuten von 1727 zu «beständiger Liebe mit allen Brüdern und Kindern Gottes in allen Religionen» (Konfessionen).[25] Aber erst als die heterogene Schar am 13. August desselben Jahres eine Abendmahlsfeier als prägendes Gemeinschaftserlebnis erfuhr und Zinzendorf staunend Comenius' Geschichte der Brüder las[26], klärte sich die Lage. War Herrnhut nicht die «Erneuerte Brüder-Unität»? In diesem Sinn, besagte das Memorandum, sind die Herrnhuter eine alte, aber auch eine junge Kirche.[27]

Drittens: Die Herrnhuter sind eine episkopal-synodal verfasste Kirche mit einer grossen Ämtervielfalt. Bei ihnen gibt es zum Beispiel einen Generalältesten, Bischöfe, Älteste, Diakone, Mediatoren, Zensoren, Seelsorger, Pfleger, Ärzte und viele andere Dienste. Die horizontalen Verfassungsstrukturen sind wesentlich stärker ausgeprägt als die vertikalen. Das Gemeindeleben fusst auf der eigenverantwortlichen und in hohem Grad gleichberechtigten Mitarbeit der so genannten Laien beiderlei Geschlechts. Die Gemeine hat die Doppelstruktur einer Frauen- und einer Männerkirche, die ihrerseits je nach Lebensalter und Lebenslage in Untergruppen, in sogenannte Chöre und Banden, gegliedert sind.[28]

Viertens: Die Herrnhuter sind eine ökumenische Kirche. In ihr leben Menschen verschiedener Konfessionen friedlich zusammen. Konfessionen sind, ohne dass dies ihren Wert und ihre Bedeutung mindert, etwas Vorletztes. Sie sind Ausdruck der unterschiedlichen Art, wie Gott in der Geschichte Völker erzieht. Als solche werden sie sich gerade nicht selber genügen wollen, sondern aus sein auf den Reichtum des Letzten, das sie in der Gemeinschaft untereinander bereits zeichenhaft erfahren. Herrnhut, wo Lutheraner, Mähren, Reformierte und Angehörige anderer Konfessionen zusammenlebten, war für Zinzendorf eine modellhafte Verwirklichung solcher Gemeinschaft.[29]

Fünftens: Die Herrnhuter sind eine weltweite Kirche. Zehn Jahre erst waren es her, seit die ersten Missionare den Atlantik überquert hatten, mittler-

---

25 Nikolaus Ludwig von Zinzendorf: Brüderlicher Verein und Willkür, zit. nach: Hans-Christoph Hahn/Hellmut Reichel (Hg.): Zinzendorf und die Herrnhuter Brüder. Quellen zur Geschichte der Brüder-Unität von 1722 bis 1760, Hamburg 1977, 75.

26 GE, 19r.

27 GE, 5v–19v.

28 GE, 26v-29v.

29 GE, 44v, verwendet Zinzendorf für die konfessionelle Prägung der Gemeine bereits den Begriff des τρόπος παιδείας. Zur Tropenlehre vgl. Hahn/Reichel, Zinzendorf (wie Anm. 25), 412–417, und zu Zinzendorfs Kirchenbild Hans Schneider: «Philadelphische Brüder mit einem lutherischen Maul und mährischen Rock». Zu Zinzendorfs Kirchenverständnis, in: Martin Brecht/Paul Peucker (Hg.): Neue Aspekte der Zinzendorf-Forschung (AGP 47), Göttingen 2006, 11–36.

weile waren sie in Asien, Afrika, Nord- und Südamerika vertreten und ihre Zahl war auf über 200 gestiegen.[30] Die Missionsmethode war nicht aggressiv und erfolgsorientiert, sondern behutsam. Wenn die Gemeine Missionare, die selber Bauern und Handwerker waren, beispielsweise zu versklavten Plantagenarbeitern sandte, dann tat sie es, damit sie an deren Seite lebten und arbeiteten. Über ihren Glauben sollten sie dann reden, wenn sie danach gefragt wurden. Konflikte mit der weissen Kolonialherrschaft waren vorprogrammiert.

Dies, kurz zusammengefasst, sollten die Genfer Theologen aus dem Memorandum über die Herrnhuter in Erfahrung bringen können. Was gab es über das Gemeindeleben zu sagen? Viel und aus Genfer Perspektive bestimmt Merkwürdiges. Man kann es statt dem Memorandum im Sinn von 2 Kor 3,1–2[31] genauso gut dem lebendigen Brief entnehmen, den Zinzendorf bei sich hatte. Das liturgische Leben der nach Frauen und Männern und weiter nach Chören eingeteilten «Pilgergemeine» begann morgens um 8 Uhr mit Gruppenandacht. Darauf folgte für alle die Auslegung und Besprechung eines biblischen Buches. Abends um 8 Uhr wurde in der Singstunde ein biblischer Text durch Kirchenlieder ausgelegt. Anschliessend traf sich in Zinzendorfs Zimmer eine Gruppe von Brüdern und Schwestern zur Lektüre. Um 11 Uhr nachts war das letzte Stundengebet, ab 12 Uhr hielt ein Bruder Gebetswache, bis um 4 Uhr in der Frühe der neue Zyklus des Stundengebets begann. Von den Abendmahlsfeiern war bereits die Rede. In grösseren Abständen fanden sogenannte Gemeintage statt, an denen Herrnhuter Nachrichten aus aller Welt bekannt gegeben wurden.[32]

Dieses geregelte und lebendige Gemeindeleben spielte sich nach innen hin ab, konnte aber unmöglich verborgen bleiben und sollte es sicher auch nicht. Der «Pilgergemeine» kam in erster Linie die Aufgabe des Gottesdienstes zu, damit aber auch diejenige des Zeugnisses.

---

30 GE, 21r, werden die folgenden Arbeitsgebiete aufgezählt: «[…] il y auroit bien des Choses a vous dire Messieurs, des Voiages de nos freres depuis dix ans dont ceux qui se sont faits par Mer passent le nombre de deux Cens; de leurs Tentatives dans la Georgie; la Caroline; la Palestine; a Algers; a Constantinople; dans l'Isle de Hittland; dans la Wallachie; dans l'Ile d'Islande; chés les Samojedes, et les Lappons; de leurs Etablissemens a la Nouvelle York; en Surinam; Barbisies; La Virginie; le Ceylon; la Guinée; de leurs Eglises naissantes, composées de Negres et de Sauvages, au Cap de bonne Esperance; en Groenlande; dans l[']Isle de St. Thomas et les adjacentes.»

31 «Fangen wir nun schon wieder an, uns selbst zu empfehlen? Oder brauchen wir etwa – wie gewisse Leute – Empfehlungsbriefe an euch oder von euch? Unser Brief seid *ihr*, geschrieben in unsere Herzen, verständlich und lesbar für alle Menschen.»

32 Reichel, Anfänge (wie Anm. 3), 62–63; GE, 30v–31v, gibt einen Einblick in das gottesdienstliche Leben an Sonn- und Werktagen.

Man möchte annehmen, das Memorandum und die längere Präsenz der Herrnhuter in der Stadt hätten gute Voraussetzungen für eine Begegnung mit der Genfer Theologenschaft geschaffen.

Zweiter Akt: Die Begegnung

Ende April müssen einige Genfer Professoren und Pfarrer das Memorandum ein erstes Mal zu Gesicht bekommen haben, denn am 1. Mai meldet Zinzendorf, sie hätten dessen ersten und zweiten Teil mit «halbem Enthusiasmo» gelesen, seien aber über «gewisse Ausdrücke» derart «consternirt» gewesen, dass man «ganz betrübt» auseinander gegangen sei.[33] Die Genfer haben also die Ausführungen über die Geschichte und die Verfassung der Brüdergemeine mit Interesse, aber gewisse theologische Passagen am Ende des Briefes mit Befremden zur Kenntnis genommen. Es hatte sich abgezeichnet, dass die Dinge diese Wendung nehmen würden, aber es scheint, dass Zinzendorf das zunächst nicht wahrhaben wollte. Am 5. April hatte er sich Friedrich von Wattenwyl gegenüber noch zuversichtlich gegeben. Die Genfer Gemeine zähle schon etwa 140 Personen. Mit den Pfarrern und Professoren verkehre er, «als wenn ich mit Grafen redete». Er lasse keinen gehen, «ohne ganz vom Lamm mit ihm durchzureden», und er meinte bei diesen «Vernunfts Leuten» damit auf Interesse zu stossen.[34] Am 10. April hatte es nicht anders getönt: «Keine Theologen, die e diametro contrairer gelehret hatten als wir, habe ich noch gesehen, als diese. Aber auch noch meine Tage keine, die unsern Plan mehr geprüft und mit einer solchen, großen Philosophen ganz uneignen, Kindlichkeit angenommen hätten. Es wird auf den Cantzeln nichts als Jesus und seine Gerechtigkeit gepredigt und die Moral heruntergesetzt. Gestern[35] hat Mr. Lullin, Pastor und Professor allhier, etliche Worte vom Heiland gesagt, dass ich aufgestanden bin und habe ihn vor allen embrassirt und mich bedankt wegen meines Heilands.» Zwar, schrieb Zinzendorf weiter, habe der Generalprokurator im Grossen Rat vor den Herrnhutern gewarnt, aber der Bürgermeister habe sich hinter sie gestellt. «Die gantze Schweitz thut die Augen auf und sieht nach Genf hin, was der Heiland thun wird oder was der Gegner Klagen ausrichten werden, die sie haufenweis hierher geschickt haben.» Übrigens habe sich am Vortag noch eine andere merkwürdige Szene ereignet: Nach besagtem Gottesdienst mit Pfarrer Lullin habe man ihn in der Peterskirche zu einem Stuhl geführt, ihn aufgefordert, sich zu setzen und ihm dann

33 Zinzendorf an Unbekannt, Genève 01.05.1741 (Anhang 1).
34 UAH R 20. C.27a.35.
35 Sonntag nach Ostern.

erklärt: *Vous voilà, Monsieur, à la place de Calvin.*[36] Zinzendorf an Calvins Platz? Was wollte der Dekan damit sagen, und wie hat der Graf die Geste verstanden? An Spielraum für Missverständnisse fehlte es nicht.

Ende April war man, wie gesagt, konsterniert und ging betrübt auseinander. Darum tönt es im Brief vom 1. Mai, aus dem das Titelzitat stammt, so ganz anders, ernüchtert und kämpferisch: «[...] *au fond* ist d[as] lamm wed[er] bekannt noch geliebt». Er habe in seinem Brief den Pfarrern und Professoren nur das Lamm gepredigt und «die philosophie heruntergemacht [...], als wenn ich schüler in Classen vor mir hätte». Die Sache sei «neu, absonderl[ich] u[nd] seit seculis unerhört», aber man fühle die Wahrheit und schäme sich. «Ich kehr mich an nichts, ob mirs gleich tief im Herzen liegt, diese ihr[e] selbstbewusste [...] Arianer Kirche zu meinem Gott an dem †e zu bringen.»[37] Die Aussage: «Ich aber gehe meinen Gang, u[nd] behaupte den Gott am †e mit einer absoluten Gewisheit» ist auch ein trotziger Satz.

Wer waren die Genfer Theologen, diese «Vernunfts Leute», von denen Zinzendorf sich so sehr geschieden wusste? Ich beschränke mich auf die beiden bedeutendsten unter ihnen, Jacob Vernet (1698–1789), Pfarrer, Professor der Literatur, der Geschichte und der Theologie, amtierender Rektor der Akademie, späterer Kontrahent von Voltaire, und Ami genannt Amédée Lullin (1695–1756), Pfarrer, Professor der Kirchengeschichte, später ebenfalls Rektor der Akademie. Zinzendorf stand mit ihnen in intensivem Austausch. Auch gehörten sie zum Kreis derjenigen, die vom Memorandum zugleich fasziniert und befremdet waren.

Jacob Vernet war als Schüler von Jean-Alphonse Turretini ein Vertreter der «Vernünftigen Orthodoxie». Das Programm dieser theologischen Richtung, die neben Turretini von Samuel Werenfels in Basel und Jean-Frédéric Ostervald in Neuchâtel begründet wurde, bestand in vier Punkten. Erstens: Sie hielt, ohne mit der Tradition brechen zu wollen, eine Konzentration auf die wesentlichen Aussagen des christlichen Glaubens für unumgänglich. Zweitens: Sie betonte die Notwendigkeit der Übereinstimmung von Dogma und Ethos, von Glaube und Leben, mithin die Bedeutung der aus dem Glauben erwachsenden Werke. Drittens: Gegenüber der religions- und christentumskritischen Entwicklung, die sich in Westeuropa angebahnt hatte, nahm sie eine apologetische Haltung ein: Sie wollte die Übereinstimmung von Offenbarung und Vernunft, die Evidenz des christlichen Glaubens erweisen. Viertens: Sie

---

36 Zinzendorf an Friedrich von Wattewille, Genève 10.04.1741 (UAH R.19. C.7a.17); Reichel: Anfänge (wie Anm. 3), 64.

37 Zinzendorf an Unbekannt, Genève 01.05.1741 (Anhang 1).

setzte sich für die Förderung der zeitgenössischen Unionsbestrebungen zwischen Lutheranern, Reformierten und Anglikanern ein.[38]

Dies ist Jacob Vernets theologische Heimat. Für ihn ist die biblische Offenbarung Ergänzung zum im Kern vernünftigen Evangelium. Die alten Dogmen von der Trinität, der Gottheit Christi, der Genugtuung, der Erbsünde und der göttliche Gnade werden neu gedeutet. Ein Beispiel mag dies illustrieren: Alle Menschen sind, weil sie das Gesetz übertreten, Sünder. Die Lehre vom Opfertod Christi verleiht Gottes Erbarmen mehr Gewicht als die blosse Proklamation der göttlichen Gnade. Entscheidend für die Seligkeit ist aber doch der Wille des Menschen, der sich in Busse, Glaube und guten Werken manifestiert, wobei dies – man denke an die weisen und frommen Philosophen der Antike – nicht der einzige Weg zum Heil ist. Vernets Gedanken kreisen nicht um die Notwendigkeit, sondern um die Nützlichkeit der Offenbarung. Ihr Nutzen, schreibt Paul Wernle, «besteht vor allem in der Wiederherstellung der verdunkelten natürlichen Religion, in der wahren Belehrung über Gott, den Gottesdienst, die Moral, die Unsterblichkeit und dazu in der Versicherung der göttlichen Verzeihung. Dafür ist Jesus in die Welt gekommen, und deshalb nennen wir ihn unsern göttlichen Lehrer und Erlöser».[39]

Ähnlich ist der Befund bei Ami Lullin, Genfs bekanntestem Prediger der Jahrhundertmitte.[40] Er betont die Überlegenheit der Seele über den Körper, der Vernunft über die Sinne. Nach ihm besteht Frömmigkeit in Anbetung des Schöpfers, in Vervollkommnung und Heiligung. Ich zitiere und resümiere noch einmal Paul Wernle: «Natürliches Leben und Evangelium verhalten sich [zueinander] wie ursprüngliche Gesundheit und nach tödlicher Krankheit wieder erlangte Gesundheit.» Das Kreuz ist die Bestätigung der Lehre des Gesandten, die im *bon sens*, in aufgeklärter Weisheit, besteht. Es ist Beispiel aller Tugenden und Zeichen der Versöhnung, die ein freier Gnadenakt Gottes ist.[41]

Wen wunderts, dass diese Theologen über den Satz vom Gott am Kreuz konsterniert waren? Es ging ihnen wohl ähnlich wie meinem Freund, der mir deswegen seine Ratlosigkeit gestand und weiter schrieb: «Ich könnte es sehr wohl verstehen und innerlich mit vollziehen, wenn es etwa lauten würde: ‹Ich behaupte den Heiland am Kreuz, ich verehre seine Hingabe und Liebe.› […] Beim Lesen der Passionsgeschichte käme ich spontan wohl kaum zum Ausdruck: ‹der Gott am Kreuz›.»

---

38 Rudolf Dellsperger: Der Beitrag der «vernünftigen Orthodoxie» zur innerprotestantischen Ökumene. Samuel Werenfels, Jean-Frédéric Ostervald und Jean-Alphonse Turretini als Unionstheologen, in: ders.:, Kirchengemeinschaft (wie Anm. 6), 51–65, hier 55f.

39 Wernle, Protestantismus 1 (wie Anm. 14), 496–498, hier 498.

40 Seine Predigten wurden 1761 und 1767 in zwei Bänden von Vernet herausgegeben.

41 Wernle, Protestantismus 1 (wie Anm. 14), 503f., hier 503.

Es gab in Zinzendorfs Memorandum viele andere Aussagen, welche die Genfer Theologen vor den Kopf stossen mussten. Auf eine, nämlich auf die strikte Trennung von Vernunft und Glaube, von Philosophie und Religion, will ich noch hinweisen. Die Vernunft sagt mir, schreibt Zinzendorf, dass es einen Gott gibt. Das heisst aber noch lange nicht, dass ich ihn auch fühle. Weiter: Die Vernunft hilft mir, aus einem biblischen Text angemessene Schlüsse zu ziehen. Sie bewahrt mein religiöses Fühlen vor Illusionen. Aber es steht ihr nicht zu, den biblischen Text nach ihren Definitionen prüfen oder in philosophischen Kategorien fassen zu wollen. Boethius, *ce grand homme*, der sich noch angesichts seines Martyriums mit der Philosophie tröstete, habe es nicht anders, nicht besser wissen können. Weder dem aristotelischen System noch neueren philosophischen Entwürfen sei es je gelungen, die Geheimnisse der Heiligen Schrift adäquat zu erfassen. Dann folgt ein berühmtes Tertullian-Zitat: Quid Athenis et Hierosolymis? quid Academieae et Ecclesiae? nostra Intitutio de Porticu Salomonis est, qui tradiderat Dominum simplicitate cordis esse quaerendum. Viderint qui stoicum, et platonicum, et dialecticum Christianismum protulerunt. *Je suis un peu Tertullianiste la Dessus.*[42]

Was sollten die Genfer Theologen dazu sagen? Haben sie gewusst, dass Pierre Bayles' *Dictionnaire historique et critique* wegen seiner klaren Unterscheidung zwischen Vernunft und Offenbarung neben der Bibel Zinzendorfs Lieblingsbuch war? Wohl kaum und wenn doch, dann hätten sie wahrscheinlich auch damit ihre liebe Mühe gehabt.

Der Rest ist rasch erzählt. Am 13. Mai liess Zinzendorf das Memorandum dem *Moderateur* der *Compagnie des Pasteurs* durch eine Dreierdelegation förmlich übergeben. Anderntags erhielt er in Form von dessen Gegenbesuch den offiziellen Dank der *Compagnie*. Der *Moderateur* versicherte ihn, «qu'elle [la Compagnie] le remercie de la confiance qu'il lui a temoignée en déposant entre ses mains l'histoire et les sentimens de son Eglise, dont elle n'a pas pû encore faire la lecture». Sie sei voller Hochachtung für die Person des Grafen, «dont la douceur, la charité, la simplicité et les mœurs ont eté d'une grande édification

42 GE, 48r. Zinzendorf zitiert abgekürzt. Die Stelle bei Tertullian: De praescriptione haereticorum, 7,17 (PL 2, 19) lautet: «Quid ergo Athenis et Hierosolymis? Quid Academiae et Ecclesiae? Quid haereticis et christianis? Nostra institutio de Porticu Salomonis est, qui et ipse tradiderat *Dominum in simplicitate cordis esse quaerendum.* (Sap. I,1) Viderint, qui stoicum et platonicum et dialecticum Christianismum protulerunt.» Heinrich Kellner/ Gerhard Esser, Tertullians apologetische, dogmatische und montanistische Schriften (BKV 24), Kempten 1915, 314 übersetzen: »Was hat also Athen mit Jerusalem zu schaffen, was die Akademie mit der Kirche, was die Häretiker mit den Christen? Unsere Lehre stammt aus der Säulenhalle Salomos, der selbst gelehrt hatte, man müsse den Herrn in der Einfalt des Herzens suchen. Mögen sie meinethalben, wenn es ihnen so gefällt, ein stoisches und platonisches und dialektisches Christentum aufbringen!"

au milieu de nous; Quelle prie Dieu que son zéle avance de plus en plus la connoissance de Dieu et le Régne de J. Christ.»[43]

In Wirklichkeit nahm die *Compagnie* das Memorandum wie eine heisse Kartoffel entgegen. Beide Seiten hüteten sich davor, sich in irgendeiner Weise zu vergeben. Als Zinzendorf das *compliment*, welches der *Moderateur* ihm mündlich gemacht hatte, schriftlich zu erhalten wünschte, musste er sich mit einem Protokollauszug[44] und einer vom Rektor Vernet unterzeichneten Erklärung zufrieden geben, die besagte, das Votum der *Compagnie* beziehe sich keineswegs auf Zinzendorfs und der Herrnhuter «opinions et mèthodes [...], à l'egard desquelles nôtre Comp^e^ n'est entrée dans aucun examen». Und als Zinzendorf Vernet zwecks Anfertigung einer Kopie des Briefes ein Blankett übergab, hatte die *Compagnie* dafür keinen Bedarf. Es sei jedem Mitglied unbenommen, das Original in der Bibliothek einzusehen.[45]

Am 16. Mai, dem Abreisetag, deponierte Zinzendorf bei Rektor Vernet eine Kurzfassung seiner Theologie in 26 lateinischen Thesen.[46] Darin konfrontierte er die Genfer «Vernünftige Orthodoxie» mit seiner Sicht von Christus als dem Schöpfer und Jehova des Alten Testamentes (X, XII, XIII, XV). Gegen die Vernunft setzte er die Offenbarung, gegen die Spekulation die Schrift (XXVI, 10). Damit begründete er, «warum die Gemeine zu Christus betet, denn nur durch Christus, geleitet von der mütterlichen Liebe des heiligen Geistes, hat sie Zugang zum Vater» (XXVI, 3.5).[47] Die Thesen wurden zusammen mit dem Memorandum archiviert.

Beim Verlassen der Stadt wurde die Kutsche der Gräfin mit Steinen beworfen.[48] Das war peinlich, aber man konnte dafür den Pöbel (*la populace*) verantwortlich machen. Zinzendorf reiste über Montmirail und Saint-Blaise, wo er den alten Friedrich von Wattenwyl und Beat Rudolf von Fischer besuchte.[49] Von Cossart liess er das Losungsbuch der Jahre 1740/41 ins Französische

---

43 Compagnie des Pasteurs. Proces verbaux des seances de la Compagnie, Archives de l'Etat de Genève, R 25, 384f. (13.05.1741), hier 385.

44 Abdruck in: Büdingische Sammlung 2 (wie Anm. 5), 662f.

45 Abdruck in: Büdingische Sammlung 2 (wie Anm. 5), 386.

46 THEOSOPHIA fratrum in nuce (UA Herrnhut R.20. D.8.4). Siehe Anhang 2. Die im Folgenden in Klammern eingefügten Ziffern beziehen sich auf diese Thesenreihe. Eine wertvolle Selbstdeutung seiner Thesen findet sich in Zinzendorfs lateinischem Brief an Léger, Marienborn 06.07.1741 (UAH R.18. A.8a.6).

47 Dietrich Meyer (Hg.): Nikolaus Ludwig von Zinzendorf: Er der Meister, wir die Brüder. Eine Auswahl seiner Reden, Briefe und Lieder (Geistliche Klassiker 5), Giessen 2000, 204.

48 Bereits am 14. März hatte eine Gruppe aufgebrachter Genfer Abraham von Gersdorf mit einem Steinhagel empfangen wollen: Le comte de Zinzendorf (wie Anm. 2), 83f.

49 Seine pietistische Überzeugung hatte Friedrich von Wattenwyl (1665–1741) in Bern die politische Karriere gekostet. Er lebte mit seiner Familie längere Zeit in Deutschland und

übersetzen und unter dem Titel *L'AGNEAU / DE DIEU, / REPRESENTE AU NATUREL / dans la sainte Ecriture*[50] bei Marolff in La Neuveville mit einer freundlichen Dedikation an die Herren Vernet und Lullin drucken.[51] Er wollte dies als Ausdruck des Dankes für die Gastfreundschaft verstanden wissen, die er und die Gemeine in Genf erfahren hatten, und als biblischen Beleg für seinen Christozentrismus und seine Kreuzespredigt.[52]

Das Päckchen schlug in Genf wie eine Bombe ein.[53] Die Betroffenen reagierten indigniert und verärgert.[54] Nun war das, was man tunlichst hatte vermeiden wollen, doch geschehen: Die beiden Professoren und mit ihnen die Genfer Kirche waren vor aller Welt kompromittiert. Vernet sah sich genötigt, Zinzendorf, nachdem er ihm bereits einen höflichen, aber distanzierten Brief geschrieben hatte[55], vollends klaren Wein einzuschenken. Er und Lullin

---

seit 1722 auf dem Landgut Montmirail bei Neuchâtel. Er ist der Vater des gleichnamigen Zinzendorf-Freundes und -Mitarbeiters. Beat Rudolf Fischer von St. Blaise (1706–1759), Postherr der Stadt Bern, lernte 1728 auf einer Italienreise Abraham von Gersdorf und 1739 in Bern das Ehepaar Biefer kennen. Er wurde 1741 in Genf in die Gemeine aufgenommen. 1747 besuchte er Herrnhaag und 1752 Herrnhut. Sein Haus in Bern war ein Zentrum der Berner Sozietät. Er hat Zinzendorf dreimal bei sich beherbergt (Lebenslauf im UAH R.22.4. F.7).

50 BHZ (wie Anm. 1) A 411 F.

51 Das Büchlein erschien ohne Angabe des Druckortes. Dieser geht aus einem Brief des Neuenburger Naturwissenschafters und Universalgelehrten, Herrnhuter- und Missionsfreundes Louis Bourguet (1678–1742) an Zinzendorf, Neuchâtel 12.06.1741 (UAH R.18. A.8a.24), hervor.

52 Im Vorwort, das mit der Dedikation in Büdingische Sammlung (wie Anm. 5) 2, 380–383, erschien, heisst es: «Un Evêque & quelques Membres de l'Eglise Morave, s'étant trouvés à Geneve, & n'y aïant parlé absolument que de JESUS-CHRIST, n'aïant prié que par son NOM, & parus aussi tranquiles sur l'établissement de la DIVINITE, qu'impatients à persuader l'Adoration du SAUVEUR, aïant au surplus confessé librement, que sans se donner la moindre peine de mettre les Incrédules au fait, par [VII] raport à la DIVINITE, ils ouvroient leur Mission par la Prédication de la Croix de JESUS-CHRIST.»

53 Die Übermittlung besorgte Beat Rudolf Fischer von St. Blaise.

54 Compagnie des Pasteurs. Proces verbaux des seances de la Compagnie, Archives de l'Etat de Genève, R 25, 377, 395 (21.07.1741): «Mr. Vernet a dit que Monsieur le Compte de Zinzendorf lui a dèdié à lui et à Mr. le Professeur Lullin un Livre de sa composition intitulé L'Agneau de Dieu representé au naturel et presenté à l'Eglise de Genève, et qu'il a eté surpris et faché de cette Dédicace aussi bien que Mr. Lullin, n'ayant point eté prévenus là-dessus.»

55 Vernet hatte Zinzendorf am 02.06.1741 geschrieben, die Genfer würden nichts für die Verbreitung des Momorandums tun. Es gehe jetzt darum, dass sich die Geister nach dem Auftritt der Herrnhuter in der Stadt wieder beruhigten. Gewiss habe der Baron von Gersdorf in Genf einige schlafende Seelen zu neuem Leben erweckt; aber er habe doch auch «embrouillé quelques cervelles & repandu des idées confuses & inutiles, pour ne pas dire pis. Vous voyez, Monsieur le Comte, que je continue à user de cette franchise qui ne vous a pas déplu, en y joignant toujours moderation qui vous a paru

könnten sich nur noch wundern, schrieb er. Wären sie, was sonst unüblich sei, vorher um ihre Meinung gefragt worden, so hätten sie auf die Misslichkeit der Zueignung, Verletzendes im Vorwort, die Fehler in den Zitaten nach der Genfer Bibelübersetzung und das sprachlich und inhaltlich Problematische in den Reflexionen hingewiesen. So aber, wie das Büchlein jetzt sei, heisse das «visiblement les commettre, & commettre meme notre Eglise en dedans & du dehors». Man werde deshalb im *Mercure Suisse* und in der *Bibliothèque germanique* ein *Avertissement* erscheinen lassen, in dem man sich von dem unerbetenen Geschenk distanziere.[56] Zinzendorf müsse doch bei allem persönlichen Respekt, den er, Vernet, vor ihm habe, um seine, Vernets (und übrigens auch Ostervalds), Vorbehalte gegenüber seiner Theologie und seinem Kirchenverständnis gewusst haben. Vernet beschwor Zinzendorf: «Faites [...], Monsieur le Comte (je vous en supplie encore par les entrailles de Jesus Christ notre divin sauveur) que le bien que vous pouvez faire dans son Eglise par vos talens & par votre zèle, ne soit mêlé d'aucune singularité capable d'exciter de vaines contestations.»[57]

Nun verstand wiederum Zinzendorf die Welt nicht mehr, oder er tat wenigstens so. Er empfand das *Avertissement* als Beleidigung und, besonders wenn es in der *Bibliothèque germanique* erscheine, als Rufschädigung, und er bat die Genfer, sein Memorandum doch zu *lesen* und ihm offen und etwas eingehender als bisher zu sagen, was sie daran nicht guthiessen. Er stellte seinerseits in Aussicht, die Bücher von Jean-Alphonse Turrretini in den hintersten Winkel Amerikas mitzunehmen und dort zu studieren.[58]

Von London aus verabschiedete er sich von Vernet: Er verwundere sich über gar nichts mehr. Er, Vernet, möge noch so oft und schön vom gemeinsamen *Divin Sauveur* sprechen, sie würden darunter eben doch nicht dasselbe verstehen. Christus sei auch sein, Vernets, *Gott* und die Theologie des Teufels,

---

une chose si rare quand elle accompagne une assez grande diversité de sentimens. Mais l'amour de J. Christ notre sauveur est toujours un point de reunion pour tous les vrais Chrètiens». (UAH R.18. A.8a.44).

56 Journal Helvétique (Literaturteil des *Mercure Suisse*), août 1741. Wortlaut in Anhang 3. Eine Abschrift, vielleicht diejenige, welche Vernet Zinzendorf persönlich übermittelt hat, befindet sich im UAH R.18. A.8a.10. Pikant ist, dass der Mercure Suisse von Louis Bourguet herausgegeben wurde, der mit Zinzendorf in engem, freundschaftlichem Briefkontakt stand und Cossarts Übersetzung des Losungsbüchleins durchgesehen hatte (vgl. Anm. 51). In der in Berlin und Amsterdam gedruckten Bibliothèque germanique (5 Bde., Reprint Genève 1969), die mit dem Jahrgang 1742 ihr Erscheinen einstellte, findet sich der Text nicht.

57 Vernet an Zinzendorf, Genève 18.08.1741 (UAH R.18. A.8a.45).

58 Zinzendorf an Maurice, 10.[?]09.1741 (UAH R.18. A.8a.11), abgedruckt in: Büdingische Sammlung 2 (wie Anm. 5), 663–666.

welche die Ehre Gottes des Vaters retten wolle, statt seinen Sohn anzubeten.[59] Und aus der Bucht von Falmouth schrieb er unmittelbar vor der Abfahrt des Schiffes nach Amerika an Lullin, er habe nie eine Approbation gesucht, wie auch er die Genfer Kirche nicht approbiere. Er habe sie deshalb nicht als *eglise pure,* sondern als *eglise purée* bezeichnet.[60] «Voilà de cette heure l'afaire de Geneve finie. Je pars pour les Sauvages»[61], sprich zu den indianischen Völkern.

Epilog: Der Ausgang

«Lieber! sage er mir doch auch, wie er den Grafen und seine Werke finde?», fragte der Berner Pietist Samuel Güldin in einem Brief vom 4. November 1743 aus Pennsylvania seinen Freund Samuel Lutz. «Er hat Liebe, aber mehr Schmeicheley, und will gar ein grosser Herr und Hirte werden. Er hat Demuth und Hochmuth, und wann er nicht kann mit jener durchkommen, kommt er offt mit groben Drohungen und schwären Flüchen daher, oder auch mit Bann.»[62] Ich will diese Frage nicht beantworten. Wir müssten sonst auch über Güldin reden, denn solche Fragen sagen immer auch etwas über denjenigen aus, der fragt, nicht nur über den, der in Frage steht. Es ist nicht Zinzendorfs Charakter, der mich an unserem Thema interessiert, so sehr natürlich auch er eine Rolle gespielt hat.

Nein, da haben zwei Kirchen nicht zueinander gefunden, auf der einen Seite eine ehrwürdige Reformationskirche mit ihren klassischen Ämtern, auf der andern eine alte und zugleich junge Kirche mit ihren herkömmlichen und vielen neuen Ämtern und einem hohen Grad an Laienmitarbeit. Beide dachten ökumenisch, aber in verschiedener Weise. Die Genfer Ökumene der «Vernünftigen Orthodoxie» war eine Ökumene der Theologen und basierte auf dem Grundsatz der Reduktion der christlichen Tradition auf ihre Kernaussagen.

---

59 Zinzendorf an Jacob Vernet, London 14./25.09.1741 (UAH R.18. A.8a.13). Wortlaut des Postscriptums Anhang 4.

60 Ähnlich, wenn auch in höflichem Ton, hatte sich Zinzendorf in seinem an den Moderateur der Compagie gerichteten Begleitbrief zu seinem Memorandum geäussert: «Je saisis avec empressement cette occasion de vous témoigner, Monsieur, ma haute consideration pour vôtre Venerable Compagnie, et pour tous les membres qui la composent, ma reconnoissance de la maniere cordiale et fraternelle dont j'ai été reçu parmi vous, et les voeux ardens que je fais à mon depart pour une eglise aussi èclairée et aussi epurée qu'il m'a paru qu'est la vôtre.» (GE, 2r-v).

61 Zinzendorf an Lullin, Falmouth 16.10.1741 (UAH R.18. A.8a.8).

62 Rudolf Dellsperger: Kirchengemeinschaft und Gewissensfreiheit. Samuel Güldins Einspruch gegen Zinzendorfs Unionstätigkeit in Pennsylvania 1742, in: ders.:, Kirchengemeinschaft (wie Anm. 6), 182–205, hier 189f.

Auch die Herrnhuter Ökumene nahm eine Reduktion vor, nämlich diejenige auf die eine Zentralaussage vom Gott am Kreuz und seiner alleinigen Heilsbedeutung. Aber sie verstand sich als Ökumene aller Gläubigen und wurde im Alltag als Kirchengemeinschaft gelebt. Das hat sich 1741 unter anderem so ausgewirkt, dass Zinzendorf die Abgrenzung von Rom, welche die Genfer von ihm erwarteten, trotz dogmatischer Differenzen hartnäckig verweigerte. Weiter: Beide Kirchen formulierten ihre Kernsätze im Horizont der Aufklärung. Aber während die Genfer Theologen apologetisch argumentierten und beim ersten Artikel des Credos ansetzten, tat Zinzendorf es *auch* provokativ und polemisch, indem er den zweiten Artikel ins Zentrum rückte. Es liessen sich noch viele derartige Linien ausziehen, beispielsweise in Richtung Spiritualität, Mission und Sprache. Aber mit diesen wenigen Hinweisen soll es vorerst sein Bewenden haben.

Wie ist der Ausgang der Reise nach Genf zu beurteilen? Die Antworten auf diese Frage lauten je nach Gesichtspunkt verschieden. Während die einen von einem Scheitern Zinzendorfs sprechen[63], sehen andere es positiver.[64] Die geplante Begegnung auf Augenhöhe, das dürfte die Auswertung der Quellen ergeben haben, ist nicht zustande gekommen. Aber mittel- und längerfristig betrachtet stellen sich die Dinge anders dar: In Genf war eine kleine Herrnhuter Sozietät entstanden, und diese sollte drei Generationen später als Bindeglied zum Genfer Réveil und damit für die werdende ökumenische Bewegung und die Anfänge des Roten Kreuzes eine wesentliche Rolle spielen.[65]

Womit wir wieder beim Kreuz wären. «Ich aber behaupte den Gott am Kreuze». Die Rede vom «Gott am Kreuz» war und ist irritierend, selbst wenn man den Zusammenhang kennt, in den hinein sie gehört. Aber Zinzendorf hat sich ihrer nicht leichtfertig bedient. Denn dass sich Gott im *Kreuzesgeschehen*, dass sich im Kreuzesgeschehen *Gott* manifestiert, das war für ihn *die* befreiende Einsicht, die er als heilsame Erkenntnis für Mensch und Welt betrachtete.

---

63 So Wernle, Protestantismus 1 (wie Anm. 14), 387: «Sagen wir es ehrlich: Zinzendorf erlebte in Genf einen totalen Misserfolg. Das tonangebende Genf lehnte, wenn auch unter höflichen Formen, zuletzt sogar mit Grobheiten, den Réveil ab.»

64 Le comte de Zinzendorf (wie Anm. 2), 117; Hadorn, Geschichte (wie Anm. 14), 327; Reichel, Anfänge (wie Anm. 3), 66.

65 Nach Ulrich Gäbler: Evangelikalismus und Réveil, in: ders. (Hg.): Geschichte des Pietismus, Bd. 3: Der Pietismus im neunzehnten und zwanzigsten Jahrhundert, Göttingen 2000, 27–84, hier 44, waren das Herrnhutertum und der britische Evangelikalismus die Kräfte, von denen die junge Theologenschaft des Genfer Réveil geprägt wurde. Daran, dass Henri Dunant, der Mitbegründer des weltweiten Christlichen Vereins Junger Männer und des Roten Kreuzes, aus dem Genfer Réveil hervorgegangen ist und in dessen Geist gewirkt hat, soll hier bloss erinnert werden.

Anhang 1

Zinzendorf an Unbekannt, Genève 01.05.1741 (UAH R.19. C.7a.20)

[Hier wird nur die den Genfer Aufenthalt betreffende Passage wiedergegeben. Herrn Dr. Rüdiger Kröger, dem Leiter des Unitätsarchivs in Herrnhut, danke ich herzlich für seine Hilfe bei der Transkription schwer lesbarer Stellen.]

Die Unterhandlung mit der Kirche zu Genff betrifft ledigl. des Lamms Wunden an, die predige ich Leüten, die ihr Lebtage nicht dran gedacht haben, (u. theils heimlich drauf horchen u. paßen, theils sich davor erschüttern, theils Ja sagen ohne gefühl, theils sich dagegen setzen wie Stahl u. Ertz.[)] Ich aber gehe meinen Gang, u. behaupte den Gott am †e mit einer absoluten Gewisheit, die paar 100 erwekte Seelen sind in der Sache drinne. Unsre methode der predig v. Jesu, insoferne es eine methode ist, wird approbirt, ab[er] au fond ist d[as] lamm wed[er] bekannt noch geliebt, unsre Einsicht v. der Heiligkeit wird approbirt, u. für was admirables gehalten, unsre Reden v. der Tugend natürl. Leüte mit Entsetzen u. Widrigkeit angehöret, unsre Kirchenzucht ab[er], Kinder Erziehung, Einrichtungen in allem, auch so gar in der Ehe, mit reinem unaffectirten respect angesehen, überhaupt sind wir sehr geliebt, wie vielen theologis ich sonderl[ich]. Aber sie sind doch verlegen, dass ich in einem Briefe v. 124 Quartseiten an die Kirche zu Genff davon sie die 2 ersten D[r]ittel mit einem halben Enthusiasmo gelesen, so lieb sind sie ihnen, den Pfarrern und Professoren das Lamm gepredigt, u. die philosophie heruntergemacht habe, als wenn ich schüler in Classen vor mir hätte. Da wird an der tour sehr polirt u, d[as] lasse ich alles zu. Nur dass immer die gantze völlige Sache in ihrer cruden ideé bleibt. Meine Bande[,] der Hr. Rector Academiae Vernet, der Hr. Prof. u. Pastor Lullin, der Prof. u Past. de la Rive, u der Prof. Bourlamaqui, waren gestern erstaunl consternirt, über gewiße Ausdrücke in meinem Briefe, u. wir gingen ganz betrübt auseinander. Weil sie aber heute alle wieder zu mir kommen müßen, so will ich sehen, was der Heiland geben wird. Einestheils ist die Sache neu, absonderl. U. seit seculis unerhört, anderntheils fühlt man die Warheit u. schämt sich d[aß] es einem jemand v. Freudes her soll kommen sagen. Ich kehr mich an nichts, ob mirs gleich tief im Herzen liegt, diese ihr[e] selbstbewusste u. unberufte Arianer Kirche zu meinem Gott an dem †e zu bringen. An die Vereinig[un]g [?] u. approbation denke ich weiter nicht, sondern nur ans Zeugnis, die erste setzen sie hier voraus, u. erkennen uns sehr gerne vor orthodoxe Gl[aubens] Brüder, die zweyte halten sie vor einen märischen Bischoff infra dignitatem zu seyn u. das ist auch so. Das letzte wird der Heiland gewis ablegen helffen.

Anhang 2

THEOSOPHIA fratrum in nuce (UA Herrnhut R.20. D.8.4)

[Eine präzise Übersetzung dieses grundlegenden Textes bietet Dietrich Meyer in seiner Anthologie *Nikolaus Ludwig von Zinzendorf, Er der Meister, wir die Brüder. Eine Auswahl seiner Reden, Briefe und Lieder* (Geistliche Klassiker 5), Giessen 2000, 204–207.]

[I.] Theologia nostra noui testamenti est, non veteris.

II. Explicationem veteris testamenti nostram non facimus rem, sed apostolorum.

III. Λόγος σάρξ γενόμενος, Christus Iesus vocatur: principium is noui testamenti est et finis.

IV. Christus dei est, et deus est Caput Christi.

V. Christus, quâ seruus DEI uniuersi arbiter Ecclesiæ caput est, et ecclesia tota Christi est.

VI. DEVM vel in essentia, vel in manifestatione tantum essentiali, verbo: την θεότητα, quâ Patrem, Λόγον et Spiritum nemo nouit. [|]

VII. Explicare velle θεότητα, fanatici est, non philosophi.

VIII. Θεότης reuelata Pater omnium est creaturarum, caussa prima.

IX. Christus DEI, creaturas inter et creatorem mediator erat, antequam universi iacta sunt fundamenta.

X. Per Christum DEI, quâ mediatorem opera DEI omnia sunt confecta, vniuersum, Angeli, Homines.

XI. Christus, naturæ humanæ in DEVM datus est.

XII. Christus Bibliorum DEVS est, nomine IEHOVA insignitus, Legis obiectum unicum et euangelii.

XIII. Veteris testamenti IEHOVA ex sancto spiramine per uirtutem altissimi, homo factus est in Maria virgine. [|]

XIV. Hominem hunc, *Apostolus* DEVM appellat in carne manifestatum; *Propheta*, rectorem uniuersi, El schaddai, Temporum patrem omnium, Pacis principem; *Populus eius*: DEVM apus nos, et IEHOVAM, iustitiam nostram.

XV. IEHOVA homo factus, Doctor fuit populi sui redemtor, mediator.

XVI. Docuit, se habere patrem, qui propter ea quod filius homo factus esset, homines in suos adoptasset filios; ex Patre exiisse Spiritum, qui nos materna amplexurus foret charitate, et manu quasi per mundum ducturus. Se non fraterne, sed fratris instar primogeniti nobiscum acturum, post exantlatam in terris vitam eamque humani nihil detrectantem, præterquam quod peccatum non nouerat, caput hominum euasurum, caussam salutis vnicam sempiternam. [|]

XVII. Redemit nos ex miseria nostra, Satanæ ergastulo, mundi facto, iudicio iræ, per mortem, quam pro nobis acerbissime et ad sepulcrum vsque expertus est.

XVIII. Mediationem nobis perennem præstat ad dextram patris.

XIX. Prudenter hinc omnis oratio ad illum dirigitur a suis hominibus.

XX. I. C. Patrem et ipse adorare docuit, et adorauit; nos filium adorare docemus et adoramus. Homo Iesus nomen Patris manifestauit hominibus: Paulus I Cor. I [2], Iesu nomen: confer ultimum Iesu uerbum exspirantis [Lk 23, 46], et Stephani [Act 7,59–60].

XXI. DEUS uenerandus in spiritu et veritate: CHRISTUS prædicandus est corde et ore, isque crucifixus. [|]

XXII. DEVM sempiternum, auctorem omnium nosse, rationis est; DEVM in carne menifestatum, fidei.

XXIII. DEVM rescire vnicum, sempiterum, simplicissimum, entium ens p. Magum distinguit a plebe Sabæ, Iudæum a barbaro, Mahomethem a Brama, diabolum ab idolatra homine.

XXIV. In IEHOVA credere, manifestatum in carne, homini naturali est impossibile.

XXV. Fides non nascitur cum homine, sicut ratio, fides enim accenditur.

XXVI. Fidei ad salutem necessariæ hæc sunt capita:

1. ex morte spirituali surgere solius Christi voce excitatum.

2. peccatum originale, tamquam onus sentire molestissimum, DEI iram, carceres Satanæ. [|]

3. Redemptionem mortis Christi merito adquisitam rescire, anhelare, adipisci.

4. adorare Christum, salutis fontem, dominum et DEVM nostrum, Agnum, mundi sacrificium; et per Iesum, Patrem Iesu Christi in spiritu sancto.

5. Adoratio Christi directa, cordis operatio noui est, et cadit in sensus; adoratio τῆς θεότητος, solius spiritus sancti, et sensus fugit: hoc pacto Pater Iesu Christi adorationis internæ est obiectum amabilissimum.

6. Amare Iesum Christum super omnia, non aliqua seruili spe, sed quia rex et redemtor et sponsus est animarum.

7. Quicquid vel uerbo fit, vel opere, in nomine Iesu agere, id quod gratiarum actio est erga Patrem.

8. Cum omnia fecerim, nihil αὐτὸν ἐμέ fecisse putare. [|]

9. Nihil vmquam sibi confidere, sed soli Christi merito, salutis perennitatem concredere sanctimoniæ, eius fidei.

10. S. Scripturæ credere effatis, nil nostræ dare speculationi.

Scripsi Genevæ, die qua urbem reliqui et Academiæ Rectori Dri Jacobo Verneto exhibui.

16 Maii 41. Ludouicus Zinzendorfius

Anhang 3

Avertissement der Professoren Vernet und Lullin zum Losungsbuch *Agneau de Dieu* 1741. In:

Journal Helvétique 1741, 806f. [Die Abschrift UAH R.18. A. No.8 a.10 unterscheidet sich von der Druckfassung nur in orthographischen Details.]

Come il a parû depuis peu un petit Livre intitulé: L'Agneau de Dieu representé au naturel par des Textes de l'Ecriture sainte, & presenté à l'Eglise de Geneve, dédié nommement à deux de ses Pasteurs, sans lieu d'impression: Le public est averti que ce Livre n'a point été presenté aux Conducteurs de l'Eglise de Geneve, comme le titre pourroit le faire croire, & n'a point eu leur aprobation. Que plusieurs des Textes, que l'on dit être cité selon la Version de Geneve, n'y sont pas conformes. Que les deux Pasteurs à qui il est dedié n'en ont été point avertis par l'Auteur. Que s'ils l'avoient été, ils l'auroient prié pour de bones raisons de ne leur pas faire cet honeur, et n'auroient pas manqué de tèmoigner par avance, come ils l'ont fait ensuite combien peu cet Ouvrage est de leur goût. Qu'enfin les marques d'honêteté & d'estime que l'Auteur peut avoir reçues durant son séjour à Geneve, regardent ses qualités personelles, et non ses Ecrits, ni les Opinions & Methodes peu convenables qui lui sont particulieres; sur quoi il sait bien que l'on a eu soin de s'expliquer avec lui avec autant de franchise que de douceur et de charité.

Anhang 4

Postscriptum zu Zinzendorfs Brief an Jacob Vernet, London 14./25.09.1741 (UAH R.18. A.8a.13)

Encore un mot, puis qu'aussi bien je n'aurai pas beaucoup d'occasion de vous en dire dans la suite.

Vous me priés, par les entrailles de nôtre Divin Sauveur, comme vous l'appelés, de ne point empecher par des Singularités, le bien que je pourrois faire. Je vous entends. Il y a trente Ans, Mon cher Amy! que j'etudie ce Genie universel, qui fait le Caractere de la Ste Ecriture; j'espere de m'y approcher de plus en plus, mais pour vous faire paroli, je vous suplie, mon cher Amy! de vous defaire une bonne fois de ces manieres singuliers, et tout a fait indecentes de parler de Jesu Christ. Vous affectes quasi à Geneve, de luy donner le nom de Divin Sauveur, lorsque vous m'adresses un discours, et je dois vous dire: que cette expression, loin de me donner le plaisir que vous voules bien me procurer par là, me choque extremement. Il ne convient pas à vous, qui etes ses Creatures, et l'ouvrage de sa main, Ebr. I. de luy substituer un Caractere inferieur à celui qui luy apartient. Il est vôtre Dieu, comme le mien, et je vous ai dit à Geneve ad nauseam usque, et je vous le repete, que c'est par son Nom, qu'il faut jurer, et par aucun autre, et dussois je vous devenir ridicule, je vous le dis encore icy, en m'en allant aux Indes, comme je vous le dirai au moment de l'apparition des ses plaies, Signes du Fils de l'homme: Que le Diable est l'Auteur de cette Theologie, qui s'interesse de sauver l'honneur de Dieu le Pere, lors qu'il s'agit d'adorer Son Fils. Si vous appelles cette maniere de s'expliquer une singularité, saches, Monsieur! que je la garderai toute ma vie, et que je la conserverois, si malheureusement toute mon Eglise le [se?] laissoit entrainer par le torrent d'Arius. Voila ce qui me restoit à Vous dire, à l'occasion d'une Conjuration, qui doit m'etre trop respectable, pour la passer sous silence.

Erfahrung als Grund des Glaubens im radikalen Pietismus und in der Aufklärung

Margret Zeerleder-Lutz, Charles Hector de Marsay, Gottfried Arnold und Albrecht von Haller

«Es wird niemals zu befürchten seyn, dass eine Windstille in der Seele des Menschen entstehe.»[1]

Erfahrung als Grund des Glaubens? Diese Formulierung hätte Johannes Olearius (1611–1684), der hierzulande kirchlicher Würdenträger, Hymnologe, Dichter und Erbauungsschriftsteller war, wohl mit einem Stirnrunzeln quittiert. Auf die Frage nach dem Grund des Glaubens gab er in seinem Lied *HErr, öffne mir die Hertzensthür* die Antwort:

«Dein Wort bewegt des Hertzens Grund,
Dein Wort macht Leib und Seel gesund;
Dein Wort ist, das mein Hertz erfreut,
Dein Wort giebt Trost und Seligkeit.»[2]

Das heisst: So sehr Gottes Wort zur Herzenssache und damit Erfahrung werden soll und darf, so sehr ist und bleibt es allein Grund des Glaubens und aller seiner guten Gaben wie Leben, Gesundheit, Freude und Heilsgewissheit.

---

1 Albrecht von Haller: Vorrede zur Prüfung der Secte, die an allem zweifelt, in: ders.: Sammlung kleiner Hallerischer Schriften, Bd. 1, Bern ^{2}1772, 28. Eröffnungsreferat am III. Internationalen Kongress für Pietismusforschung 2009 in Halle/Saale zum Thema «‹Aus Gottes Wort und eigener Erfahrung gezeiget›. Erfahrung – Glauben, Erkennen und Handeln im Pietismus.»

2 Geistliche Singe-Kunst. Leipzig 1671 (Nr. 433), zitiert nach Albert Fischer/Wilhelm Tümpel: Das deutsche evangelische Kirchenlied des siebzehnten Jahrhunderts, Bd. 4, Gütersloh 1908, 352 (Nr. 433) 2. Ich danke Andreas Marti, Bern, für die Mitteilung des Originalwortlauts dieser Liedstrophe.

Wer es anders sieht, verwechselt Ursache und Wirkung. Johannes Olearius weiss sich dabei, auch wenn er die Herz-haftigkeit von Gottes Wort betont, in Übereinstimmung mit Martin Luther. Er ist, von einigen ihrer radikalen Ausprägungen abgesehen, überhaupt im Einklang mit der Reformation, aber auch mit rechtschaffener Orthodoxie, die er selber vertritt, und mit spenerschem Pietismus, dem er wohlwollend gegenübersteht.[3] Auch August Hermann Francke meinte, wenn er im Oktober 1695 von seinen Stiftungen als einem «in praxi ipsa et Experientia fundierten Werk» sprach, nicht einen theologischen, sondern einen pädagogischen Primat der Erfahrung.[4]

Ich möchte den Titel «Erfahrung als Grund des Glaubens» denn auch nicht als These, sondern als Problemanzeige verstanden wissen. Er will nicht suggerieren, radikaler Pietismus und Aufklärung hätten die etablierte Ordnung umgestossen, wie oft Polemik eben dies auch behaupten mochte. In Wirklichkeit waren die Dinge komplizierter. Dennoch wird niemand in Abrede stellen, dass im Verlauf des 17. und 18. Jahrhunderts unter dem Gewicht religiöser Erfahrung theologische, kirchliche und soziale Gefüge gehörig in Bewegung gerieten.

In diesem Sinn soll hier anhand einiger Beispiele gefragt werden, wie göttliche Offenbarung und menschliche Erfahrung, kirchliche Tradition und deren persönliche Rezeption im radikalen Pietismus und in der Aufklärung zueinander zu stehen kamen. Wurde Erfahrung unter, neben oder sogar über Offenbarung und Tradition zu einem Prinzip eigener Dignität, und wenn ja, warum? Inwiefern spielten die Spannungs- und Beziehungsfelder von Spiritualität und Wissenschaft, Laien und Theologen, Frauen und Männern, inwiefern spielten Standesunterschiede dabei eine relevante Rolle? Das ist ein weites Feld, auf dem ich mir jetzt einen schmalen Weg bahne. Das ganze Gebiet abzustecken und zu erkunden ist Sinn und Zweck dieses Kongresses. Ich mache nur einen Anfang.

Ich behandle mein Thema anhand von autobiographischen Texten und Erbauungsbüchern, die zwischen 1714 und 1772 entstanden sind. Religiöse Erfahrung war in ihnen ein zentrales, wenn nicht gar das zentrale Thema. Eine meiner Fragen wird die sein, wie religiöse Erfahrung in diesen verschiedenen

---

3 Zu Johannes Olearius vgl. die Artikel von Hans Leube in: RGG[2] 4 (1930), 692; Franz Lau in: RGG[3] 4 (1960), 1625; Hans-Peter Hasse, in: RGG[4] 6 (2003), 548; Philipp Jakob Spener: Briefe aus der Frankfurter Zeit, 1666–1686, Bd. 1: 1666–1674, hg. v. Johannes Wallmann in Zusammenarbeit mit Udo Sträter und Markus Matthias, Tübingen 1992, Nrn. 98, 112, 137, 143.

4 August Hermann Francke an Samuel Schumacher, 31.10.1695, ediert bei Rudolf Dellsperger: Die Anfänge des Pietismus in Bern. Quellenstudien (AGP 22), Göttingen 1984, 205; Zum Wort Gottes als Grund des Glaubens bei Francke vgl. Erhard Peschke: Studien zur Theologie August Hermann Franckes, Bd. 1, Berlin 1964, 101.

Textsorten zum Ausdruck kommt, wie sich das eigene Erleben im Andachts- und Erbauungsbuch spiegelt.

Ich beschränke mich auf drei Gestalten des radikalen Pietismus und auf einen bedeutenden Vertreter der Aufklärung. Wie wenig das ist, weiss ich wohl, zumal religiöse Erfahrung keineswegs ein Reservat des radikalen Pietismus ist. Dennoch hoffe ich, die Auswahl sei repräsentativ und der Vergleich gewähre instruktive Einblicke in einen fundamentalen Wandel der neuzeitlichen Kirchen-, Frömmigkeits- und Theologiegeschichte. Übrigens werde ich den Ort, von dem ich herkomme und mit dessen Pietismusgeschichte ich mich eingehender befasst habe, nicht verleugnen. Aber Bern wird nur zu Beginn und zum Schluss Ort des Geschehens sein, die andern Schauplätze liegen weit weg. Nur die narrativen Fäden lasse ich in der Aarestadt zusammenlaufen.

I.

Im Jahr 1740 erschien in Neuwied am Rhein bei Johann Balthasar Haupt ein Buch mit dem Titel *Glückseelige Freyheit, | Entgegen gestellt | Der beschwehrlichen | Dienstbarkeit, Oder: | Einfältige Hertzens= | Und | Erfahrungs=Lehre, | Einer durch die Wahrheit frey | gemachten | Schweitzerischen DAME, | Für Sie, | Für ihre Kinder, und andere Heils= | begierige, hungrige Gnaden=Kinder. | Zum Druck befördert | Von einem nach der Natur und Gnade | Hochgebohrnen.*[5]

Das Titelblatt verrät etwas über das Thema des Buches – es handelt von einer geistlichen Befreiungserfahrung –, über dessen Autorin – sie ist Schweizerin –, über den Adressatenkreis – die Verfasserin schreibt für sich selber, ihre Kinder und einen weiteren Kreis religiös Interessierter – und über den Herausgeber, einen «nach der Natur und Gnade», will sagen: von Geburt und Wiedergeburt «Hochgebornen». Drei Jahre später, 1743, erschien das Buch unter geringfügig geändertem Titel in zweiter Auflage in Bern, auch diesmal anonym.[6] Die Verfasserin, Margret Zeerleder, geborene Lutz, war eine in Bern und weit darüber hinaus bekannte Persönlichkeit. Sie war, als die beiden Auflagen ihres Buches erschienen, 66 respektive 69 Jahre alt und stammte aus einer Pfarrfamilie. Der Pietist Samuel Lutz war ihr Cousin zweiten Grades. Sie

---

5 UBBS Kirchl. Bibl. 140.8.

6 Glückselige | Freyheit, | Entgegen gestellt | Der beschwehrlichen | Dienstbarkeit. | Oder: | Einfältige Hertzens= | Und | Erfahrungs=Lehr, | Einer | Durch die Wahrheit frey gemachten | Schweitzerischen Frauen. | Für Sie, ihre Kinder, und andere Heyls= | begierige, hungerige Gnaden=Kinder. | Zweyte Auflag. | BERN, | Zu finden, bey Gabriel Gaudard. 1743. Zentralbibliothek Bern Theol XVI 169 und Laut 901. Schweizerische Nationalbibliothek L Theol. 6825. UBBS Chr. Ar. 274.

selber hatte in Bern zu den Pietistinnen der ersten Stunde gehört. Ihr verstorbener Mann war ein vornehmer Apotheker gewesen, und ihre drei verheirateten Töchter spielten in der noch jungen örtlichen Herrnhuter Brüdersozietät eine tragende Rolle.[7] Über Anna Margareta, eine von ihnen, heisst es in ihrem Herrnhuter Lebenslauf: «Sie sahe in ihren jungen Jahren bey ihrer Mutter allerhand Arten von Menschen, die was Gutes vorgaben oder suchten, aus u[nd] eingehen u[nd] logiren, weil ihrer frommer Mutter Principium war, lieber 100 Unwürdigen zu dienen, als einem einzigen wahren Kinde Gottes die nöthige Hülfe zu versagen, deren sie denn auch würkl[ich] die Gnade gehabt zu logiren, u[nd] Gutthätigkeit zu erweisen. Allein das finstere u[nd] melancholische Aussehen vieler dieser Leute, erweckte bey ihr [der Tochter] mehr Wiederwillen [sic] als Lust sich zu bekehren.»[8]

In der Tat war Margret Zeerleders Haus eine wichtige Adresse für Pietisten verschiedenster Couleur, mochte es sich nun um Hieronymus Annoni[9], Johann Adam Gruber[10] oder Johann Friedrich Rock[11] mit ihren jeweiligen Gefährten handeln, um den illegal im Land weilenden Samuel König[12], den in der Stadt mancherorts ungern gesehenen Grafen Zinzendorf[13] oder dessen Gattin mit Gefolge.[14] Ihr Haus war ein Zentrum der pietistischen Bewegung in der Stadt und Margret Zeerleder der Mittelpunkt eines Konventikels «Heils=begierige[r], hungrige[r] Gnaden=Kinder», wie die aufgeklärte Philosophin

7 Die grundlegende und bisher einzige Untersuchung über Margret Zeerleder ist Simon Bosshard-Höck zu verdanken: Simon Bosshard-Höck: «Du hast mich in meinen Jugend=Jahren aus dem Verderben der Welt gezogen, und zu dir berufen ...». Die Berner Pietistin Margret Zeerleder-Lutz (1674–1750) und ihr «Lebens=Lauff». Lizentiatsarbeit phil I [masch.] Zürich 1999.

8 UAH GN. A. 143 1769, 6. N° V. Beylage zur XIXden Woche 1769, 239f. Anna Margareta Zeerleder (1699–1768) heiratete 1720 den Arzt Johann Rudolf Knecht, einen Bruder des 1699 ausgewiesenen Pietisten Hans Jakob Knecht. 1752 besuchte sie Herrnhut. Bosshard-Höck, Zeerleder (wie Anm. 7), 47.

9 Hildegard Gantner-Schlee: Hieronymus Annoni (1697–1770). Ein Wegbereiter des Basler Pietismus, o. O. 2001, 81.

10 Bosshard-Höck, Zeerleder (wie Anm. 7), 55.

11 Zu Rocks Schweizerreisen vgl. Hans-Jürgen Schrader: Inspirierte Schweizerreisen, in: Alfred Messerli/Roger Chartier (Hg.): Lesen und Schreiben in Europa. Vergleichende Perspektiven, Basel 2000, 351–382, hier 368, und Isabelle Noth: Ekstatischer Pietismus. Die Inspirationsgemeinden und ihre Prophetin Ursula Meyer (1682–1743) (AGP 46), Göttingen 2005, 275–286 und 292–296, hier 284.

12 Bosshard-Höck, Zeerleder (wie Anm. 7), 53f.

13 Paul Wernle: Der schweizerische Protestantismus im 18. Jahrhundert, Bd. 1: Das reformierte Staatskirchentum und seine Ausläufer (Pietismus und vernünftige Orthodoxie), Tübingen 1923, 313, 380.

14 Hellmut Reichel: Die Anfänge der Brüdergemeine in der Schweiz mit besonderer Berücksichtigung der Sozietät in Basel, in: UnFr 29/30 (1991), 58–65, hier 59.

Julie Bondeli, die Berner Freundin Christoph Martin Wielands, Mittelpunkt eines Salons wissensdurstiger, lichthungriger Menschen ohne Rücksicht auf Geschlecht und Stand war.[15] Predigt und Abendmahl blieb Margret Zeerleder mit der Zeit fern. Sie verstand das nicht als Provokation, sondern als Entfremdung von einer Institution, welche die Glaubensfreiheit beschnitt.[16] Ihr kirchentreuer Mann liess sie gewähren. Das hatte sie sich bei der Heirat auch ausbedungen. Ihr oberstes Kriterium der Wahl war nicht eine gute Partie gewesen, sondern die Freiheit, Gott jederzeit nach ihrem Gewissen dienen zu können.[17]

Freiheit: Damit sind wir beim Titel des Buches. Es umfasst das Vorwort des Herausgebers, einen Lebenslauf und 14 thematische Andachten und biblische Betrachtungen, deren einige mit einer Jahresangabe versehen sind. Dies erlaubt eine Datierung auf die erste Hälfte der dreissiger Jahre.[18] Auch der Lebenslauf ist in dieser Zeit entstanden.[19] Es handelt sich um eine geistliche Autobiographie narrativ-paränetischen Charakters, in der die curricularen Daten zweitrangig sind. Wichtig ist nur Margret Zeerleders Geschichte mit Gott.

Sie begann mit der unverhofften Lebenswende, welche die etwa Zwanzigjährige als Berufung, als «Besuchung und Rührung von GOtt» (14)[20] erfuhr. Margret vergoss Tränen, Tränen des Glücks. Ein Busserlebnis, wie sie es in Predigten und Büchern als Standard kennen gelernt hatte, ging damit

15 Vgl. dazu Bosshard-Höck, Zeerleder (wie Anm. 7), 88f.

16 In ihrem Lebens=Lauff, in: Glückselige Freyheit (wie Anm. 6), 13–56, den Bosshard-Höck, Zeerleder (wie Anm. 7), 123–133, nach der Ausgabe 1743 ediert hat, schreibt Margret Zeerleder: «Ich bin auch nicht mehr in die Kirche gegangen, weil ich auch eben daselbst mehr entkräfftet, als ermuntert und erbauet wurde; welches ich aber nicht aus Hochmuth oder Selbstgefälligkeit gethan, wie man mir es ausgedeutet, und viele lieblose Urtheile deswegen über mich ergangen; Ich habe alle Gnaden=Mittel fleißig und sorgfältig gebraucht, so lange sie mir gedienet, und zum Heyl und Seegen gewesen.» (41)

17 Lebens-Lauff (wie Anm. 16), 32f.: «Ich vor mich aber habe mehr auf eine Gott gefällige Verwandschafft, als auf einiges anders gesehen, damit ich in der Gemeinschafft derselben frey und ungehindert nach meinem Licht und Gewissen Gott leben und dienen könnte, welches ich mir auch vor allem aus= und vorbehielte.»

18 Vgl. die beiden Weihnachtsandachten von 1733 (195–202) und 1734 (202–213) sowie die Andacht zum Neujahrsmorgen 1735 (213–232). Im Unterschied zur ersten Auflage steht in der zweiten der Lebenslauf am Anfang. Auch sind die Andachten besser geordnet.

19 Das lässt sich aus einer relativen Zeitangabe an dessen Anfang («ES sind nun über 40. Jahr, dass mich GOtt durch seine Gnade beruffen, und zu sich gezogen ...», Lebens=Lauff [wie Anm. 16], 13) und aus der auf Samuel Güldin zurückgehenden, auf 1692/93 datierbaren Erweckung in Stettlen erschliessen. Bosshard-Höck, Zeerleder (wie Anm. 7), 28.

20 Die Seitenangaben in runden Klammern im Text beziehen sich auf die Ausgabe von 1743.

nicht einher: «[...] ich gedachte, aufhören zu sündigen sey die beste Busse.» (19) Sie überliess sich Gottes «Gnaden=Zug und Gnaden=Ruff» (19), las gern in der Bibel, besonders im Neuen Testament, wo ihr die Reden Jesu Christi «ungemein zu Hertzen giengen» (18) – man beachte diesen Kanon im Kanon –, und suchte, soweit es ihre Pflichten im elterlichen Haushalt erlaubten, die Stille, zumal an Sonntagen, auch nachts, um mit ihrem Gott und Heiland allein zu sein. (23)

Dieses Gefühl tiefer Geborgenheit hielt ungefähr vier Jahre lang an. Dann geriet Margret «nach und nach in grosse Dürre, Verlassung und Dunckelheit». (29) Sie fühlte sich von Gott verlassen und musste, wie sie vorher unaussprechliche Freuden erlebt hatte, nun unsägliche Qualen mit körperlicher und seelischer Krankheit und Todesangst durchstehen. Freilich sagte sie sich – es war an einem düstern Sonntagnachmittag und sie hatte das Gefühl, «die Wolcken wären mir [ihr] auf dem Kopf»: «Ey, wann ich schon müsse so traurig und verlassen seyn, so wolle ich doch meines GOttes seyn, und ihn dannoch lieben, er sey meiner Liebe wohl werth, wann er mich schon nicht lieben wolte.» (30) Aber Elend und Ohnmacht waren stärker als ihr heroischer Wille. Es ging ihr wie Sisyphus: «O daß ist ein Leyden, [...] Christum, den Felsen des Heyls zu seiner Ruhe und Sicherheit ersteigen wollen, und immerdar zurück gezogen werden.» (35)

Erst als der Heilandsruf von Mt 11,28–30 sie persönlich erreichte, fand sie zur Ruhe und zu ihrer früheren Glaubenspraxis zurück. Sie erfuhr eine wunderbare «Gnaden=Besuchung», die sie für sich behielt und über die sie erst in ihrem *Lebens=Lauff* «mit heilger Ehrfurcht zum Lob GOttes» zu sprechen wagt. Es war wieder an einem Sonntagnachmittag, sie hatte mit ihrem jüngeren Bruder «gute gottseelige Gespräche» geführt, als sie plötzlich «mit einer solchen Heiterkeit, und mit einem so hellen Licht eingenommen wurde, daß mich dunckte meine Seele wäre wie der Himmel, wann er von der Lufft gereiniget, und kein Wölcklein daran zu sehen ist; Es war mir, sie sey so ausgebreitet, ich sehe ihr kein Ende; alles war so still und rein, dass ich nichts als in tieffer Stille mich verwundern und nachdencken muste, was doch das wäre, deßgleichen ich noch nie erfahren [...] Da ich nun in solcher Verwunderung und Beschauung war, [...] gieng mir in meinem Gemüth klar auf, so klar und gewiß, als wann es jemand mit leiblichen Worten gesagt hätte: Das bin ich, GOtt; Und auf diese Weise will ich dein GOtt seyn, so du dich im dunckeln Glauben an mich halten wirst; so du mich über alles lieben wirst, und so meine Furcht dein Hertz bewahren wird». (43f.)

Das war, trotz mancherlei Anfechtungen und Rückschlägen – Margret stand einem grossen Haushalt vor und litt unter der «Fladderhaftigkeit» des Lebens (49, vgl. 76, 102) –, der Durchbruch zur Freiheit. Sie wusste, dass sie diese weder sich noch sonst einem Menschen zu verdanken hatte, sondern allein Gott, und zwar – damit fällt ein wichtiges Stichwort – «unmittelbahr». (44)

Margret Zeerleder beschreibt dies alles überaus farbig, wobei sie das Verb «erfahren» bzw. das Substantiv «Erfahrung» bewusst und oft, manchmal gehäuft verwendet.[21] Es steht für Empfindungen, die sie auch mit «fühlen», «kosten», «schmecken», «geniessen» ausdrückt. Das klingt dann so: «Wer GOtt in seinem freudenreichen, reinen, höchstseeligen, himmlischen Licht= und Liebe=Wesen nicht kennet und erfahren, der weiß nicht, was Freude ist. Denn alle Freude, die sich der Mensch zuwege zu bringen suchet aus den Creaturen, aus den sichtbahren, äussern Dingen der Welt, [...] ist nicht der Schatten von der wahren und würcklichen Freude, welche im Schöpffer genossen wird, wann er sich als das ewige Freuden=Meer, als den Ursprung aller himmlischen Wohllüsten in eine Seele ergiesset. [...] Allein das muß gekostet, genossen und erfahren seyn: Sinnen und Vernunfft begreiffet es nicht, und glauben es nicht durch ihre eigene Schuld; Sie begehren es nicht zu erfahren, sie geben sich keine Mühe dafür; Die Seele muß umgekehret werden von der Welt zu GOtt, von Sünde zu der Gnade, von der Finsterniß zu dem Licht.» (24)

In den Andachten tönt es ebenso.[22] Aber nicht darauf soll hier eingegangen werden[23], sondern auf Gesichtspunkte, die bisher noch nicht zur Sprache gekommen sind.

Margret Zeerleders zentrales theologisches Thema ist das Wirken der «zuvor=kommenden Gnad» (85, 97). Den Begriff der *gratia prævenien*s verwendet sie, da sie für eine weitere Öffentlichkeit schreibt, nicht. Das Ziel der Gnade besteht in der «Wiederbringung und Wiederherstellung des göttlichen Bildes, welches durch die Sünde und Abkehr von GOTT verblichen und verdorben war». (85, 88, 93) Ermöglicht wird dies durch die Geburt Jesu in der Seele, wenn Christus im Menschen Wohnung nimmt und sein Reich in ihm aufrichtet.[24] (202–213, 62) Nun ist es nicht so, dass der Christus *pro nobis* bei Margret Zeerleder vom Christus *in nobis* gänzlich absorbiert würde. Das Leiden und

---

21 Lebens=Lauff, in: Glückselige Freyheit (wie Anm. 16), 19, 20f., 24 (dreimal), 28, 35, 37f. (zweimal), 45, 47.

22 Glückselige Freyheit (wie Anm. 6), 69: «Ach es weiss doch Niemand, was Freude ist, wer die Freude, die von GOtt kommt, nicht erfahren, nicht gefühlt, nicht gekostet, die seelige Trunckenheit, die Freude, die das Hertz fröhlich macht, die aus dem Bach der göttlichen Wollüsten kommt.»

23 Dies geschieht nicht aus Geringschätzung – Wernle, Protestantismus 1 (wie Anm. 13), 313f., hat Margret Zeerleders *Glückselige Freyheit* treffend charakterisiert und gleichzeitig als «harmloses Büchlein» bezeichnet –, sondern aus Platzgründen.

24 Rudolf Dellsperger: Frauenemanzipation im Pietismus, in: Sophia Bietenhard u.a (Hg.): Zwischen Macht und Dienst. Beiträge zur Geschichte und Gegenwart von Frauen im kirchlichen Leben der Schweiz, Bern 1991, 131–152, hier 144–146.

Sterben Christi behält seine Heilsbedeutung. Aber der Akzent verschiebt sich eindeutig nach innen. Wer Christus Raum gibt, erfährt den «selige[n] Wechsel und Tausch», bei dem der Mensch lauter «Profit und Gewinst» macht. (66, 70f., 71, 117, 128). Davon spricht Margret Zeerleder immer wieder. «Er [Christus] hat ein rechtes Lust= und Liebes=Spiel an solchen Hertzen, und freuet sich ihnen Gutes zu thun. […] Er tauschet mit ihnen; Er nimmt ihnen ihr Elend, Sünde und Gebrechen ab, damit er ihnen seinen Sinn, Leben, Gerechtigkeit, Heiligkeit, seinen Geist und himmlischen Schmuck mittheilen möge, und sie seinem Bilde ähnlich mache; dann einmahl alles was unser Herr Jesus hat, ist mein, und alles, was ich habe ist sein.» Dann beschreibt sie Christus in seinem Reichtum und den Menschen in seiner Armut und schliesst: «Als solche hat uns der HErr JEsus gekauft und an sich gehandelt.» (116f.)

Es ist Zeit für eine kurze Zwischenbilanz. Auch wenn sie niemanden namentlich nennt, hat Margret Zeerleder Martin Luthers Schrift *Von der Freiheit eines Christenmenschen* wohl gut gekannt. Auch war sie mit der älteren und der zeitgenössischen quietistischen Mystik zweifellos vertraut. Das Motiv des *amour pur et désintéressé* hat auch bei ihr einen hohen Stellenwert.[25] Auch von der niederländischen Nadere Reformatie dürfte sie angeregt sein, war doch 1698 in Bern Daniel Knopfs deutsche Übersetzung von Theodorus à Brakels *De trappen des geestelijken levens* von 1670 erschienen.[26] In diesem verbreiteten Erbauungsbuch werden die Erfahrungen der Gottesnähe und der Gottverlassenheit in der *Glückselige[n] Freyheit* vergleichbarer Weise beschrieben.

---

25 Lebens=Lauff, in: Glückselige Freyheit (wie Anm. 6), 18: «Ich suchte und liebte ihn [Gott] um seiner selbst willen.» Ebd., 31: «[…] ich liebte auch GOtt nicht um des Himmels willen, sondern um seiner selbst willen.» Es wäre lohnenswert, Margret Zeerleders *Lebens=Lauff* mit der *Vie de Madame J. M. B. de la Mothe Guion. Ecrite par Elle-même* (Köln 1720) zu vergleichen. Vgl. Anne Lagny: Francke, Madame Guyon, Pascal: drei Arten der «écriture de moi» in: Hartmut Lehmann/Hans-Jürgen Schrader/Heinz Schilling (Hg.): Jansenismus, Quietismus, Pietismus (AGP 42), Göttingen 2002, 119–135, hier 125–130; Bosshard-Höck, Zeerleder (wie Anm. 7), 37f. rechnet mit guten Gründen mit der Möglichkeit, dass Margret Zeerleder Johann Henrich Reitz' «Historie der Wiedergebohrnen» und Johanna Eleonora Petersens Autobiographie gekannt hat.

26 Die Staffel | Deß | Geistlichen | Lebens. | Beschrieben in Holländischer | Sprach / und zum vierdten mahl | getruckt. | Durch | THEODORUM à BRAKEL, | bey leben Predicanten zu Makum, | in Frießland. | Und nunmehr zu gemeiner Erbauung zusamen | gezogen / und in unsere Mutter=Sprach | übersetzt. | BERN. | In der Hoch=Oberkeitlichen Truckerey. | Durch Andreas Hügenet. 1698. Die beiden Exemplare der Zentralbibliothek Bern tragen die Signaturen Theol. XXXI. 98 und d 437. Zu Theodorus à Brakel vgl. Johannes van den Berg: Die Frömmigkeitsbestrebungen in den Niederlanden, in: Martin Brecht (Hg.): Geschichte des Pietismus, Bd. 1: Der Pietismus vom siebzehnten bis zum frühen achtzehnten Jahrhundert, Göttingen 1993, 57–112, hier 91–93. Zu Theodorus à Brakel und seinem Übersetzer Daniel Knopf vgl. 58–62 in diesem Band.

Solche wahrscheinliche Traditionen beeinträchtigen die Authentizität von Margret Zeerleders religiösen Erfahrungen nicht. Sie praktiziert wie andere Vertreterinnen und Vertreter des radikalen Pietismus einen nicht konfessionsgebundenen Herzensglauben, für den individuelle Erfahrung nicht an die Stelle, aber *neben* biblische Offenbarung tritt. So gewinnt sie den Boden, auf dem sie für sich und mit ihrem Konventikel neben der institutionellen Kirche stehen und bestehen kann.

II.

Im Spätjahr 1715 stieg bei Zeerleders, eingeladen von der Hausherrin, ein seltsames Paar ab. Es kam aus dem wittgensteinischen Schwarzenau und lebte seit drei Jahren in geistlicher Ehe. Der Mann stammte aus einer hugenottischen Flüchtlingsfamilie und weilte in Familien- und Geldangelegenheiten in der Schweiz. Die Frau war religiös von dem aus Bern verbannten Samuel König auf den Weg gebracht worden. Vielleicht gehörten die Gäste zu jenen Personen, deren «finstere[s] u. melancholische[s] Aussehen» der damals 16-jährigen Anna Margareta zuwider war. Sie führten jedenfalls ein enthaltsames, asketisches Leben der Selbsterniedrigung und Selbstverleugnung. Ob sie es auch in Bern so hielten, wo man aufmerksam für sie sorgte, bleibe dahingestellt.

Die Rede ist von Charles Hector de St. George, Marquis de Marsay, und seiner vornehmen «Eheschwester» Klara Elisabeth von Callenberg.[27] Sie hatten Margret Zeerleder im Herbst 1715 in oder bei Neuchâtel kennengelernt, sich rasch mit ihr angefreundet und verbrachten nun den überaus strengen

---

27 Hauptquelle für das Folgende ist der *Lebens=Lauff des Herrn Carl Hector St. George de Marsay*, der in einer Abschrift des Tersteegen-Freundes Wilhelm Weck im Archiv der Evangelischen Kirche im Rheinland, Düsseldorf, Signatur BM 4/1, aufbewahrt wird. Ich danke Hans Schneider, Marburg, dafür, dass er mir in grosszügiger Weise seine Transkription dieses Textes zur Verfügung gestellt hat. Max Goebel: Geschichte des christlichen Lebens in der rheinisch-westphälischen Kirche, Bd. 3: Die niederrheinische reformirte Kirche und der Separatismus in Wittgenstein und am Niederrhein im achtzehnten Jahrhundert, Coblenz 1860 (Nachdruck Giessen/Basel 1992), 193–234; August Wilhelm Hegler: Marsay, Charles Hector de St. George, Marquis de, in: RE^3 12 (1903), 365–368; Hans Schneider: Der radikale Pietismus im 18. Jahrhundert, in: Martin Brecht/Klaus Deppermann (Hg.): Geschichte des Pietismus, Bd. 2: Der Pietismus im achtzehnten Jahrhundert, Göttingen 1995, 107–197, hier 128–130; Grundlegend ist das Buch von Michael Knierim/Johannes Burkardt: Die Gesellschaft der Kindheit Jesu-Genossen auf Schloss Hayn. Aus dem Nachlass des von Fleischbein und Korrespondenzen von de Marsay, Prueschenk von Lindenhofen und Tersteegen 1734 bis 1742. Ein Beitrag zur Geschichte des Radikalpietismus im Sieger- und Wittgensteiner Land, Hannover 2002.

Winter 1715/16 und auch noch den darauf folgenden Frühling und Sommer in Bern. Damals wurde Marsay, der bislang noch unter dem Einfluss von Antoinette Bourignon gestanden hatte, mit den Werken der französischen Mystikerin Jeanne Marie de la Mothe Guyon bekannt. Der Vermittler war Gabriel von Wattenwyl. Er hatte lieber auf ein Pfarramt verzichtet als den antipietistischen Assoziationseid geleistet und hatte zusammen mit dem Brakel-Übersetzer Daniel Knopf und Nicolas Samuel de Treytorrens die Befreiung von Berner Täufern von den Galeeren erwirkt.[28] Welche Titel der Madame Guyon Marsay in die Hände kamen, erfahren wir nicht, aber ihre Anleitung zum Gebet und die Auslegung des Hoheliedes werden wohl dazu gehört haben, zudem mit Sicherheit Briefe der Autorin an Gabriel von Wattenwyl.[29] Eine deutsche Auswahl ihrer Schriften war damals in Bern vorhanden, aber der Französisch sprechende Marsay war darauf ebenso wenig angewiesen wie Margret Zeerleder als zweisprachige Berner Patrizierin.

Die Spiritualität der Madame Guyon muss für Marsay eine überwältigende Entdeckung gewesen sein, obwohl er ihre Tragweite erst mit der Zeit ermessen konnte. Auf seine eigene Frömmigkeit und Tugend konnte er sich seither nichts mehr einbilden, stattdessen galt es sich führen zu lassen: «[…] alle meine bilder von eigener heyligkeit, welche meiner Meynung nach bestunden in einem eusserlich armen, strengen, rauhen und eigenen leben, in einer in und durch uns selbsten ausgeübten tugend, in einer übergab und gelassenheit, da man sich mit vieler anmuth besitzt; alles dieses […] wurde mir sogar umgestossen, dass […], ich nicht wußte, wo ich war, indem Gott mir alle stützen hinweg nahm, welche ich heimlich in der lebensart hatte […], wie nicht weniger auch in dem licht=glauben, der voller versicherung und gewißheit ist, […], und ließ mich in den blossen und dunckelen glauben eingehen, welcher von allen diesen gewißheiten entblösset ist, und in welchem man sich wie ein kind durch die vorsehung, ohne licht und gewißheit, muß führen lassen.»[30]

Nach diesem Muster ereignet sich in Marsays Lebenslauf geistliche Erfahrung: Gott weckt im Menschen einen elementaren Wunsch, den dieser sich nach Kräften zu erfüllen sucht, durchkreuzt aber diese Pläne so lange, bis der Mensch resigniert. Dann erst schlägt Gottes Stunde: Er hat «seine[n] Lust

---

28 Marsay, Lebens=Lauff (wie Anm. 27) IV, 19. Zu Gabriel von Wattenwyl vgl. Wernle, Protestantismus 1 (wie Anm. 13), v. a. 114, 154f. u. Register; Zu Nicolas Samuel de Treytorrens vgl. Pierre Barthel: Die «Lettre Missive» des Nicolas S. de Treytorrens, in: PuN 11 (1985) 1–39 und Schneider, Der Pietismus im 18. Jahrhundert (wie Anm. 27), 183; Hans-Jürgen Schrader: Madame Guyon, Pietismus und deutschsprachige Literatur, in: Lehmann/Schrader/Schilling, Jansenismus (wie Anm. 25), 189–225, hier 221.

29 Moyen court et très facile pour l'oraison, 1685; Le cantique des cantiques, interprété selon le sens mistique, 1688.

30 Marsay, Lebens=Lauff (wie Anm. 27) V, 16.

daran, uns seine Hülff und Erlösung erfahren zu lassen; alsdann sind wir durch unsere eigene Erfahrung überzeuget, daß ers allein seye, der uns erlöset».[31] Man mag darin ein übles Spiel sehen. Für Marsay war es eine heilsame Erfahrung: «O mein Gott! was erfährt man alsdann nicht, wenn es dir gefällt, den brunnen des abgrunds, der in uns ist, aufzuthun.» Es tut sich eine Hölle auf, gewiss, aber die Sonne der Gerechtigkeit vertreibt den stinkenden Nebel und macht unsern Grund wieder «rein und ruhig».[32]

Diese Entwicklung, die er als Führung durch die Vorsehung versteht, beschreibt Marsay in seinem Lebenslauf. Er ist wie derjenige von Margret Zeerleder nach dem Schema Bekehrung-Krise-Befreiung und nach den Stufen des «kindlichen», «schmackhaften» und «dunklen nackten» Glaubens klar strukturiert.[33] Beide Lebensläufe kennen den Wechsel zwischen narrativen und reflexiv-paränetischen Passagen. Auch Marsays Vita war wohl für eine weitere Öffentlichkeit bestimmt und diente erbaulichen Zwecken. Während sich aber die Bernerin auf ihren geistlichen Werdegang konzentriert, erzählt Marsay nicht nur von seinem und seiner Frau Innenleben, sondern ausführlich von ihren Lebensumständen und denjenigen seiner Zeitgenossen. Er gewährt Einblick in verschiedene religiöse und soziale Milieus seiner Zeit. Deshalb hat sein Lebenslauf den grösseren Quellenwert als derjenige seiner Berner Freundin. Er ist auch insofern informativer, als man eingehend über die psychischen Befindlichkeiten des Autors mit ihren oft exzessiven Ausschlägen und seine mit experimentellen Praktiken provozierten religiösen Erfahrungen orientiert wird.[34]

Marsays wohl wichtigstes Andachtsbuch trägt den Titel *Freymüthige und Christl[iche] Discurse, betreffend verschiedene Materien des innern Lebens, wie auch der Christlichen Religion*.[35] Es ist von seinem Freund und späteren Gastgeber

31 Marsay, Lebens=Lauff (wie Anm. 27) I, 27; vgl. auch V, 25 u. 29.

32 Marsay, Lebens=Lauff (wie Anm. 27) V, 29.

33 Hegler, Marsay (wie Anm. 27) 366f.

34 Ich habe erwogen, ob Marsay der «nach der Natur und Gnade Hochgebohrne» Anonymus sein könnte, der Margret Zeerleders *Glückselige Freyheit* herausgegeben hat, gibt es doch zwischen ihren Lebensläufen und Andachtsbüchern frappante inhaltliche und strukturelle Ähnlichkeiten. Beispielsweise schlägt Marsay in der vom 03.05.1736 datierten Schlussdoxologie seiner Autobiographie denselben Ton an wie Margret Zeerleder auf dem Titelblatt ihres Buches: Er dankt Gott für die erfahrene Befreiung aus «schwerer Dienstbarkeit». Aber erstens kann solche Nähe auch auf einen weiteren Kontext mystischer Denkmuster zurückgehen, zweitens will der «nach der Natur und Gnade Hochgebohrne» doch nicht recht zum Marquis auf Schloss Hayn passen, und drittens ist es mir bisher nicht gelungen, zwischen Marsay und dem Verleger Balthasar Haupt in Neuwied eine Verbindung herzustellen.

35 Der vollständige Titel lautet: Freymüthige | und | Christl. Discurse, |Betreffend |verschiedene Materien des innern Lebens, wie auch der Christlichen Religion; | Oder: |

Johann Friedrich von Fleischbein übersetzt[36], 1735 herausgegeben und in der Einleitung mit dem grossen Strom mystischer Tradition in Verbindung gebracht worden. Fleischbein nennt 24 Namen aus der deutschen, niederländischen und romanisch-spanischen Mystik seit dem hohen Mittelalter.[37] Ich beschränke mich auf den Brief des Autors an den Herausgeber und den ersten Diskurs, den schon Max Goebel in seine Darstellung einbeziehen wollte.

Der Verfasser funktioniert wie eine Maschine: Seine Kräfte werden von Gott derart beherrscht, «daß ich immer mehr und mehr empfinde und erfahre, wie ich solche nach meinem eigenen Gutdüncken nicht mehr selbsten gebrauchen kan: sondern daß es Gott bloß allein ist, der solche beherrschet und sie gebrauchet, wann und wie es ihm gefällt».[38] Der erste Diskurs[39], ein an Jesus gerichtetes Gebet, ist eine Klage über die Taubheit, Stumpfheit und «Geschäfftigkeit», mit der Menschen sich der Stimme ihres Hirten verschliessen: «Du must uns fassen / und deine Wort in uns sprechen, auf deine Art und Weise, die kräfftig, thätig und Marck und Bein durchdringend ist. (Hebr. 4,12) Das Wort, welches eben so kräfftig sich empfinden lässt, als ohnmöglich es ist, dass der arme Mensch beschreibe, bedeute oder ausdrücke, wie solches ausgesprochen wird, anbeten, verehren und schweigen in tieffster Ehrerbietung, ist unsere Pflicht.»

Wiederum ist eine Zwischenbilanz fällig. Das Wort, um eine der Leitfragen aufzunehmen, wird auch bei Marsay von der Erfahrung nicht absorbiert. Es bleibt dominant und übersteigt alles menschliche Ermessen. Echte religiöse Erfahrung ist letztlich keine menschliche, sondern allein eine göttliche Möglichkeit. Sie ist fremde Erfahrung und geht dem Menschen grundsätzlich wider den Strich. Sie will sich vom Wort nicht lösen, sondern es bekräftigen. Marsay negiert den natürlichen Menschen und seine Vernunft. Dies birgt die Gefahr, dass sich trotz oder gerade deswegen Menschliches, Allzumenschliches in religiöse Erfahrung mengt, die – allen anders lautenden Beteuerungen zum Trotz – machbar ist und bleibt. Das ist zwar dem Genre der Autobiographie zugute gekommen, hat aber bei einem Zeitgenossen wie Hieronymus

---

Zeugniß eines Kindes von der Richtigkeit der Wegen des Geistes, | andern Kindern zur Aufmunterung und zur Warnung aufgesetzt 1734. | Matth. 18. v. 3 | Wahrlich ich sage euch: Es sey dann | dass ihr umkehret | und werdet wie die Kinder | so werdet ihr nicht ins Himmelreich kommen. | Gedruckt im Jahr Christi 1735. UBBS, Signatur Ann D 64: 1.2.3, in 2 Bänden.

36 Zu Johann Friedrich von Fleischbein vgl. Knierim/Burckardt, Gesellschaft (wie Anm. 27), 55–77, zu seiner Übersetzertätigkeit für Marsay besonders 66.

37 Die wohl nachträglich aktualisierte Liste stammt aus dem Vorwort zur Ausgabe Wesel 1686 von Hans Engelbrechts Schriften.

38 Marsay, Discurse (wie Anm. 35), 32f.

39 Marsay, Discurse (wie Anm. 35), 46–48.

Annoni nur mit Vorbehalt Zustimmung gefunden, wenn er auf der inneren Umschlagseite seines Exemplars der *Discursen* den Vers reimte:

> «Wenn ein Bruder Sachen lehrt, die mir noch zu hoch + ferne,
> bleibet er mir dennoch lieb, + ich hör + trag es gerne.
> Macht es mir der Geist des Herrn dann auch selbsten offenbar,
> O so glaub ich es von Herzen, + so sprech ich: Es ist wahr.»

III.

Es wurde bereits gesagt: Marsay, neben Gottfried Arnold der bedeutendste Vermittler der guyonschen Mystik für den deutschen Sprachraum, war wie Margret Zeerleder nicht auf Arnolds Guyon-Übersetzung angewiesen, die 1706 in Frankfurt und Leipzig erschienen ist. Aber das Buch war in Bern, als das Ehepaar Marsay sich dort aufhielt, vorhanden.[40] Das Exemplar der Zentralbibliothek trägt den Besitzervermerk «Joh. Heinrich Mäußlein 1710». Müslin, ein Nachfahre des Reformators Wolfgang Musculus, von Beruf Glaser und ein radikaler Pietist, hat es vielleicht aus Schwarzenau mitgebracht, wo er seit 1705 einige Zeit gelebt hat.[41] Arnold war damals durch seine Bücher in Bern besser vertreten, als bisher vermutet wurde. Gelesen wurden die *Erste Liebe* von 1696, wohl schon bald nach ihrem Erscheinen die *Kirchen- und Ketzer-Historie* von 1699/1703[42] und *Der richtigste Weg durch Christum zu Gott* von

---

40 Etliche Vortreffliche Tractätlein | Aus der Geheimen | Gottes=Gelehrtheit: | Nehmlich | I. Der Madame Guion, | Kurtzes und sehr leichtes Mittel zu Bethen, und Auslegung des Hohen Liedes Salomonis: II. [...] Denen in dieser Andern EDITION beygefüget der Madame Guion rahrer Tractat genannt Die Ströme zu Erbauung ernstlich=suchender Gemüther auf dem Geheimen Weg zum Leben | und zu Erläuterung des jetzigen Streits in Franckreich wegen des Quietismi, ohnlängst aus dem Frantzösischen übersetzt | und jetzt nebst einem Historischen Vorbericht heraus gegeben von G. A. ZBBE, Signatur Theol. XVI. 4.

41 Rudolf Dellsperger: Müslin, Johann Heinrich, in: HLS 9 (2010), 41.

42 Rudolf Dellsperger, Der radikale Pietismus in der Schweiz und seine Beziehungen zu Deutschland. Ein fragmentarischer Überblick und ein Exempel vom Spätsommer 1699, in: Wolfgang Breul/Marcus Meier/Lothar Vogel (Hg.): Der radikale Pietismus. Perspektiven der Forschung (AGP 55), Göttingen 2010, 171–187 (in diesem Band 103–121); Zu Gottfried Arnold vgl. Hans Schneider: Der radikale Pietismus im 17. Jahrhundert, in: Geschichte des Pietismus 1 (wie Anm. 26), 391–437, hier 410–416; ders., Der radikale Pietismus im 18. Jahrhundert (wie Anm. 27), 116–119.

1700.[43] Und wer weiss, ob nicht Margret Zeerleder Gottfried Arnolds wohl 1714 posthum erschienene *Theologia experimentalis. | Das ist: | Geistliche | Erfahrungs=Lehre* gekannt hat?[44] Freilich sind im Verlauf des 17. Jahrhunderts zahlreiche Bücher erschienen, die den Begriff der Erfahrung im Titel nennen, ganz zu schweigen von den noch zahlreicheren Publikationen, für die das Thema der Erfahrung zentral war.[45] Aber der übereinstimmende Begriff der «Erfahrungs=Lehre» bei Gottfried Arnold und Margret Zeerleder ist auffallend, auch wenn dies allein noch nichts besagt.

Arnold hat im Unterschied zu Margret Zeerleder und Marsay keinen Lebenslauf hinterlassen. Stattdessen hat er, und das ist bezeichnend, in seinem *Offenhertzigen Bekandtnuß* von 1698, dessen zweite Auflage von 1699 in Bern ebenfalls vorhanden war, auf seine Gedichte verwiesen. Dort habe die Erfahrung, wie ihm nach ernsthaftem Schriftstudium endlich der «morgenstern selbt auffgieng», ihren Niederschlag gefunden.[46] Offensichtlich betritt man mit Gottfried Arnold bei aller Verwandtschaft im Vergleich zur bisherigen eine andere Welt. Es ist eine Welt gedanklicher Klarheit, theologischer Bildung und pastoraler Verantwortung.

Arnolds *Theologia experimentalis* umfasst eine systematische «Einleitung von der Erfahrung in geistlichen Dingen insgemein» und eine Sammlung von 83 Predigten. Bei ihm wird Erfahrung zum Gegenstand von theologischer Reflexion und kirchlicher Verkündigung. Hier sollen Grundzüge aus der Einleitung und ein Beispiel aus dem Predigtteil aufeinander bezogen werden.

---

43 Dieses Buch gehörte einem gewissen Hans Bracher in der Thalmatt der Kilchgemeinde Radelf[ingen?]. Das Datum des Besitzereintrags ist unbekannt. ZBBE, Signatur Theol. XXII. 62.

44 Theologia experimentalis. | Das ist: | Geistliche | Erfahrungs=Lehre / | Oder | Erkänntniß und Erfahrung | Von denen vornehmsten Stücken | Des | Lebendigen Christenthums / | Von Anfang der Bekehrung biß zur Vollendung [...]; Buchstabengetreue Wiedergaben des vollständigen Titels finden sich in der Anthologie Martin Schmidt/ Wilhelm Jannasch (Hg.), Das Zeitalter des Pietismus (KlProt 6), Bremen 1965, 162–183, hier 162, und bei Volker Keding: Theologia experimentalis. Die Erfahrungstheologie beim späten Gottfried Arnold, Münster 2001, 76. Kedings Untersuchung ist für das Folgende grundlegend; Vgl. zudem Hans-Martin Barth: Theologia experimentalis. Eine Erinnerung an Gottfried Arnolds Plädoyer für die Erfahrung, in: NZSTh 23 (1981), 120–136.

45 Keding, Erfahrungstheologie (wie Anm. 44), 30–32.

46 Gottfried Arnold: Offenhertzige Bekanntnuß bei Verlassung seines academischen Ampts [...], o. O. ²1699, 4: «Alleine zu ihm selber war ich doch nicht kommen / als zu unserm einigen Meister und Propheten. Als aber dieser morgenstern selbst auffgieng / erfuhr ich ohne viel worte auß lauter gnaden das jenige in der that nacheinander / was ohnlängst in denen göttlichen Liebes=Funcken / sonderlich im anfang auß wahrhafftiger erfahrung durch Gottes Gnade bezeuget worden.» (ZBBE, Signatur a.81).

Volker Keding hat gezeigt, dass Offenbarung und Erfahrung, Schrift und Erfahrung bei Gottfried Arnold einen Zirkel bilden: Die Erfahrung legt die Schrift aus, und die Schrift legt die Erfahrung aus. Zwischen beiden findet eine lebendige Interaktion statt. Möglich ist dies dank dem *testimonium Spiritus Sancti internum*.[47] Wenn Arnold die beiden Kategorien «Schrift» und «Erfahrung» parallelisiert, so hebt er sie doch nicht auf dieselbe Stufe. Die Erfahrung wird nicht zum «Nebengrund», zum *comprincipium* des Glaubens neben dem reformatorischen *sola scriptura*. Die für einen lebendigen Glauben unerlässliche Erfahrung schränkt den Primat von Gnade und Schrift nicht ein, zumal – wir denken an unsern Vortragstitel – «diese Erfahrung nicht als der Grund / sondern als die unentbährliche Folge der Gnade [...] anzusehen ist / soll anders der Mensch geistliche Dinge geistlich verstehen und richten».[48] Gewiss gibt es – Arnold verweist auf Luther – die Anfechtung als «Erfahrung von Nichterfahrung». Aber auch sie ist im Erfahrungsbuch der Schrift aufgehoben.[49]

Im zweiten Teil der *Theologia experimentalis* gehört Kapitel 40 zu den Höhepunkten. Es handelt «Von der äusserlichen und innerlichen Geburt Christi vor uns und in uns». Arnold setzt mit Joh 1,14 ein, demjenigen Vers, den Schleiermacher gut hundert Jahre später als «Grundtext der ganzen Dogmatik» bezeichnen sollte. Er legt mit «unter uns» und «in uns» zunächst eine doppelte Übersetzung für ἐν ἡμῖν vor, um den Akzent dann doch eindeutig auf die Geburt Christi in den Herzen der Gläubigen zu legen.[50] Dabei ist und bleibt das Wort Grund des Glaubens. Es ist das Wort, das, wenn es in der Seele Weihnacht wird, als Erfahrung Gestalt annimmt: «Es ist aber diese Geburt nach ihren Anfang und Grund nichts anderes als diejenige Krafft und Wirckung des erschienenen Lebens=Worts JEsu Christi / wenn es zu der Seele in ihrer Umkehrung kommt / und die Liebe sich beweget / sie entzündet / erwärmet / erwecket und ein neu Leben und Bewegen in ihr schaffet / das sie zuvor nicht hatte noch wuste [...].»[51]

---

47 Keding, Erfahrungstheologie (wie Anm. 44), 103–105.

48 Arnold, Theologia experimentalis (wie Anm. 44), § 5; Keding, Erfahrungstheologie (wie Anm. 44), 142f.

49 Arnold, Theologia experimentalis (wie Anm. 44), § 8; Keding, Erfahrungstheologie (wie Anm. 44), 145f.

50 Arnold, Theologia experimentalis (wie Anm. 44), 593f.: «Gewßlich diese Hütte Gottes hat sich bey seiner Geburt zu der armen Menschheit herabgelassen / und also den Grund geleget auch in uns sein Wesen und Werk zu haben / oder in unsern Hertzen als ein Herr in seinem Hause zu wohnen / als ein Bräutigam in seiner Kammer zu ruhen / als ein König in seiner Residenz zu regieren.»

51 Arnold, Theologia experimentalis (wie Anm. 44), 600. Anschliessend beschreibt Arnold die Geburt Jesu in der Seele mit Worten, die man zum Teil fast wörtlich bei Margret Zeerleder wieder finden kann. Die Nähe ist derart frappant, dass die Annahme einer Abhängigkeit nahe liegt, es sei denn, man nehme, was bei diesem klassischen Topos

Die Erfahrung dieser Geburt ist unverfügbar. Man kann nur dafür offen sein. Das Gebet, mit dem Arnold diese Predigt beschliesst und in dem er für sich und seine Gemeinde um diese Geburt bittet, beginnt mit den Sätzen: «Allerholdseeligster Menschen Freund / mein Bruder und Blut= Bräutigam / der du noch immer im Geist ein Kindlein wirst / mit mir kindlich menschlich und leutseelig um zugehen. Ach gib doch dein gantzes Heil[iges] Leben in meine arme Seele ein / deren du den Mund auffgethan im Glauben / dass du ihn füllen wilst. Sey mir gnädig / und wo du deine Heil[ige] Arbeit angehoben hast / da bringe auch deine reine un=schuldige Gestalt hervor / dass ich erwache nach deinem Bilde.»[52]

Halten wir nochmals kurz inne. Bei Margret Zeerleder und Marsay hatte religiöse Erfahrung eine betont autobiographische Komponente. Sie kam in Andachtsbüchern zu Wort, die für den individuellen Gebrauch bestimmt waren. Gottfried Arnold hat Erfahrung zum zentralen Thema von theologischer Reflexion und kirchlicher Verkündigung gemacht und dabei die herkömmliche Rangordnung von Wort und Glaube streng gewahrt. Dazu befähigten ihn nicht zuletzt seine grosse Begabung, seine umfassende Bildung und sein kirchliches Amt.

IV.

Ende 1736, also ungefähr zur selben Zeit, als Margret Zeerleder und Marsay ihre Lebensläufe schrieben, begann in Göttingen Albrecht von Haller mit tagebuchähnlichen Aufzeichnungen. Er stand mit seinen 28 Jahren am Anfang einer steilen wissenschaftlichen Karriere und nach dem Verlust seiner geliebten Frau Marianne gleichzeitig an einem Tiefpunkt des Lebens.

Haller war als Dichter, Mediziner und Naturwissenschafter eine Gestalt der Aufklärung. Gilt dies auch für seine religiöse Position? Liberale wie konservative theologische Forscher des 19. und 20. Jahrhunderts haben in ihm einen Denker gesehen, der sich im Gegensatz zur religionskritischen Aufklärung einem biblischen Christentum bzw. Offenbarungsglauben verpflichtet wusste.[53] Sie bezogen sich dabei vorwiegend auf sein Alterswerk. So richtig

---

mystischer Theologie durchaus möglich ist, eine dritte Quelle an. Der Arnoldsche Satz: «Wir sollen […] des Herrn Jesu geistliche Mutter werden» findet sich auch bei Margret Zeerleder, wobei sie die Erfahrung eigener Mutterschaft einfliessen lässt, während Arnold die Relation von Wort und Glauben hervorhebt; vgl. Zeerleder, Glückselige Freyheit (wie Anm. 6), 203f.

52 Arnold, Theologia experimentalis (wie Anm. 44), 605f.

53 Das liesse sich allein schon anhand von Arbeiten bernischer oder ehemals bernischer Autoren exemplarisch zeigen. Ältere Studien berufen sich vor dem Hintergrund der

dies ist, so wichtig ist es, Hallers Religiosität mit ihm als integralen Bestandteil seines universalen Weltverständnisses zu sehen. Wenn umgekehrt für den jungen Haller geltend gemacht wird, er sei kritisch mit der Bibel umgegangen, von Glaubensfragen einschliesslich derjenigen nach der Theodizee umgetrieben worden und habe nicht durch ein Bekehrungserlebnis sicheren Boden unter die Füsse bekommen, sondern auf dem Weg rationaler Klärung[54], so ist

---

zeitgenössischen Materialismus- und Darwinismus-Debatten auf Hallers religiöses Naturverständnis und seine christlich-ethische Grundhaltung: Carl Bernhard Hundeshagen: Zur Erinnerung an Albrecht von Haller und seine Briefe über die wichtigsten Wahrheiten der Offenbarung, in: PMIZG 11 (1858), 453–471; Carl Baggesen: Albrecht von Haller als Christ und Apologet, Bern 1865; Hallers Offenbarungsglauben betont Eduard Güder: Albrecht von Haller als Christ, in: Der Kirchenfreund. Blätter für evangelische Wahrheit und christliches Leben 12 (1878), 11–29, während Rudolf Steck: Albrecht von Hallers Persönlichkeit, Bern 1908 sein Verstandesinteresse an einem positiven Christentum hervorhebt; Für Max Haller: Haller als religiöse Persönlichkeit, Bern 1909, 26f. ist Haller «ausnehmend unmodern», weil ethisch, und nach Kurt Guggisberg: Albrecht von Haller als Persönlichkeit, in: Berner Zeitschrift für Geschichte und Heimatkunde Nr. 1 (1961), 1–12, geht durch Hallers Persönlichkeit ein Riss, weil er sich «zur Verteidigung von Anschauungen zwingt, die ihm wohl im Verstande, nicht aber im Herzen lebendig sind». (12) – Einen luziden, an der Frage nach der Einheit in Hallers Denken orientierten Forschungsüberblick gibt Richard Toellner: Albrecht von Haller. Über die Einheit im Denken des letzten Universalgelehrten, in: SAGM.B 10, Wiesbaden 1971, 7–24. Er unterscheidet «in den drei Perioden der Hallerliteratur drei einander widersprechende Deutungen des Verhältnisses von Wissen und Glauben bei Haller. Wo das achtzehnte Jahrhundert ein harmonisches, sich bedingendes Miteinander bewunderte, wo das neunzehnte Jahrhundert nur noch ein beziehungsloses, sich nicht störendes Nebeneinander feststellte, da entdeckte das zwanzigste Jahrhundert den Kampfplatz eines sich streitenden Gegeneinander». (24)

54 Paul Wernle: Der schweizerische Protestantismus im 18. Jahrhundert, Bd. 2: Die Aufklärungsbewegung in der Schweiz, Tübingen 1924, 229–237, hier 236f.: Nach dem Erscheinen seiner Gedichte im Jahr 1732 erlebte Haller eine Glaubens- und Lebenskrise, in der ihm der englische Philosoph, Theologe und Mathematiker Humphrey Ditton (1675–1715) mit seinem Buch *A Discourse Concerning the Resurrection of Jesus Christ* (1712) historische Zweifel an der Wahrheit des Christentums überwinden half. Dies ist in Hallers Korrespondenz und durch Selbstzeugnisse Hallers gut belegt. Auch Karl S. Guthke: Glaube und Zweifel. Hallers Rezeption des christlichen Erbes, in: ders.: Literarisches Leben im 18. Jahrhundert, Bern 1975, 174–192, rechnet für die frühen dreissiger Jahre mit Glaubenszweifeln und vertritt die Ansicht, «christliche Gläubigkeit» habe sich bei Haller erst seit etwa 1733 entwickelt. Guthke meint, dass die für Haller typische Spannung zwischen dem «Willen zum vernünftigen Beweisen und zur Kritik der Glaubensinhalte einerseits und der Bereitschaft des Glaubens an der Grenze des Wissbaren andererseits» auch sein Bibel-Judicium vom Anfang der dreissiger Jahre präge: Haller liest die Bibel mit *sana mens*. Er hängt, wenn er von der Schöpfungsgeschichte bemerkt, diese sei allegorisch, *ratione Poetica* zu verstehen, nicht am Buchstaben der Schrift. Die Sintflut ist noch eine Naturkatastrophe. Sie wird erst in den *Briefe[n] über einige Einwürfe nochlebender Freygeister wieder die Offenbarung* von 1775–77 zu einer Offenbarungstatsache

auch dies zutreffend, sollte aber nicht gegen die Religiosität des späten Haller ausgespielt werden, den man weder hinsichtlich seines Bibelverständnisses noch hinsichtlich seiner Stellung zu Prädestinationslehre als orthodoxen Theologen bezeichnen kann. Hallers Denken war, wie Richard Toellner eindrücklich gezeigt hat, in sich konsistent. Das schliesst nicht aus, dass seine christliche Existenz jenseits des Gegensatzes von Glaube und Zweifel von einer Spannung geprägt war, die zentral mit Erfahrung zu tun hatte.

Zwischen 1736 und 1740 hat Haller nach der ersten auch seine zweite Frau, den ältesten Sohn und einen engen Mitarbeiter durch den Tod verloren. Im Tagebuch jener Jahre, soweit wir es kennen[55], tritt an die Stelle der kritischen Auseinandersetzung mit der Bibel die selbstkritische Beschäftigung mit sich selber. Nicht mehr die Theodizee ist das Problem, sondern die Frage nach seiner, Hallers, Gerechtigkeit vor Gott, nicht der intellektuelle, sondern der qualifizierte christliche Zweifel treibt ihn um. Haller nimmt das Wort «Gott» mit grösserer, unbedingterer Ehrfurcht in den Mund als je zuvor. Im Gottesbild verstärkt sich neben dem Aspekt des *numen fascinosum* derjenige des *numen tremendum*. Daraus, dass die lieben Verstorbenen besser waren als er, schliesst Haller, dass er «zur Besserung aufgespart» worden sei.[56]

Richard Toellner hat das Tagebuch in Anlehnung an Haller als «Sündenregister» bezeichnet.[57] Man kann es, ohne es erneut als Akt der Selbstbeobachtung zu deuten, auch als eine Art Selbstrezension verstehen. Denn der Satz aus der Vorrede zu den «Göttingischen Gelehrten Anzeigen» von 1748 gilt

---

werden. Auch zwischen den Evangelien entdeckt Haller Ungereimtheiten und macht aus seiner Reserve gegenüber der Prädestinationslehre kein Hehl. – Allerdings ist anzumerken, dass Hallers bibelkritische Anmerkungen vorwiegend dem Alten Testament gelten. Die neutestamentlichen sind nicht nur seltener, sondern auch von vergleichsweise marginaler Bedeutung. Die Gestalt Jesu bleibt unangetastet. Es würde Haller nie einfallen, die Auferstehung Jesu *ratione Poetica* zu deuten.

55 Albrecht von Haller: Fragmente religiöser Empfindungen, in: ders.: Tagebuch seiner Beobachtungen über Schriftsteller und über sich selbst. Zur Karakteristik der Philosophie und Religion dieses Mannes, hg. v. Johann Georg Heinzmann, Zweyter Theil, Bern 1787, 219–319 (zit.: Haller, Fragmente). Da das Tagebuch nur in Heinzmanns lückenhafter und tendenziöser Auswahl überliefert ist, bietet es erhebliche interpretatorische Probleme. Dennoch sind Zweifel daran, ob es sich dabei um ein authentisches Zeugnis für Hallers Religiosität handle, meines Erachtens nicht angebracht. Zu ungeschminkt kommen darin auch deren dunkle Seiten zum Vorschein; Vgl. auch Toellner, Haller (wie Anm. 53), 121–127.

56 Haller, Fragmente (wie Anm. 55), 244 (30.09.1740).

57 Toellner, Haller (wie Anm. 53), 124–126, 192; ders.: Haller als Christ. Zur Deutung der «Fragmente religiöser Empfindungen», in: Hubert Steinke/Urs Boschung/Wolfgang Proß: Albrecht von Haller. Leben – Werk – Epoche, Göttingen 2008, 485–494, hier 490. Den Begriff des Sündenregisters verwendet auch Margret Zeerleder, Lebens=Lauff (wie Anm. 16), 42.

nach Ausweis des Tagebuchs auch für Haller selber: «Der einzige Weg seine Fehler zu bessern, ist, sie kennen zu lernen.»[58] Ob man im Tagebuch nun ein Sündenregister oder eine Art von Selbstrezension sieht, ist aber nicht so wichtig. Wichtiger ist, dass die Einträge meist an Sonntagen erfolgten und in den meisten Fällen mit einem Gebet beginnen oder in ein solches münden, auch wenn es oft nur Stossseufzer sind. Insofern kann man das Tagebuch auch als Gebetbuch bezeichnen.

In diesem Sinn schlägt Haller im Tagebuch neue Töne an. Andreas Lindt hat in ihnen unter anderem den im weitesten Sinn pietistischen Einfluss des Göttinger Theologen Joachim Oporinus vermutet.[59] Sieht man sich nach weiteren Quellen um, stösst man unweigerlich auf Albrecht von Wattenwyl, Hallers Taufpaten und Freiherrn von Oberdiessbach. Haller hat ihm seine erste Schrift über den Speichelgang gewidmet.[60] Albrecht von Wattenwyl, der mit seiner Frau Salome geb. von Tscharner ein tatkräftiger Förderer eines kirchlichen Pietismus und ein Freund der Herrnhuter Brüdergemeine war, schrieb Haller nach Mariannes Tod, er wisse sehr wohl, dass er ihm, Haller, nicht mehr sagen könne, als er bereits selber wisse. Und doch stehe er trotz seiner «raison si eclairée, si cultivée» nun hilf- und trostlos da, erfahre er – darin spiegelt sich offensichtlich Hallers eigene Meinung – Gottes Zorn und befürchte nach einem unglücklichen Leben eine noch unglücklichere Ewigkeit. Ob er denn, fragt von Wattenwyl provokativ, bei anhaltendem Wohlergehen, Erfolg und im Bewusstsein der eigenen Superiorität je dahin gelangt wäre, «a sentir la corruption du cœur de l'homme, la foiblesse de son esprit, et l'impossibilité de se tirer d'affaire par ses propres forces?». Ja, er gibt seinem berühmten Patensohn einen Rat, den dieser unmöglich befolgen konnte: «S'il m'etoit permis je vous avertirois volontiers, de redouter l'enchantement de toutes ces sçiences, qui en ornant l'esprit enflent l'imagination, et font souvent negliger le seul necessaire, la purification du cœur, et la parfaite obeissance a la Voix Divine.»[61]

---

58 Haller, Tagebuch (wie Anm. 55), 1, 41.

59 Andreas Lindt: Haller und das Christentum des 18. Jahrhunderts, in: Albrecht von Haller, 1708–1777. Zehn Vorträge gehalten am Berner Haller-Symposion vom 6. bis 8. Oktober 1977, Basel 1977, 129–142, hier 139.

60 Bibliographia Halleriana. Verzeichnis der Schriften von und über Albrecht von Haller, hg. v. Hubert Steinke und Claudia Profos unter Mitarbeit von Pia Burkhalter, Basel 2004 (Studia Halleriana 8), Nr. 0924. Die Widmung lautet: VIRO | PERILLVSTRI & GENEROSISSIMO | ALBERTO | à WATTENWYL | LIBERO BARONI | de DIESBACH, | Armis & Litteris splendidissimo | Bonarum Artium Fautori Magno | E sacris Baptismi fontibus susceptori | humillimo cultu in æternum devenerando | Paginas has Academicas facit | devotissimus cliens | RESPONDENS.

61 Albrecht von Wattenwyl an Albrecht von Haller, 15.01.1737. Burgerbibliothek Bern N Albrecht v. Haller 105.68. – Weitere Trostbriefe erhielt Haller von Paul Gottlieb Werlhof,

Haller konnte der Wissenschaft zugunsten eines kontemplativen Lebens nicht entsagen, weil sie für ihn als solche in höchstem Grade selber Gottesdienst war. Insofern musste Albrecht von Wattenwyls Empfehlung für ihn eine ungeheure Zumutung sein. Und doch ist dem Begriff und der Sache nach das mit «purification du cœur» Gemeinte seitdem zentraler Inhalt des Tagebuchs[62] und konstitutiv für die für Haller typische Spannung zwischen Aktion und Kontemplation, für sein Leiden an der Erfahrung eines Defizits an religiöser Erfahrung.

Am 25. Juli 1741 beispielsweise notiert er: «Ich lese in der Bibel, durchgehe die Geschichte des lebendigen Erlösers, und denke zugleich an meine Pflanzen, oder an andre Possen. Kömmt ein weltlich Blatt, das mich von den Betrachtungen abruft, so lege ich das Wort Gottes hin, und lese so viel, dass mir von dem Samen unmöglich ein Körnlein übrig bleiben kann. Ist's dann Wunder, daß ich am gleichen Orte stehen bleibe, und nicht den geringsten Wachsthum des Guten fühle?»[63]

Die stille Betrachtung des Lebens Christi, des Erlösers, will ihm nur halbwegs gelingen. Seine Gedanken schweifen ab zu den Pflanzen im nahen, von ihm angelegten Botanischen Garten, wobei ihm – wieder folgt ein Bild aus der Botanik – der göttliche Samen abhanden kommt. Dass es sich bei den Pflanzen nicht bloss um «Possen», sondern im Sinn der Physikotheologie um einzigartige Werke des weisen Schöpfers handelte, hat Haller natürlich gewusst. Seine Wortwahl ist selbstkritisch, nicht despektierlich gemeint. Sobald ihm aber auch noch ein «weltlich Blatt» auf den Tisch flattert, ist es um seine Konzentration auf die Heilige Schrift definitiv geschehen. Seine *curiositas* packt ihn. Es ergeht ihm wie einem der Hörer im Gleichnis vom Säemann: Das Wort Gottes droht im Dickicht des Wissens zu ersticken.[64]

Das «weltlich Blatt» ist eines jener Wissenschaftsjournale, von denen nach Hallers «Plan einer gelehrten Zeitung» ein Rezensent neben möglichst vielen Neuerscheinungen, umfangreichen Korrespondenzen und ausgedehnten Sprachkenntnissen, neben einem Maximum an Interdisziplinarität, Kompetenz und Urteilsfähigkeit nie genug haben konnte. Unersättliche Gewissenhaftigkeit und Perfektionismus, so sehr sie zu seinem eigenen «Wachsthum des Guten» in Spannung stehen mochten, gehörten für Haller zum Dienst der Wis-

---

Johann Heinrich Schmidt und den Berner Freunden Niklaus Gatschet, Albrecht Herport und Franz Ludwig Steiger. Vgl. Martin Stuber/Stefan Hächler/Luc Lienhard: Hallers Netz. Ein europäischer Gelehrtenbriefwechsel zur Zeit der Aufklärung, Basel 2005 (Studia Halleriana 9), 154.

62 Haller, Fragmente (wie Anm. 55), Beispiele aus dem Jahr 1737: 124 (10.02.), 126f (14.04.), 229f. (03.10.).

63 Haller, Fragmente (wie Anm. 55), 252.

64 Vgl. Mt 13,7.22.

senschaft am Menschen und zu ihrem Dienst *ad maiorem Dei gloriam*: «Die Ehre des obersten Wesens zu befördern, muß uns nicht eine kalte unwirksame Pflicht, es muß uns eine Lust, ein reizendes Vergnügen seyn»[65], lautet der Schluss des Programms der «Göttingischen Gelehrten Anzeigen». Darin bestand für Haller das Ethos eines Rezensenten und Wissenschafters.

In dieser Spannung zwischen dem Wunsch nach echter Herzensfrömmigkeit und der Erfahrung rastlosen Getriebenseins[66] ist Hallers bedeutendstes theologisches Werk entstanden, seine für seine Tochter bestimmten *Briefe über die wichtigsten Wahrheiten der Offenbarung* von 1772.[67] Es trifft zu, dass er darin im Gespräch mit den *philosophes* seiner Zeit als Apologet des christlichen Glaubens, wie er ihn versteht, auftritt, sieht er sich doch, auch wenn er es nicht direkt ausspricht, selber in der Tradition der von Celsus, Porphyrius und Julian herausgeforderten altchristlichen Apologetik.[68] Aber damit ist seine Intention erst zur Hälfte verstanden. Denn haben die Philosophen nach ihm meist einen zu allgemeinen Begriff von Gott, so die Theologen einen zu engen, anthropozentrischen. «Beides [aber], Gott als den Erretter der Menschen auf unsrer kleinen Erdkugel, und als den unermeßlichen Beherrscher aller Welten zu lieben und anzubeten, solte billig unsre unzertrennte Pflicht seyn.»[69] Nur wenn man diese doppelte, auch theologiekritische Stossrichtung zur Kenntnis nimmt, kann man Hallers *Briefen* gerecht werden.

Aber auch damit sind sie noch nicht ganz verstanden, denn sie wollen ebenso sehr ein Trostbuch wie eine Apologie und eine universale Theologie sein. Haller beantwortet in ihnen die erste Frage des Heidelberger Katechismus, mit dem er aufgewachsen ist, den er auswendig kennt und in dem er ein Buch für Erwachsene sieht. Am Anfang des zweiten Briefes nimmt er, ohne ihn namentlich zu erwähnen und bezeichnenderweise im Zusammenhang seines grössten Schmerzes, des Verlusts seiner Angehörigen, auf ihn Bezug. «Ein Buch, das unsre Kinder lernen, das mir aber fast mehr als eine Bekenntnis stärkerer Christen vorkömmt, fängt mit der wichtigsten aller Fragen an: Was

---

65 Haller, Tagebuch (wie Anm. 55), Erster Theil, 35.

66 Haller, Fragmente (wie Anm. 55), 253 spricht von der «Werksucht, die ich zu nichts brauche als mich zu hindern, dass ich mich selbst einsehen möge». (26.07.1741)

67 [Albrecht von Haller:] Briefe über die wichtigsten Wahrheiten der Offenbarung. Zum Druke befördert durch den Herausgeber der Geschichte Usongs, Bern. In Verlag der neuen Buchhandlung, 1772.

68 Haller, Briefe (wie Anm. 67), 74: «Die erboßten Feinde seiner Kirche haben alles versucht, ihren Fortgang zu hindern und ihr Ansehn zu schwächen, nur an die Eigenschaften ihres Stifters hat weder Celsus, noch Porphyrius, noch Julianus, noch die Juden, noch die neuern Spötter sich gewagt, deren Schlüsse doch alle fallen mussten, sobald Jesu Tugend ohne Fleken ist.»

69 Haller, Briefe (wie Anm. 67], 12.

ist dein Trost im Leben und im Sterben? Dieser Trost ist nicht in der Macht der Welt. Sie kann dir bey allen den Gaben der Jugend, der Gesundheit, und des Glükes, bey den Schmeicheleyen eines liebenden Gemahls, und hoffnungsvoller Kinder, dennoch nicht für einen Augenblik die geringste Sicherheit gewähren. Schnell überfält, du hasts erfahren, die blühende Rose ein heimliches Weh, es raubt dir allen den Genuß der zeitlichen Güter.»[70]

Analog zum Heidelberger Katechismus behandelt Haller in den Wahrheitsbriefen in Form einer Lehre von der Sünde zuerst «des Menschen Elend» und dann in einer ausführlichen Soteriologie «des Menschen Erlösung». Im Zentrum des zweiten Teils steht die Gestalt des Erlösers Jesus Christus, des Gottmenschen, der den gefallenen Menschen mit seinem Schöpfer versöhnt. Haller war bekanntlich bereit, für eine Christologie im Sinn der altkirchlichen Zweinaturenlehre seine Freundschaft zu Charles Bonnet zu riskieren.[71] So viel lag ihm an dieser Aussage des Glaubens, deren Evidenz er nicht weniger klar zu erweisen verstand als der mittelalterliche Theologe Anselm von Canterbury in seinem Traktat *Cur Deus homo?* die Lehre von der Menschwerdung.

Es wäre interessant, Hallers Jesusbild mit demjenigen zu vergleichen, das Jean-Jacques Rousseau in seiner *Confession d'un Vicaire savoyard* entworfen hat: Hier der grosse, bewundernswerte Weisheitslehrer, dort – das auch, aber darüber hinaus der bevollmächtigte Messias, auf den schon der grosse Boerhaave den jungen Studenten hingewiesen hatte: «Ein halbes Jahrhundert ist nun bald verflossen, seitdem ich des unsterblichen Boerhaave Zuhörer gewesen bin: noch schwebt mir die ehrwürdige Einfalt des beredsamsten unter allen Aerzten vor meinen Augen; wie oft sagte er uns, und berief sich auf die Lehren des Heilandes ‹Jener, der den Menschen besser kannte, als Socrates.[›]»[72]

Ein Letztes noch: Es gehört zum Wesen dieser Briefe, dass sie mittels Beweisen, und zwar solchen kognitiver *und* intuitiver Art, zu religiöser Kenntnis und christlicher Überzeugung verhelfen wollten: «Man muß die Beweise der Religion selbst einsehn, selbst fühlen, selbst mit allen den Kräften des Verstandes und des Herzens bejahen, wenn sie unsern Leiden widerstehn sollen.»[73] Nichts ist für Haller als Denker des Glaubens und für sein Erfahrungschristentum bezeichnender als dieses Miteinander von Verstandeseinsicht und Herzensüberzeugung.

---

70 Haller, Briefe (wie Anm. 67), 13f. Der Satz «Was ist dein Trost im Leben und im Sterben?» wird im Druck hervorgehoben.

71 Vgl. dazu Cornelia Rémi: Religion und Theologie, in: Steinke u.a., Albrecht von Haller (wie Anm. 57), 199–225, hier 215f. und 224 Anm. 87.

72 Haller, Briefe (wie Anm. 67), 48.

73 Haller, Briefe (wie Anm. 67), 4.

V.

Wir haben Texte des 18. Jahrhunderts daraufhin befragt, welche Bedeutung in ihnen der Erfahrung für den Glauben zukommt. Mehrere von ihnen sind in den dreissiger Jahren entstanden, der älteste ist 1714, der jüngste 1772 erschienen. Es sind konfessorische Texte: geistliche Autobiographien und ein Tagebuch einerseits und je zwei Andachts- und Glaubensbücher andererseits. Geschrieben wurden sie mit Margret Zeerleder, Charles Hector de Marsay, Gottfried Arnold und Albrecht von Haller mehrheitlich von Nichttheologen, es sei denn, man zähle neben Arnold wegen seiner Kompetenz auch den Universalgelehrten Haller zur theologischen Zunft. Sie gehörten als Patrizier, als Personen adliger Herkunft und adligen Standes, als amtierende und ehemalige Universitätsprofessoren und als Pfarrer zur Bildungs- und Führungsschicht ihrer Zeit. Das gilt auch für Margret Zeerleder als Hausherrin, Versammlungshalterin und Autorin in einer patriarchalen Gesellschaft. Der Sitz im Leben ihrer Erbauungsbücher war in ihrem und Marsays Fall das parakirchliche oder separatistische Konventikel, bei Arnold, dem Pfarrer von Perleberg, und Haller, dem Förderer der Göttinger reformierten Kirche und aktiven Glied der Berner Kirche, waren es Kanzel und Schreibtisch. Die Gemeinsamkeiten der vier Beispiele bestehen im zentralen Motiv der Erfahrung, in der Ähnlichkeit der Textsorten, der Zeitgenossenschaft oder doch der zeitlichen Nähe sowie in nachweisbaren oder möglichen Interdependenzen. Ihrem Bern-Bezug kommt hingegen keine eigenständige Bedeutung zu, es sei denn die eines mikrohistorischen Filters und narrativen Fadens.

Erfahrung als Grund des Glaubens? Was lässt sich rückblickend festhalten? Ich verzichte darauf, explizite Bezüge zwischen den behandelten Textsorten und der Erfahrungsthematik herzustellen, so nahe liegend sie auch sein mögen und obwohl ich die Quellen mit Rücksicht darauf gewählt habe. Wenig Signifikantes wäre zudem auf die umfassende Frage nach der Bedeutung von Erfahrung im radikalen Pietismus und in der Aufklärung zu erwarten. Dafür ist die Quellenbasis zu schmal. Ich konzentriere mich stattdessen auf die Frage nach der Erfahrung als Grund des Glaubens und schliesse mit zwei Beobachtungen.

Erstens: Keine der vier behandelten Personen hat die eingangs anhand der Liedstrophe von Johannes Olearius festgestellte Zuordnung von Wort und Erfahrung umgestossen. Aber sie haben sie verschiedenen gewichtet. Margret Zeerleder praktizierte einen nicht konfessionsgebundenen Herzensglauben, bei dem individuelle Erfahrung wenn nicht an die Stelle, so doch neben die biblische Offenbarung trat. Die zuvorkommende Gnade erlebte sie, obwohl sie immer auch aus der Schrift gespeist war, als unmittelbare Gotteserfahrung. Auch bei Marsay – jedenfalls gilt dies für die Zeit nach 1716 – wird das Wort nicht von der Erfahrung absorbiert. Es übersteigt menschliches Ermessen. Religiöse Erfahrung ist als fremde Erfahrung nicht eine menschliche, sondern nur eine göttliche Möglichkeit. Sie setzt voraus, dass Gott selber im Menschen spricht. Deshalb impliziert Marsays Selbstverständnis als willenlose Maschine in Gottes Hand die Möglichkeit einer unmittelbaren Gottesbeziehung.[74]

Arnold und Haller indessen legen Wert darauf, dass religiöse Erfahrung eines stabilen theologischen Gerüsts bedarf, um gegen Selbsttäuschung, Projektion und Imitation gefeit zu sein. So sehr nach Arnold Schrift und Erfahrung sich gegenseitig auslegen, so wenig kann Erfahrung «Nebengrund» zur Schrift, also eigenständiger Grund des Glaubens sein, und so wichtig für Haller der kognitive und intuitive Nachvollzug der Offenbarung ist, so hat er doch nur eine sekundär begründende Funktion. Beide binden den Geist an die Schrift, das innere an das äussere Wort, während Margret Zeerleder und Marsay die umgekehrte Reihenfolge nicht ausschliessen.

Zweitens: Der erste Adressat in Margret Zeerleders und Marsays Lebensläufen – das zeigt der periodische Wechsel in die Gebetsform – ist Gott. Arnolds Predigten und Magret Zeerleders und Marsays Andachten münden in Gebete, und Hallers Tagebuch ist auch ein Gebetbuch. Alle Vier stimmen darin überein, dass die der religiösen Erfahrung adäquate Haltung das Gebet ist. Eben damit hängt aber auch eine ihrer schwersten Erfahrungen zusammen: Sie haben und finden die dafür nötige Ruhe oft nur mit Mühe oder gar nicht, weder in sich selber noch in der Welt, in der sie leben. Margret Zeerleder schreibt, Gottes Schönheit und Klarheit könne sich wegen ihres «unstäten, ausgekehrten, fladderhaften Wesens» nicht in den Herzen der Menschen spiegeln[75], Marsay beklagt die Geschäftigkeit seiner Zeit, Arnold gibt dem «Seufzen der Gefangenen» erschütternden Ausdruck[76] und Haller, dem die Spannung zwischen den Anforderungen der Wissenschaft und seiner Sehnsucht nach Geborgenheit zu schaffen macht, sagt: «Vater, hilf meiner armen verwirrten, zerstreuten irdischen Seele.»[77]

Margret Zeerleder, Marsay, Arnold und Haller haben an sich selber erlebt und in ihrer Zeit miterlebt, wie stark das Verlangen nach religiöser Erfahrung und diese selber zugenommen, wie aber auch die uralte Kluft zwischen diesem Verlangen und seiner endlichen Stillung sich weiter geöffnet hatte. Deshalb konnte für sie Erfahrung *allein* kein verlässlicher Grund des Glaubens sein.

---

74 Marsay, Discurse (wie Anm. 35), 32f.

75 Zeerleder, Glückselige Freyheit (wie Anm. 6), 102; Vgl. Zeerleder, Lebens=Lauff (wie Anm. 16), 49, 51, 76.

76 Göttliche | Liebes- | Funcken / | Aus dem | Grossen Feuer | Der Liebe GOttes | in | Christo JESU | entsprungen; | und gesamlet | von | Gottfried Arnold, Frankfurt/Main 1698, Nr. CLXIX.

77 Haller, Fragmente (wie Anm. 55), 235 (10.08.1738), vgl. auch 231.

Gotthelf im Kontext der Schweizer Kirchen- und Theologiegeschichte

Das mir von der Tagungsleitung gestellte Thema lautete: Gotthelf im Kontext der Schweizer Kirchen- und Predigtgeschichte. Während Gotthelfs predigtgeschichtliche Stellung dank der Untersuchungen von Kurt Guggisberg, Lucie Huber und Ulrich Knellwolf recht gut erforscht ist[1], bedarf seine theologiegeschichtliche Situierung nach wie vor der Klärung.[2] Ich habe mich deshalb entschlossen, den Titel meines Referats umzuformulieren. Ich frage zunächst nach dem geistigen Klima, in dem der junge Bitzius heranwuchs. Danach folgen Beobachtungen zu Gotthelfs Stellung zur Aufklärung, zur Erweckungsbewegung, zum Pietismus[3] und zur historisch-kritischen bezie-

1 Kurt Guggisberg: Jeremias Gotthelf. Christentum und Leben, Zürich/Leipzig 1939; Lucie Huber: Jeremias Gotthelfs Berner Predigten dogmatisch und homiletisch untersucht, in: Zwing. 11 (1959), 24–46, 117–152; Ulrich Knellwolf: Gleichnis und allgemeines Priestertum. Zum Verhältnis von Predigtamt und erzählendem Werk bei Jeremias Gotthelf, Zürich 1990, 26–50.

2 Zu Gotthelfs theologie- und frömmigkeitsgeschichtlicher Stellung insgesamt und zur Erweckungsbewegung und zur liberalen Theologie insbesondere vgl. Guggisberg, Gotthelf (wie Anm. 1), 46–52 und 244–262; Einen systematisch-theologischen und erst in zweiter Linie theologiegeschichtlichen Zugang wählt Eduard Buess: Jeremias Gotthelf. Sein Gottes- und Menschenverständnis, Zollikon-Zürich 1948; Gotthelfs Affinität zum radikalen Pietismus postuliert Hans Bayer: Theologische Quellen und epische Gestaltung. Gotthelfs «idealer Pietismus», in: Deutsche Vierteljahrsschrift für Literaturwissenschaft und Geistesgeschichte 54 (1980) 423–463; Theologisch ertragreich ist die luzide Darstellung von Werner Hahl: Jeremias Gotthelf – der «Dichter des Hauses». Die christliche Familie als literarisches Modell der Gesellschaft, Stuttgart/Weimar 1994.

3 Die Begriffe ‹Pietismus› und ‹Erweckungsbewegung› bezeichnen zwei in theologischer und chronologischer Hinsicht voneinander zu unterscheidende religiöse Erneuerungsbewegungen. Der Pietismus war die bedeutendste religiöse Reformbewegung im kontinentaleuropäischen Protestantismus zwischen Reformation und Aufklärung. Charakteristisch für ihn sind die ursprüngliche, individuelle Erfahrung, die persönliche ‹Wiedergeburt› des sündigen Menschen und der daraus entspringende Wille, das pri-

hungsweise liberalen Theologie. Zum Schluss frage ich nach seinem Ort im Spektrum der kirchlichen und theologischen Richtungen Ende der vierziger Jahre. Gotthelfs Verhältnis zur katholischen Kirche, über das Philipp Hildmann gesprochen hat, werde ich aussparen.[4] Der Prediger Bitzius soll insofern nicht zu kurz kommen, als ich ausser aus Jugendschriften, Briefen und anderen Texten auch aus einigen Predigten der zwanziger und vierziger Jahren schöpfen werde, allerdings ohne ihren Ort in der Predigtgeschichte zu bestimmen.[5]

Ich beginne mit einem Überblick über die Geschichte der Schweizer Kirchen in der ersten Hälfte des 19. Jahrhunderts.[6]

---

vate, kirchliche und soziale Leben nach biblischen, evangelischen Prinzipien zu gestalten. Im deutschen Sprachraum erlebte er seine Blütezeit zwischen 1675 und dem Ende des zweiten Drittels des 18. Jahrhunderts, in der reformierten Schweiz zwischen 1690 und 1750. Von der ‹Erweckungsbewegung› sind im 18. und 19. Jahrhundert, im Zeitalter der Aufklärung und industrieller und politischer Revolutionen vor allem der europäische und nordamerikanische Protestantismus stark geprägt worden. In ihr wirkte in neuer Konstellation eine Vielfalt von Traditionen der Reformation, der Orthodoxie, des Pietismus, aber auch der Aufklärung und Romantik nach. Sie ist zu Recht als «die grosse Rückkehr des Religiösen» bezeichnet worden. (Olivier Fatio: Die protestantischen Kirchen, in: Lukas Vischer/Lukas Schenker/Rudolf Dellsperger (Hg.): Ökumenische Kirchengeschichte der Schweiz, Freiburg CH/Basel ²1998, 215–219, hier 215). In der reformierten Schweiz wurde sie in den ersten Jahrzehnten des 19. Jahrhunderts wirksam.

4 Philipp W. Hildmann: Schreiben im zweiten konfessionellen Zeitalter. Jeremias Gotthelf (Albert Bitzius) und der Schweizer Katholizismus des 19. Jahrhunderts, Tübingen 2005.

5 Gotthelfs Werke werden unter der Abkürzung SW und Bandnummer, resp. EB und Ergänzungsbandnummer zitiert nach: Jeremias Gotthelf (Albert Bitzius): Sämtliche Werke in 24 Bänden [und 18 Ergänzungsbänden], hg. von Rudolf Hunziker/Hans Bloesch/Kurt Gugisberg/Werner Juker, Erlenbach-Zürich 1911–1977, bzw. nach der neuen, im Erscheinen begriffenen historisch-kritischen Gesamtausgabe: Jeremias Gotthelf: Historisch-Kritische Gesamtausgabe (zit.: HKG), hg. von Barbara Mahlmann-Bauer/Christian von Zimmermann, Hildesheim/Zürich/New York 2012–2014 (mit Grossbuchstaben der Abteilung und Unterabteilungs- und Bandnummer) (bisher 10 Bände.).

6 Ich stütze mich dabei auf einen Abschnitt aus meinem Artikel Rudolf Dellsperger: Schweiz, in: RGG⁴ 7 (2004), 1064–1071; Vgl. Werner Juker: Gotthelf in seiner Zeit. Die historischen Ereignisse von 1797 bis 1854, in: EB 18, 135–228; Hanns Peter Holl: Jeremias Gotthelf. Leben, Werk, Zeit, Zürich/München 1988; Zur politischen Geschichte: Beat Junker: Geschichte des Kantons Bern seit 1798, Bd. 1: Helvetik, Mediation, Restauration, 1798–1830, Bern 1982; Bd. 2: Die Entstehung des demokratischen Volksstaates, 1831–1880, Bern 1990 (Archiv des Historischen Vereins des Kantons Bern 66, 73); Zur Kirchengeschichte: Kurt Guggisberg: Bernische Kirchengeschichte, Bern 1958.

I.

Gotthelfs erste Lebensjahre fielen in die Zeit der Helvetischen Republik (1798–1803). Diese brachte die verfassungsmässige Garantie der Glaubens-, Gewissens- und Kultusfreiheit. Die Kirchen wurden zu privaten Genossenschaften. Den Jahrhunderte lang verfolgten Täufern brachte dies endlich die Anerkennung, der katholischen Kirche hingegen den Verlust ihrer Privilegien. Die Klöster wurden säkularisiert. Sie konnten erst ab 1803 wiederhergestellt werden. Die Bistumsorganisation musste nach dem Wiener Kongress von 1815 entlang nationaler Grenzen neu aufgebaut werden. Zu den hierarchischen Strukturen der katholischen Kirche, aber auch zum Selbstverständnis der reformierten Kirchen in Spannung standen alte staatskirchliche Tendenzen, die seit den dreissiger und vierziger Jahren durch den Liberalismus und den Radikalismus verstärkt wurden. Aus dieser Spannung resultierten schwere Konflikte innerhalb den beiden Konfessionen und zwischen ihnen. Sie gipfelten nach der Berufung der Jesuiten durch die Luzerner Regierung und den beiden gescheiterten Freischarenzügen der Radikalen von 1847 im Sonderbundskrieg, in dem die Allianz der katholischen, politisch konservativen Kantone der Tagsatzungsarmee unterlag. Die Bundesverfassung von 1848 verbot die Jesuiten und die Wahl von Geistlichen in den Nationalrat.

In der reformierten Schweiz erlangten die Kirchen ihre privilegierte Stellung nach 1798 bald wieder. Die Erweckungsbewegung und der Liberalismus gaben ihnen das Gepräge. Die Zentren der Erweckungsbewegung waren Genf und, als Sitz der Christentumsgesellschaft, Basel. Sie brachte eine grosse Vielfalt von Werken der Äussern[7] und Innern Mission[8], von Gemeinschaften und Freikirchen hervor.[9] Als Folge des Konflikts um die Stellung der Kirche im Staat, der zwischen der radikalen Regierung und der oppositionellen Pfarrerschaft unter der Führung von Alexandre Vinet ausgetragen wurde, entstand 1846 in der Waadt die Eglise évangélique libre mit einer eigenen theologischen Fakultät. Im Unterschied zu Deutschland konnte sich der theologische und kirchliche Liberalismus in der Schweiz seit der Jahrhundertmitte etablieren. Die Teilung der reformierten Schweiz in ein positives, vermittelndes und liberales Lager bahnte sich an. Während David Friedrich Strauss' Berufung nach Zürich 1839 am Widerstand breiter Kreise scheiterte, kamen Eduard Zeller 1847 in Bern und Alois Emanuel Biedermann 1850 in Zürich zum Zug. Gotthelf sah darin den «Zeitgeist» am Werk. Erweckungskreise stellten diesem

---

7 Basler Mission, 1815.

8 Diakonissenhäuser, ab 1842.

9 Im Kanton Bern die innerkirchliche Evangelische Gesellschaft des Kantons Bern (1831) und die freikirchliche Freie Evangelische Gemeinde (1828).

Geist eigene kirchliche, schulische und soziale Strukturen entgegen. Dasselbe, aber umfassender, geschah in der katholischen Schweiz mit dem Ziel, das verbreitete Bewusstsein politischer, wirtschaftlicher und kultureller Inferiorität zu überwinden.

II.

Albert Bitzius studierte von 1817 bis 1820 an der Berner Akademie und von 1821 bis 1822 in Göttingen Theologie. Er wurde 1820 ordiniert und wirkte zwischen 1821 und 1830 nacheinander in Utzenstorf, in Herzogenbuchsee und an der Heiliggeistkirche in Bern als Vikar. Von welchen Kräften, Ereignissen und Gestalten ist der junge Bitzius geprägt worden? Was lässt sich über das geistige Klima seiner Studien- und Vikariatszeit sagen?[10]

Zunächst dies: In seiner Selbstbiographie von 1848 stellte Gotthelf fest, die drei Jahre, die er in der «sogenannten Theologie» zugebracht habe, seien für ihn «wissenschaftlich nicht fruchtbar» gewesen[11], und aus Göttingen schrieb er seinem Vater Sigmund, die Stadt enthalte «nichts, das fesseln könnte, als Bücher und Professoren [...] Zudem ist eigentlich meine ganze Geistes-Konstitution mehr auf Wirksamkeit im praktischen Leben berechnet als auf die tiefen Studien. In der ernsten Wissenschaft werde ich nie was leisten [...]».[12] Mit einer Ausnahme, von der noch die Rede sein wird, ist der junge Bitzius von keinem seiner Lehrer, weder in Göttingen noch in Bern, nachhaltig geprägt worden.

Weit wichtiger war seine Herkunft aus einer Familie, die vor ihm bereits 17 Pfarrer hervorgebracht hatte, wichtiger waren Profil und Atmosphäre der Kirche, aus der er kam und in der er wirkte. Carl Bernhard Hundeshagen, der 1834 aus Hessen an die Theologische Fakultät der neu gegründeten Universität Bern berufen wurde[13], beschreibt, welchen Eindruck er und seine aus

10 Vgl. dazu Guggisberg, Gotthelf (wie Anm. 1), 16–29.

11 EB 18, 13–15, hier 14; vgl. Rudolf Hunziker: Jeremias Gotthelf, Frauenfeld/Leipzig 1927, 16.

12 Albert Bitzius an Sigmund Bitzius, 20.01.1822, in: EB 4, 60–64, hier 62.

13 Karl Bernhard Hundeshagen (1810–1872) wurde 1834 ausserordentlicher, 1845 ordentlicher Professor für Kirchengeschichte in Bern. 1841/42 war er Rektor. 1847–1867 lehrte er in Heidelberg, ab 1867 in Bonn. Als ehemaliger Burschenschafter zählte sich Hundeshagen zu den ‹Burgdorfern›. Quellennähe und Gegenwartsbezug, die Wechselwirkung von gesellschaftlich-politischen und kirchlich-theologischen Faktoren kennzeichnen das Werk des Vermittlungstheologen, dessen Buch «Die Conflikte des Zwinglianismus, Luthertums und Calvinismus in der Bernischen Landeskirche von 1532–1558» (1842) nach wie vor unübertroffen ist. In seiner Rektoratsrede von 1841 «Über den Einfluss des Calvinismus auf die Ideen vom Staat und staatsbürgerlicher Freiheit» wies Hundesha-

Württemberg beziehungsweise aus Sachsen stammenden Kollegen Matthias Schneckenburger und Ernst Friedrich Gelpke von der Berner Kirche gewannen. Sie «fanden in Bern ein im ganzen in seiner altreformierten Eigentümlichkeit noch wohlkonserviertes kirchliches Leben vor. Durch seine geschichtliche Bestimmtheit und charaktervolle Geschloßenheit flößte dasselbe den Neuberufenen schon im ersten Anfang Respekt ein, aber nachdem ein anfängliches Gefühl der Fremdheit überwunden war, wandelte sich dasselbe um in ein wachsendes Interesse. [...] Wenn Zwingli wiederholt Äußerungen thut wie: Res enim est et experimentum pietas, non sermo et scientia, und: Christiani hominis est, non de dogmatibus magnifice loqui, sed cum Deo ardua semper ac magna facere, so durfte von der Berner Kirche wohl ausgesagt werden, daß jener Zwinglische Geist, der das Sachliche nicht hintanzustellen gewohnt ist, hinter die bloße Doktrin, sich in ihr erhalten hatte». Kirche und Pfarrerschaft hätten der theologischen Fakultät geholfen, «jene Zwinglische res, als dasjenige, um was es sich in aller Theologie in letzter Instanz eigentlich handelt, stets von neuem lebendig vor Augen zu rücken. Für den einseitigen Intellektualismus deutscher Universitäten gab es weder in dem republikanischen Gemeinwesen noch in den kirchlichen Gewöhnungen Berns einen eigentlichen Boden.»[14]

Diese Beobachtungen eines Aussenstehenden sind ein wertvolles Zeugnis für Berns religiöse und kirchliche Mentalität in den zwanziger und dreissiger Jahren. Der Akzent liegt auf der Sachlichkeit der Theologie, auf der praxis pietatis, auf der Rezeption und Geltung des altreformierten Erbes. Dazu passt eine Äusserung des jungen Bitzius, die Hundeshagen als eine Quelle für seine Beschreibung von Berns religiösem Charakter hätte dienen können. Am 6. März 1822 schrieb Bitzius seinem Freund Albrecht Rytz neben einem Bild Zwinglis ins Stammbuch: «Laß uns kühn sein und sanft wie der Mann, auf

gen auf die Relevanz des reformierten Ansatzes für die moderne Demokratie hin (vgl. Carl Bernhard Hundeshagen: Calvinismus und staatsbürgerliche Freiheit. – Hubert Languet: Wider die Tyrannen. Neu hg. von Laure Wyss. Mit einem Vorwort von Arthur Frey, Zollikon 1946). 1847 suchte er (anonym) mit seinem Buch «Der deutsche Protestantismus, seine Vergangenheit und seine heutigen Lebensfragen im Zusammenhang der gesamten Nationalentwicklung beleuchtet» (drei Auflagen, erst das Vorwort zur 3. Auflage ist mit «Hundeshagen» unterzeichnet) vom religiösen und politischen Kontext der Schweiz aus auf eine freiheitliche Entwicklung in Deutschland einzuwirken. Thomas Nipperdey: Geschichtsschreibung, Theologie und Politik im Vormärz. Carl Bernhard Hundeshagen, in: ders.: Gesellschaft, Kultur, Theorie. Gesammelte Aufsätze zur neueren Geschichte, Göttingen 1976, 228–258, 450–457; Andreas Lindt: Karl Bernhard Hundeshagen und Bern. Ein deutscher Theologe in der Frühzeit der Universität, in: Ulrich Im Hof u. a. (Hg.): Hochschulgeschichte Berns 1528–1984. Zur 150-Jahr-Feier der Universität Bern 1984, Bern 1984, 169–186.

14 Carl Bernhard Hundeshagen: Schneckenburger, Matthias, in: RE[3] 17 (1906), 666–670.

dessen Bild diese Worte stehn, einen mit der Erkenntnis die Tat; kund tun jene durch diese, so treten wir mit der schönen Hoffnung in seine Fußstapfen, daß dem Vaterland Frucht bringe, was wir hier an Erkenntnis gewonnen.»[15] Man sollte das nicht in einem konfessionellen Sinn verstehen. Wichtig ist Bitzius die Einheit von Erkenntnis und Tat. Er fühlte sich, wie Werner Hahl gezeigt hat, «nicht so sehr einem abstrakten Bekenntnis oder einer theologischen Schule als vielmehr der reformatorischen und später reformierten Tradition der bernischen Staatskirche verbunden, wobei das Reformierte für ihn immer Spross des Gemeinprotestantisch-Reformatorischen bleibt».[16]

Hundeshagen erwähnt unter den «hervorragendsten Repräsentanten des Berner Kirchentums» an erster Stelle Johann Ludwig Samuel Lutz (1785–1844). Lutz, Professor am Berner Gymnasium, dann Pfarrer in Wynau und an der Berner Heiliggeistkirche, hatte 1833 als Professor für Exegese an der Akademie und nachmaligen Universität diejenige Stellung erlangt, die ihm 1818 als Mitglied des oppositionellen Burgerleistes noch versagt geblieben war. Er war an Kant und Schleiermacher geschult, offen für die historische Bibelkritik und verband theologische Wissenschaft und christliches Leben zu überzeugender Einheit. Lutz genoss als Gelehrter und Inhaber wichtiger Ämter – er war Erziehungsrat, Dekan der Fakultät und des Kapitels Bern sowie Präsident der Synode – im bernischen Ministerium ungeteiltes Ansehen.[17] Er war politisch ein überzeugter Liberaler und vertrat den altreformierten Geist in modernem Gewand. Lutz ist die angekündigte Ausnahme unter Gotthelfs Lehrern. Bitzius war 1818, als Studenten für Lutz demonstrierten, mit von der Partie, er fand für ihn bei seinem Abschied von der Heiliggeistkirche 1830 lobende Worte[18] und setzte ihm 1845 in seinem Referat über die Visitationsberichte ein Denkmal: Wie gern hätte sich der Pfarrer, aus dessen Perspektive Bitzius den Zustand der Berner Kirche darstellte und der sich angesichts der «Springflut der Zeit» auf einsamem, verlorenem Posten glaubte, mit seinem väterlichen, mittlerweile verstorbenen Freund unterhalten![19]

---

15 EB 4, 302; vgl. Walter Rytz/Heinz Fankhauser: Drei Berner Studenten in Göttingen – drei Pfarrer in Utzenstorf, in: Burgdorfer Jahrbuch 47 (1980) 39–60, 95–144.

16 Hahl, Gotthelf (wie Anm. 2), 121, 362.

17 Friedrich Lutz: Der Gottesgelehrte Johann Ludwig Samuel Lutz, mit einer Blüthenlese aus den Kanzelvorträgen des Verewigten, Bern 1863.

18 Vgl. das Zitat bei Guggisberg, Gotthelf (wie Anm. 1), 20, in Anm. 4.

19 Rudolf Dellsperger: Kirche in der «Springflut der Zeit». Vier Reden von Albert Bitzius und Johann Peter Romang aus den Jahren 1844/45 und 1849, in: Hanns Peter Holl/J. Harald Wäber (Hg.): «… zu schreien in die Zeit hinein …». Beiträge zu Jeremias Gotthelf/Albert Bitzius (1797–1854), Bern 1997, 195–234, hier 212.

Jeremias Gotthelf/Albert Bitzius (1797–1854), 1843–1844 [?]. Öl auf Leinwand, 75x62 cm, von Johannes Friedrich Dietler (1804–1874) (Ausschnitt). BBB, Neg. 4247E.

Wie Bitzius, so hat Samuel Lutz als Hebräischlehrer am Gymnasium auch den späteren Religionsphilosophen Johann Peter Romang tief beeindruckt. 1844 hielt Romang im Rückblick auf seine Studienzeit an der Berner Akademie fest: «[…] es galt vor 20 bis 25 Jahren in Bern als Ehrensache, ein wenig Rationalist zu sein. Von Maaßlosigkeiten wie den Straussischen, Feuerbach'schen und Bauer'schen[20] Büchern hätte man sich empört zurückgezogen, aber das Hauptinteresse hatte für die den Pietisten Gegenüberstehenden nicht sowohl die lebendige, christliche Gemütsstimmung, als die Bildung, Aufklärung, Wissenschaft. In der Weise der neuern Bibelkritik, der rationalistischen Dogmatik[21] und der ziemlich seichten damaligen Philosophie die Schrift und die Kirchenlehre aufzufassen, sie mit der verständigen Zeitbildung in Einklang zu bringen, sie unter den Gebildetern durch solche Thätigkeit auszuzeichnen, dieß war uns Hauptsache, wobei jedoch eine eingezogene, arbeitsame, ernst sittliche, die Bildung nicht von der religiösen Grundlage trennen wollende Richtung auch bei den am meisten Rationalistischen vorherrschte.»[22] Im Bestreben, Christentum und Leben, Religion und Bildung aufeinander zu beziehen, ja miteinander in Einklang zu bringen, sahen beide, Hundeshagen und Romang, unabhängig voneinander ein Hauptmerkmal der in Bern in den zwanziger und dreissiger Jahren vorherrschenden religiösen Bildung.

«Bildung» ist auch der zentrale Begriff in Bitzius' Jugendschriften.[23] Echte Bildung besteht nach ihm nicht in blosser Wissensvermittlung, sondern entfaltet den im Menschen trotz sündhafter Verstrickung vorhandenen göttlichen Keim. So verstanden ist sie ein Erlösungsweg, der nicht so sehr vom Glauben an die alleinige Gnade Gottes in Jesus Christus ausgeht, sondern vom Glauben an die Bildungsfähigkeit des Menschen. Dies gilt keineswegs nur für das Individuum, sondern für die Menschheit als ganze, ist also Teil eines universalen Integrationsprozesses.

Die Gedankenwelt des Gymnasiasten und Studenten Bitzius ist trotz Widersprüchen und Unebenheiten von eindrücklicher Stringenz. Immer wie-

20 Gemeint ist Bruno Bauer (1809–1882), der eine radikale Christentumskritik vertrat.

21 Damit spielt Romang wohl auf den rationalen Supranaturalismus seiner Berner Lehrer an. Guggisberg, Gotthelf (wie Anm. 1), 18.

22 Johann Peter Romang: Für religiöse Überzeugung, in: Berner Schulzeitung 1844, 156; Rudolf Dellsperger: Johann Peter Romang (1802–1875). Philosophische Theologie, christlicher Glaube und politische Verantwortung in revolutionärer Zeit (BSHST 23), Bern/Frankfurt am Main 1975; ders.: Romang, Johann Peter, in: NDB 22 (2005), 16.

23 Dieser Abschnitt fusst auf einer Analyse der folgenden Frühschriften: 1. Preisarbeit über das Thema: Ist sich das Wesen der Poesie der Alten und Neuern gleich? Zeichnet sich die neuere durch besondere Eigenschaften aus, und welches sind die Ursachen dieser Verschiedenheit? (1815/16), in: EB 12, 9–54. Zur Preisarbeit vgl. Hanns Peter Holl: Gotthelf und die Moderne, in: Holl/Wäber, «… zu schreien in die Zeit hinein …» (wie Anm. 19), 81–120, hier 88–91. 2. Über das Jammerwürdige des menschlichen Lebens, 1816, in: EB 12, 57–59. 3. Rede an die allgemeine literarische Gesellschaft bei Eröffnung der Sitzung vom 21. Dezember 1816 durch Albert Bitzius, Präsident derselben, in: EB 12, 59–65. 4. Aufsatz von Albert Bitzius vom 13. April 1819 vorgelegt im Verein, in EB 12, 65–69. 5. Ernsthafte Erzählung eines lustigen Tages oder der bestiegene und wieder verlassene Gurten (vermutlich 1820), in: EB 12, 71–93.

der versucht er die Spannung in Begriffspaaren wie Freiheit und Notwendigkeit, Geist und Materie, Sinnlichkeit und Sittlichkeit, Schicksal und Wille differenzierend auszuhalten. Im Mangel an Fähigkeit differenzierenden Denkens sieht er letztlich den Grund menschlichen Unglücks, während in ihrer Entwicklung das Wohl, ja das Heil des Menschen und der Menschheit liegen.

Solche Gedanken hat Bitzius selbständig entwickelt, nicht aber allein aus sich selber geschöpft. Er las, um nur einige Beispiele zu nennen, Herders «Ideen zur Philosophie der Geschichte der Menschheit», Jakob Friedrich Fries' philosophischen Roman «Julius und Evagoras, oder: Die neue Republik» und Schleiermachers «Reden über die Religion». Wenn er letzteres «mit Anstrengung» tat[24], dann ehrt ihn das, denn wer Schleiermacher mit Leichtigkeit zu lesen vorgibt, dürfte ihn meist nicht verstanden haben. Die Gedankenwelt eines christlichen Idealismus, in die der junge Bitzius sich lesend und schreibend vertiefte[25], dürfte neben dem von Hundeshagen, aber auch von Romang beschriebenen praktisch-vernünftigen altreformierten Geist die andere Kraft gewesen sein, von der er geprägt wurde.

III.

Wie hat der junge Bitzius zur Erweckungsbewegung und zum theologischen Liberalismus Stellung bezogen, welches war sein Verhältnis zum frühen Pietismus und zur Aufklärung? Bei der Suche nach einer Antwort auf diese Fragen sollen ausgewählte Quellentexte wegweisend sein.

Bitzius hat sich während seiner Utzenstorfer Zeit auf der Kanzel verschiedentlich zu Sinn und Zweck der Predigt geäussert. Am 16. Juni 1822 unterschied er zwischen einem erbaulichen, einem belehrenden und einem ethischen Aspekt der Predigt.[26] Am 10. November desselben Jahres setzte er insofern klarere Akzente, als er die beiden letzten Aspekte gegenüber dem

24 Albert Bitzius an Bernhard Studer, [1817], in: EB 4, 11.

25 Guggisberg, Gotthelf (wie Anm. 1), 24–27; Buess, Gotthelf (wie Anm. 2), 133. Zurückhaltend hinsichtlich der Bedeutung der genannten Autoren für den jungen Bitzius äussert sich Holl, Gotthelf (wie Anm. 6), 40.

26 Gotthelf, HKG E1-1: Predigten 1818–1823, Text, hg. v. Manuela Heiniger, 301: «Predigt man von der durch Jesu erworbenen Seligkeit, der Wohlthat ein Christ zu seyn der Gnade Gottes, so macht man Träge Leüte, die sich auf ihren Glauben verläßen, aber nicht tüchtige Christen, solche Predigten werden freylich am liebsten gehört am meisten besucht. Erklärt man die christlichen Religions Wahrheiten, sucht man sie auf eine verständliche Art darzulegen und dadurch die Erkenntnis der Menschen zu vermehren, so glauben einem die einten nicht, die andern finden es lang weilig, die dritten finden daß man nicht erleüchtet sey, weil man nicht immer von der unverdienten Gnade Gottes spreche. Predigt man gegen die herrschenden Laster gegen das ein rei-

ersten favorisierte: «Nach der gewöhnlichen Meinung sollen wir durch eine Predigt erbautet [sic] oder erschreckt werden vor unsern Sünden. [...] Aber solcher Meinung bin ich nicht, ich glaube durch eine Predigt sollen die Menschen nicht zu Thränen, sondern zur Beßerung bewegt werden, diese wird auf dem natürlichsten und von Jesu vorgeschriebenen Wege dadurch erziehlt[,] daß man zur deütlichen Erkenntnis Jesu und seiner Lehren oder ins Licht zu kommen sucht und nicht[,] daß man im Herzen mit dunkeln Gefühlen sein Wesen treibt und mit dem Mund allerley an sich schöne aber unverstandene Worte durch ein ander wirft.»[27] Bitzius sieht die Aufgabe der Predigt darin, «die irrigen Begriffe von gottlichen Dingen zu zerstreüen und das herrliche Christenthum im hellen unbefleckten Lichte darzustellen [...][,] daß die Zuhörer aufgeklärt werden deütlich begreiffen, was es heiße Christi Geist haben oder was das Christenthum von ihnen fordere[,] die nicht immer Gnade und Erweckung im Munde führen und im Herzen haben wollen[,] sondern die davon nicht zu sprechen brauchen[,] weil ihre Werke es bezeügen[,] daß sie im Lichte wandeln und Gemeinschaft hätten mit dem Vater und dem Sohn».[28]

Bitzius äussert sich hier, allerdings ohne konfessionellen Unterton, in jenem altreformierten, Zwinglischen Geist[29], von dem Hundeshagen spricht, und zugleich im Sinne einer christlichen Aufklärung, an die Romang erinnert.[30] Ein Vergleich zwischen Bitzius' homiletischem Konzept und dem Gebet Zwinglis, mit dem jede Versammlung der Zürcher «Prophezei» begann,[31] ist in dieser Beziehung aufschlussreich. Bitzius sagt, wer zur «deutlichen Erkenntnis Jesu und seiner Lehren» komme, der gelange «ins Licht».

ßende Verderben, so sind bey der gewöhnlichen geringen Anzahl von Kirchengängern vielleicht keine da, die die Rüge geradezu angeht [...].»

27 HKG E1–1 (wie Anm. 26), 442f.

28 HKG E1–1 (wie Anm. 26), 343. Zu Bitzius' Nähe und Distanz zur erwecklichen Predigt vgl. Guggisberg, Gotthelf (wie Anm. 1), 48–50, der an dieser Stelle allerdings zwischen frühem Pietismus und Erweckungsbewegung zu wenig klar unterscheidet.

29 Zu Bitzius' Hochschätzung Luthers vgl. Hahl, Gotthelf (wie Anm. 2), 214, 369. Zur predigtgeschichtlichen Bedeutung der Zwinglischen Tradition vgl. Guggisberg, Gotthelf (wie Anm. 1) 46f., speziell zur lectio continua Knellwolf, Gleichnis (wie Anm. 1), 28–31.

30 Für Romang waren Nüchternheit und Verständigkeit die beiden Hauptmerkmale von Berns religiösem Charakter. Dieser sei «gleich fern von tiefer Intensität und hohem Schwung, wie von ungesunder Excentrität – nicht sowohl ein reiches Gemüths- und Glaubensleben, als eine eigne Seite seiner allgemeinen nüchternen Denkungart, Sittlichkeit und Gewöhnung». Johann Peter Romang: Der kirchliche und religiöse Charakter Berns. Vergangenheit und Gegenwart, in: PMIZG 5 (1855), 82–99, 183–211, hier 84f.; Vgl. Dellsperger, Romang (wie Anm. 22), 146f., 228f.

31 Seit Juni 1525 versammelte sich jeden Wochentag ausser Freitag (Markttag) um 8 Uhr im Chor des Grossmünsters Zürichs Stadtgeistlichkeit zu fortlaufender Lektüre biblischer Texte in den drei alten Sprachen, zu deren Kommentierung, Übersetzung und Auslegung, letzteres für die Gemeinde. Vgl. Gottfried W. Locher: Die Zwinglische

Die Predigt solle «das herrliche Christentum im hellen, unbefleckten Lichte» darstellen, damit die Hörerinnen und Hörer «im Lichte wandeln und Gemeinschaft hätten mit dem Vater und dem Sohn», was sich nicht in Worten, sondern in Taten manifestiere. Man vergleiche damit unter den Aspekten Lichtmetaphorik, der Bedeutung der Erkenntnis und der praktischen Umsetzung des Erkannten das Prophezeigebet: «O barmhertziger gott, himmilischer vatter! Diewyl din wort ein kertzen ist unseren fuessen unnd ein liecht, das zünden soll unserem wäg, so bittend wir, du wöllist uns durch Christum, der das waar liecht ist der gantzen wällt, unsere gemuet uffschliessen und erlüchten, das wir dine wort luter und rein verstandind und unser gantz läben darnach gestalltind, damit wir diner hohen maiestet nienan mißfallind, durch denselben unsern herren Jesum Christum.»[32] Gewiss sind Erleuchtung und christlicher Einsicht entsprechende Lebensgestaltung bei Zwingli nicht identisch mit christlicher Erkenntnis und christlichem Lebenswandel bei Gotthelf. Aber eine grosse Nähe ist, trotz der dazwischen liegenden Strömungen der Aufklärung und des Idealismus, unverkennbar, denn die Befreiung eines Christen allein aus Gnaden und allein aus Glauben ist bei beiden Autoren unlösbar verbunden mit der Bezeugung der Dankbarkeit für die geschehene Erlösung in den guten Werken als ihren Früchten. Hier lebt bei Bitzius gut reformiertes und darüber hinaus gemeinreformatorisches Erbe weiter.

Christliche Aufklärung und Bildung der Menschen gemäss ihrer Bestimmung – dies war Bitzius' Programm. Zur Erweckungsbewegung hingegen und zu der in ihrem Sinn erwecklichen Predigt hatte er, gelinde gesagt, ein gespanntes Verhälnis. Der kritisch distanzierte, ja verhalten aggressive Unterton ist unüberhörbar, wenn er sagte, man solle «nicht immer Gnade und Erweckung im Munde führen und im Herzen haben wollen». Es war damals erst drei Jahre her, seit er in einem Brief an Rudolf Fetscherin über die Erweckten an der theologischen Fakultät geschrieben hatte: «[…] nun hängt ein großer Teil der Theologie die Köpfe, glaubt an die Bibel vom ersten Jota bis zum letzten Punkt, halten alle Tage Betstunde auf der Schule, tun dabei aber wenig oder gar nichts. Kurz, sie sind die elendesten Kerls von der Welt und diese

Reformation im Rahmen der europäischen Kirchengeschichte, Göttingen/Zürich 1979, 161–163.

32 Huldreich Zwinglis sämtliche Werke, Bd. 4 (CR 91), Leipzig 1927, 702. Die lateinische Fassung lautet: «Omnipotens sempiterne et misericors deus, cuius verbum est lucerna pedibus nostris et lumen semitarum nostrarum, aperi et illumina mentes nostras, ut oracula tua pure et sancte intelligamus et in illud, quod recte intellexerimus, transformemur, quo maiestati tuae nulla ex parte displiceamus, per Jesum Christum, dominum nostrum. Amen!» Ebd., 365.

Seuche greift je länger je mehr um sich.»[33] Bei diesem Pauschalurteil mögen übertriebener Zorn und jugendliche Überheblichkeit mitschwingen, aber das entscheidende Kriterium war damals schon die Kongruenz zwischen Frömmigkeit und Tat.

Bitzius sträubte sich gegen eine in seinen Augen schwärmerische, servile Frömmigkeit. Er selber konnte durchaus auch erwecklich predigen[34], hatte dabei aber ein offenes und umfassendes Verständnis von «Erweckung», gerade auch im Gedanken an angehende Theologen, denen «Erweckung und Bildung ihres religiösen Sinnes» not tue. So steht es im Reisebericht von 1821 und weiter: «dann hätte man nichts mehr [...] zu besorgen wegen Freigeisterei und Gemeinheit, nichts mehr wegen Schwärmerei und Aberglauben.» Bitzius verstand unter «Erweckung» nicht nur das Aufwachen der Menschen aus ihrem Sündenschlaf, so sehr er auch dazu eindringlich aufrufen konnte, sondern wie Schleiermacher und Pestalozzi das Wecken ihrer religiösen Anlage: «[...] das ist die große Kunst [...], jedem Menschen seine eigene Form zu lassen, dasjenige, was Gott in ihn gelegt hat, auszubilden, daß es nicht ungeweckt bleibt oder erstickt wird; würde dies geschehen, dann fände man in mehr Menschen das heilige Gefühl für Religion, das Gott in jeden gelegt, und mehr liebenswürdige Geschöpfe als flache und verschrobene wie jetzt.»[35]

Den Hintergrund der harten Kritik, die der junge Bitzius an der Erweckungsbewegung übte, bilden deren Anfänge in Bern, für welche die Predigttätigkeit von Antoine Louis Galland an der Französischen Kirche von auslösender Bedeutung war. Gallands Buss- und Gerichtspredigt wirkte in der Stadt polarisierend, sie wirkte faszinierend auf die einen, abstossend auf die andern.[36] Der Kontext, in dem sich die Berner Erweckungsbewegung in den nächsten Jahrzehnten entfaltete, war die von Liberalismus, Agrarmodernisierung, beginnender Industrialisierung, Migration, Verarmung und Säkularisierung gekennzeichnete Moderne. Ihre Botschaft war, im Gewand der Zeit, die reformatorische von der Rechtfertigung des Sünders allein aus Gnade ohne Werke. Und doch spielten gerade die «Werke» im Sinne karitativer und sozialer Initiativen in ihr eine zentrale Rolle. Während das liberale Bürgertum seine historische Aufgabe im Aufbau eines freiheitlich-demokratischen Staates sah, nützte die Erweckungsbewegung den politischen Freiraum nicht nur zur

---

33 Albert Bitzius an Rudolf Fetscherin, 13.09.1819, in: EB 4, 20–22, hier 21. Zur Resonanz der Erweckungsbewegung an der Berner Akademie und zur Berner Erweckungsbewegung insgesamt vgl. die Untersuchung von Christine Stuber: «Eine fröhliche Zeit der Erweckung für viele». Quellenstudien zur Erweckungsbewegung in Bern 1818–1831 (BSHST 69), Bern [2]2002, hier 139–144.

34 Vgl. die Belege bei Guggisberg, Gotthelf (wie Anm. 1), 48f.

35 Reisebericht, in: EB 12, 95–160, hier 108f.

36 Stuber, Zeit (wie Anm. 33), 75–92 und 205–266.

Schaffung tendenziell gemeinschaftlicher, freikirchlicher und vereinsartiger Strukturen, sondern auch, um so im Gemeinwesen soziale Aufgaben wahrzunehmen, welche dieses erst mit der Zeit in eigene Regie zu nehmen in der Lage war.[37] Aus der Rückschau darf man in der Erweckungsbewegung eine der Wegbereiterinnen des Sozialstaates sehen.

Hans Bayer sieht den Grund für Gotthelfs schroffes Urteil über die Erweckungsbewegung, das sich «wie ein roter Faden» durch seine ersten Romane ziehe, in seinen negativen Erfahrungen mit der Evangelisationstätigkeit der Freien Evangelischen Gemeinde und ihres Leiters Karl von Rodt.[38] So sehr dies zutrifft, so sehr dürfte jedoch deutlich geworden sein, dass Bitzius' Aversion sich verfestigt hatte, bevor die Erweckungsbewegung Ende der dreissiger und anfangs der vierziger Jahre ihre gemeinschafts- und kirchenbildenden Kräfte entfaltete. Bitzius hatte sich längst schon von ihrem Frömmigkeitsstil, wie er ihn wahrnahm, und von ihrem separatistischen Potential distanziert. Es lässt sich präzis sagen, was Bitzius bei aller durchaus auch vorhandenen Affinität an der Erweckungsbewegung ablehnte: einen Frömmigkeitsstil, der die Gläubigen zu verworrenen und verschrobenen Menschen formte. Stellt man allerdings in Rechnung, dass dabei auch verzerrte Wahrnehmung mitspielte, und denkt man an die «Werktätigkeit» der Erweckungsbewegung auf der einen und an Gotthelfs Engagement auf den Gebieten der Schule und der Fürsorge auf der anderen Seite, dann war der Gegensatz nicht grundsätzlich unvereinbar.

Aber es ist bezeichnend, dass Bitzius im Referat über die Visitationsberichte von 1845 mit einiger Sympathie zwar an «stille fromme Leute» mit einem Hang zu manchmal «verworrener Mystik» und Aberglauben denkt, auch an die Gemeinde der Leserinnen und Leser Jakob Böhmes und an die Heimberger Brüder, nicht aber beispielsweise an die Evangelische Gesellschaft, die, 1831 gegründet, sich als Sammlung erweckter Christen innerhalb der Landeskirche verstand, von der Freien Evangelischen Gemeinde ganz zu schweigen.[39] Es ist aber zugleich irritierend, dass er im selben Referat mit der Heimberger Bruderschaft ein Kirchenmodell positiv würdigte, für das – wie

37 Hansueli Ramser: Die Evangelische Gesellschaft des Kantons Bern im Dienst der Ausbreitung des Reiches Gottes, in: Rudolf Dellsperger/Markus Nägeli/Hansueli Ramser: Auf dein Wort. Beiträge zur Geschichte und Theologie der Evangelischen Gesellschaft des Kantons Bern im 19. Jahrhundert, Bern 1981, 15–151.

38 Bayer, Quellen (wie Anm. 2), 432–434.

39 Zur Evangelischen Gesellschaft des Kantons Bern und der Freien Evangelischen Gemeinde im Emmental vgl. Thomas Hengartner: Gott und die Welt im Emmental. Eine volkskundliche Untersuchung zur Entstehung, Ausbreitung und Gestaltung religiösen Lebens im Rahmen religiöser Sondergruppen (Sprache und Dichtung 41), Bern 1990, 166–173.

im Fall der Evangelischen Gesellschaft – die Gratwanderung zwischen landeskirchlicher Gemeinschaft und Freikirche konstitutiv war.[40] Ein Widerspruch liegt aber nicht vor, denn während die Erweckten, wenn auch in unterschiedlicher Absicht, die Landeskirche als Missionsfeld betrachteten, war ein stilles Leben in mystischer Kontemplation das Kennzeichen der Heimberger Bruderschaft, und als Mystiker bezeichnete Bitzius sich selber.

Er tat dies im Brief vom 27. Oktober 1840 an seinen Freund Joseph Burkhalter, in dem er über seine Stellung zum Rationalismus, Supranaturalismus und zur Erweckungsbewegung Rechenschaft ablegte. Er sei weder «materieller Rationalist» noch «Supernaturalist» und wolle die biblischen Wunder, die er «nehme […], wie sie gegeben sind», weder kritisieren noch verteidigen. Zugleich stellte er fest, «daß mitten in dem fürchterlichen Materialismus dieser Zeit das religiöse Element mehr und mehr hervorzuschimmern» scheine. Er dachte dabei an «Sekten aller Art», worunter er nach damaligem Sprachgebrauch alle nicht landeskirchlichen Denominationen verstand, und an «Bestrebungen um Reformen und Heiden», wobei er offensichtlich auch an die sozialkaritativen und missionarischen Aktivitäten der Erweckungsbewegung dachte. So weit, so gut. «Aber», fuhr er fort – und damit distanzierte er sich von den Erweckten –, «darin bin ich verschieden von vielen, daß bei mir das religiöse Element keine andere und besondere Form sucht als das Leben in Gott, und dieses Leben durch mich und andere immer deutlicher darzustellen, und das nicht durch besondere Gesellschaften, Missionen, Formeln etc., sondern eben durch das Leben selbst», dies sei sein Ziel.

Sich selber bezeichnete Bitzius als «Mystiker […] in gewisser Beziehung» und umschrieb das, was er darunter verstand, mit einer langen Reihe von Fragen: «Woher kommen wir? Ist unsere eigene Menschwerdung nicht ein Wunder, ein Wunder unser Ringen mit der Materie, der Sieg über sie außer uns, das schwere Kämpfen in uns? Wer setzt des Herrn Allmacht Schranken, daß er nicht auf die Insel im Weltenmeere, die wir Erde nennen, einen von seinem Throne senden könnte, für uns die Brücke zu bauen in eine andere Wohnung, uns zu offenbaren das Geheimnis seiner Liebe, daß er viele Kinder habe und viele Wohnungen für sie? Was sind diese Wohnungen? Sieht man von dort zu uns? Wir sehen ja fast in den Mond hinauf. Wie nahe tritt uns Gott und wie tief vermögen wir zu schauen in das Geheimnis seiner Vorsehung? Wie haben wir uns hinzugeben und doch das Individuum zu bewahren usw.? Seht, das sind die Wunder, über die ich sinne, in die ich mich verliere, über die ich aber wiederum nicht disputieren kann, die ich nicht in Worte fassen möchte wie Böhme; denn es sind Träume, Ahnungen – die Wahrheit entschleiert sich nicht,

40 EB 11, 82–131, hier 122f.; Dellsperger, Kirche (wie Anm. 19), 206f.; Zur Evangelischen Gesellschaft vgl. ders., Auf dein Wort (wie Anm. 37).

aber Christus ist die Brücke, auf welcher wir zu ihr kommen […].»[41] Dieser Brief ist eine schöne Bestätigung von Kurt Guggisbergs These, wonach Bitzius «antimystisch» war «im Sinn philosophischer Spekulation und Metaphysik, nicht aber im Glauben an die Möglichkeit der Geisteingiessung in den Menschen».[42] Das Bild der Brücke für Christus als Weg zur Wahrheit wird am Schluss dieses Versuchs wieder vorkommen. Zunächst ist Bitzius' Verhältnis zum frühen Pietismus zu thematisieren.

Auf Bitzius' Sympathie für die Heimberger Bruderschaft wurde bereits hingewiesen. Diese war im Unterschied zu der städtischen Sozietät der Herrnhuter, für die der Student Feuer gefangen hatte[43], auf dem Land verwurzelt. Ihr geistiger und geistlicher Vater war Samuel Lutz (Lucius).[44] Er hiess gleich wie Bitzius' verehrter Lehrer, lebte aber hundert Jahre vor diesem. Karl Rudolf Hagenbach, Professor in Basel, bat seinen Freund Bitzius für seine Kirchengeschichte um Materialien zu seiner Person.[45] Bitzius hat sie ihm, offenbar mit Hilfe seines historisch ebenfalls versierten Burgdorfer Kollegen Gottlieb Jakob Kuhn, beschafft.[46]

Bitzius' Rückgriff auf Samuel Lutz (Lucius) ist einer von mehreren Bezügen, aus denen Hans Bayer 1980 die These ableitete, «die eigentümliche Religiosität Gotthelfs» sei «nicht bloss eine biblisch orientierte Theologie und

41 Albert Bitzius an Joseph Burkhalter, 27.10.1840, in: EB 5, 88–93.

42 Guggisberg, Gotthelf (wie Anm. 1), 152f., das Zitat 153. Vgl. zum Brief an Burkhalter die folgende, von Guggisberg, ebd. 59, mitgeteilte Passage aus der Predigt vom 30. März 1828: Das Christentum erschöpfe sich weder in Geboten noch in Dogmen und sei kein Geschäft mit dem Himmel. «Das Christentum ist eine eigene Ansicht seiner selbst, seiner Bestimmung, seiner Verhältnisse zur Welt und zu ihrem Schöpfer. Das Christentum ist ein inneres, unsichtbares Leben, das im Innersten der menschlichen Seele beginnt, das sich dann freylich im Wandel abspiegelt.»

43 Albert Bitzius an Marie Bitzius, 11.02.1822, in: EB 4, 66–73, 67: «[…] die Herrnhuter, die mir besonders gefallen, sagen, eine geschriebene Predigt sei, wie wenn man mit trockenem Stroh misten wolle». Albert Bitzius an Marie Bitzius, 02.04.1822, ebd., 75–78, 75f.: «Wir […] besahen unterwegs eine Herrnhuter Gemeinde, in der mein Gefährte beinahe geblieben wäre, so wohl gefiel es ihm; mir nicht weniger, nur der Entschluss liess mich wieder fort, euch zu Hause alle zu Herrnhutern zu machen, mein Koffer steckt voll ihrer Bücher.»

44 Rudolf Dellsperger: Zinzendorf und die Herrnhuter Brüdergemeine zwischen Berner Patriziat und den Heimberger (Oberländer) Brüdern, in: ders.: Kirchengemeinschaft und Gewissensfreiheit. Studien zur Kirchen- und Theologiegeschichte der reformierten Schweiz: Ereignisse, Gestalten, Wirkungen (BSHST 71), Bern 2001, 133–162; Rudolf Dellsperger: Lutz, Samuel, in: RGG^4 5 (2002), 621.

45 Karl Rudolf Hagenbach an Albert Bitzius, [06.]02.1842, in: EB 5, 196f., und 01.06.1842, in: ebd. 224–226, hier 224.

46 Zu Gottlieb Jakob Kuhn vgl. Rudolf Dellsperger: Kuhn, Gottlieb Jakob, in: NDB 13 (1982), 260f.

Ethik, sondern primär ‹Laienfrömmigkeit›, d. h. jener Bestand an religiös-ethischen Anschauungen und Verhaltensnormen, die im Anschluss an die evangelischen Räte Grundlage einer nahezu tausendjährigen Lebensform aller sogenannten ‹bibelfrommen Ketzer› war, angefangen von den Waldensern des 12./13. Jahrhunderts über die Täufer und Böhmischen Brüder bis zum radikalen Pietismus, der gegenüber der Amtskirche eine überaus kritische Haltung einnahm.»[47] Bayer findet bei Gotthelf «pietistische[n] Geist, der tief in der waldensisch-täuferischen Religiosität wurzelt».[48] Er sieht in Gottfried Arnold, Samuel Lutz (Lucius) und den Heimberger Brüdern, der Herrnhuter Brüdergemeine und Johann Arndt «theologische Quellen» von Gotthelfs «ideale[m] Pietismus». Der im Emmental viel gelesene Johann Arndt wird von Gotthelf in der Tat mehrmals erwähnt.[49] Hans Bayer und mit ihm Werner Hahl haben überzeugend auf Arndts grosse Bedeutung für die «Schwarze Spinne» hingewiesen.[50] Direkte Beziehungen Gotthelfs zu den Herrnhutern und den Heimbergern und damit zu Samuel Lutz (Lucius), sind, wie gezeigt wurde, eindeutig nachweisbar. Was aber in vielen Fällen noch fehlt, ist der detaillierte Nachweis eines ursächlichen Zusammenhangs. Man wird solche Leerstellen, zumal für die vierziger Jahre des 19. Jahrhunderts, nicht mehr mit der Angst vor obrigkeitlichen Sanktionen übermalen können, denn Sympathien für den frühen Pietismus mussten in Bern zu Gotthelfs Zeit damals nicht mehr unter Verschluss gehalten werden, wie Bayer unterstellt.[51] Im Fall von Gottfried Arnold wäre das allenfalls noch verständlich, wenn auch nicht zwingend. Nicht nachvollziehbar ist Bayers Behauptung, Bitzius habe mit Arnold die Reformation als «misslungen» betrachtet.[52] Sie war für ihn – wie für viele vor ihm, gerade auch unter den Pietisten – unvollendet geblieben. Aber die Feststellung der bleibenden Reformbedürftigkeit der Kirche implizierte bei ihm ebenso wenig ein abschliessend negatives Urteil[53] über die Reformation wie

47 Bayer, Quellen (wie Anm. 2), 424.

48 Bayer, Quellen (wie Anm. 2), 430 und 435. Die alte These, wonach die Waldenser den Emmentaler Täufern den Boden bereitet haben sollen, wird von Bayer unbesehen übernommen.

49 SW 1, 7 (Bauernspiegel), SW 3, 49 (Schulmeister, 2. Teil), SW 13, 298 (Zeitgeist und Berner Geist).

50 Hahl, Gotthelf (wie Anm. 2), 216, 369.

51 Bayer, Quellen (wie Anm. 2), 428, 441. Samuel Lutz (Lucius), der in seiner Zeit massgeblich zur kirchlichen Integration des Pietismus beitrug, ist dafür ein sprechendes Beispiel. Vgl. Rudolf Dellsperger: Der Pietismus in der Schweiz, in: Martin Brecht/Klaus Deppermann (Hg.): Geschichte des Pietismus, Bd. 2: Der Pietismus im 18. Jahrhundert, Göttingen 1995, 588–616, hier 605f.

52 Bayer, Quellen (wie Anm. 2), 444.

53 Vgl. die gründliche und luzide Studie von Theodor Mahlmann: «Ecclesia semper reformanda». Eine historische Aufklärung, in: Hermann Deuser/Gesche Linde/Sigurd Link

seine oft scharfe Kirchenkritik eine grundsätzliche Distanzierung von der Amtskirche.

Insgesamt hat die Forschung Hans Bayer «eine wichtige Beobachtung, nämlich die der mystisch-pietistischen Einflüsse auf Gotthelf, und eine wichtige Unterscheidung, nämlich die des älteren und des neueren Pietismus» zu verdanken.[54] Der Nachweis mystisch-pietistischer Einflüsse findet in Bitzius' Selbstbezeichnung als «Mystiker [...] in gewisser Beziehung» eine, wenn auch traditionsgeschichtlich unpräzise, Bestätigung. Mit Werner Hahl wird man allerdings auch feststellen müssen, Bayer habe seine wertvollen Hinweise «durch phantasievolle Zugaben entstellt».[55]

Gotthelfs theologische Position ist mit den Koordinaten Rationalismus, Supranaturalismus, Pietismus und Erweckungsbewegung noch nicht hinreichend bestimmt. Zu klären bleibt sein Verhältnis zur neben der Erweckungsbewegung andern bedeutenden Strömung in der Schweizer Kirchen- und Theologiegeschichte des 19. Jahrhunderts, zur historisch-kritischen Theologie, zum werdenden theologischen Liberalismus.

IV.

Im erwähnten Brief an Joseph Burkhalter gab sich Gotthelf überzeugt, David Friedrich Strauss, dessen Berufung nach Zürich eben erst verhindert worden war, befinde sich auf dem Holzweg. Er sollte mit dieser Einschätzung, denkt man an Strauss' weitere Entwicklung, Recht behalten. Aber 1840 tat er ihm Unrecht, wenn er sein Verständnis des Mythus damit abqualifizierte, der neutestamentliche Christus habe nicht erdacht werden können, denn die Entstehung von Mythen war für Strauss alles andere als willkürliche Erfindung.[56] In ähnlicher Weise wurde Gotthelf auch Eduard Zeller nicht gerecht, als dessen Berufung durch die radikale Regierung das Land 1847 in Aufregung versetzte. Die Gründe für Gotthelfs ablehnende Haltung sind bekannt: Zeller war Schüler und überdies Schwiegersohn von Ferdinand Christian Baur, der seine Kirchen- und Dogmengeschichte im Horizont hegelscher Geschichtsphilosophie entfaltete. Für Zeller genügte, damit Theologie und Kirche noch als christlich gelten konnten, der Nachweis ihrer Kontinuität mit dem neutestamentlichen Ursprung. Einer Identität, und sei es auch nur eine partielle,

---

(Hg.): Theologie und Kirchenleitung. Festschrift für Peter Steinacker, Marburg 2003, 57–77, zu Bitzius und Hagenbach 69–71.

54 Hahl, Gotthelf (wie Anm. 2), 250.

55 Hahl, Gotthelf (wie Anm. 2), 250.

56 Vgl. Anm. 41, hier EB 5, 90.

bedurfte es nicht. Wenn die radikale Regierung diesen Theologen auf den neutestamentlichen Lehrstuhl berief, dann konnte sie in Gotthelfs Augen damit nur die Absicht verfolgen, das Christentum von seinen Wurzeln zu trennen und mit der Zeit eingehen zu lassen. Daher Gotthelfs vehemente Opposition, die sowohl dem Berufenen als auch den Berufenden galt und bei der er sich, ohne sich mit ihnen verbünden zu können, unversehens im selben Lager wie die Leute der Erweckungsbewegung wiederfand.[57]

An dieser Stelle muss nochmals an Samuel Lutz und Carl Bernhard Hundeshagen erinnert werden, wenn man Gotthelfs Opposition gegen die Berufung Eduard Zellers verstehen will: Lutz hatte im bernischen Ministerium in modernem Gewand jene altreformierte, lebensnahe «Eigentümlichkeit» verkörpert, die Hundeshagen tief beeindruckte, und gerade dafür, so schien es, bot der als sein Nachfolger nominierte Zeller keine Gewähr. Hundeshagen legte im Gutachten, das er am 13. Juli 1845 namens der Fakultät der Regierung über Zeller vorlegte, den Akzent auf die Sache der Theologie, die er nicht durch blosse Intellektualität, wenn auch noch so brillante, gefährdet wissen wollte. Er stellte bei Zeller einen Mangel an eigener «Orientirung auf dem Gebiet des tiefern und ernstern subjektiven Lebens in der Religion» fest, der Religion, die doch «nicht bloss als System spekulativer Denkbestimmungen, sondern als sittliche Lebenspotenz, als praktisch wirkende Macht im Menschen, […] als gemeinschaftsbildendes und gemeinschaftsregelndes Prinzip hervorgetreten [sei] und eine concrete Existent gewonnen» habe.[58] Hundeshagen unterstreicht die Bedeutung der praxis pietatis, und dies war auch für Bitzius der entscheidende Punkt in dieser Auseinandersetzung.

Um so mehr mögen der Ernst, die Offenheit und der Wille zu versöhnter Verschiedenheit in einer von Bitzius' theologisch bedeutendsten Predigten überraschen. Er hielt sie am 19. September 1849 anlässlich der Tagung des kantonalbernischen Pfarrvereins, also vor Vertretern der verschiedenen kirchlichen und theologischen Schulen und Richtungen.[59] Eduard Zeller hatte damals Bern bereits wieder verlassen und befand sich auf dem Weg nach Mar-

57 Zum Zellerhandel vgl. Rudolf Dellsperger: Eduard Zellers Verdrängung aus der Theologie, in: ders., Kirchengemeinschaft (wie Anm. 44), 261–285, und den Beitrag 211–224 in diesem Band.

58 Rudolf Dellsperger: Berns Evangelische Gesellschaft und die akademische Theologie. Beobachtungen zu einem Stück unbewältigter Vergangenheit, in: ders., Auf dein Wort (wie Anm. 37), 153–221, hier 206.

59 Erstmals ediert von und in Dellsperger, Kirche (wie Anm. 19), 222–234. (Die im Text in runden Klammern folgenden Seitenangaben beziehen sich auf diese Edition). Ich übernehme hier einige Abschnitte aus meinem Beitrag für die Gotthelf-Sonderausgabe des Burgdorfer Tagblattes vom 20. Oktober 2004, 7.

burg, seiner neuen Wirkungsstätte. Er hatte in seiner kurzen Berner Zeit Spuren hinterlassen.

Bitzius entwarf vor seinen Kollegen das Bild einer pluralistischen Kirche, bestehend aus Reichen und Armen, Alten und Jungen, aus Richtungen und Schulen wie Rationalisten und Orthodoxen, Vernunftgläubigen und Pietisten, Progressiven und Konservativen. Solange diese Fraktionen sich ihrer relativen Berechtigung bewusst und füreinander offen seien, sehe er darin keinen Schaden. Problematisch werde es aber, wenn in ihnen der «alte Mensch», der in sich selbst verstrickte Mensch, sein Unwesen treibe und so tue, «als ob er wirklich der eigentliche Mensch wäre, Gericht hält und Urteile fällt». (224)[60] So erhebe der alte Mensch in den Rationalisten und Vernunftgläubigen gegen die Strenggläubigen und Pietisten den Vorwurf, sie verhinderten «Freiheit, Fortschritt, Grund- und Menschenrechte», während er in den Pietisten die Rationalisten bezichtige, sie arrangierten sich mit der «Welt» und schnitzten ein Christusbild nach deren Geschmack. (225) Im Gelehrten verurteile er «als unwürdig alle Ungelehrten, welche die Gabe der Sprache nicht haben, die Kunst des Dolmetschens nicht kennen, welche im Dunkel tappten, das Vergangene nicht kennten, das Gegenwärtige nicht verstünden, eines Fortschrittes unfähig seien, das Christentum der heutigen Bildung lächerlich machten [...]». (225f.) Im Pfarrer beschuldige er die Gelehrten «geradezu des Verrates, indem sie mit ihren Grübeleien Tore und Mauern untergrüben» und vor dem Feind die Waffen streckten. (226)

Den Feind der Kirche sah Bitzius im Neuheidentum. Wenn er das Ringen mit ihm als Schriftsteller beschrieb, entstanden Schilderungen apokalyptischen Ausmasses. Ähnliches geschah in der Burgdorfer Predigt. Die neuen Heiden leugneten Gott und schmähten Christus und verehrten statt seiner den alten, Menschen verschlingenden Moloch. «Der Kampf tobt und wird toben in immer größerer Rohheit und Unverhülltheit, je mehr die neuen Heiden die Macht der Mehrheit und die damit verbundene Gewalt zu besitzen glauben.» (227) Das waren im Vorfeld der Grossratswahlen von 1850 auch wahlkämpferische Töne. Aber Bitzius ging es um mehr als eine kurzfristige politische Wende. Er sah Europa und die Menschheit vor einer weltgeschichtlichen Entscheidung. Er sah einen Geist heraufkommen, der vor nichts zurückschrecken würde. Deshalb galt es zunächst dem naiven Glauben zu wehren, als seien von dieser Auseinandersetzung nur einige christliche Gruppen betroffen, andere hingegen nicht. Der Kampf gelte Christus, er gelte allen, «aber wie der Vogelfänger auch nicht allen Lerchen auf einmal die Köpfe eindrückt, sondern einer nach der andern, aber endlich auch der letzten, so hat es auch unser Feind,

60 Vgl. Röm 6,6; Eph 4,22; Kol 3,9.

einen nach dem andern, aber bis auf den letzten von denen, die Christum verkünden.» (228)

Der Kampf gelte allen, «die Christum verkünden», seien sie nun – und damit appellierte Bitzius an die theologische Identität und brüderliche Solidarität seiner Kollegen – Rationalisten, Orthodoxe, Hengstenbergianer, Hegelianer und Tübinger Theologen, Vernunftgläubige oder Strenggläubige und Offenbarungsgläubige, Pietisten und Orthodoxe, Schleiermacherianer, Evangelische, Missionarsfreunde, Schneckenburgianer oder gar Volksfreundliche.[61] Angesichts der bevorstehenden endzeitlichen Krise des Christentums rief Bitzius seine Kollegen zu Frieden und Eintracht unter den Generationen und Fraktionen auf. Die Alten möchten den Jungen das Träumen doch nicht verargen – «es müssen ja auch die Greise einst geträumt haben, sie wären sonst nie weise geworden» (228f.) – und die Jungen auf die Alten nicht neidisch sein. Diejenigen, welche «ihr alter Mensch Rechtgläubige nennt», (229) sollen das Richten über andere bleiben lassen. Bitzius machte aber auch aus seinen Bedenken kein Hehl, die er der liberalen, historisch-kritischen Theologie gegenüber hegte: «Es sollen die Vernunftgläubigen von alten oder neuen Sorten ihrem alten Menschen alle Tage predigen, wie solche, die sich für Weise hielten, zu Narren geworden, wie das die größte Torheit sei, zu negieren, was man nicht faßt, zu deduzieren, was man nicht weiß, den eigenen Schöpfer zu konstruieren nach blödem Gutdünken, ihm Macht und Weisheit zuzumessen, ihm Schranken zu setzen nach unserer Schwäche und Beschränktheit, ihm, dem Unerforschlichen, sagen zu wollen, bis hieher und nicht weiter. Sie sollen ihrem alten Menschen sagen Tag und Nacht, daß es eine Sünde sei gegen den Geist, die Gaben im Gemüte zu verachten, die Erkenntnis für das Höchste zu halten und nicht die Liebe, daß solche, welche dieses tun, verdammt scheinen, zu bauen am Turme zu Babel, welcher nie fertig wird, welcher ein ewiger Zeuge bleibt, wie unsinnig der Mensch, der mit eigenen Kräften hinauf in den Himmel sich grüsten und bauen will, in seinem Dünkel wird.» (229f.)[62]

Wie Bitzius die theologisch Konservativen kritisierte, wenn er sie sich in überhebliche Rechtgläubigkeit versteigen sah, so kritisierte er die Liberalen, wenn er bei ihnen intellektuelle Hybris festzustellen glaubte. Für beides hatte er ein feines Sensorium. Davon abgesehen liess er sie aber ebenso gelten wie alle andern von ihm genannten theologischen Richtungen, Schulen und Vereinigungen. Mit Indifferenz hatte das nichts gemein. An drei Stellen in seiner Burgdorfer Predigt bezeichnete er die verschiedenen Theologien und die

---

61 Diese Bezeichnungen stammen von Bitzius, werden aber hier nicht mit Anführungsstrichen versehen. Zum theologischen Profil der genannten Personen, Schulen und Richtungen vgl. Dellsperger, Kirche (wie Anm. 19), 222–234.

62 Vgl. 1 Kor 13.

damit verbundenen Frömmigkeitsstile als «Brücken, die zu Christus führen».[63] Die Brücken-Metapher hatte er schon 1840 im Brief an Joseph Burkhalter verwendet. Dort war Christus die Brücke in eine andere Welt, die Brücke zur Wahrheit, die sich auf Erden nicht entschleiert.[64] Diese Brücke relativierte alle anderen, menschlichen Brücken. «Wo Jesus im Herzen wohnt», hatte Bitzius in seiner Predigt vom 10. September 1829 gesagt, «da ist Liebe gegen alle, nicht nur gegen die, welche die gleiche Sprache reden, die gleichen Gefühle hegen und sie gleich benennen, in den gleichen Formeln und Ausdrücken zu ihm beten, sondern gegen alle ohne Unterschied, auch gegen Feinde.»[65] Diese Sicht der Dinge und nicht seine Überlegenheit legitimierten den temperamentvollen Bitzius, für Frieden und Eintracht in seiner zerrissenen Kirche einzutreten.

V.

Jeremias Gotthelf/Albert Bitzius lässt sich im breiten Spektrum der theologischen Traditionen nicht eindeutig zuordnen. Reformiert-reformatorischer Geist und Pietismus, Aufklärung und Idealismus, letztere in christlichen Ausprägungen, haben bei ihm ihre Spuren hinterlassen, was nicht heisst, dass er nicht auch aus andern Quellen schöpfte. Wer ihn als Eklektiker bezeichnet, sagt über ihn nichts Negatives, denn er vermochte in seiner Person eine erstaunliche Vielfalt von Traditionen zu einer originellen Einheit zu verschmelzen. Tiefgehende Brüche sind in seiner theologischen Entwicklung ebenso wenig auszumachen wie in seinem politischen Werdegang.[66] Wenn er vor 1838/40 eher auf der liberalen Linie und nachher eher auf der konservativen dachte und agierte, so heisst das nicht, dass er nicht vorher auch konser-

---

63 Dellsperger, Kirche (wie Anm. 19), 227f.: «Der Kampf giltet […] Christus, er giltet allen, die Christus haben, allen, die ihn suchen, um zu ihm zu gelangen, sei diese Brücke nun ein Verein oder ein Professor, heisse sie so oder anders.» 229: Den jungen Theologen stehe es nicht zu, «dem Greis, der Christus hat, vorzuwerfen, er kenne die neuen Brücken nicht, die zu Christus führen und auf welchen sie eben stehn, der eine auf dieser, der andere auf jener […]» 231: «[…] predigen wir unserm alten Menschen also alle Tage, dann wird er das Richten lassen und uns nimmer verführen, […] uns der Brücke zu rühmen, welche uns zu Christo führen soll, als wäre sie Christus selbst.»

64 Siehe oben das Zitat zu Anm. 42.

65 Mitgeteilt von Guggisberg, Gotthelf (wie Anm. 1), 206.

66 Albert Tanner: Vom «ächten Liberalen» zum «militanten» Konservativen. Jeremias Gotthelf im politischen Umfeld seiner Zeit, in: Holl/Wäber (Hg.): «… zu schreien in die Zeit hinein …» (wie Anm. 19), 11–59, 58f.

vativ und nachher auch liberal war.[67] Das Etikett des Liberal-Konservativen passte nicht nur in politischer Hinsicht recht gut zu ihm, und zwar bevor dieses um 1850 als Parteibezeichnung in Mode kam. Gotthelf war als Progressiver konservativ und als Konservativer progressiv.

Solche Kontinuität provoziert die Frage nach Bitzius' theologischer Identität. Seine Theologie dürfte sich einer adäquaten systematischen Erfassung und exakten theologiegeschichtlichen Einordnung allerdings entziehen. Das lag daran, dass ihm, wie er 1845 vor seinen Kollegen sagte, «die Gabe der Abstraktion versagt» war. «In scharf geschnittenen, eng und gut gegliederten Sätzen», fuhr er fort, «vermag ich weder zu denken noch darzustellen, was in meiner Seele sich regt und bewegt. Meine Gedanken haben zumeist Fleisch und Bein; Gestalten, freundliche, feindselige, eine eigene Gespensterart bevölkern meine Seele, kommen und schwinden, handeln und reden. Was ich von diesen Gespenstern höre, an ihnen sehe, das ist meine Abstraktion, wenn ich sie so nennen darf.»[68] Dass Gotthelf auch und vielleicht überwiegend in dieser Weise dachte, ist mit ein Grund dafür, dass es seiner Theologie an Kohärenz nicht fehlt. Wie sehr ist doch beispielsweise seine geheimnisvolle Welt im Burkhalter-Brief von 1840 das exakte Gegenteil zur entzauberten Welt der jungen Himmelsstürmer in der Burgdorfer Predigt von 1849! Er wolle sich «eher einen Mystiker nennen in gewisser Beziehung», hatte er an Burkhalter geschrieben, einer, der «Träume und Ahnungen» habe. Das mag verschwommen klingen, ist aber doch, scheint mir, eine klare Auskunft.

---

67 Tanner, Vom «ächten Liberalen» (wie Anm. 66), 29, 36; vgl. Hahl, Gotthelf (wie Anm. 2), 129.

68 EB 11, 83. Dellsperger, Kirche (wie Anm. 19), 207; Hahl, Gotthelf (wie Anm. 2), 121, 362, schreibt treffend, «dass er [Gotthelf] als Dichtertheologe einen geistigen Spielraum offenhält, indem er unterschiedliche religiöse Anschauungsweisen dialektisch und literarisch vermittelt, ohne sich je auf einen stabil formulierten Kompromiss festzulegen [...]. Es geht ihm darum, verschiedene religiöse Deutungsmuster fruchtbar zu machen, sei es, dass er ihren oberflächlichen Sinn vertieft oder dass er sie als besonders passend seinem Argumentationszweck dienstbar macht».

«Die Versöhnung des Ankenbenz und des Hunghans, vermittelt durch Professor Zeller»

Zum kirchlichen und theologischen Hintergrund von Gotthelfs «Zeitgeist und Berner Geist»

In den Jahren 1851 und 1852 erschien im Berliner Verlag Julius Springer Gotthelfs «Zeitgeist und Berner Geist». Der zweibändige Roman war ein Misserfolg. Die Besprechungen, einschliesslich derjenigen Gottfried Kellers, waren kritisch bis ablehnend.[1] Eduard Zeller breitete über das Buch, in dem viel, aber ohne viel Verstand über ihn geredet wurde, in seinen Erinnerungen eines Neunzigjährigen den Mantel des Schweigens.[2] Eine Neuausgabe, besorgt von Hans Bloesch, erschien erst 1926 im Eugen Rentsch-Verlag, und es dauerte

---

1 Gotthelfs Werke werden unter der Abkürzung SW und Bandnummer, resp. EB und Ergänzungsbandnummer zitiert nach: Jeremias Gotthelf (Albert Bitzius): Sämtliche Werke in 24 Bänden [und 18 Ergänzungsbänden], hg. von Rudolf Hunziker/Hans Bloesch/Kurt Gugisberg/Werner Juker, Erlenbach-Zürich 1911–1977; Zur Rezeptionsgeschichte von *Zeitgeist und Berner Geist* vgl. Werner Juker: Entstehung und Aufnahme des Romans, in: SW 13, 601–604; Gottfried Keller: Besprechung von Zeitgeist und Berner Geist, in: Sämtliche Werke und ausgewählte Briefe 3, hg. von Clemens Heselhaus, München ^{3}1972, 946–958, 950: «Seit er [Gotthelf] […] alle Rechtlichkeit und Weisheit, alle Ehre und Wohlgesinntheit, kurz alles Gute einer Partei vindiziert und alle Ehrlosigkeit, Schelmerei und Narrheit, alles Übel der anderen, seit er das Menschenschicksal ausschliesslich abhängig macht vom Bekenntnis dieses oder jenes Parteistandpunkts, seitdem hat er den Boden unter den Füssen verloren und liefert uns leidenschaftlich-wüste, inhalt- und formlose, stümperhafte Produkte.»

2 Eduard Zeller: Erinnerungen eines Neunzigjährigen, Stuttgart 1908, 151–154.

rund hundert Jahre, bis das Werk durch Walter Muschg[3], Werner Günther[4] und Paul Baumgartner[5] eine positive Würdigung erfuhr. Für Ulrich Knellwolf ist diese Roman-Predigt «ähnlich unzugriffig» wie die Predigt des Pfarrers an ihrem Ende[6], für den Schriftsteller Lukas Hartmann ist der Roman ein Beispiel dafür, «was mit einem geborenen Erzähler passiert, der sein Erzähltalent dem wütenden politischen Kampf unterordnet»[7], und für Monika Dettwiler, die Ururururenkelin Wilhem Snells, ist es das «widersprüchlichste Gotthelfbuch, weil es die grossen Spannungen einer Epoche erfasst, manchmal visionär wirkt und manchmal festgefahren».[8]

Nur einer zählte «Zeitgeist und Berner Geist» zu Gotthelfs bedeutendsten Büchern: er selber. Mit der Möglichkeit, dass er sich dabei täuschte, ist angesichts der vielen kritischen Stimmen zu rechnen. Hier geht es denn auch nicht um eine Ehrenrettung, sondern um eine Annäherung an ein bei aller Fragwürdigkeit bedeutendes Werk, um eine kirchengeschichtliche und theologische Situierung eines durch und durch politischen Romans. Auszugehen ist von Gotthelfs Erzählung «Die Versöhnung des Ankenbenz und des Hunghans, vermittelt durch Professor Zeller», die es zunächst in ihren historischen Kontext zu stellen gilt.

I.

Im Januar 1847 wurde der Tübinger Theologe Eduard Zeller von der radikalen Regierung nach Bern berufen.[9] Zeller vertrat eine Theologie, die «in freudiger Bejahung des Lebens und der Welt die Fülle und Schönheit des dies-

3 Walter Muschg: Gotthelf. Die Geheimnisse des Erzählers, München 1931 (unveränderter Nachdruck 1967), 390–392 und passim (Register).

4 Werner Günther: Jeremias Gotthelf. Wesen und Werk, Berlin 1954, 155–160, 259f. (2. Auflage von: Der ewige Gotthelf, Erlenbach-Zürich/Leipzig 1934.)

5 Paul Baumgartner: Jeremias Gotthelfs Zeitgeist und Berner Geist, Bern 1945.

6 Ulrich Knellwolf: Gleichnis und allgemeines Priestertum. Zum Verhältnis von Predigtamt und erzählendem Werk bei Jeremias Gotthelf, Zürich 1990, 259.

7 Lukas Hartmann: Tagebuch mit Gotthelf oder Die Besichtigung eines christlichen Polemikers. Eine kritisch-skeptische Lektüre von Gotthelfs «Zeitgeist und Berner Geist», in: Der kleine Bund Nr. 195 (23. August 1997), 3.

8 Monika Dettwiler: Die Radikalen sind eine höllische Drachenbrut, in: Paul Ott/Fritz von Gunten (Hg.): Gotthelf lesen – auf dem Weg zum Original, Bern 2004, 200.

9 Zu Zeller vgl. Rudolf Dellsperger: Eduard Zellers Verdrängung aus der Theologie, in: ders.: Kirchengemeinschaft und Gewissensfreiheit. Studien zur Kirchen- und Theologiegeschichte der reformierten Schweiz: Ereignisse, Gestalten, Wirkungen (BSHST 71), Bern 2001, 261–285; zum Zellerhandel vgl. Rudolf Dellsperger: Johann Peter Romang, Philosophische Theologie, christlicher Glaube und politische Verantwortung in revolu-

seitigen Daseins verkündete – die tiefe Abneigung gegen die Flucht des Gemütes in die jenseitige Welt – die Überzeugung, dass durch die Vertiefung des Gemütes in die gegebene Wirklichkeit neue Zeiten für die Menschheit hereinbrechen müssten – de[n] Wille[n] hierfür unter allen Umständen einzustehen». So hat es Wilhelm Dilthey anlässlich des fünfzigjährigen Jubiläums von Zellers Ernennung zum Professor ausgedrückt.[10] Zeller stellte, wie er es von seinem Schwiegervater Ferdinand Christian Baur gelernt hatte, der Theologie die historische Frage, und sprach offen von einer «Perfektibilität des Christentums». Er blieb bei einem übernatürlichen Offenbarungsbegriff nicht stehen und war der Ansicht, dass selbst das, was das Bewusstsein Jesu ausgemacht hatte, dem Prozess der Vollendung, Umbildung und «Aufhebung» unterliege. Ein politischer Theologe war er insofern, als er zwischen Gottesbild und politischer Ordnung einen direkten Zusammenhang behauptete. Die Neuzeit, sagte er, habe sich einen konstitutionellen Gott zurechtgemacht. Hinzu stellte er sich offen an die Seite seines Freundes David Friedrich Strauss, dessen Berufung nach Zürich 1839 gescheitert war.

Es ist verständlich, dass die radikale Regierung diesen Gelehrten für Bern gewinnen wollte. Sie hatte sich die Lösung der grossen sozialen und wirtschaftlichen Probleme im Staat zum Ziel gesetzt und arbeitete auf die nationale Einigung hin. Sie versprach sich von Zeller als Lehrer der nächsten Theologengeneration Unterstützung bei diesem Vorhaben. Die Theologische Fakultät, an der seit 1834 bereits drei bekannte deutsche Professoren wirkten[11], äusserte zwar in ihrem Gutachten Vorbehalte gegen Zellers Berufung. Aber die Regierung liess sich davon ebensowenig beeindrucken wie von den vielen Flugschriften, die massenhaft verbreitet wurden und in deren einer es beispielsweise hiess, Zeller «läugne und bestreite alle Grundelemente des Christentums».[12] Man warf ihm und der Regierung vor, sie wollten in anarchischer Absicht heilige Traditionen und Werte zerstören. Umgekehrt wurden Zellers Gegner verdächtigt, ihre Sorge um die Religion sei bloss vorgeschoben, in Wirklichkeit gehe es ihnen um die Rückeroberung der politischen Macht.

---

tionärer Zeit (BSHST 23), Bern 1975, 108–118, und Rudolf Dellsperger: Berns Evangelische Gesellschaft und die akademische Theologie, in: ders./Markus Nägeli/Hansueli Ramser (Hg.): Auf dein Wort. Beiträge zur Geschichte und Theologie der Evangelischen Gesellschaft des Kantons Bern im 19. Jahrhundert, Bern 1981, 190–216.

10 Wilhelm Dilthey: Aus Eduard Zellers Jugendjahren, in: Wilhem Diltheys Gesammelte Schriften 4, Leipzig 1921, 433–450, hier 440.

11 Matthias Schneckenburger aus Württemberg (1804–1848) für Systematische Theologie, Karl Bernhard Hundeshagen aus Hessen (1810–1872) für Biblische und Historische Theologie und Ernst Friedrich Gelpke aus Sachsen (1807–1871) für Systematische, Biblische und Historische Theologie.

12 [Emanuel Ludwig von Fellenberg]: Die Berufung des Dr. Zeller, Bern 1847, 8.

Die Gegner der Berufung wandten sich in Petitionen an den Grossen Rat und verlangten die Kassation der Wahl. Sie behaupteten, Zellers Theologie stehe zur Bibel und zum reformatorischen Bekenntnis im Widerspruch. Sie konnten sich die weltweite Verbreitung der Bibel durch die Mission und die historische Bibelkritik an europäischen Universitäten nicht zusammenreimen. Sie sahen in der theologischen Fakultät eine Predigerschule, nicht eine universitäre, dem Grundsatz der Freiheit von Lehre und Forschung verpflichtete Institution. Hinzu kam, dass sich die Regierung anno 1847 längst nicht mehr als eine christliche im Sinne der Reformation verstand, ihre Befugnisse über die Kirche jedoch weitgehend noch dieselben waren wie zur Zeit der Reformation. Hinzu kam ferner eine spürbare Veränderung der politischen Kultur: Freischarentum und Putschtheorien gehörten ebenso zu den Aktions- und Agitationsmitteln der Radikalen wie freigebig verteilte Schimpfnamen, meist aus dem Tierbuch, zu ihrem Vokabular.

Die entscheidende Grossratssitzung fand am 24. März 1847 statt. Nach vierzehnstündiger Debatte beschloss der Rat mit einem Stimmenverhältnis von fünf zu eins über die Petitionen hinweg zur Tagesordnung zu schreiten. Bereits Anfang April traf Zeller in Bern ein und nahm seine Lehrtätigkeit auf. So viel zum geschichtlichen Hintergrund des Zellerhandels.

II.

Gotthelf machte seinem Unmut über die Politik des «Freischarenregiments» und über Zellers Berufung in der Erzählung «Die Versöhnung des Ankenbenz und des Hunghans, vermittelt durch Professor Zeller» Luft. Bereits der Titel verrät, dass es sich um eine Satire handelt, denn «Versöhnung» und «Vermittlung» sind nicht nur allgemein christliche, sondern spezifisch hegelsche Begriffe und als solche in Zellers Denken von zentraler Bedeutung.

Hauptpersonen der Erzählung sind zwei grundverschiedene Berner Bauern. Ankenbenz auf der Ankenballe ist der Typus des Zellergegners, der fromme, seine Frömmigkeit aber nicht gegen aussen kehrende Hausvater, arbeitsam und sparsam: «[…] er liebte die Ruhe und den Frieden, liebte das bestehende in den Verhältnissen, weil er behauptete, das Heil komme nicht von außen, sondern von innen, und je mehr man wechsle, desto mehr vergesse man diese Wahrheit».[13] Hunghans im Hunggraben hingegen verfällt dem neumodischen «Regierer», wird radikal und verkommt zusehends, innerlich und äusserlich. Er weiss es schon, das Neue: «Im andern Sommer werden die Pfaffen abgeschafft, oder man läßt Schwaben kommen, die sind wohlfeil, für

13 SW 13, 545.

tausend Pfund jährlich kriegt man dort zwei für einen, und der freie Glaube eingeführt, und wer nicht geigen will, muß tanzen.»[14] Zunächst schenkten Ankenbenz und die Leute seines Schlages Hunghansens Wirtshausprophezeiungen wenig Beachtung. Bald aber «kam wie ein grauer Nebel die schauerliche Kunde gezogen, wie die Religion abgeschafft und das Naturrecht eingeführt, bildungslose Schulmeister und brotlose Advokaten dasselbe verkünden sollten, wenn die Pfarrer es nicht wollten, und wie man einen neuen Professor angestellt, welcher für die Zukunft die jungen Geistlichen auf die neue Mode abrichten und dressieren solle. Es solle auch einer von denen sein, welche dem Teufel ihre Seelen verschrieben hätten mit ihrem Blute, wenn er sie was Neues lehre, womit sie könnten Professor werden und Brot kriegen und Wein und Weibervolk nach Belieben».[15] Das Volk las die Schriften für und gegen Zellers Berufung, es prüfte sie, geriet in Aufregung und spaltete sich in zwei Parteien. Eines Tages erschien der «Polizeier» auf der Ankenballe, um Benz zu einer Versammlung aufzubieten: Er «erzählte [...] gar schreckliche Dinge von einem aus dem Schwabenland, den die Regierung expreß habe kommen lassen, um die Religion auszurotten, akkurat wie man die Kapuziner kommen lasse, Gespenster auszutreiben, oder sonst geschickte Leute gegen die Wanzen oder gegen die Mäuse; daß man einen rufe gegen die Religion, das sei doch noch nie erhört worden. Unten im Dorfe sei alles auf, man wolle Gemeinde halten, um der Regierung zu sagen, von solchem wolle man nichts».[16] Die Versöhnung zwischen Ankenbenz und Hunghans ereignet sich anlässlich der Sitzung des Grossen Rates, der sie im Auftrag ihrer Gemeinde als Beobachter beiwohnen. Da gehen Ankenbenz die Augen auf. Erschüttert stellt er fest: «Ich habe gehört wie den meisten Christus eine unbekannte Person ist [...]. Man will weg mit dem Christentum, man will abschaffen den christlichen Staat mit allem, was ihm angehört, man will weg mit der Unsterblichkeit, man will fleischlich leben für diese Welt.»[17]

Das in diesen Zitaten vorherrschende Vokabular ist dasjenige der Beseitigung. Es geht um die Abschaffung der Religion, des Christentums, des christlichen Staates und des Predigtamtes zugunsten von faustischer Hybris, Freigeisterei, ethischem Libertinismus und des Naturrechts, und propagiert wird all dies von der radikalen Regierung und den ihr genehmen Professoren, von Volksschullehrern und Advokaten.

Das ist Satire, Brandschrift und Polemik. Das Bild Eduard Zellers will gar nicht Bild, es will Zerrbild sein. Zeller selber, ein gediegener Gelehrter von

14 SW 13, 544.
15 SW 13, 549.
16 SW 13, 552.
17 SW 13, 569.

echt liberaler politischer Couleur, konnte sich darin ebenso wenig wiedererkennen wie in den Wunschbildern, welche die Radikalen sich von ihm machten. Unter Zellers Gegnern hat damals wohl niemand ausser Gotthelf die Dinge so pointiert gesehen. In den vielen Flugschriften gegen Zellers Berufung begegnet man echter, hin und wieder auch hysterischer Sorge um die Zukunft des Christentums. Gotthelf hingegen macht seiner Sorge in ätzend karikierender Kritik Luft. Er schlägt, nur noch schärfer, denselben Ton an wie der «Gukkasten», die radikale Zeitschrift für «Witz, Laune und Satyre».[18] Er übertreibt masslos und bewusst, und dies so sehr, dass eigentlich niemand auf den Gedanken kommen sollte, ihn wörtlich zu verstehen. Dennoch war eben dies zu befürchten. Gotthelfs Freund und Kollege Johann Jakob Reithard jedenfalls sandte ihm das Manuskript, um das er für «Die neuen Alpenrosen» gebeten hatte, mit der Bemerkung zurück, er, Gotthelf, riskiere bei einer Veröffentlichung einen «wütenden Pressprozess» und den Verlust seiner Pfarrstelle. «Ihr gütiger Beitrag», fuhr er fort, «hat wieder die Ihnen eigentümliche Fülle von Menschenkenntnis und geistreicher Auffassung sozialer Zustände und Verhältnisse; auch jener sprudelnde Witz fehlt nicht, der die Agonie zum Lachen bringen könnte – aber mich dünkt das Ding zu stark, zu stark in Ausdrücken, zu verletzend in Persönlichkeiten».[19] Reithards Befürchtungen waren berechtigt: Die radikale Regierung verstand im Fall von Majestätsbeleidigung keinen Spass, abgesehen davon, dass der streitbare Pfarrer von Lützelflüh ihr ohnehin ein Dorn im Auge war. Im vorliegenden Fall verstand aber auch Gotthelf keinen Spass. Er empfand Reithards Reaktion als Affront, war und blieb ihm gegenüber verstimmt und legte das Manuskript beiseite. Er dachte nicht im Traum daran, es zu geniessbarer Kost aufzubereiten, auch zweieinhalb Jahre später nicht, als er es wieder zur Hand nahm. «Ich habe […] Hunghans und Ankenbenz wieder vorgenommen», schrieb er am 12. Oktober 1849 an Abraham Emanuel Fröhlich, «und arbeite ihn um und aus, um das Demoralisieren des Volkes von oben herab, namentlich durch schlechte Beamtete, zu zeigen. Ich muß fleißig dran sein, denn vor dem Frühjahr sollte das Buch im Volke sein. Wir müssen alles aufbieten, um im Frühjahr bei neuen Wahlen den Antichrist los zu werden. Gelingt dies nicht, dann gute Nacht, dann erst streckt das

18 Zum *Gukkasten* vgl. Dellsperger, Evangelische Gesellschaft (wie Anm. 9), 201–204; Nach Albert Tanner: Vom «ächten Liberalen» zum «militanten» Konservativen? Jeremias Gotthelf im politischen Umfeld seiner Zeit, in: Hanns Peter Holl/J. Harald Wäber (Hg.): «… zu schreien in die Zeit hinein …» Beiträge zu Jeremias Gotthelf/Albert Bitzius (1797–1854) (Schriften der Burgerbibliothek Bern), Bern 1997, 11–59, 43 war «der von Jeremias Gotthelf so heftig angegriffene Radikalismus zumindest bis gegen Mitte der vierziger Jahre ein Konstrukt, ein Feindbild und ein Kampfbegriff».

19 Johann Jakob Reithard an Jeremias Gotthelf, 08.06.1847, in: EB 7, 60f.

greuliche Tier seine Hörner so recht lang und teuflisch aus. Etwas zwingen wir, aber wie viel, weiß Gott.»[20]

Im Jahr 1850 standen Grossratswahlen an. Die Liberalen, von den Radikalen längst zu Konservativen gestempelt, wollten die Macht zurückerobern. Das Buch, an dem Gotthelf im Herbst 1849 fieberhaft zu arbeiten begann und bei dem er auf «Die Versöhnung des Ankenbenz und des Hunghans» zurückgriff, ist Wahlkampfliteratur. Wenn er darin das «Demoralisieren des Volkes von oben herab, namentlich durch schlechte Beamtete» anprangern wollte, verstand er darunter den volksschädigenden moralischen Einfluss, der vom modernen Beamtenstaat ausging. Das war sein Wahlkampfthema, das sollte das Thema von «Zeitgeist und Berner Geist» sein. Gotthelf dachte anfänglich an eine Ausweitung der Versöhnung, also an ein eher schmales Buch. Es ist eines seiner umfangreichsten geworden, und als es mehr als ein Jahr nach den Wahlen, die von den Liberal-Konservativen auch ohne es gewonnen worden waren, als Roman erschien, fiel es, wie gesagt, durch. Wenn man sich seine Entstehungsgeschichte vor Augen hält, ist man darüber vielleicht gar nicht so sehr erstaunt.

III.

Gotthelf verpackt in «Zeitgeist und Berner Geist» das Thema, um das sich alles dreht, notdürftig in eine Handlung. Die beiden Protagonisten Ankenbenz und Hunghans wurden bereits vorgestellt. Benz wird nun wie folgt, präziser als in der Erzählung, charakterisiert: Er «war nicht gebildet, er war nicht aufgeklärt auf die neue Mode, sondern auf die alte, das heißt, er war bibelfest, kannte die Bibel, glaubte an die Bibel, sah mit den Augen der Bibel, wertete die Dinge nach dem Maßstabe der Bibel, hatte nebenbei Bücher gelesen und auch wiedergelesen, und weit und breit galt kein Mann für so klug und erfahren in allen Dingen wie Benz».[21] Zu Benz' Büchern – seine Beziehung zur Bibel gleicht derjenigen Gotthelfs – gehört Johann Arndts «Wahres Christentum». Benz lebt mit Lisi, seiner Frau, in glücklicher Ehe, während Gritli, Hunghansens Frau, vor Kummer über den Niedergang von Haus und Hof erkrankt und stirbt. Hans kommt erst zur Einsicht, als sein gleichnamiger Sohn, wie er ein Radikaler und überdies ein Militär mit grossspurigem Lebensstil, in plötzlicher geistiger Umnachtung stirbt. Hatte Lisi Gritli helfen wollen, aber nicht helfen können, so greift nun Benz seinem wiedergewonnenen Freund Hans rettend unter die Arme. Nur ihre beiden Kinder Gretli und Benz, in guten Zei-

20 EB 7, 237.
21 SW 13, 64.

ten so getauft nach ihren beiden Paten im Nachbarhof, scheinen durch die Kluft zwischen den beiden Häusern für immer voneinander geschieden zu sein. Schliesslich aber finden auch sie wieder zusammen und reichen sich die Hand fürs Leben.

Das ist das Handlungsgerüst. Darum herum wuchert wie stachlige und saure Beeren das Thema: «die Schlechtigkeit der neuen Beamten, die mit den ihnen anvertrauten öffentlichen Geldern ein Lumpenleben führen; die Verdorbenheit ihrer im Bad versammelten Weiber, die sich freimütig zum Ehebruch bekennen; die Vaterlandssalbaderei der Versammlungsredner, die den Patriotismus für sich gepachtet haben; die Geistesverfassung der Advokaten, die den Meineid als einen Kunstgriff ihres Berufs betrachten; der Grössenwahn der Schulmeister, die ihre Halbbildung für den zeitgemässen Ersatz der Religion halten; der Abfall der höheren Kreise von Christentum und Kirche, der die eigentliche Ursache aller dieser Laster ist.»[22] Walter Muschg, der «Zeitgeist und Berner Geist» in dieser Weise charakterisiert hat, schreibt, alles sei «massive Tendenz, erregte Tendenz, erregte Diskussion», fast nirgends öffne sich die «Ruhe der Schöpfung». «Ein unendlicher Verlust an dichterischer Schönheit ist eingetreten. Die Bedeutung dieses Buches liegt, abgesehen von Einzelheiten, nicht mehr in der kunstvollen Ausführung, sondern in der Gesinnung, die hinter ihm steht.»[23] Es ist eine «symbolische Lehrdichtung» um Gut und Böse, gehalten fast ausschliesslich in hellen und dunklen Tönen. Es erweckt, wie in Wahlkämpfen so oft, den Eindruck, als ginge es auf Biegen und Brechen. Zwischentöne sind selten, selten auch blitzt Gotthelfs Humor auf, obwohl gerade er dem Ernst der Lage am ehesten angemessen wäre.

Und dennoch ist «Zeitgeist und Berner Geist» ein faszinierendes Buch. Es wirkt anziehend und abstossend, beruhigend und aufregend, es berührt bald warm, bald kalt, aber kalt lässt es einen nicht. Woran liegt das?

Es liegt nicht an der Zellergeschichte. Diese ist definitiv zum Aufhänger geworden und wird vor allem an drei Stellen thematisiert. In der Kaffeegesellschaft im Bad ist die Rede von einem Professor, über den man das Heidentum einführen und das Christentum auf den Aussterbeetat setzen wolle. Wer gegen diese Tendenz opponiere, werde mit dem Argument, Politik gehöre nicht auf die Kanzel, zum Schweigen gebracht. Eine Beamtengattin bekennt freimütig, «sie hätte noch nie erlebt, daß das Kirchengehen brave Leute mache, sie kenne viele, welche nie in die Kirche gingen und ihr viel anständiger seien als viele, welche allemal drinnen wären, wenn es läute. Wenn es die einen machen könnten ohne Kirche, so wüßte sie nicht, warum es die andern nicht auch so

22 Walter Muschg: Jeremias Gotthelf. Eine Einführung in seine Werke, Bern/München [2]1960, 160.

23 Muschg, Einführung (wie Anm. 22), 159.

machen könnten. Daneben sei sie ihr nicht im Wege, ihrethalben könne sie bleiben, wo sie sei. Wider dBible habe sie auch nichts, sie sei zwar afe alti, daneben werd mängs Schöns drin sy. Aber es gebe dann noch andere schöne Bücher […]» [= Gegen die Bibel habe sie auch nichts; sie sei zwar schon alt, aber abgesehen davon werde allerhand Schönes drin stehen.], und sie erwähnt Eugène Sue's «Les Mystères de Paris» von 1842.[24]

Die beiden anderen Stellen, an denen auf den Zellerhandel angespielt wird, sind mit Bedacht gewählt. Auf dem Heimweg vom Bad geraten Lisi und Benz unverhofft in eine Taufgesellschaft. Ein alter Mann bemerkt im Verlauf des Tischgesprächs: «Es solle einer in Bern, der am meisten zur Sache zu sagen habe, gesagt haben: wegen der Religion könne man im Kanton Bern machen, was man wolle, wegen dem Glauben sei man ganz gleichgültig, wenn man nur brav lösen könne, Käse, Holz, Kühe und Rosse brav gölten, sei man lange zufrieden.»[25] Angesichts solch eines dumpfen Materialismus bricht die junge Mutter vor Kummer über das Seelenheil des Täuflings in Tränen aus. Das Motiv ist echt – es geht um das Woher und um das Wohin des Menschen – aber die Art, wie Gotthelf es ausführt, wirkt aufgesetzt.[26] Um das Woher und das Wohin des Menschen ginge es auch an der anderen Stelle, beim Leichenmahl nach Gritlis Beerdigung; aber die weinselige Stimmung lässt kein ernsthaftes Gespräch zu. Zwei Vertreter des «entschiedenen Fortschritts» klopfen über Pfaffen und Kirche, Jesuiten und Priester markige Sprüche, mehr nicht. Gotthelf tobt in diesen beiden Gestalten auf satirische Art sein ganzes Ressentiment gegen Lehrer, Juristen und Ärzte nach der neuen Mode und diejenigen, die sie fördern, aus.[27]

«Zeitgeist und Berner Geist» enthält weit überzeugendere Passagen als die soeben bezeichneten. Da ist zum Beispiel das lange, spannende Lehrgespräch zwischen Pfarrer und Amtsrichter über die Vereinnahmung der Kirche durch den Staat, die mit dem Landeskirchentum der Reformation begann, im Zeitalter der Aufklärung grösser wurde und sich im Verlauf der ersten Hälfte des 19. Jahrhunderts noch einmal verschärfte. Gotthelf lässt den Pfarrer diese Entwicklung so schildern, als ziehe sich um die Kirche und ihre Amtsträger allmählich eine Schlinge zu, von der sie sich, wenn sie nicht ersticken wollen, befreien müssten. Auf die Pfarrer bezogen heisst das: «Das Gefühl ihres Berufes als Diener Gottes, Verkündiger seines ewigen Wortes und eines ewigen Lebens ist in zahllosen Dienern der Kirche erwacht, und die staatlichen Miß-

24 SW 13, 261f.
25 SW 13, 273.
26 Vgl. SW 13, 280f.
27 SW 13, 329–332.

handlungen und Entwürdigungen fühlen sie mit glühender Pein.»[28] Hier spricht nicht irgendein Pfarrer, hier spricht Gotthelf selber, der sich im Vorwort zu «Zeitgeist und Berner Geist» auf die republikanische und mehr noch die christliche Freiheit beruft, die ihn zum Schriftsteller gemacht habe, «und zwar als er bald vierzig Jahre alt war. Was er wollte, wußte er. Er trat in die Schranken für Gott und das Vaterland, für das christliche Haus und die Zukunft der Unmündigen».[29] Gotthelf setzt sich gegen die Omnipräsenz, gegen die Schrankenlosigkeit des Politischen und gegen die Allmacht des Staates zur Wehr. «Der Staat», lässt er den Pfarrer sagen, «kann nicht Gott sein [...]. Der Staat, der alles in allem sein wollte, will am Ende alles und gibt nichts, bringt Hunger und stillt ihn nicht, erzeugt Bedürfnisse, und sind sie erzeugt, spottet er ihrer, statt sie zu befriedigen, bildet die Menschen, das heißt, er erzieht sie so, daß sie das Höchste begehren lernen, während sie das tägliche Brot nicht erhalten können».[30]

Nun gilt es auch hier, wie bereits bei den Streitschriften zum Zellerhandel, festzuhalten, dass im radikalen Bern wohl kaum ein Politiker, Philosoph oder Jurist dem Staat göttliche Dignität beimass. Wenn man Gotthelf in dieser Beziehung an den historischen Gegebenheiten misst, muss man zum Schluss kommen, dass er im Unrecht war.[31] Aber es waren gar nicht so sehr Einzelpersonen wie Wilhelm Snell, Jakob Stämpfli oder Alfred Escher, die ihn beschäftigten, so offen er sie auch befehdete und oft genug verhöhnte. Das, was ihn, der nicht so sehr abstrakt, sondern in Bildern dachte[32], wirklich umtrieb, war die Schreckensvision des totalen, Menschen vernichtenden Staates. Sie ist es, die Benz, als er nach einem gespenstischen Gespräch mit dem «Regierer» im «Blauen Schimmel» durch die Nacht nach Hause ging, durchfuhr: die Vision einer friedlich schlafenden Welt, einer Welt ohne Gott, aber mit selbsternannten Göttern, die ihr den Frieden nehmen wollten: «[...] ihr, die ihr da schlafet

---

28 SW 13, 129.

29 SW 13, 8.

30 SW 13, 129f.

31 Hanns Peter Holl: Jeremias Gotthelf. Leben, Werk, Zeit, Zürich/München 1988, 164–167.

32 Vgl. Gotthelfs Referat über die Visitationsberichte von 1845, in: SW 11, 83: «Freilich ist mir die Gabe der Abstraktion versagt; in scharf geschnittenen, eng und gut gegliederten Sätzen vermag ich weder zu denken noch darzustellen, was in meiner Seele sich regt und bewegt. Meine Gedanken haben zumeist Fleisch und Bein; Gestalten, freundliche, feindselige, eine eigene Gespensterart bevölkern meine Seele, kommen und schwinden, handeln und reden. Was ich von diesen Gespenstern höre, an ihnen sehe, das ist meine Abstraktion, wenn ich sie so nennen darf. Wenn ich über meine Aufgabe sinnen wollte, so erschien mir allemal so eine Gestalt.» Dazu auch Rudolf Dellsperger: Kirche in der «Springflut der Zeit». Vier Reden von Albert Bitzius und Johann Peter Romang aus den Jahren 1844/45 und 1849, in: Holl/Wäber, «... zu schreien in die Zeit hinein ...» (wie Anm. 18), 195–234, hier 207–211.

in dem friedlichen Lande, wißt ihr, was abgekartet worden wider euch? Ists eine Brandstiftung, wird Feuer bereitet, soll euer Haus angezündet werden, werdet ihr in einer Stunde aus dem Schlafe auffahren, von Feuerschein und Menschengeschrei erweckt und kaum das nackte Leben rettend, dem Feuer entspringen mögen? O nein, dachte Benz, viel Ärgeres ists und wird da bereitet in der Stille und doch so öffentlich und laut, aber so arg ists, dass niemand es glauben mag, wenn man es auch ausschreit auf den Gassen, daß man totgeschlagen werden kann auf den Gassen als Verleumder, während die Tat begonnen wird, hier, dort, überall, bis man, wie es der Teufel macht, wenn er die Macht erlangt, erscheint in wahrer Gestalt und totschlägt, an wem man die Tat nicht zu vollbringen vermochte.»[33]

Für Gotthelf bot allein das Christentum Gewähr für den wahren Fortschritt, es allein heiligte die verschiedenen Staatsformen, und zwar dasjenige Christentum, «das die Vervollkommnung jedes einzelnen Menschen ohne Unterschied» fördert nach dem Grundsatz: «Was du willst, dass dir die andern tun, das tue du auch ihnen.»[34] Mit der «Vervollkommnung» begegnet bei Gotthelf ein Motiv, das auch in Eduard Zellers Denken von zentraler Bedeutung war. Aber es ist bezeichnend, dass Gotthelf nicht von der Perfektibilität des Christentums spricht, sondern von der Vervollkommnung, biblisch gesprochen, von der Heiligung des Menschen. Er war, gerade auch was Christentum und Kirche betraf, von blauäugigem Optimismus weit entfernt.

IV.

Zum Schluss sollen zu den eingangs erwähnten Reaktionen auf «Zeitgeist und Berner Geist» zwei weitere hinzugefügt werden. Die eine ist zeitgenössisch, die andere stammt aus den vierziger Jahren des 20. Jahrhunderts, beide stammen aus Briefen. Am 15./16. Januar 1852 bedankte sich Johann Ludwig Lindt, ein Verwandter und Kollege Gotthelfs, für das Buch. Er lobte es, sparte aber auch nicht mit Kritik: «Worein ich mich nun aber nicht ganz finden kann, ist, daß Du diesem verlotterten Unglauben immer nur den – ich weiß es nicht kürzer zu bezeichnen – kritiklosen Glauben entgegen stellst [...]». Für Menschen, deren Selbstbewusstsein und mit ihm das Prinzip der Autonomie erwacht sei, genüge ein blosser Autoritätsglaube nicht mehr. Diesen Menschen müsse «das eigentliche Wesen der Religion und des Christentums» erklärt werden. Es gehe darum, das im Zeitgeist – der Begriff hat bei Lindt keinen negativen Beigeschmack – liegende Prinzip der Autonomie mit der Objektivi-

33 SW 13, 206f.
34 SW 13, 141; Mt 7,12.

tät des Christentums in Einklang zu bringen. Mit einem Wort: Lindt vermisste eine theologisch profunde Antwort auf die auch in seinen Augen seichte Beamtenaufklärung.[35]

Ein zweites, mehrfaches und deshalb schwer zu deutendes Echo stammt von Dietrich Bonhoeffer, der seinen Widerstand gegen den Naziterror mit langer Haft und schliesslich mit seinem Leben bezahlte. Benz' Nachtgesicht, Gotthelfs Schreckensvision, war Wirklichkeit geworden. Gotthelf gehörte während der langen und zermürbenden Haftzeit zu Bonhoeffers Lieblingslektüre. Er zählte ihn – leider ohne dies weiter ausführen zu können – zusammen mit Lessing, Stifter, Mörike und Claudius zu den herausragenden Vertretern einer «christlichen Weltlichkeit».[36] Bei Gotthelf und Stifter fand er unter den unsäglichen physischen und mehr noch psychischen Belastungen der Haft Ruhe, gewann er hilfreiche Distanz zu sich selber. Psychologie wurde für ihn daneben zweitrangig. «Ich glaube, darum ist mir Stifter und Gotthelf so wichtig gewesen. Es geht um Wichtigeres als um Selbsterkenntnis.»[37] Er lese den «Berner Geist», schrieb Bonhoeffer im Frühling 1943 seinen Eltern, und freue sich an Gotthelf in seiner «klaren, gesunden, stillen Art». Sie, die Eltern, möchten das Buch doch auch lesen.

Gotthelf: klar und gesund, gewiss, aber still? Dass er auch ein Rebell war, wird Bonhoeffer ganz bestimmt nicht entgangen sein. Nur durfte er darüber kein Wort verlieren, wenn er wollte, dass seine Briefe an die Eltern die scharfe Zensur passierten. Er konnte sich darauf verlassen, dass diese Gotthelf verstanden, wie er ihn verstand und sich von ihm verstanden fühlte.[38]

Was Bonhoeffer meinte, wenn er von Gotthelfs «stiller Art» sprach, kann man nur erahnen. Vielleicht dachte er an Stellen wie diejenige, wo Lisi vom Besuch an Gritlis Sterbebett heimkehrt, wo Poesie den Himmel öffnet: «Zu seinen Füßen hin lief der Graben oder das kleine Tal, in welchem der Hungha-

---

35 Johann Ludwig Lindt an Jeremias Gotthelf, 15./16.01.1852, in: EB 8, 239–242, hier 240.

36 Dietrich Bonhoeffer an Eberhard Bethge, 09.03.1933, in: Dietrich Bonhoeffer, Widerstand und Ergebung. Briefe und Aufzeichnungen aus der Haft (Dietrich Bonhoeffer Werke 8), hg. v. Christian Grimmels/Eberhard Bethge/Renate Bethge in Zusammenarbeit mit Ilse Tödt, Gütersloh 1998, 352f.; Vgl. Ernst Berneburg: Das Thema des Heiligen Geistes in Jeremias Gotthelfs Roman «Geld und Geist», in: Makarios-Symposium über den Heiligen Geist. Vorträge der zweiten Finnisch-deutschen Theologentagung in Karis 1984, Åbo 1989, 28–95, 69.

37 Dietrich Bonhoeffer an Eberhard Bethge, 15.12.1943, in: Bonhoeffer, Widerstand (wie Anm. 36), 235.

38 Bonhoeffer, Widerstand (wie Anm. 36), 71 (15.05.1943), 92 (04.06.1943), 117 (24.07.1943), 182 (09.11.1943), 235 (15.12.1943). Bonhoeffers Eltern haben «Zeitgeist und Berner Geist» gelesen: 83f. (Paula Bonhoeffer 25.05.1943: «Wir haben aber den ‹Berner Geist und Zeitgeist› jetzt angefangen zu lesen, und er hat uns wirklich sehr interessiert, und die Probleme verfolgen einen wirklich.»), 94f. (Karl Bonhoeffer, 08.06.1943).

fen war, es mündete vor seinen Augen ins breite Haupttal, und drüber weg sah man in weiter Ferne die lange blaue Wiege, in welche des Abends die Sonne zu Bette geht, den Jura. Es war ein düsterer Tag gewesen, dem die Sonne gefehlt, Wolken den Himmel verhüllt hatten. Nun zog sich weithin über den blauen Berg ein heller Streif wolkenfrei. Unbemerkt nahte sich die Sonne der wolkenlosen Bahn, und diese erglänzte in lichter Freude, ehe noch die Sonne sichtbar war. Als diese nun selbst kam in ihrer stillen Majestät, ergoß sie ihr rosig Licht in reicher Fülle über die Erde, und diese erglühte wie eine Braut, wenn des Bräutigams in Liebe getauchtes Auge in ihr Auge strahlt. In stummer Freude glänzten Berge und Täler, funkelte das Wasser auf den Wiesen, die Fenster in den Häusern, doch nur eine kleine Weile, denn weiter ging die Sonne, stieg nieder hinter die blaue Wand, noch eine Weile Strahlen spendend, Berge rötend. Und als die Strahlen verglüht waren auf Erden, lichtete sich nach und nach die Wolkendecke, die Dünste schwanden, der Himmel tat sich auf, ein Stern nach dem andern trat aus seiner Kammer, bald strahlte der offene Himmel in voller Sternenpracht.»[39]

39 SW 13, 313.

Von Schrenk zu Schrempf

Ein Beitrag zu Hermann Hesses Religiosität

In der vierten Auflage des Handwörterbuchs «Religion in Geschichte und Gegenwart» sind der Theologe und Philosoph Christoph Schrempf und der Evangelist Elias Schrenk, beide gebürtige Württemberger, Nachbarn.[1] So will es das Alphabet. Wenn sie auch im Leben des jungen Hermann Hesse «Nachbarn» waren, dann hat das hingegen tiefer liegende Gründe. Diese sollen hier schrittweise dargelegt werden. Es wird von Hesses Krise von 1892, seinem Verhältnis zu den Eltern, vor allem demjenigen zur Mutter, dem Roman «Unterm Rad», der Gebetsheilung der Mutter durch Elias Schrenk und von Christoph Schrempfs Bedeutung für Hermann Hesse die Rede sein. Dabei soll er anhand von Briefen, Texten aus dem Frühwerk und autobiographischen Rückblicken selber ausführlich zu Wort kommen. In einem Epilog ist anhand von Briefen aus den dreissiger und vierziger Jahren von der Freundschaft zwischen Schrempf und Hesse die Rede, und im Anhang wird ein Brief Schrempfs an Hesse erstmals veröffentlicht. Da die beiden auch das letzte Wort behalten sollen, sei hier angedeutet, worum es geht: Dass sich Hermann Hesse von den Glaubens- und Moralvorstellungen seines pietistischen Elternhauses entfernt hat, ist bekannt. Inwiefern kam diese Entwicklung einem radikalen Bruch mit dem Herkommen gleich und inwiefern einer eigenwilligen Aneignung des Überkommenen? Beides war, wie Hesse selber bezeugt hat, der Fall. Gelingt es, diesen Prozess mit Leben und Inhalt zu füllen? Um diese Frage geht es in

1 RGG^4 7 (2004), 1003f. – Vollständig überarbeitete und erweiterte Fassung meines Aufsatzes: Von Schrenk zu Schrempf. Ein Beitrag zu Hermann Hesses religiösem Werdegang, in: PuN 38 (2012), 227–237.

diesem fragmentarischen Versuch, der auch ein Beitrag zum Gespräch zwischen Literaturwissenschaft und Pietismusforschung sein möchte.[2]

I. Die Krise

«Ihr seid Christen, und ich – nur ein Mensch.» So steht es im Brief des Fünfzehnjährigen an seine Eltern vom 11. September 1892. Betrachtet man diesen Satz isoliert, dann lässt er verschiedene Interpretationen zu: Er kann gelassene Bescheidenheit, aber auch stolze Selbstbehauptung oder Verzweiflung, Trauer ausdrücken. Achtet man auf den Zusammenhang und die Situation des Schreibers, dann scheidet die erste Möglichkeit aus: Hesse ist aus dem Seminar Maulbronn, dessen Drill und Enge er nicht mehr ertrug, ausgebrochen und, deswegen als nervenkrank, ja geistesgestört taxiert, in die Obhut des jüngeren Christoph Blumhardt (1842–1919) in Bad Boll gelangt. Nach dem Scheitern von Blumhardts Behandlungsversuchen und einem misslungenen Suizid befindet er sich gegen seinen Willen in der Psychiatrischen Klinik in Stetten im Remstal.[3]

Hesse droht am Gefühl, «wie elend dieses Leben mit Allem ist», zu zerbrechen und setzt sich gegen alle Versuche, auf sein Leben Einfluss zu neh-

---

2 Gunnar Decker: Hermann Hesse. Der Wanderer und sein Schatten, München 2012, betont in seiner Hesse-Biographie die Schattenseiten von Hesses ambivalentem Pietismus-Bild. Für Decker ist der Pietismus, wohl in Anlehnung an Ernst Troeltschs Typologie, schlicht eine «protestantische Sekte», die als solche in Opposition zur Amtskirche stand. (26) Für ein Leben der Askese und Zucht habe Philipp Jakob Spener in seinen «Pia desideria», dem «Regelwerk des Pietismus eine einzige moralische Entmündigung im Namen der Moral betrieben». (33f.) Die Gründung von Waisenhäusern sei «eine Spezialität der Pietisten, wobei die Franckeschen Stiftungen in Halle als Modellfall gelten: auch ein Kind besitzt eine Arbeitskraft, die man zum Lobe des Herrn ausbeuten muss». (28) – Differenzierter bezeichnet Heimo Schwilk: Hermann Hesse. Das Leben des Glasperlenspielers, München 2012, 38 den schwäbischen Pietismus als Volksfrömmigkeit mit oft «sektiererische[n] Formen». Die württembergischen Pietisten hätten dem modernen Lebensgefühl mit ihren Brüdergemeinden eine Art neuer Urkirche entgegen gesetzt. Das irdische Leben sei nicht Selbstzweck, sondern «Prüfung und Vorstufe zum ewigen Leben». Dazu gehöre «eine andauernde, ehrliche Selbstbefragung, um die eigenen Antriebe erst zu durchschauen und sie dann auf Gott auszurichten. Denn in der Selbstprüfung […] prüft mich auch Gott selbst, der alle meine Motive, Gedanken und Absichten kennt. Nicht die Lehre oder das kirchliche Amt, sondern die Ergriffenheit, die persönliche Bekehrung macht den Einzelnen zu einem neuen Menschen in der Nachfolge Christi».

3 Diese Ereignisse sind dokumentiert in: Ninon Hesse (Hg.): Kindheit und Jugend vor Neunzehnhundert. Hermann Hesse in Briefen und Lebenszeugnissen, Bd. 1: 1877–1895, Frankfurt am Main 1984, 179–266.

Abb. 1: Hermann Hesse (1910). Deutsches Literaturarchiv Marbach, B57.191 (Foto: Gret Widmann).

men, zur Wehr: «[…] ich gehorche nicht und werde nicht gehorchen», hält er seinen Betreuern entgegen. Er fordert von den Eltern die Befreiung aus seinem Gefängnis und verbittet sich jeglichen christlich verbrämten Zuspruch: «Wenn Ihr mir schreiben wollt, bitte nicht wieder Euren Christus. Er wird hier genug an die grosse Glocke gehängt. ‹Christus und Liebe, Gott und Seligkeit› etc etc steht an jedem Ort, in jedem Winkel geschrieben und dazwischen – alles voll Hass und Feindschaft. Ich glaube, wenn der Geist des verstorbenen ‹Christus›, des Juden Jesus, sehen könnte, was er angerichtet, er würde weinen. Ich bin ein Mensch, so gut wie Jesus, sehe den Unterschied zwischen Ideal und Leben so gut wie er, aber ich bin nicht so zäh wie der Jude, ich!»[4]

Drei Tage später distanziert sich Hesse von seinem Vater noch weiter. Er schreibt: «Ihre Verhältnisse zu mir scheinen sich immer gespannter zu gestalten, ich glaube, wenn ich Pietist und nicht Mensch wäre, wenn ich jede Eigenschaft an mir ins Gegenteil verkehrte, könnte ich mit Ihnen harmonieren. Aber so kann und will ich nimmer leben.» Er schiebt dem Vater, nächst sich selber, im Voraus die Schuld zu, sollte er aus Lebensüberdruss und Welthass zum Verbrecher werden.[5]

Kontrastiert er im ersten Brief sein Menschsein pauschal mit dem Christsein der Eltern, so setzt er sich hier präziser von ihrem pietistischen Christentum ab. Tatsächlich waren seine Mutter Marie (1842–1902), geb. Gundert, und sein Vaters Johannes (1847–1916) von längerer Erfahrung in der Indienmission ebenso geprägt wie von literarischer und verlegerischer Tätigkeit im Calwer Verlagsverein. Sie vertraten einen lebendigen, gebildeten Pietismus mit weltweitem Horizont.

II. Das Elternhaus

Wenn Hesse sich im Jahr 1892 davon lossagte, tat er es, ohne auf Dauer mit den Eltern zu brechen, wie es zunächst den Anschein hatte. Über die Mutter schrieb er wenige Monate nach ihrem Tod an seine Schwester Adele, er verdanke ihr «das Beste, was ich geistig besitze».[6] Man wird das aber nicht vorschnell in christlichem oder gar pietistischem Sinn deuten dürfen, schreibt Hesse doch in einem autobiographischen Rückblick, der um 1937 entstanden ist, es sei der «frommen Erziehung (sie war / Grausam zuweilen, für mich wie die Eltern) / […] am Ende missglückt, jenen Christen / Aus mir zu machen, der doch ich selbst / Oft so ernstlich wünschte und hoffte zu werden».[7]

Den Grund für dieses Scheitern sah Hesse in der pietistisch-christlichen Überzeugung, dass «des Menschen Wille von Natur und Grund aus böse sei

---

4 Ninon Hesse, Kindheit und Jugend (wie Anm. 3), 257–266; Eine gekürzte Wiedergabe dieses Briefes bei Hermann Hesse: «Unterm Rad». Entstehungsgeschichte in Selbstzeugnissen des Autors, hg. von Volker Michels, Frankfurt am Main 2008, 189–196, die Zitate 194–196.

5 Abbildung und Transkription des Briefes vom 14.09.1892, in: Volker Michels (Hg.): Hermann Hesse. Sein Leben in Bildern und Texten, Frankfurt am Main 2000, 56f.

6 Zitiert nach Siegfried Greiner: Nachwort, in: Adele Gundert: Marie Hesse – die Mutter von Hermann Hesse. Ein Lebensbild in Briefen und Tagebüchern, Frankfurt am Main 1977, 255.

7 Michels, Leben in Bildern (wie Anm. 5), 12.

und dass dieser Wille erst gebrochen werden müsse, ehe der Mensch in Gottes Liebe und in der christlichen Gemeinschaft das Heil erlangen könne. So wurden wir – denn unsre Eltern liebten uns sehr und waren beide nichts weniger als hart – zwar nicht spartanisch erzogen [...]; aber wir lebten unter einem strengen Gesetz, das vom jugendlichen Menschen, seinen natürlichen Neigungen, Anlagen, Bedürfnissen und Entwicklungen sehr misstrauisch dachte und unsere angebornen Gaben, Talente und Besonderheiten keineswegs zu fördern oder gar ihnen zu schmeicheln bereit war». Hesse schrieb dies in «Erinnerung an Hans», seinen 1935 freiwillig aus dem Leben geschiedenen Bruder, in dem er ein Opfer dieses negativen, für die häusliche und schulische Erziehung und damit für die Entwicklung des Menschen schädlichen Vorurteils sah.[8]

In der Beziehung der Mutter zum Sohn lässt sich diese Mischung von herzlicher Mutterliebe und grundsätzlichem Unbehagen früh erkennen. Marie Hesse hat die aussergewöhnliche Begabung ihres Sohnes von Anfang an gesehen, wenn auch oft schwer daran getragen. Schon dem Vierjährigen fürchtete sie nicht gewachsen zu sein: «Bete du mit mir für den Hermännle», schrieb sie ihrem Mann, «und bete für mich, dass ich Kraft bekomme, ihn zu erziehen. Es ist mir, als wäre schon die Körperkraft nicht ausreichend; der Bursche hat ein Leben, eine Riesenstärke, einen mächtigen Willen, und wirklich auch eine Art ganz erstaunlichen Verstand für seine vier Jahre. Wo will's hinaus? Es zehrt mir ordentlich am Leben, dieses innere Kämpfen gegen seinen hohen Tyrannengeist, sein leidenschaftliches Stürmen und Drängen.»[9]

Dies ist die eine Seite der Medaille. Die andere zeigt Übereinstimmung zwischen Mutter und Sohn. Hugo Ball hat schon 1927 auf sie hingewiesen, wobei er sich zweifellos auf Aussagen seines Freundes Hesse stützen konnte. Marie, die mütterlicherseits aus dem Westschweizer Calvinismus stammte, habe die Musik geliebt und eine Stimme wie eine helle Glocke gehabt; «doch sie liebt im Grunde nur Psalmen und Choräle», schreibt Ball. «Eine warme Kälte strömt von ihr aus. Ihr französisches Calvinistenblut hat eine Leidenschaft für das Unbedingte, das Letzte und Höchste im Leben; eine Leidenschaft, die der Sohn mit ihr teilt.»[10]

Diese Leidenschaft für das Unbedingte zeigte sich schon, als Marie anderthalb Jahre im Töchterinstitut Korntal zubrachte, wo sie engstirniger Bevormundung zähen Widerstand entgegen setzte – wie es später ihr Sohn in Maulbronn tun sollte.[11]

8 Hesse, «Unterm Rad» (wie Anm. 4), 87.

9 Marie an Johannes Hesse, 02.08.1881, in: Gundert, Marie Hesse (wie Anm. 6), 172–174.

10 Hugo Ball: Hermann Hesse. Sein Leben und sein Werk, hg. von Volker Michels (Hugo Ball. Sämtliche Werke und Briefe 8), Göttingen 2006, 56.

11 Gundert, Marie Hesse (wie Anm. 6), 19–24.

III. Unterm Rad

Hermann Hesse hat die Erfahrungen seiner Jugend- und Seminarzeit im Roman «Unterm Rad» von 1905 literarisch gestaltet und verarbeitet. Darin lässt er die beiden Schulfreunde, den «gutwillig-strebsamen» Hans Giebenrath und den «selbständig-phantasievollen» Hermann Heilner, polare Seiten seiner eigenen Persönlichkeit verkörpern.[12] Hans Giebenrath kommt am Ende um. Es bleibt offen, ob es sich um ein Unglück oder einen Suizid handelt. Dies ist auch nicht wichtig, geht es doch allein darum, dass Giebenrath im herrschenden Erziehungs- und Schulsystem nicht leben kann. Sein Ende steht für den Ernst von Hesses Krise, für seinen Bruch mit dem bisherigen und seine Entscheidung für ein anderes Leben.

Der Roman hat autobiographische Züge, ohne eine Autobiographie zu sein. Das Städtchen, aus dem Hans herkommt, ein «Schwarzwaldnest», ist Calw, der Fluss, den er zum Fischen, Träumen und Schlittschuhlaufen aufsucht, ist die Nagold, und das Seminar ist nicht nur, sondern heisst auch Maulbronn. Der fromme Schuhmachermeister Flaig, der «in den Versammlungen der Stundenbrüder [...] als strenger brüderlicher Richter und als ein gewaltiger Ausleger der Heiligen Schrift» auftritt und Hans vor den Verführungen ungläubiger Wissenschaft warnt[13], ist ebenso aus dem Leben gegriffen wie der Rektor und der im Geist moderner Bibelkritik gelehrte Stadtpfarrer, in dessen Studierstube der Bücherfreund Hesse Hans Giebenrath merkwürdige Beobachtungen machen lässt:

«Wie in einer Pfarrerstube sah es eigentlich hier nicht aus. Es roch weder nach Blumenstöcken noch nach Tabak. Die ansehnliche Büchersammlung zeigte fast lauter neue, sauber lackierte und vergoldete Rücken, nicht die abgeschossenen, schiefen, wurmstichigen und stockfleckigen Bände, die man sonst in Pfarrbibliotheken findet. Wer genauer zusah, merkte auch den Titeln der wohlgeordneten Bücher einen neuen Geist an, einen andern, als der in den altmodisch ehrwürdigen Herren der absterbenden Generation lebte. Die ehrenwerten Prunkstücke einer Pfarrbücherei, die Bengel, Oetinger, Steinho-

---

12 Volker Michels: Unterm Rad der Fremdbestimmung, in: Hesse, «Unterm Rad» (wie Anm. 4), 20f.

13 Hermann Hesse: *Unterm Rad*, in: ders.: Sämtliche Werke, Bd. 2: Die Romane, hg. v. Volker Michels, Frankfurt am Main 2001, 170f., 143. Das Vorbild für Flaig war wohl der Schuhmachermeister und Calwer Kirchgemeinderat Zahnd. Vgl. Ninon Hesse/Gerhard Kirchhoff (Hg.): Kindheit und Jugend vor Neunzehnhundert. Hermann Hesse in Briefen und Lebenszeugnissen, Bd. 2: 1895–1900, Frankfurt am Main 1985, 51f. – Hesse schildert Pietisten wie Flaig bei aller Distanz mit unverkennbarer Sympathie.

fer[14] samt frommen Liedersängern, welche Mörike im Turmhahn[15] so schön besingt, fehlten hier oder verschwanden doch in der Menge moderner Werke. Alles in allem, samt Zeitschriftenmappen, Stehpult und grossem, blätterbestreutem Schreibtisch sah gelehrt und ernst aus. Man bekam den Eindruck, dass hier viel gearbeitet werde. [...] Die träumerische Mystik und ahnungsvolle Grübelei war von diesem Ort verbannt, verbannt war auch die naive Herzenstheologie, welche über die Schlünde der Wissenschaft hinweg sich der dürstenden Volksseele in Liebe und Mitleid entgegenneigt. Statt dessen wurde hier mit Eifer Bibelkritik getrieben und nach dem ‹historischen Christus› gefahndet.»[16]

IV. Elias Schrenk

Im letzten Satz spricht Hesse zwar von der Forschung nach dem «historischen *Christus*», meint aber die damals aktuelle Debatte um den «historischen *Jesus*». Diese wohl absichtliche Unschärfe begegnet im Zusammenhang mit der Gestalt Jesu auch andernorts: Zweimal lässt Hesse Hans Giebenrath aus Markus 6, 54–55 im griechischen Urtext die Worte εὐθὺς ἐπιγνόντες αὐτὸν περιέδραμον lesen und übersetzt sie mit «sie erkannten ihn sogleich und liefen herzu».[17] Im Evangelium steht dieser Satz nach der Geschichte von Jesu Gang

14 Der Exeget Johann Albrecht Bengel (1687–1752), der Theosoph Friedrich Christoph Oetinger (1702–1782) und der Herrnhuter Friedrich Christoph Steinhofer waren bedeutende Vertreter des Württembergischen Pietismus.

15 Im Gedicht Der alte Turmhahn von 1852 kam Eduard Mörike (1804–1875) mit der schweren Zeit, die er als Pfarrer in Cleversulzbach erlebt hatte, ins Reine, indem er sie zu einer Idylle verklärte. Darin schildert er das Leben eines Pfarrers aus der Perspektive des alten Turmhahns, den er in dessen Studierstube Unterschlupf finden und seine Beobachtungen machen lässt. Die beiden Stellen, auf die Hesse fast wörtlich anspielt, lauten bei Mörike: «Sogleich empfing mich sondre Luft,/ Bücher- und Gelahrtenduft,/ Gerani- und Resedaschmack,/ Auch ein Rüchlein Rauchtabak.» «Die Sonne sich ins Fenster schleicht,/ Zwischen die Kaktusstöck hinstreicht/ [...] Und gleitet übern Armstuhl frank/ Hinüber an den Bücherschrank./ Da stehn in Pergament und Leder/ Voran die frommen Schwabenväter:/ Andreä, Bengel, Rieger zween,/ Samt Ötinger sind da zu sehn./ Wie sie die goldnen Namen liest,/ Noch goldener ihr Mund sie küsst,/ Wie sie rührt an Hillers Harfenspiel –/ Horch! klingt es nicht? so fehlt nicht viel.» Eduard Mörike: Sämtliche Werke, hg. v. Herbert G. Göpfert, München ^{5}1979, 141–149, hier 144, 148.

16 Hesse, *Unterm Rad* (wie Anm. 13), 166f.

17 Hesse, *Unterm Rad* (wie Anm. 13), 216 und 233. Hinsichtlich der griechischen Orthographie herrscht an dieser Stelle in den verschiedenen Ausgaben einige Verwirrung. Grammatikalisch korrekt ist sie in: Hermann Hesse: Die Romane und die grossen Erzählungen, Bd. 1, Frankfurt am Main 1982, 254, 274. In den Sämtlichen Werken 2 (wie Anm. 13),

auf dem Wasser: Jesus und die Jünger gelangen bei Gennesaret ans andere Seeufer. Als sie dem Boot entsteigen, erkennen ihn die Leute sogleich. Sie laufen aber nicht «herzu», wie Hesse übersetzt, sondern machen sich auf die Suche nach Kranken, die sie in der Hoffnung, «wenigstens den Saum seines Mantels berühren zu dürfen», auf Bahren zu ihm bringen. «Und alle, die ihn berührten», heisst es im Evangelium, «wurden gerettet».

«Sie erkannten ihn sogleich und liefen herzu»: Von dieser von Hesse veränderten und isolierten Stelle fühlt sich Hans Giebenrath eines Tages ganz persönlich angesprochen. Er hat soeben die Zumutung des Ephorus, er solle sich von seinem Freund Heilner fern halten, von sich gewiesen. Er pflegt die Freundschaft weiter und macht die Zeit, die ihm deswegen für das Studium fehlt, durch erhöhte Intensität wett. Dabei stösst er auf die besagte Stelle. Da «sah auch er den Menschensohn das Schiff verlassen und erkannte ihn sogleich, weder an Gestalt noch Gesicht, sondern an der grossen, glanzvollen Tiefe seiner Liebesaugen und an einer leise winkenden oder vielmehr einladenden, willkommen heissenden Gebärde seiner schlanken, schönen, bräunlichen Hand, die von einer feinen und doch starken Seele geformt und bewohnt erschien».[18]

Während Hesse Hans Giebenrath anhand der Markus-Stelle eine nahe Begegnung mit Jesus machen lässt, erzählt der Evangelist von Menschen, welche die Gegenwart Jesu zum Anlass nehmen, das Land nach Kranken abzusuchen, um für sie bei ihm durch Berührung seines Gewandes Heilung zu finden. Eine derartige Heilung glaubte Marie Hesse im Januar 1896, sieben Jahre bevor ihr Sohn an seinem Roman zu arbeiten begann, an sich selber erlebt zu haben. Sie war an Osteomalazie, einer Knochenerweichung, erkrankt und konnte nicht mehr auf den eigenen Beinen stehen, geschweige denn gehen. Marie hatte sich mit ihrem Schicksal abgefunden, als sie durch das Gebet und die Handauflegung des Evangelisten Elias Schrenk (1831–1913) genas. Ob die Heilung von Dauer war, wird nicht gesagt. Schrenk nahm die «Gabe der Heilung als Vollmacht» für sich nicht in Anspruch, betrachtete aber diese Heilung rückblickend als seine auffallendste Erfahrung auf diesem Gebiet.[19] Marie

---

217, 233, ist sie ebenso schwankend wie in der Ausgabe suhrkamp taschenbuch 3368, Frankfurt am Main 2002, 97, 116. Es ist aber möglich, dass letztere Versionen editionsphilologisch korrekt sind, was ich jedoch nicht überprüfen konnte.

18 Hesse, *Unterm Rad* (wie Anm. 13), 97.

19 Hermann Klemm: Elias Schrenk. Der Weg eines Evangelisten, Wuppertal 1961, 259. Zu Schrenks Berner Zeit, in der er seine frühesten Heilungserfahrungen machte, vgl. Markus Nägeli: Die Evangelische Gesellschaft des Kantons Bern in der Auseinandersetzung mit der Heiligungsbewegung, in: Rudolf Dellsperger/Markus Nägeli/Hansueli Ramser (Hg.): Auf dein Wort. Beiträge zur Geschichte und Theologie der Evangelischen Gesellschaft des Kantons Bern im 19. Jahrhundert, Bern 1981, 266–288.

Abb. 2: Elias Schrenk, in: Ders., Pilgerleben und Pilgerarbeit, Kassel 1905.

selber war sich ihrer Sache sicher: «Ich habe Jesu Kleidessaum anrühren dürfen, und Er ist mir ganz nahe!», schrieb sie in Anspielung auf Markus 6,56 in ihr Tagebuch.[20]

20 Gundert, Marie Hesse (wie Anm. 6), 217–221, hier 219.

Im Roman werden die Heilungswunder ausgeblendet, aber die Nähe des «Menschensohnes», die Intensität der Begegnung mit ihm ist hier wie dort, bei Marie Hesse und Hans Giebenrath, dieselbe. Es muss offen bleiben, ob zwischen Maries Heilung und dem Eindruck, den Markus 6 auf Hans Giebenrath macht, ein Zusammenhang besteht. Sicher ist, dass es in der Welt, aus der Hermann Hesse herkam, solche wunderbare Erfahrungen gab. Er hat darum gewusst, und sie werden nicht spurlos an ihm vorübergegangen sein.[21]

Einen schriftlichen Bekehrungsversuch hingegen, den Schrenk wohl auf Bitten der Mutter unternahm, hat Hesse an sich abprallen lassen. «Ich habe den Brief von Herrn Schrenk nicht missverstanden, »schrieb er aus Tübingen an die Eltern, «ich weiss, ‹dass es aus Liebe floss›, wie Mutter sagt; obwohl es mich anfangs befremdete. Ich bitte nur, lasst uns zusammenhalten und herzlich verkehren – weshalb durch Dritte? Wie ich zur Bibel stehe, dass ich sie mehr lese und liebe als jedes andre Buch, auch als Goethe, wisst ihr; es mag Euch schmerzlich sein, dass unsre Gottesdienste mich nicht fesseln, dass ich nicht zum Abendmahl gehe, überhaupt lieber im eignen Zimmer und Herzen mich erbaue als mit tausend andern, und vielleicht wird sich mein Empfinden auch hierin noch wesentlich ändern, aber dass dies durch eine Absicht Dritter in plötzlicher Weise geschehe, widerstrebt im Innersten meiner ganzen Eigenart».[22]

V. Christoph Schrempf

Noch fehlt der Schritt von Schrenk zu Schrempf. 1892, in Hesses Krisenjahr, erregte ein «Fall» in Württemberg und weit darüber hinaus grosses Aufsehen. Hesse hat das Ereignis 1935 anschaulich beschrieben: «Im Jahr 1891 wurde es dem württembergischen Pfarrer Schrempf in der Gemeinde Leuzendorf eines Sonntags ganz und gar zuwider und unmöglich, bei einer Kindtaufe auch diesmal wieder das ‹Apostolikum› zu verlesen, das für die Landeskirche offizielle Glaubensbekenntnis. Er glaubte ja nicht daran, er sah ja nicht in Jesus den Gott und den Gottmenschen, und wenn er auch zu eben diesem Jesus ein tief herzliches und lebendiges Verhältnis hatte und in diesem und jenem Sinne

21 Schrenk wohnte während der Predigtwoche vom 5. bis 16. Januar 1896 im Hause Hesse. Marie hat am 6. Januar ihrem Sohn nach Tübingen über ihn berichtet und ihm am 16. Januar von ihrer Heilung erzählt. Hermann wollte «den Frühling nicht vergehen lassen, ohne heimzukommen, weil ich jetzt das einzige Kind bin, das die liebe Mutter noch nicht gesehen hat, seit sie uns wieder geschenkt ist». Hesse/Kirchhoff, Kindheit (wie Anm. 13), 51, 58f., 94.

22 Vgl. Schrenks Brief an Hermann Hesse vom 20.02.1896 und Hermann Hesse an seine Eltern, 27.02.1897, in: Hesse/Kirchhoff, Kindheit (wie Anm. 13), 77f., 78f.

Abb. 3: Christoph Schrempf. Landeskirchliches Archiv Stuttgart, Bildnissammlung Nr. 5358.

an ihn ‹glaubte›, so glaubte er doch gerade im Sinn des Apostolikums nicht an ihn, und was er bisher, mit zunehmender Beklemmung und Gewissensnot, immer wieder auf sich genommen hatte, das warf er jetzt von sich: er vollzog die Taufe ohne Apostolikum, und meldete dies seiner Kirchenbehörde mit der Bemerkung, er werde auch künftig bei jeder Taufe das Apostolikum weglassen.»[23]

23 Hermann Hesse: Registerband zu den Sämtlichen Werken, hg. von Volker Michels, Frankfurt am Main 2007, 923–927, hier 923f. Der Beitrag erschien erstmals in: Die neue

Christoph Schrempf (1860–1944) – auch er stammte aus dem schwäbischen Pietismus, von dem er sich unter dem Eindruck der historischen Bibelkritik Carl Weizsäckers gelöst hatte – handelte aus Gewissensnot. Für ihn stand die Glaubwürdigkeit der Kirche auf dem Spiel, in deren Zustand er wegen der Unlauterkeit, zu der sie viele ihrer Pfarrer zwang, eine «böse sittliche Unordnung» sah.[24] Die Kirchenbehörde aber stellte die Amtspflicht über die persönliche Gewissensentscheidung, wies Schrempfs Bitte, man möge ihm eine ethisch vertretbare Wirksamkeit in der Kirche ermöglichen, ab und entliess ihn als Beamten fristlos und ohne Pension.

Schrempf, dessen «Fall» den Apostolikumsstreit ausgelöst hat, ist erst 1909, im Jahr seiner Habilitation für Philosophie an der Technischen Hochschule Stuttgart, aus der Kirche ausgetreten. Er hat mit seinen regelmässigen Vorträgen und mit seinen Büchern über Kant, Lessing, Goethe, Sokrates, Nietzsche, Paulus, Kierkegaard und Luther viele Gleichgesinnte angesprochen, ohne eine Sondergemeinschaft zu gründen. Der Kierkegaard-Forschung hat er als Übersetzer und Herausgeber unschätzbare Dienste geleistet.[25]

Hermann Hesse konnte sich als bald Sechzigjähriger an die «heftige Wirkung» des «Falles Schrempf» «auf die Gespräche in frommen schwäbischen Häusern und gar Pfarrhäusern» noch sehr gut erinnern.[26] Als Fünfzehnjähriger mochte er noch nicht vollumfänglich ermessen können, worum es dabei

Rundschau, Berlin, Mai 1935 zu Schrempfs 75. Geburtstag.

24 Karl Kupisch (Hg.): Quellen zur Geschichte des deutschen Protestantismus 1871 bis 1945, München/Hamburg 1960, 103–107, hier 105.

25 Zu Christoph Schrempf vgl. Walter Nigg: Geschichte des religiösen Liberalismus. Entstehung, Blütezeit, Ausklang, Zürich/Leipzig 1937, 263–266 und passim; Heinrich Hermelink: Geschichte der Evangelischen Kirche in Württemberg von der Reformation bis zur Gegenwart. Das Reich Gottes in Wirtemberg [!], Stuttgart/Tübingen 1949, 433–436. Der spätere Kirchenhistoriker Hermelink (1877–1958) besuchte zusammen mit Hermann Hesse in Göppingen die Lateinschule; Martin Müller: Persönliches Glaubenszeugnis und Bekenntnis der Kirche. «Der Fall Schrempf», in: Friedrich Wilhelm Graf/Hans Martin Müller (Hg.): Der deutsche Protestantismus um 1900 (Veröffentlichungen der Wissenschaftlichen Gesellschaft für Theologie 9), Gütersloh 1996, 223–237; Andreas Rössler: Menschliche Freiheit und göttliche Vorherbestimmung nach Christoph Schrempf. Der deterministische Ansatz eines eigenwilligen württembergischen religiösen Denkers, in: Norbert Haag u. a. (Hg.): Tradition und Fortschritt. FS Hermann Ehmer zum 65. Geburtstag, Epfendorf/Neckar 2008, 301–326; ders.: Christoph Schrempf (1860–1944). Württembergischer Theologe, Kirchenrebell und Religionsphilosoph. Ein Leben in unerbittlicher Wahrhaftigkeit (Kleine Schriften des Vereins für württembergische Kirchengeschichte 7), Stuttgart 2010 (die bisher umfassendste und gründlichste Darstellung).

26 Hesse, Registerband (wie Anm. 23), 924. Der «Fall Schrempf» war Thema in Hermann Gunderts Briefen: Vgl. Hermann Gundert an seinen Sohn Hermann, 18.01.1892, in: Ninon Hesse, Kindheit (wie Anm. 3), 157f., und Siegfried Greiner: Hermann Hesse.

ging. Aber – und das ist mehr – Schrempfs Redlichkeit und Mut haben ihn tief beeindruckt: «Wir Jungen», schrieb er in der Festschrift zu Schrempfs 70. Geburtstag, «noch halb Knaben, empfanden bei der Sache immerhin einigen Schauer. Mochte dieser Schrempf recht haben oder nicht: auf alle Fälle hatte da ein Mann sein Amt und Brot weggeworfen um seines Glaubens, vielmehr Unglaubens willen, und hatte sich auf die Strasse hinaus begeben, zu den Ausgestossenen und Verfehmten. Das war nichts Geringes, und so wurde Schrempf mir, ohne dass ich von seinen damaligen Problemen eine Ahnung gehabt hätte, doch zu einer Gestalt, die ich nicht vergass, die nach Höllenschwefel roch, aber auch nach Mut und Stolz.»[27]

VI. Theologie als Kunst?

Von Schrenk zu Schrempf: Was ergibt diese Spielerei mit zwei ungleichen Lexikonnachbarn und Zeitgenossen des jungen Hermann Hesse für dessen religiös-geistigen Werdegang? Hesses Entwicklung ist nicht der Schritt aus einer Welt in eine andere, von einer kindlichen Pietät zu einem erwachsenen Unglauben, vom Glauben zur Wissenschaft oder von der Theologie zur Philosophie. Auch wird man ihn nicht, wie Schleiermacher es mit gutem Grund von sich tun konnte, als Herrnhuter oder als Pietisten «höherer Ordnung» bezeichnen dürfen. Denn vom kirchlichen Bekenntnis hat er sich losgesagt, während er sich die franziskanische Geborgenheit, die er in seiner Kindheit und Jugend *auch* erlebt hat, zeitlebens bewahrt hat: «Und mich umhegte der Zauber/ Gläubiger Kindheit», heisst es im bereits zitierten autobiographischen Rückblick, «es sprachen/ Garten und Bach, Himmel und Tierwelt den kleinen/ Bruder brüderlich an, es rauschten/ Wald und Brunnen, Mundart und Kirchenlied/ ihre alten heiligen Melodien/ mir ins Ohr und Herz, es umfing mich/ Freundliche Heimat, kreatürliche Welt.»[28]

Karl Barth war, als er ihm im Sommer 1921 in Zürich begegnete, von Hesses vermeintlichem Individualismus und Subjektivismus wenig erbaut. «Ich war wieder erstaunt über die pietistische Enge, mit der sich diese Künstler

---

Jugend in Calw. Berichte, Bild- und Textdokumente und Kommentar zu Hesses Gerbersau-Erzählungen, Sigmaringen 1981, 59f., 157.

27 Hermann Hesse, Im Banne des Unbedingten. Christoph Schrempf zugeeignet, Stuttgart 1930, 5–13.

28 Michels, Leben in Bildern (wie Anm. 5), 12; Heinrich Hermelink: Das Christentum in der Menschheitsgeschichte von der Französischen Revolution bis zur Gegenwart, Bd. 3: Nationalismus und Sozialismus. 1870–1914, Stuttgart/Tübingen 1955, 439 f., schreibt, Hesse habe «als Sohn und Enkel von grossen Missionaren ein Erbe aus dem schwäbischen Pietismus mitbekommen, das nie ganz verloren ging».

offenbar meistens um das Problem ihrer privatesten Existenz herumbewegen», schrieb er seinem Freund Eduard Thurneysen. «‹*Ich* lege mir die Dinge, um durch das ziemlich schwere Leben *meinen* Weg zu finden, so zurecht …›, das ist das Argument aller Argumente.» Der Theologe und der Dichter waren über Lenin, Ludendorff und andere Zeitgenossen aneinander geraten, gegen die Hesse offenbar «ziemlich lebhaft hantierte».[29] Der Brief gewährt abgesehen davon, dass Barth Hesse als «Künstler» apostrophiert und ihn auf «pietistische Enge» fixiert, keine weiteren Einblicke in den Verlauf des Gesprächs.

Lässt man den Vorwurf der «pietistischen Enge» vorerst beiseite, so korrespondiert Barths abschätzige Redeweise von «diesen Künstlern» recht gut mit dem Selbstverständnis des jungen Hesse. Der Autor von «Unterm Rad» befindet sich nämlich auf der Suche nach einer Theologie, die in dem Sinn Kunst ist, wie er sie nach Hans Giebenraths Besuch in der Bibliothek des gelehrten Stadtpfarrers beschreibt:

«Es ist eben in der Theologie nicht anders als anderwärts. Es gibt eine Theologie, die ist Kunst, und eine andere, die ist Wissenschaft oder bestrebt sich wenigstens, es zu sein. Das war vor Alters so wie heute, und immer haben die Wissenschaftlichen über den neuen Schläuchen den alten Wein versäumt, indes die Künstler, sorglos bei manchem äusserlichen Irrtum verharrend, Tröster und Freudebringer für viele gewesen sind. Es ist der alte, ungleiche Kampf zwischen Kritik und Schöpfung, Wissenschaft und Kunst, wobei jene immer recht hat, ohne dass jemand damit gedient wäre, diese aber immer wieder den Samen des Glaubens, der Liebe, des Trostes und der Schönheit und Ewigkeitsahnung hinauswirft und immer wieder guten Boden findet. Denn das Leben ist stärker als der Tod, und der Glaube ist mächtiger als der Zweifel.»[30]

Kein Zweifel, dies war nicht weniger rechthaberisch und polemisch als Barths briefliche Äusserung und insofern Ausdruck des alten Antagonismus von Wissenschaft und Kunst. Was Hesse aber damit sagen wollte, lässt sich exemplarisch seinem Gedicht «Jesus und die Armen» von 1929 entnehmen. Darin ist Marie Hesses, Hans Giebenraths und Christoph Schrempfs «tief herzliches und lebendiges Verhältnis» zum Mann aus Nazaret ebenso aufgehoben wie Schrempfs Mut, «sich auf die Strasse hinaus [zu] begeben, zu den Ausgestossenen und Verfehmten»[31], womit auch das Vorurteil der «pietistischen Enge» hinfällig wird:

---

29 Karl Barth an Eduard Thurneysen, 20.06.1921, in: Karl Barth – Eduard Thurneysen, Briefwechsel, Bd. 1: 1913–1921, bearbeitet und hg. von Eduard Thurneysen (Karl Barth Gesamtausgabe. V. Briefe), Zürich 1973, 497.

30 Hesse, *Unterm Rad* (wie Anm. 13), 167.

31 Gunnar Hillerdal, Armut VII, in: TRE 4 (1979) 112, hat dieses Gedicht zu Recht als «Vorankündigung eines […] sozialrevolutionären Jesusbildes» bezeichnet. Seine Wieder-

«Jesus und die Armen |
Du bist gestorben, lieber Bruder Christ,
Wo aber sind die, für die du gestorben bist? |
Du bist gestorben für aller Sünder Not,
Aus deinem Leibe ward das heilige Brot,
Das essen sonntags die Priester und die Gerechten
An deren Türen wir Hungrigen fechten. |
Wir essen dein Brot der Vergebung nicht,
Das der fette Priester den Satten bricht;
Dann gehen sie, verdienen Geld, führen Krieg und morden,
Keiner ist durch dich selig geworden. |
Wir Armen, wir gehen auf deinen Wegen
Dem Elend, der Schande, dem Kreuz entgegen
Die andern gehen vom heiligen Nachtmahl heim
Und laden den Priester zu Braten und Kuchen ein. |
Bruder Christ, du hast vergebens gelitten –
Gib du den Satten, um was sie dich bitten!
Wir Hungrigen wollen nichts von Dir, Christ;
Wir lieben dich bloß, weil du unser einer bist.» |[32]

VII. Der Trost der Kunst

Während seiner Tübinger Jahre hatte Hesse zu den Lesern von Schrempfs Zeitschrift «Die Wahrheit» gehört. Dieser lehnte einen Text, den er in ihr unterbringen wollte, zwar ab, aber so, dass Hesse schreiben konnte, er habe «in seinem ganzen spätern Leben [...] nie mehr von einem Herausgeber ein so gründliches, schonungsloses, aber verantwortungsvolles Schreiben bekommen».[33] Hesse hat mehrere Werke Schrempfs besprochen, und als er 1930 den Versuch unternahm, «die Grundstücke meines ‹Glaubens› zu formulieren», stiess er in dessen Buch mit dem bezeichnenden Titel «Martin Luther, aus dem Christlichen ins Menschliche übersetzt» (1901, 1917) auf einen Entwurf, der seinen eigenen skizzenhaften Aufzeichnungen «nahezu Satz für Satz» entsprach.

In der Tat finden sich die beiden Grundsätze «Ich werde gelebt» und «Alles ist gut», die als Quintessenz von Schrempfs Determinismus gelten kön-

---

gabe des Textes ist jedoch unzuverlässig.

32 Hermann Hesse, Sämtliche Werke, Bd. 10: Die Gedichte, hg. v. Volker Michels, Frankfurt am Main 2002, 306.

33 Hesse, Im Banne des Unbedingten (wie Anm. 27), 7f.

nen[34], wörtlich auch bei Hesse: «Alles, was an mir oder durch mich geschieht, ist gut. Es ist gut, auch wenn es mir weh tut, es ist gut, auch wenn es offensichtlich gegen das in Sitte und Recht formulierte Gute geht. Es ist gut, weil unser Leben nicht unser Werk und Eigentum ist, sondern weil wir gelebt werden. Wir werden gelebt von der unsrer Vernunft überlegenen Macht, vom Leben, von Gott.»[35]

Christoph Schrempf und Hermann Hesse haben einander erst vor Ostern 1935 persönlich kennen gelernt. Schrempf hielt sich auf der Rückreise aus Italien vier Tage in Montagnola auf.[36] Die Gespräche der beiden Freunde waren durch Lektüre und Briefe gut vorbereitet. Sie wussten aus Erfahrung, dass sie gerade dort, wo sie verschiedener Meinung waren, schnell zur Sache kommen konnten. Die Briefe der Jahre 1931/1932 geben Einblick in ihren Dialog über die Bedeutung der Kunst.

Im April 1931 befasst sich Hesse mit Schrempfs Reaktion auf «Narziss und Goldmund» (1930). Er moniert, Schrempf werde der Kunst und dem Künstlertum in Goldmunds Leben nicht gerecht. Dem Künstler Goldmund gelinge, was dem Wanderer Goldmund misslinge: «die Beseelung des Sinnlichen und dadurch die Erreichung des Schönen». Schrempf blende dies aus. Andererseits sei Goldmund erst mit Narziss und seiner Beziehung zu ihm ein Ganzes. «Ebenso bin ich, der Künstler Hesse, der Ergänzung bedürftig durch einen Hesse, der den Geist, das Denken, die Zucht, sogar die Moral verehrt, der pietistisch erzogen ist und der die Unschuld seines Tuns, auch seiner Kunst, immer wieder aus moralischen Verwicklungen heraus neu finden muss.» Die Erfahrung von Sinn angesichts des Sinnlosen erlebt Hesse als

34 Rössler, Freiheit (wie Anm. 25), 311–323.

35 Hesse, Im Banne des Unbedingten (wie Anm. 27), 9f. Dieses Credo kleidet Hesse auch in Gottes Antwort an den sterbenden, mit seinem Leben hadernden *Knulp* (1915): «Sieh, […] ich habe dich nicht anders brauchen können, als wie du bist. In meinem Namen bist du gewandert und hast den sesshaften Leuten immer wieder ein wenig Heimweh nach Freiheit mitbringen müssen. In meinem Namen hast du Dummheiten gemacht und dich verspotten lassen; ich selber bin in dir verspottet und in dir geliebt worden. Du bist ja mein Kind und mein Bruder und ein Stück von mir, und du hast nichts gekostet und nichts gelitten, was ich nicht mit dir erlebt habe.» (Zit. nach der Ausgabe suhrkamp taschenbuch 1571, Frankfurt am Main 1988, 123.)

36 Hermann Hesse an Arthur Stoll, 15.05.1935, in: Hermann Hesse: Gesammelte Briefe, Bd. 2: 1922–1935, hg. in Zusammenarbeit mit Heiner Hesse von Ursula und Volker Michels, Frankfurt am Main 1979, 467f. Die Reise aus Anlass von Schrempfs 75. Geburtstag führte nach Capri und Neapel: Mia Engel an Hermann Hesse, Degerloch 19.03.1935 (Hesse-Archiv im Schweizerischen Literaturarchiv Bern, Ms-L-83-Schrempf).

Gnade, ermöglicht durch «einen Gott, […] einen mir unergründlichen, von mir nur zu ahnenden Sinn des Ganzen».[37]

Im Januar 1932 insistiert Hesse nochmals. Er hat Schrempfs Aufsatz «Mein Verhältnis zu Goethe» (1931) gelesen und den Sinn für die Kunst auch darin vermisst. Schrempf werde Goethe nicht gerecht. Gewiss sei dieser in vielem ein Kind geblieben. Gerade deswegen sei er aber auch ein Dichter der vielen, die nicht nur von Brot und Wasser leben können wie die Asketen, sondern die sich über Apfel, Kuchen und Wein freuen, für die Kunst mithin nicht bloss Befriedigung elementarster Bedürfnisse sei wie für Schrempf, sondern Stillung des Verlangens nach Trost und Liebe. Die Künste seien «Funktionen wie Schlaf oder Traum», nicht Dienerinnen der Idee oder moralische Wegweiser.[38]

Schrempf hat darauf umgehend geantwortet. Sein Brief findet sich im Anhang.[39] Drei Beobachtungen dazu seien vorweggenommen. Erstens: Wenn Hesse über Kunst spricht, tut er es stets als Dichter *und* Denker, während Schrempfs Argumentation eines vergleichbaren schöpferischen Erfahrungshorizonts entbehrt. Zweitens: Liebe zur Kunst ist für Schrempf wie Liebe zur Wissenschaft, Religion oder Moral unmöglich. Lieben könne er nur eine Person. Schrempf gesteht, zu Goethe wie zu Kierkegaard und Nietzsche, auch zu Lessing und Sokrates, ja zu Jesus und Gott nur eine mehr oder weniger glückliche Liebe zu haben. Im Verhältnis zu Goethe, den er nach wie vor ernst nehme, vermisse er nach einem Wort Lichtenbergs «das seelenstärkende Gefühl der Überlegenheit». Drittens: Schrempf misst die Qualität eines Dichters, seines Werks und dessen Wirkung am Kriterium der «Reellität». Er definiert dieses Wort nicht, dürfte darunter aber Authentizität verstehen. Ein irreelles Kunstwerk sei für seinen Produzenten und seinen Konsumenten stets ungesund, «mehr oder weniger; vielleicht aber lebensgefährlich». Indem Schrempf Kunst «hygienisch» wertet, weiss er sich mit deren biologischer Wertung durch Hesse einig. Hesses Erfahrung mit «Siddhartha», es sei «unsinnig […], etwas schreiben zu wollen, was man nicht gelebt hat», und die daraus folgende Stagnation beim Schreiben deutet Schrempf indirekt als Zeichen reeller Kunst.

---

37 Hermann Hesse an Christoph Schrempf, Zürich, im April 1931, in: Hesse, Gesammelte Briefe 2 (wie Anm. 36), 275–278, hier 275f.

38 Hermann Hesse an Christoph Schrempf, [ca. Februar 1932], in: Hesse, Gesammelte Briefe 2 (wie Anm. 36), 318–320. Dieser Brief muss vor dem gleich zu besprechenden Brief Schrempfs vom 29.01. bis 03.02.1932 entstanden sein. Schrempf reagiert darauf und hat ihn «vorgestern», also am 27.01.1932 erhalten. Hesses Brief dürfte Mitte Januar 1932 entstanden sein.

39 Vgl. unten IX. Anhang.

In seiner Antwort knüpft Hesse nochmals an Schrempfs Goethe-Kritik an. Er sieht Schrempfs oft ätzende Kritik an Menschen und ihren Bedürfnissen im Widerspruch zu seiner «Einsicht in die Liebesgrösse Jesu» – eine Spannung, die er, Hesse, gut nachvollziehen könne: «Auch mir [...] erscheint die Liebe, das beständige Helfenwollen, Helfenmüssen bei Jesus das Grösste, und bei mir selber finde ich fast nichts davon, finde im Gegenteil oft viel Menschenverachtung.» Allerdings stört Hesse an Schrempf dessen Geringschätzung für Dinge, die für andere wertvoll sind: «Für Sie ist z. B. das Bedürfnis nach ‹Trost› etwas minderwertig Infantiles und die Hingabe an Illusionen lächerlich, während ich mich beständig auf dem Weg weiss, diesen und jenen Trost zu suchen und diese und jene Illusion zu lieben, und diese Schwächen, die für Sie Sentimentalitäten sind, helfen mir leben und sind für mich ein Stück Speise und Trank, wenn auch nicht die einzigen.»

Seit «Unterm Rad» waren mehr als 25 Jahre vergangen. Hier wie dort war «Trost» die Mitte von Hesses Kunstverständnis. Waren es damals die Schwabenväter gewesen, die als Künstler-Theologen, als «Tröster und Freudebringer» den «Samen des Glaubens, der Liebe, des Trostes und der Schönheit und Ewigkeitsahnung» streuten, so war Kunst in «Narziss und Goldmund» nun Trösterin schlechthin, wobei der Gegensatz zwischen Wissenschaft und Kunst von damals sich in ein Verhältnis gegenseitiger Ergänzung verwandelt hatte. In der Kunst suchte und fand Hesse Trost für sein gefährdetes Leben. Er fand ihn nicht im stellvertretenden Leiden Christi, sondern beim Schreiben und Malen als sinnstiftenden Erfahrungen. Zwar faszinierten ihn wie Hans Giebenrath die «Liebesaugen Jesu», bewunderte er wie Christoph Schrempf die «Liebesgrösse Jesu», aber er stellte wie die Armen auch traurig fest: «Bruder Christ, du hast vergebens gelitten». An der Trost-Thematik liesse sich zeigen, wie weit Hermann Hesse sich von seinem Herkommen entfernt hat, ohne ihm doch gänzlich untreu zu werden.

VIII. Epilog: Hesse über Schrempf

Christoph Schrempf ist am 13. Februar 1944 im Alter von 83 Jahren gestorben. Ein Jahr danach, am 27. Januar 1945, hat sich Hesse in einem offenen Brief an seine Schwester Adele über seinen Freund geäussert.[40] Er musste zuerst

40 Da er keine Nachricht von Adele hatte und nicht wusste, ob sie noch am Leben war, liess er den Brief am 10. Februar 1946 in der «Neuen Zürcher Zeitung» erscheinen. Der Brief ist abgedruckt in: Hermann Hesse: Gesammelte Briefe, Bd. 3: 1936–1948, hg. in Zusammenarbeit mit Heiner Hesse von Ursula und Volker Michels, Frankfurt am Main 1982, 315–323.

nach einer Brücke von seiner scheinbar gesicherten und vom Krieg verschonten Existenz im Tessin zu Adeles Leben im zerstörten Nachkriegsdeutschland suchen. Er fand sie, indem er die Schwester einlud, mit ihm den gemeinsamen Schatz der Erinnerungen zu betrachten, «jene[r] Bilderwelt […], die so weit im Unwiederbringlichen zu liegen scheint, und sich doch zu voller Gegenwart und Strahlung beschwören lässt». Dazu gehörten das Haus in Calw, der Weg nach Möttlingen, die «Welt der Eltern und Ahnen, eine ebenso deutsche wie christliche, eine ebenso schwäbische wie internationale Welt, in der jede Seele, und gar jede Christenseele, gleich viel galt und weder Jude noch Neger, weder Hindu noch Chinese fremd und ungeduldet war». Zug um Zug entwarf Hesse das «Bild einer ganzen, heilen, gesunden, geordneten Welt» deutscher und protestantischer Kultur, das im Innern tragen zu können «unser grosser Schatz und unser Rest von Glück» ist. Verglichen mit diesen Erinnerungen an die Jugend erschienen ihm diejenigen aus der «Gespensterzeit der Kriege und der Diktatoren» als «Schatten und Spinnweb».

Gegen Ende des Briefes erinnerte Hesse an Menschen, «die unter euch gewandelt sind wie brennende Lichter und die niemand gesehen hat! Während ein Dutzend toller Affen ‹grosse Männer› spielte, lebten sie vor euren Augen, und es war, als lebten sie nicht […]». Hesse dachte an Hugo Ball, er dachte aber vor allem an Christoph Schrempf, den unter Freunden bekannten, sonst aber verkannten Autor – «man frisst lieber Papier aus den Händen von Geheimräten als edles Brot aus seiner guten Hand» […]. «Er und sein Werk sind nach meinem Glauben so wenig verloren und umsonst dagewesen, wie jede edle Tat und jeder saubere Märtyrertod mitten unter den Greueln der Gespensterzeit. Wenn an irgend etwas die Welt genesen und die Menschheit sich erholen und reinigen kann, so sind es die Taten und Leiden derer, die nicht zu biegen und nicht zu kaufen waren und lieber das Leben liessen als ihr Menschentum, und zu ihnen gehören auch die Mahner und Lehrer wie Schrempf, deren Lebensleistung erst von Späteren in ihrer ganzen Grösse wird gesehen werden können.»

Was Hesse meinte, wenn er Schrempf zu den unbeugsamen Menschen zählte, die nicht käuflich waren, geht aus dem Zusammenhang nicht hervor. Es lässt sich anhand einiger Fakten ein Stück weit erschliessen. Erstens ist bekannt, dass Schrempf nicht nur die liturgische Verwendung des Apostolikums ablehnte, sondern auch den Fahnen des örtlichen Kriegervereins den kirchlichen Segen verweigerte.[41] Denn er war – zweitens – der Ansicht und vertrat diese im Winter 1895/96 vor der Stuttgarter Ortsgruppe der deutschen Friedensgesellschaft, die Bergpredigt verbiete Individuen wie Völkern die

41 Harald Wagner: Christoph Schrempf – ein Liebhaber der Wahrheit und des Friedens, 3, unter: www.ev-kirchgemeinde-heiningen.de; Rössler, Schrempf (wie Anm. 25), 14.

Notwehr. Christentum und Krieg würden sich nicht miteinander vertragen. «Wer nun der Überzeugung lebe, dass der Krieg verwerflich sei, der müsse auch die Konsequenzen ziehn, das heisst der Obrigkeit erklären, dass er keine Waffen tragen werde und dass er eher selber sterben wolle, ehe er bereit sei, einen Feind zu töten.»[42] Und er stellte – drittens – Deutschland im Jahr 1921, mitten in den Krisenjahren der Weimarer Republik, ein schlechtes politisches Zeugnis aus. Seine Diagnose lautete, Deutschland müsse ein Volksstaat erst noch werden und der Deutsche aus einem Untertan ohne Obrigkeit zum mündigen Bürger noch erzogen werden. «Den Bürger aber macht dies, und nur dies: dass ihm das Interesse des Gemeinwesens unbedingt über dem privaten Interesse oder dem Interesse des Standes steht.» Sachpolitik habe Vorrang vor Interessenspolitik.[43]

Kirchlicher Ungehorsam in Sachen Apostolikum, christliche Unbotmässigkeit in punkto Krieg und republikanisches Eintreten für das Gemeinwohl – dies alles ergibt noch längst kein Bild von Schrempf, aber es gehörte für ihn zusammen. Daran wird Hesse gedacht haben, wenn er Schrempf zu den Mahnern und Lehrern seiner Zeit zählte – auch hinsichtlich der Kirche. Als nämlich der württembergische Landesbischof Theophil Wurm sein Bedauern darüber äusserte, dass es der Kirche nicht gelungen sei, sich Leute wie Schrempf und Hesse zu erhalten, wehrte dieser freundlich ab: Er finde es gut und erfreulich, «dass auch ein im Grunde konservatives historisches Gebilde wie eine Landeskirche der steten Erneuerung und Aufweckung, der lebendigen Auseinandersetzung und Anpassung bedarf und sie sowohl aus dem Kreis der christlichen Gemeinschaften und Erweckungspersönlichkeiten wie auch aus dem Kreis der wirklich oder scheinbar Abgefallenen aufnimmt und verarbeitet».[44] Damit unterstrich Hesse die Bedeutung jener Kräfte für die Kirche, die hier stellvertretend die Namen von Elias Schrenk und Christoph Schrempf tragen.

---

42 Otto Umfrid in: Kirchlicher Anzeiger, 16.07.1896, zitiert nach: Karl Hammer: Deutsche Kriegstheologie 1870–1918, München 1974, 301. Schrempfs Haltung im Ersten Weltkrieg scheint betont nüchtern gewesen zu sein. Während des Zweiten Weltkrieges erhielt er ein Redeverbot. Das Gesuch des 79-jährigen um dessen Aufhebung, in dem er sich als unkirchlich und unpolitisch, aber von nationaler und sozialer Gesinnung, mithin als Nationalsozialist vor dem Nationalsozialismus bezeichnete, wurde von der GESTAPO abgelehnt. Ob man höhern Orts wusste, dass dieser fatalen Selbsteinschätzung Schrempfs nicht zu trauen war? Vgl. Rössler, Schrempf (wie Anm. 25), 51f., 68.

43 Christoph Schrempf: Über politische Erziehung, aus: Zur Volkserziehung. Sechs Reden, 1921, in: ders.: Religion ohne Religion. Eine Auswahl, hg. v. Otto Engel, Bd. 2, Stuttgart 1947, 343–357, hier 353.

44 Hermann Hesse an Theophil Wurm, im Januar 1950, in: Hermann Hesse: Gesammelte Briefe, Bd. 4: 1949–1962, hg. in Zusammenarbeit mit Heiner Hesse von Ursula und Volker Michels, Frankfurt am Main 1986, 41.

IX. Anhang

Christoph Schrempf an Hermann Hesse, Degerloch, 29. Januar bis 3. Februar 1932[45]

Lieber Freund,

zuvörderst herzlichen Dank für den «Weg nach Innen»[46], und für die Erzählung von Ihren Behausungen, und für den Brief des Herrn Riedrich[47], und für manches[,] was ich in letzter Zeit von Ihnen gelesen habe; und endlich insbesondere für Ihren letzten Brief, den ich vorgestern erhalten habe. Wie mich das alles auf meinem Weg nach Innen beschäftigt hat[,] kann ich Ihnen in Kürze nicht sagen; aber einige Gedanken[,] zu denen mich Ihr letzter Brief angeregt hat[,] will ich doch versuchen zu Papier zu bringen. Es sind dies Gedanken[,] die ich, seit ich «Narziss und Goldmund» gelesen habe, schon oft in der Stille mit Ihnen durchgesprochen habe – ohne bis jetzt zu einem Ende zu kommen. Ich teile sie Ihnen also unfertig mit.

Sie haben Recht, es ist nicht nur bei Ihnen ein Widerspruch da, sondern auch bei mir. *Ich habe zu Goethe eine unglückliche Liebe,* wie auch zu Kierkegaard und Nietzsche, und sogar zum lieben Heiland und zum lieben Gott. Ein bisschen unglückliche Liebe ist auch in meinem Verhältnis zu Lessing, und eine ganz glückliche Liebe habe ich eigentlich nur zu Sokrates; was vielleicht doch auch den Grund hat[,] dass man wenig von ihm weiss. Sofern ich Angst habe[,] dass auch meine Liebe zu Sokrates durch eine genauere Bekanntschaft mit ihm getrübt werden könnte, ist also auch diese Liebe nicht so ganz glücklich. Und so möchte ich mich Ihnen vorstellen als einen nicht sehr heldenhaften Helden der unglücklichen Liebe. Dieses Geheimnis an mir haben Sie wohl selbst schon bemerkt oder doch durchgefühlt, und gerade an meiner Auseinandersetzung mit Goethe; aber ich will es Ihnen nun doch selbst noch offen sagen[,] dass ich mich selbst so verstehe.

Ich habe also auch eine mehr oder weniger glückliche und unglückliche Liebe zu dem und jenem Künstler (Dichter, Musiker, Maler …). Dagegen habe ich keine (also weder eine glückliche noch *[1/2]* eine unglückliche) Liebe zur Kunst; sowenig wie zur Wissenschaft, Religion, Moral und dergl. Denn «lieben» kann ich als Person nur eine Person. Ich bin zu gesund oder zu krank, zu schwach oder zu stark, als dass ich Abstracta lieben könnte. So treibe ich z. B. immer wieder recht gern Mathematik. Nehme ich es aber mit den Worten

---

45 Hesse-Archiv im Schweizerischen Literaturarchiv Bern, Ms-L-83-Schrempf (6 maschinenschriftliche Seiten. Ort und Datum, Unterschrift, Unterstreichungen und Korrekturen mit Bleistift).

46 Der 1931 unter diesem Titel erschienene Sammelband enthält «Siddhartha, Kinderseele, Klingsors letzter Sommer und Klein und Wagner.

47 Nicht ermittelt.

genau, so werde ich doch nicht sagen dass ich die Mathematik «liebe». Wenn ich aber einen Künstler liebe, liebe ich ihn auch als Künstler. Sofern nämlich zu der Eigenart seiner Persönlichkeit auch das gehört, dass er Künstler ist. Wenn das aber, dass er Künstler ist, nicht zur Eigenart seiner Persönlichkeit gehört, sondern er nur Kunstwerke *macht*, zu denen er kein persönliches Verhältnis hat, liebe ich ihn als Künstler, der er ja gar nicht ist, natürlich nicht. Auch als einen Künstler liebe ich einen Menschen dann, wenn er mich durch ein Kunstwerk in das persönliche Verhältnis zu seiner Persönlichkeit bringt[,] dass ich ihn lieben kann, oder vielmehr lieben muss, oder eben liebe.

Also verwünsche ich das natürlich nicht[,] dass es auch Künstler gibt, oder (richtiger) dass es Menschen gibt[,] die auch Künstler sind. Denn ich verwünsche auch den Gegenstand einer mehr oder weniger unglücklichen Liebe nicht. Dagegen ist das[,] dass eine Persönlichkeit in mir Liebe zu ihr erweckt[,] an gewisse Bedingungen geknüpft, denen also auch der Künstler als Mensch genügen muss[,] wenn ich ihn lieben soll. Damit mache ich ihm aber keine Vorschrift. Ich habe überhaupt niemand etwas vorzuschreiben; und dass mein Verhältnis zu jemand kein Liebesverhältnis wird, in diesen Tatbestand muss er sich eben finden, wie auch ich mich darein eben finden muss.

Nun kann ich einen Menschen nur insoweit lieben[,] als er ein reeller Mensch ist. Ganz glücklich könnte ich nur einen ganz reellen Menschen lieben, wenn ich zugleich der ganz reelle Mensch wäre[,] welcher der Reellität eines andern *[2/3]* Menschen ganz sicher werden könnte. Also glaube ich an eine ganz glückliche Liebe nicht, und liebe nur mehr oder weniger glücklich, soweit mir ein Mensch mehr oder weniger reell scheint. So liebe ich auch den Künstler, soweit er als reeller Mensch auch als Künstler reell ist. Also den lyrisch sich expektorierenden Dichter, sofern er mir echte, nicht affektierte Gefühle zu expektorieren scheint; den episch-erzählenden oder dramatisch-darstellenden Dichter, sofern er meine Kenntnis des wirklichen Lebens erweitert, mein Verständnis des wirklichen Lebens vertieft – was er nur kann soweit er selbst reell lebt. Soweit ich aber merke, dass er als selbst irreeller Mensch mich durch seine Kunst dem reellen Leben entfremdet, liebe ich ihn nicht – und liebe dann auch sein Kunstwerk nicht, ob es auch als Werk der Kunst das allerhöchste Lob verdienen mag. Ja, wenn die Kunstfertigkeit im Dienst der Irreellität steht, macht sie mir diese nur noch widerwärtiger, ist mir also selbst widerwärtig.

Reell scheint mir nur der liebende Mensch zu sein; und so liebe ich die lieblosen Künstler nicht, die nur deshalb lieblose Künstler sein können[,] weil sie lieblose Menschen sind. Ich liebe also auch Dichtungen[,] die mir Produkte einer lieblosen Gesinnung zu sein scheinen[,] nicht (– oder nicht mehr: denn einst hat mir die kunstfertige Äusserung der Lieblosigkeit auch imponiert); und das auch deshalb, weil die Liebe sehend, die Lieblosigkeit blind macht, eine lieblose Dichtung also weder meine Kenntnis des Lebens erweitern, noch mein Verständnis des Lebens vertiefen kann. Sehend macht aber die Liebe gerade auch für das Kranke; und ich wünsche (*auch* aus Liebe zu den Menschen) gar nicht[,] dass man mir den Anblick des Kranken erspare. Wenn mir jedoch ein Arzt von einer Krankheit als von einem «schönen Fall» erzählte, wäre mir das, so gut er auch erzählen könnte, widerwärtig; und es würde mir das *[3/4]* auch den Verdacht erwecken[,] dass ihn die Schönheit des Falls für die Hauptsache blind mache: dafür nämlich, dass dem gewiss nicht schön leidenden Menschen geholfen werde. So sind mir auch Dichter widerwärtig[,] für welche die Leiden der Menschen nur schöne Fälle sind, an denen sie ihre Kunstfertigkeit zeigen können; und vollends die Dichter[,] die ihre Kunstfertigkeit dazu missbrauchen[,] die armen Menschen lächerlich und verächtlich zu machen. Auch eine meinetwegen ehrliche Entrüstung macht mir den Dichter nicht angenehm.

Diese meine Stellung zum Dichter hat nun mit Sittlichkeit und Religion, und insbesondere mit Askese, gar nichts zu tun. Was gerade die Asketen betrifft (die bewussten und geflissentlichen Asketen), so habe ich diese durchaus in dem Verdacht der Irreellität. Ich kann sowenig wie jener Pietist begreifen[,] dass die guten Dinge in der Welt nur für die bösen Leute da sein sollen.[48] Aber ich unterscheide (wie jeder denkende Mensch, der ein bisschen Lebenserfahrung hat) einen reellen gesunden, und einen irreellen, ungesunden Genuss. Wenn aber jemand einen Genuss mit einer Schädigung seiner körperlichen oder geistigen Lebenskraft erkauft, so heisse ich das weder unsittlich noch gottlos, sondern töricht. Im übrigen tut er das, wenn er mündig ist, auf eigene Verantwortung und Gefahr, auf die ich ihn nur aufmerksam machen kann. Vorzuschreiben habe ich ihm ja nichts. Das gilt wie von allem Genuss so auch von dem Kunst-Genuss. Der Genuss[,] den das Dichten dem Dichter macht, kann gesund und ungesund sein; und ebenso der Genuss[,] den andere von seiner Dichtung haben. Der Genuss[,] den die irreelle Dichtung dem Produzenten und dem Konsumenten gewährt[,] ist immer ungesund. Mehr oder weniger; vielleicht aber lebensgefährlich. Weiter sage ich nicht, und füge nur noch (mit Beziehung auf die Kunstfertigkeit) hinzu, dass man sich aus einem Pokal[,] der ein Wunderwerk der Goldschmiedekunst ist[,] sogut den Tod trinken kann wie aus *[4/5]* einem rohen zinnernen Becher.

Nun haben auch Sie die Erfahrung gemacht[,] «dass es unsinnig ist, etwas schreiben zu wollen[,] was man nicht gelebt hat»;[49] Sie können also den irreel-

---

48 Es konnte bisher nicht eindeutig ermittelt werden, auf wen Schrempf hier anspielt. Dieter Ising vermutet am ehesten einen Bezug zu Johann Christoph Blumhardt (1805–1880). Ich danke Dieter Ising, Hartmut Lehmann und Hermann Ehmer für ihre hilfreichen Auskünfte.

49 Im Nachwort zu «Weg nach Innen» berichtet Hesse, dass er zwischen dem ersten und zweiten Teil von «Siddhartha» eine Zwangspause von anderthalb Jahren einlegen

len Dichter, der auch schreiben kann[,] was er nicht gelebt hat, so wenig lieben wie ich. Sofern aber ein Dichter nur schreibt[,] was er gelebt hat, werden auch Sie den lieblosen Dichter, der nur deshalb ein liebloser Dichter sein kann[,] weil er ein liebloser Mensch ist, sowenig lieben können wie ich. Auch werden Sie die Kunst, indem Sie sie biologisch verstehen, wie ich zugleich hygienisch werten. Werten muss man die Kunst doch auch; und die biologische Wertung ist eben die hygienische Wertung. Füge ich noch hinzu, dass diese jeder Produzent und Konsument der Kunst nur von sich selbst aus für sich selbst vollziehen kann (wodurch alles Bemoralisieren anderer ausgeschlossen ist), so glaube ich, die Wertung der Kunst betreffend, mit Ihnen in wesentlichem Einverständnis zu sein.

Und bemoralisiert habe ich auch Goethe nicht. Ich eigne mir durchaus sein Wort zu: «sehe jeder wie er's treibe»;[50] und wende es ohne Vorbehalt auch auf ihn an. So gebe ich insbesondere unzweideutig kund, dass ich die «Ehe», ohne Rücksicht darauf ob sie wild oder zahm ist, nur nach ihrem Gehalt beurteile. Ja, ich stelle sogar zur Frage, ob Goethe wohl daran getan hat[,] seine Verbindung mit Christiane noch zu legalisieren. Was ich gegen ihn habe, kann ich mit einem guten Wort Lichtenbergs in dem Bekenntnis zusammenfassen: er flösst mir in wichtigen, sogar den wichtigsten, den wesentlichen Dingen nicht mehr «das seelenstärkende Gefühl der Überlegenheit» ein.[51] Sofern das an ihm liegt, kann ich ihm nicht helfen. Er flösst mir eben nicht mehr das seelenstärkende Gefühl der Überlegenheit ein. Wenn ich mich aber öffentlich mit Goethe befassen will, muss ich das auch öffentlich bekennen. Und ich kann dies auch deshalb unbedenklich tun, weil ich über*[5/6]*zeugt bin[,] dass er mir trotzdem *in Wirklichkeit* immer noch weit mehr ist als seinen begeisterten Verehrern. (Da geht es mir mit Goethe wie mit Kierkegaard und Nietzsche.) Um

---

musste: «Ich machte damals – nicht zum erstenmal natürlich, aber härter als jemals – die Erfahrung, dass es unsinnig ist, etwas schreiben zu wollen, was man nicht gelebt hat, und habe in jener langen Pause, während ich auf die Dichtung ‹Siddhartha› schon verzichtet hatte, ein Stück asketischen und meditierenden Lebens nachholen müssen, ehe die mir seit Jünglingszeiten heilige und wahlverwandte Welt des indischen Geistes mir wieder wirklich Heimat werden konnte.» Hermann Hesse: Nachwort zu *Weg nach Innen*, in: Volker Michels (Hg.): Materialien zu Hermann Hesses *Siddhartha* 1, Frankfurt am Main 1975, 334–336, hier 335.

50 Anspielung auf die dritte Strophe von Johann Wolfgang Goethes Gedicht «Beherzigung: «Eines schickt sich nicht für alle! / Sehe jeder wie er's treibe, / Sehe jeder wo er bleibe, / Und wer steht, dass er nicht falle!» Karl Eibl (Hg.): Johann Wolfgang Goethe. Sämtliche Werke, Briefe, Tagebücher und Gespräche, Bd. 2, Frankfurt am Main 1987, 43.

51 Diese Ausstrahlung hat Georg Christoph Lichtenberg (1742–1799) am berühmten englischen Schauspieler David Garrick fasziniert. Michael Holzinger (Hg.): Georg Christoph Lichtenberg: Briefe aus England, Berlin 2013, 29 (an Heinrich Christian Boie, zweiter Brief vom 10.10.1775).

auch meiner Hochschätzung Goethes noch einen einfachen Ausdruck zu geben: er gehört für mich zu den Menschen[,] die ich ernst nehme. Diese Ehre erweist man ihm (wie auch Kierkegaard und Nietzsche) selten genug. Und das ist die einzige Ehre[,] die ich mir selbst wünsche, deren ich mich allein wirklich freuen kann. Man nehme mich dann nur auch *so* (in der Art) ernst, wie ich Goethe (Kierkegaard, Nietzsche) ernst nehme …

Ich freue mich mit Ihnen, dass Sie auf eine so schöne Weise eine Ihnen zusagende Behausung bekommen haben. Und ich freue mich mit Ihnen, dass Ihre Freundin Ninon nun auch Ihre Lebensgenossin geworden ist.[52] Wäre sie es auf illegale Weise, so würde ich mich dessen mit Ihnen beiden nicht weniger freuen.

Grüssen Sie sie herzlich von mir, und seien Sie selbst herzlich gegrüsst
von Ihrem
Chr. Schrempf
Degerloch, 29. Jan. bis 3. Febr. 32.

---

52 Im August 1931 erfolgte der Umzug ins neue Haus in Montagnola, und am 14. November desselben Jahres haben Hermann Hesse und Ninon Dolbin geheiratet.

«... ein gůt from erlich leben ...»

Einige Kapitel aus der Geschichte des Büren-Kapitels

Im September 2005 war es 200 Jahre her, seit die Pfarrer des Kapitels Büren eine Witwen-Stiftung ins Leben riefen.[1] Dieses Sozialwerk ist gemessen am ehrwürdigen Alter der Institution, aus dem es hervorging, vergleichsweise jung. Die Pfarrkapitel sind mittelalterlichen Ursprungs. Sie bezeichneten die Versammlung der Kleriker am Sitz eines Bischofs, die nach der Regel des Chrodegang von Metz lebte und sich täglich zum Lesen und Hören eines Kapitels dieser Regel traf. Mit der Zeit ging der Name von den Domkapiteln auf die Landkapitel über, welche die Pfarrer eines bischöflichen Verwaltungsbezirks umfassten. Sie hiessen capitula ruralia. Das rechtsseitig der Aare gelegene Kapitel Büren gehörte zum Bistum Konstanz. Das änderte sich mit der Reformation. Nachdem die Berner Disputation Ende Januar 1528 zugunsten der Reformation ausgegangen war, erklärte der Berner Magistrat im Reformationsmandat vom 7. Februar, dass er sich auch für das geistliche Wohl der Untertanen verantwortlich wisse. Die Bischöfe von Konstanz, Basel, Sitten und Lausanne verloren ihre geistliche Jurisdiktion auf bernischem Hoheitsgebiet. An ihrer Stelle übernahm der Magistrat die Kirchenleitung. Ihm war der Dekan, der Leiter eines auch Dekanat oder Klasse genannten Pfarrkapitels, nun unterstellt.[2]

---

1 Vortrag, gehalten an der Jubiläumsfeier in Lyss, Mittwoch nach Trinitatis 2006.

2 Hermann Rennefahrt: Die kirchliche Organisation im Gebiet des heutigen alten Kantons Bern vor der Reformation, in: Die Rechtsquellen des Kantons Bern. Erster Teil: Stadtrechte VI.1. Staat und Kirche (Sammlung Schweizerischer Rechtsquellen II: Die Rechtsquellen des Kantons Bern), Aarau 1960, XX–XLVIII; Emil Meyer: Archive bernischer Pfarrkapitel, in: Festgabe Hans von Greyerz zum sechzigsten Geburtstag, Bern 1967, 699–723; Lucienne Hubler: «Kapitel», in: HLS 7 (2008), 86.

Ich möchte Ihnen heute Einblick in drei Kapitel aus der Geschichte Ihres Kapitels geben und mich dabei am heutigen festlichen Anlass orientieren. Bitte erwarten Sie von mir keine umfassende Geschichte Ihrer Prediger-, Witwen- und Waisenstiftung. Das würde nicht nur den vorgegebenen zeitlichen Rahmen sprengen, sondern auch gründlichere Archivstudien erfordern, als ich sie habe betreiben können.

Die Voraussetzung für eine Witwenstiftung ist das evangelische Pfarrhaus. Wie ist es zu seiner Gründung gekommen und inwiefern spiegelt sich diese Gründungsgeschichte in der Geschichte des Kapitels Büren? Das ist meine erste Frage. Wir werden es hier mit einer bewegenden Forderung zu tun bekommen. Welchen ethischen Erwartungen waren die Gemeinden und mit ihnen die Pfarrer und ihre Familien in der Zeit zwischen dem 16. und 18. Jahrhundert ausgesetzt? Das ist meine zweite Frage. Es wird dies nicht nur, aber auch die Geschichte einer Überforderung sein. Meine dritte Frage zielt auf die Herausforderungen des 19. Jahrhunderts, denen der Pfarrerstand ausgesetzt war und in deren Kontext die Gründung der Witwenstiftung gehört. Bevor wir beginnen, müssen wir uns kurz über den Umfang, die Zwecke und die Organisationsstrukturen des Kapitels Büren verständigen.

Das Kapitel Büren war im Jahr 1533 eines der insgesamt zehn bernischen Kapitel Bern, Thun, Burgdorf, Nidau, Büren, Schenkenberg, Suhr, Thunstetten, Aigle und St. Immer.[3] Es stiess im Süden an das Kapitel Bern und im Westen an das Kapitel Nidau. Die Grenze bildete auch nach Norden hin die alte Aare. Ausnahmen waren die Kirchgemeinde Wengi, die damals noch zum Kapitel Nidau, und die Kirchgemeinde Lengnau, die seit der Reformation zum Kapitel Büren gehörte. Im Osten (Bucheggberg) stiess es an das Kapitel Burgdorf. Es bestand aus zwei annähernd gleich grossen Hälften, einer oberen und einer unteren mit Aarberg bzw. Büren als Zentren. 1807 kamen Messen, 1831 Pieterlen und 1838 die reformierte Gemeinde der Stadt Solothurn zum Kapitel Büren. Nach dem hochinteressanten, auf Vorarbeiten von Dekan Kramer zurückgehenden «Geschichtlichen Abriss des Pfarrkapitels Büren» von Dekan Jakob Ziegler zählte Büren 1871 21 Pfarrstellen und eine Helferstelle: Büren, Aarberg, Oberwil, Wohlen, Schüpfen, Seedorf, Radelfingen, Lyss, Affoltern, Kirchlindach, Meikirch, Rapperswil, Wengi, Aetigen, Lüssligen, Diessbach, Arch, Rüti, Lengnau, Pieterlen, Messen.[4]

---

3 Hans Rudolf Lavater: Karte der deutsch-bernischen Dekanate 1533. Beilage zu: Der Berner Synodus von 1532, Bd. 2: Studien und Abhandlungen, Neukirchen-Vluyn 1988. – Das Städtchen Büren liegt am unteren Lauf der Aare auf halbem Weg zwischen Biel und Solothurn.

4 StABE V Pfarrkapitel Büren a. A. 38: Geschichtlicher Abriss des Pfarrkapitels Büren (von Dekan J[akob] Ziegler, Messen), 106–128. Darin: Decan Kramer/ Analecten und Mittheilungen aus/ dem Capitel Büren./ z. T. vorgelesen in den Cap. Sitzungen 1848./

Karte der deutsch-bernischen reformierten Dekanate im Jahr 1533. I Bern, II Thun, III Burgdorf, IV Nidau, V Büren, VI Schenkenberg, VII Suhr, VIII Thunstetten, (IX) Aigle, (X) St. Immer. Karte aus André Holenstein (Hg.), Berns mächtige Zeit. Das 16. und 17. Jahrhundert neu entdeckt (Berner Zeiten 3), Bern 2006, 191 (Karte nach Hans Rudolf Lavater).

1849 & 1850/ Gesammelt durch J. Ziegler Decan Pfr. zu Messen/ 1871/ dem Dekanatsarchiv Büren geschenkt/ von der Witwe d. Hrn. Decan Kramer sel./ Benutzt in der Sitzung zu Aarberg/ 31. Mai 1871.

Die Pfarrkapitel hatten in nachreformatorischer Zeit einen doppelten Zweck. Sie dienten erstens der theologischen und praktischen Weiterbildung der Pfarrer. Dafür trafen sich die Pfarrer des Kapitels Büren wöchentlich zu Kolloquien, im oberen Teil am Donnerstag in Aarberg, im unteren Teil am Samstag in Büren. Als es dabei zu Auseinandersetzungen und Meinungsverschiedenheiten, beispielsweise über das Verständnis des Abendmahls, kam, taxierte die Obrigkeit dies als «vill und mancherlei gespän, gezenck, unordnung, uneinigkeiten und unraht». Sie gestattete die Kolloquien per Mandat vom 2. September 1549 deshalb nur noch quartalsweise und stellte sie damit praktisch ab – sehr zu Calvins Missfallen. Er bezeichnete das Vorgehen des Berner Rates als «ganz unkirchlich». Die Kolloquien seien für die Amtsbrüder eine gute Gelegenheit zu gegenseitiger Ermahnung und Förderung: «Man kann dabei erkennen, ob sie es verstehen, geschickt und passend dem Volke die Schrift nahezubringen.» Zudem seien die Kolloquien «das beste Band zur Erhaltung der Lehreinheit, weil, wenn man nicht gemeinsam berät, jeder lehren kann, was ihm gefällt. Grosse Freiheit gibt die Einsamkeit».[5] Hier knüpfte Dekan Ziegler 1871 an, wenn er schrieb, seit der Austrocknung der Pfarrkapitel seien die Pfarrer auf ihre «Studierzimmer oder Privatcirkel» zurückgeworfen worden.[6]

Es blieb der zweite Zweck der Pfarrkapitel, der in der Supervision und Kontrolle der Amtsbrüder unter Einschluss der weltlichen Beamten bestand. Er sollte durch gegenseitige Zensur realisiert werden. Zu diesem Zweck tagten die Pfarrer eines Kapitels unter der Leitung ihres Dekans jährlich ein- bis zweimal. Zur Kompetenz des Dekans, der aus einem Zweier- oder Dreiervorschlag vom Magistrat gewählt wurde, gehörten die Aufsicht über die Lehre und den Lebenswandel seiner Amtsbrüder, die Abwehr des Täufertums und die Früherkennung nonkonformistischer Regungen. Dem Dekan standen ein Kassier (Kammerer) und ein Sekretär zur Seite. Seine Macht wurde begrenzt durch vier Juraten, die als geschworene Verordnete des Kapitels ihrerseits mit der Beaufsichtigung von Lehre und Leben der Pfarrer beauftragt waren und insofern im Dienst der Selbstzensur der Kapitelsangehörigen standen.[7]

Damit komme ich zu meinen drei angekündigten kurzen Kapiteln.

---

5 Calvin an seinen erst seit kurzem in Bern weilenden Freund Wolfgang Musculus, 22.10.1549, in: Johannes Calvins Lebenswerk in seinen Briefen. Eine Auswahl von Briefen Calvins in deutscher Übersetzung von Rudolf Schwarz, Bd. 2: Die Briefe der Jahre 1548–1555, Neukirchen Kreis Moers 1962, Nr. 281, 493–495, hier 494.

6 Ziegler, Abriss (wie Anm. 4), 26.

7 Rudolf Dellsperger: Grundzüge der Kirchenverfassung. Ein geschichtlicher Überblick, in: André Holenstein u. a. (Hg.): Berns mächtige Zeit. Das 16. und 17. Jahrhundert neu entdeckt, Bern 2006, 191–194.

I. Die Bittschrift des Kapitels Büren um Gewährung der Priesterehe (1524). Eine Momentaufnahme aus der Entstehungsgeschichte des evangelischen Pfarrhauses

Am 15. Juni 1524 richtete das Kapitel Büren an den Berner Rat eine Bittschrift.[8] Das Datum war bewusst gewählt, denn genau ein Jahr zuvor, am Tag der Heiligen Vitus und Modestus, hatte der Berner Rat sein erstes Glaubensmandat erlassen.[9] Die Kapitelsbrüder nahmen in ihrer Eingabe darauf Bezug, indem sie bestätigten, im Sinne des Mandats nichts anderes als das heilige Wort Gottes verkündigt und damit zur Aufrechterhaltung von Ruhe und Frieden beigetragen zu haben. Dann kamen sie zur Sache, indem sie an zwei erst kürzlich erschienene Ratsmandate anknüpften. Am 28. April 1524 hatte der Rat angeordnet, dass alle Priester, die in den Ehestand traten, ihre Pfründen verlieren sollten.[10] Das Kapitel versicherte, man habe sich daran gehalten, erlaubt sich aber den Nachsatz, «wie wol ess gott nit verbotten hatt, und wir viel bass im selben stand (weder in dem wir jetzt sind) möchtend selig werden». Am 10. Mai 1524 hatte der Rat zusätzlich angeordnet, die Priester hätten auch ihre Konkubinen («schnöden frowen») wegzuschicken.[11] Auch dazu sagen die Kapitelsbrüder Ja, aber nicht ohne die spitze Bemerkung, eigentlich wäre es längst Sache der Bischöfe gewesen, hier zum Rechten zu sehen, und nicht ohne dem Ja ein gewichtiges Aber beizufügen: «… so will unss doch beschweren dass fleisch und blůt, so an uns hanget, wann wir ye nit engel sind, könnent ouch nit engelsch leben, wan das fleisch will sin begird nit lassen, wir sind ye menschen als ouch ir, und förchten, wir werden uns nitt rein enthalten …» Zudem: Nicht jeder habe eine Mutter oder eine Schwester, die für ihn Haus und Garten besorge. Dann legen die Bittsteller ihr Dilemma offen dar: Bitten sie um Ehefrauen, so ziehen sie sich – «wiewol ess göttlich und erlich ist» – den Zorn und die Ungnade der hohen Obrigkeit zu. Handeln sie eigenmächtig und heiraten, so verlieren sie ihre Pfründe. Im Konkubinat zu leben schliesslich ist für sie selber keine Möglichkeit mehr, denn sie können nicht einem Laien, der so lebt, das Altarsakrament verweigern und selber so leben und täglich die Messe feiern. Wenn sie aber ihre «metzen» entlassen und nicht heiraten dürfen, «so sind doch die hertzen nit wit von einander, oder wir fallen in andere geferlichkeit, doran ir me truren dann frŏwd wurdendt empfachen». Es ist offensichtlich: Die Kapitelsbrüder machen Druck, weil sie sich

---

8 Rudolf Steck/Gustav Tobler (Hg.): Aktensammlung zur Geschichte der Berner-Reformation 1521–1532, Bd. 1, Bern 1923, Nr. 433, 132f.

9 Steck/Tobler, Aktensammlung (wie Anm. 8), Nr. 249, 65–68.

10 Steck/Tobler, Aktensammlung (wie Anm. 8), Nr. 398, 115f.

11 Steck/Tobler, Aktensammlung (wie Anm. 8), Nr. 410, 125.

unter Druck gesetzt fühlen, und zwar nicht nur von oben, d. h. von der Obrigkeit her, sondern mehr noch von innen heraus, d. h. aus Gewissensnot. Deshalb klingt ihre Bitte, mit der sie ihre Eingabe schliessen, auch glaubwürdig: «Hand erbermd uber unss und unser fründ und zeigend unss ein gnedigs mittell, das wir seel und er mo̊gen behallten, ouch die fromen lüt, so ir unss hand empfolen, ein gůt from erlich leben von unss mögen sechen.»[12]

«... ein gůt from erlich leben ...»: Das ist unser Titelzitat. An der Wurzel des evangelischen Pfarrhauses steht der Wunsch eines guten, frommen und ehrlichen Lebens vor Gott und der christlichen Gemeinde. Seine Erfüllung blieb den Priestern des Kapitels Büren vorerst verwehrt. In Zürich, das werden sie gewusst haben, waren die Dinge weiter gediehen. Dort hatte Zwingli in den Disputationsthesen vom Januar 1523 gezeigt, dass die Priesterehe biblisch begründet bzw. der Pflichtzölibat unbegründbar sei.[13] Zwar hatte Bischof Hugo von Hohenlandenberg in Konstanz seine Bittschrift von 1522 in dieser Sache nicht einmal einer Antwort gewürdigt, aber die Bewegung war nicht mehr aufzuhalten und hatte inzwischen beispielsweise auch die Klarissen von Königsfelden erreicht.[14] Das Kapitel Büren sollte sich noch ganze dreieinhalb Jahre gedulden müssen, bis seine Forderung erfüllt wurde und seine Priester nach der Berner Disputation vom Januar 1528 aus dem Dunkel der Illegitimität heraus und in den Stand der Ehe treten konnten.

II. Mit welchen Erwartungen sahen sich die Gemeinden, ihre Pfarrer und deren Familien zwischen dem 16. und 18. Jahrhundert konfrontiert?

Mit der Reformation hat sich die Obrigkeit die Forderung nach einem «gůt from erlich leben» zu eigen gemacht und sie ihren Untertanen auferlegt. Es geschah dies durch eine Vielzahl von Verordnungen und Mandaten, die das religiös-sittliche Leben regeln und heben sollten. Dass die normativen Gesetzestexte periodisch erneuert werden mussten, war gewiss darauf zurückzuführen, dass sie an jeweils neue Gegebenheiten angepasst werden mussten, es war aber auch Ausdruck der Notwendigkeit, dass die offenbar schwer

12 Steck/Tobler, Aktensammlung (wie Anm. 8) Nr. 433, 132f.

13 Zwinglis Disputationsthesen über die «geistliche ee» von 1523 lauten: «28. Das alles, so got erloubt oder nit verbotten hat, recht ist; dannenhar die ee allen menschen zimmen erlernet würt. 29. Das alle, die man geistlich nennet, sündend, wenn sy, nachdem sy innen worden sind, das inen got reinikeit halten abgeschlagen hatt, sich nit mit der ee verhuetend.» (Huldreich Zwinglis sämtliche Werke, Bd. 1 [CR 88], Berlin 1905, 461).

14 Sabine Kuhn: «[…] dem wortt unnd geheiss gottes ungemäss […]». Die Frauen im Kloster Königsfelden der Reformationszeit 1523 bis 1528, Theol. Lizentiatsarbeit Bern 2004.

durchsetzbaren Normen immer wieder neu eingeschärft werden mussten. Die Forderung nach einem guten, frommen und ehrlichen Leben richtete sich grundsätzlich unterschiedslos an alle Personen im Staate Bern, an den Pfarrerstand aber doch in besonderer Weise. Die Prädikantenordnung, die 1587 erlassen und mit geringfügigen Änderungen 1638 und 1667 wieder gedruckt und schliesslich 1748 einer Totalrevision unterzogen wurde, gewährt Einblick in die mit dem Predigtamt verknüpften Erwartungen. Die Pfarrer sollten sich ihrer Vorbildfunktion bewusst sein, dreimal, später zweimal wöchentlich predigen, die Predigten ausformulieren, aber so memorieren, dass sie sie frei halten konnten, die Bibel fleissig studieren, die Tauf- und Eherödel und das Chorgerichtsmanual ordentlich führen und sich «eines nüchtern, ehrbaren, unsträflichen und ihrer leer glychförmigen lebens und wandels» befleissen.[15]

War das nicht eben das, was das Kapitel Büren sich 1524 gewünscht hatte? In gewisser Weise schon, und doch gilt es zu differenzieren. Die Pfarrer waren als Kirchendiener nun zugleich Staatsdiener, und der Bischof sass nicht mehr weit weg in Konstanz, sondern in Bern in nächster Nähe. Sie sahen sich in einer neuen Weise eingespannt in den Staatszweck, in den Prozess der Volkserziehung nach neuen, nunmehr reformierten Normen. Dieser Wandel war nicht von einem Tag auf den andern erfolgt. Er hatte sich schon vor der Reformation abgezeichnet und war mit ihr in Gang gekommen ohne seither an ein Ziel gekommen zu sein. Die Chorgerichtsmanuale geben Auskunft darüber, wie schwierig dieser Lernprozess für die Bevölkerung war. Selbst wenn man in Rechnung stellt, dass darin nur die Verstösse aktenkundig wurden, so wird man doch nicht übersehen können, dass die Pfarrer einen schweren Stand hatten.

Was Ernst Kocher in seinen «Mitteilungen aus der Geschichte des ehemaligen Kapitels Büren» den Quellen über das ethische Verhalten der Bevölkerung entnimmt, ist keineswegs aussergewöhnlich. Da wird ganz allgemein über Unsittlichkeit geklagt und etwa der Kiltgang angeprangert. Offenbar erschien ein Paar häufig erst dann zur Hochzeit, wenn Hoffnung auf Nachkommenschaft bestand. Viele Paare erschienen in angeheitertem Zustand. Geklagt wird immer wieder über Sonntagsarbeit (Bleichen, Färben) und Entheiligung des Sonntags durch Salzhandel und Wirtschaftsbesuche.[16] Die Pfarrer erhalten überwiegend gute bis sehr gute Noten. Gründe für ungenügende Zensuren sind etwa mangelhafte Predigtvorbereitung, schlechte Diktion, Jäh-

15 Der Text der Prädikantenordnung von 1587 findet sich in: Rennefahrt, Rechtsquellen (wie Anm. 2), 573–586.

16 Ernst Kocher: Mitteilungen aus der Geschichte des ehemaligen Kapitels Büren, in: Blätter für bernische Geschichte und Altertumskunde 16 (1920), 1–44, hier 20f.

zorn, Schuldenmachen, Geldgier, Urkundenfälschung, Ehebruch.[17] In solchen Hinweisen findet man nicht den Stoff zu einer chronique scandaleuse, sondern das Material zu alltags- und mentalitätsgeschichtlichen Beobachtungen. Für das Kapitel Büren steht es noch nicht in ausreichendem Mass zur Verfügung. Aber für die angrenzende Kirchgemeinde Frauenkappelen hat es Bernhard Ryter gehoben, dargestellt und interpretiert.[18]

Ryter untersucht den von der städtischen Obrigkeit den Pfarrern und dem örtlichen Chorgericht übertragenen Lenkungsprozess der Kirchen- und Sittenzucht im 17. und 18. Jahrhundert. Die Auswertung der Chorgerichtsmanuale ergibt eine beachtliche Diskrepanz zwischen den geltenden Normen und der gelebten Wirklichkeit. Diese Diskrepanz ist nach Ryter zu erklären erstens mit der permanenten Überforderung der Amtsträger und der Bevölkerung durch Obrigkeit und Kirche, zweitens mit dem durch die Überforderung provozierten Widerstand der Basis und drittens mit dem Faktum, dass viele Pfarrer, die sich in diesem Spannungsfeld vergeblich abmühten, schliesslich resignierten.[19] Die Pfarrer hatten die geltenden Normen so sehr verinnerlicht, dass sie diese kaum je hinterfragten. Zugleich war der auf ihnen lastende Erwartungsdruck derart gross, dass sie, die von Amtes wegen mithelfen mussten, Verstösse anderer zu ahnden, eigene Vergehen nur schwer zugeben konnten. Dieser Erwartungsdruck musste dann in Enttäuschung und Isolation umschlagen, wenn die Pfarrer bei der Durchsetzung der Vorgaben von den vorgesetzten Behörden und, was besonders häufig der Fall war, von den Mitgliedern des Chorgerichts ungenügend unterstützt wurden.[20]

Walther Köhler hat in seinem Werk «Zürcher Ehegericht und Genfer Konsistorium» von 1932/42 im Zürcher Ehegericht einen «grossen und starken Volkserzieher» gesehen. Er räumte ein, die «Freiheit eines Christenmenschen» sei dem «gesetzliche[n] Puritanismus» weitgehend fremd geblieben. Er meinte aber, auf die christliche Freiheit allein werde sich ein Gemeinwesen nie gründen lassen, und die harte Zucht habe nachweislich zur Hebung des sittlichen Niveaus im Volke beigetragen.[21] Bernhard Ryter gelangt in seiner mikrohistorischen Untersuchung zu einem anderen Ergebnis. Er stellt den behaupteten volkspädagogischen Erfolg der ehe- und sittengerichtlichen Praxis mit dem

---

17 Kocher, Mitteilungen (wie Anm. 16), 12–15.

18 Bernhard Ryter: Überforderung – Widerstand – Resignation in der Kirche und ihrem Umfeld. Dargestellt an Amtsträgern und einzelnen Gemeindegliedern der Kirchgemeinde Frauenkappelen im 17. und 18. Jahrhundert, Diss. theol. Bern, Brenzikofen 1999.

19 Ryter, Überforderung (wie Anm. 18), 7.

20 Ryter, Überforderung (wie Anm. 18), 110.

21 Walther Köhler: Zürcher Ehegericht und Genfer Konsistorium, 2 Bde. (QASRG 2. Ser. 7 + 10), Leipzig 1932–1942, hier Bd. 1, 447.

Hinweis auf die Diskrepanz zwischen geltenden Normen und gelebter Wirklichkeit grundlegend in Frage und gewährt Einblick in Mechanismen, die für viele Pfarrer und ihre Gemeindeglieder eine Überforderung darstellten.

III. Gründung und Anfänge der Witwenstiftung im Kontext der Herausforderungen des 19. Jahrhunderts

Die Prediger-, Witwen- und Waisenstiftung wurde anfangs des 19. Jahrhunderts aus Sorge um die Hinterbliebenen im eigenen Berufsstand gegründet. Diese Sorge hing mit politischen Veränderungen zusammen, deren soziale und ökonomische Folgen höchst ungewiss waren. Bevor wir darauf zu sprechen kommen, blenden wir noch einmal zurück ins 16. Jahrhundert.

Eine Eingabe des Kapitels Büren an die Regierung – sie wurde ausgelöst durch die Prädikantenordnung von 1597 – gibt Einblick in die damalige ökonomische Situation der Pfarrerschaft. Die Kapitelsbrüder beklagen sich über ihre desolate Lage. Die Obrigkeit sei nicht mehr bereit, für ihre Witwen und Waisen wie bisher zu sorgen. Sie wolle sich durch die Forderung, die Pfarrer selber sollten besser haushalten und für den Todesfall vorsorgen, aus der Verantwortung stehlen. Der Staat nehme eine Einkommensreduktion vor, während er vom Einzug des Klosterguts profitiert habe. Alte Amtskollegen hätten bestätigt, die Obrigkeit habe den Pfarrern in Aussicht gestellt, «ihre pfründen allwägen zmeeren dann zminderen» und nach ihrem Tode «wölle man wyb und kind für bevolen haben». Die Pfarrer erinnern daran, dass man von ihnen von Amtes wegen Freigiebigkeit und Gastfreundschaft erwarte, was mit erheblichen Kosten verbunden sei. Zudem müssten sie ihre Kinder, wenn sie sie standesgemäss erziehen wollten, oft jahrelang in Stadtschulen schicken.[22]

Das klingt wie ein Präludium auf die Eingabe aus dem Jahr 1804, in der sich das Kapitel Büren bei der Regierung wegen des neuen Kirchenverwaltungs- und Pfarrbesoldungssystems beschwerte. Im Mai dieses Jahres hatte der Staat das Kirchengut in Verwaltung genommen und sich verpflichtet, daraus die Pfarrbesoldungen auszurichten. Das Kapitel Büren beurteilte dieses Vorgehen als widerrechtlich – es sei mit dem Zweiten Helvetischen Bekenntnis und den Pfrundurbarien unvereinbar – und äusserte für den Fall eines missbräuchlichen Regiments und eines Staatsbankrotts schwerwiegende Bedenken. Die Kirche gerate in eine zu grosse Abhängigkeit vom Staat. Die Schatzung des Vermögensertrags auf 275'000 Franken sei zu tief, und die vorgesehenen Besoldungsklassen seien unattraktiv: Bei einer Aussicht auf einen Anfangslohn von 1'000 alten Franken bestünden unter den Begabten, weder

22 Kocher, Mitteilungen (wie Anm. 16), 32–34.

unter den ärmeren noch unter den reicheren, kaum noch Rekrutierungschancen.[23]

Dies ist der Hintergrund der Stiftungsgründung von 1805. Die Kasse wurde aus dem Kapitelsgut, durch Schenkungen sowie durch Eintritts- und Unterhaltsgelder alimentiert. Das Protokoll der Gründungsversammlung scheint nicht mehr vorhanden zu sein. Aber dem Protokoll der Statutenrevision vom 12. September 1827 ist zu entnehmen, dass «die Prediger-Witwen-Stiftung der Ehrw. Claße Büren, gegründet im September 1805, durch großmüthige Geschenke wohlwollender Gönner, die Eintritts- und jährlichen Unterhaltsgelder zu einigem Vermögen gelangt» sei.[24]

Es ist mir, wie gesagt, nicht möglich, die Gründungsgeschichte der Stiftung weiter zu skizzieren. Nur auf markante Daten der weiteren Entwicklung, die mit der bernischen, schweizerischen und europäischen Geschichte verwoben sind, soll noch hingewiesen werden. Im Jahr 1847 – der Streit um die Berufung des Theologen Eduard Zeller erschütterte Berns kirchliche und politische Landschaft[25], die Diskussion um Einheit und Trennung von Kirche und Staat war erneut entbrannt, die Entstehung der modernen Schweiz durchlief ihre kritische Phase – 1847 beschloss das Pfarrkapitel für den Fall seiner Auflösung, dass das Kapitelsgut nicht angetastet werden dürfe, dass aber sein Ertrag der Witwenstiftung zugute kommen solle.[26] Dieser Fall ist 1874 mit dem Inkrafttreten des neuen Kirchengesetzes eingetreten. Die Kapitel, damals noch deren sieben, wurden, nachdem sie schon durch das Kirchengesetz von 1852 neben den Bezirkssynoden an Bedeutung eingebüsst hatten, aufgelöst.[27] Damals hätte die Gelegenheit bestanden, nach dem Wegfall der kirchenpolitischen Zweckbestimmung diejenige der gemeinsamen theologischen Weiterbildung zu reaktivieren. Aber diese Aufgabe wurde nun von den neu entstandenen bzw. entstehenden Richtungspfarrvereinen erfüllt.

Von da an fanden einmal im Jahr nacheinander die Hauptversammlung der Witwenstiftung und die Versammlung des Kapitelsvereins statt. Ein weiteres wichtiges Ereignis kann ich nicht exakt datieren. War es 1914 oder 1915? Es war jedenfalls in diesen schwierigen Jahren, als der Verein beschloss, den für damalige Verhältnisse hohen Betrag von 8'000 Franken an die Witwenstif-

23 Kocher, Mitteilungen (wie Anm. 16), 34–36.

24 StABE V Pfarrkapitel Büren a. A. 12: Protokolle der Prediger-Witwen- und Waisenstiftung 1828–1921, 1.

25 Vgl. Rudolf Dellsperger: Eduard Zellers Verdrängung aus der Theologie, in: ders.: Kirchengemeinschaft und Gewissensfreiheit. Studien zur Kirchen- und Theologiegeschichte der reformierten Schweiz: Ereignisse, Gestalten, Wirkungen (BSHST 71), Bern 2001, 261–285 und den Beitrag 211–224 in diesem Band.

26 Kocher, Mitteilungen (wie Anm. 16), 40.

27 Kocher, Mitteilungen (wie Anm. 16), 1f.

tung abzutreten. Auf derselben Linie liegt der Beschluss vom 10. Mai 1915, «angesichts der Zeitverhältnisse» vom festlichen, aber auch köstlichen gemeinsamen Mittagessen abzusehen und die Vereinsversammlung bereits auf 13.30 Uhr anzusetzen.[28]

IV. Schluss

Wir sind von der Petition des Kapitels Büren um Gewährung der Priesterehe ausgegangen, haben Einblick gewonnen in die Forderungen und Überforderungen, denen sich das reformierte Pfarrhaus im 17. und 18. Jahrhundert gegenübersah, und haben die Witwen- und Waisenstiftung Ihres Pfarrkapitels im Jahrhundert ihrer Gründung schlaglichtartig beleuchtet. Welche Bedeutung hat die Gründung einer Stiftung für Pfarrerwitwen und –waisen, wie diejenige von Büren anno 1805? Die Pfarrerschaft übernahm damit eine Vorreiterrolle. Sie war die erste Berufsgruppe, die eine eigene Sozialversicherung ins Leben gerufen hat.[29] Man stelle sich vor, was einer Pfarrfrau mit Kindern nach dem Tod des Mannes und Vaters drohte: Sie hatte das Pfarrhaus zu verlassen und stand, wenn sie nicht begütert war, vor einer ökonomisch ungewissen Zukunft. Solche Not sollte die Witwenkiste wenigstens lindern. Die zweite Berufsgruppe, die in dieser Richtung aktiv wurde, sollte die Lehrerschaft sein.

Betrachtet man meinen Versuch aus der Perspektive der betroffenen Frauen und Kinder, so ist er mehr als lückenhaft, weil er ein Stück Geschichte aus männlichem Blickwinkel ist. Man müsste aber die Sache anders anpacken und die Geschichte der Frauen, der Witwen und Waisen selber schreiben, für die zu Beginn des 19. Jahrhunderts ein Sozialwerk gegründet wurde. Die Frage, ob denn die entsprechenden Quellen vorhanden wären, darf nicht vorschnell als Vorwand dafür dienen, den Versuch zu unterlassen. Ich wäre von dieser Aufgabe überfordert gewesen. Umso mehr wollte ich auf den Mangel wenigstens hinweisen.

---

28 Protokolle (wie Anm. 24), 117.

29 Diesen Hinweis verdanke ich Herrn Vinzenz Bartlome vom Staatsarchiv Bern.

Der «Berner Synodus»: «... fleissig verlesen, erläutert, ausgelegt und erneuert ...»[1]

Ende der siebziger Jahre erhielt ich einen Anruf der Buchdruckerei Jordi in Belp. Ein Mitarbeiter sagte mir, er sei im Lager auf einen grösseren Vorrat an Druckbögen des «Berner Synodus» gestossen. Ob ich, statt dass die Firma sie einstampfen lasse, dafür Verwendung habe? Ich setzte mich mit der zuständigen Synodalrätin in Verbindung und erhielt umgehend die Erlaubnis, die Bücher auf Kosten des Synodalrates broschieren zu lassen und an die Studierenden zu verschenken. Das ergab einen Stock von ein paar hundert Exemplaren. Er reichte für viele Jahre. – Dass der «Synodus» in einem Lager ungebunden ein stilles Dasein fristet, ist, scheint mir, für ihn nicht untypisch. Dass ein Buchdrucker, der Kirchgemeinderat, Sonntagschullehrer und Mitglied der Evangelischen Gesellschaft des Kantons Bern war, wie sie damals noch hiess, dass ausgerechnet er wusste, was es mit dem «Synodus» auf sich hat, ist kein Zufall. Der «Synodus» hat nie im Rampenlicht gestanden, aber er hat diejenigen, die ihn kannten, immer wieder angezogen.

Ich möchte Ihnen Einblicke in die Wirkungsgeschichte des «Berner Synodus» geben. Man kann dies anhand seiner Ausgaben tun. Diese Aufgabe haben Hans Rudolf Lavater[2] und Gottfried W. Locher[3] vorbildlich gelöst. Ich knüpfe dankbar an sie an. Hans Rudolf Lavater zählt in seinem Editionsverzeichnis von 1984 achtzehn Gesamtausgaben und drei Teilausgaben.[4] Inzwi-

1 Vortrag anlässlich der Jubiläumsfeier 475 Jahre Berner Synodus am 12. Januar 2007 im Rahmen der Ringvorlesung «Berner Täufertum in Geschichte und Gegenwart».

2 Hans Rudolf Lavater: Der «Synodus» in der Berner Kirche bis zum Anfang des 18. Jahrhunderts, in: Gottfried W. Locher (Hg.): Der Berner Synodus von 1532, Bd. 2: Studien und Abhandlungen, Neukirchen-Vluyn 1988, 304–329.

3 Gottfried W. Locher: Die Editionen vom 18. Jahrhundert bis zur Gegenwart, in: ders., Berner Synodus 2 (wie Anm. 2), 330–353.

4 Hans Rudolf Lavater: Beschreibendes chronologisches Verzeichnis der Editionen, in: Gottfried W. Locher (Hg.): Der Berner Synodus von 1532, Bd. 1: Edition, Neukirchen-

schen sind vier Teilausgaben hinzugekommen, eine englische London 1749[5], eine französische London 1752[6], eine italienische Torino 1993[7] und eine weitere in den Reformierten Bekenntnisschriften von 2002[8]. Das ergibt alle zwanzig Jahre eine Ausgabe. Ein Renner ist der «Synodus» nie gewesen. Auch seine Wirkungsgeschichte ist unspektakulär. Ich beginne in der Mitte des letzten Jahrhunderts und gehe in Abständen von manchmal hundert, manchmal fünfzig Jahren flussaufwärts zur Quelle. Wir werden vom «Synodus» selber erst am Ende sprechen. Nach dem Willen des Berner Rates hätte er alljährlich an der Synode «flyssig verlåsen erlütert/vßgeleytt/vnd ernüwert werden» sollen.[9] Das hat so nicht, aber im Verlauf der Jahrhunderte im übertragenen Sinn sehr wohl stattgefunden.

I. Der «Synodus» im Berner Kirchenstreit

Bei den eingangs erwähnten Bögen handelte es sich um die Ausgabe, die Albert Schädelin im Auftrag des Synodalrates besorgt hat.[10] Sie ist 1953, kurz nach der Beilegung des Berner Kirchenstreites von 1949 bis 1951, in zweiter Auflage erschienen. Im Verlauf dieses Streites hatten sich Kirchenvertreter, unter ihnen der Synodalratspräsident, dem Kirchendirektor gegenüber auf den «Synodus» berufen. Sie machten geltend, die Pfarrer hätten allein Jesus

---

Vluyn 1984, 383–394.

5 An Account of the Doctrine, Manners, Liturgy, and Idiom of the Unitas Fratrum. Taken from, and comprising the Supplement (dedicated to the Church of England) of the Vouchers of the Report of the Committee of the Honourable the House of Commons concerning the Church of the Unitas Fratrum; lately printed in Folio. London, Printed in the Year MDCCXLIX. (Die Übersetzung der Kapitel 2 bis 18 findet sich auf den Seiten 21–39).

6 LA / THEOLOGIE / DE NOS PERES, / Contenue / dans les XVIII. Premiers Chapitres / du SYNODE de BERNE / de l'an 1532. / Qui regardent la Doctrine / Chretienne. / Reimprime par ordre du Magistrat de / cet illustre Canton, en / 1728. (Zitiert nach Dietrich Meyer [Hg.], Bibliographisches Handbuch zur Zinzendorf-Forschung, Düsseldorf 1987, A 197.)

7 Il sigillo della verità. Fede e prassi nel Sinodo di Berna (1532). Le 10 Tesi per la Disputa di Berna (1527), a cura di Fulvio Ferraio, Torino 1993 (Testi della Riforma 19).

8 Friedhelm Krüger: Lehrartikel des Berner Synodus von 1532, in: Reformierte Bekenntnisschriften, hg. im Auftrag der Evangelischen Kirche in Deutschland v. Heiner Faulenbach/Eberhard Busch, Bd. 1/1: 1523–1534, Neukirchen-Vluyn 2002, 508–548.

9 Berner Synodus I, 6: «fleissig verlesen, erläutert, ausgelegt und erneuert».

10 Lavater, Verzeichnis (wie Anm. 4), Nr. 15 a) und b).

Christus zu predigen. Die Obrigkeit habe sich selber anno 1532 von Kritik, die daraus folge, ausdrücklich nicht ausgenommen.[11]

In der Tat heisst es im Dekret vom 14. Januar 1532, mit dem Schultheiss und Räte den «Synodus» in Kraft setzten und sich und ihre Untertanen auf ihn verpflichteten: «Vnnd [wir] wо̊llen […] üch die pfarrer vnd prediger schützen vnd schyrmen / uff das jr Jesum Christum allein predigen / die jrrsal verwerffen / laster vnd ergernuß beyder der Oberherren vn̲ vnderthanen / ouch vnser selbs / ane schüchen / antasten vnd widerfа̊chten mо̊ge / nach ordnung deß gloubens / der liebe / vnd der besserung an Gott gegenwürtiger zůhо̊rer.»[12]

Der Kirchendirektor und spätere Bundesrat Markus Feldmann hielt den Kirchenvertretern entgegen, nicht mehr der «Synodus», sondern das Kirchengesetz von 1945 sei für das Verhältnis von Kirche und Staat massgebend. Die Gegenseite räumte ein, dass sich die geschichtliche Situation seit der Reformation verändert habe, nicht aber die Wahrheit des Evangeliums, die der «Synodus» bezeuge. Die Obrigkeit werde darin ermahnt, sich seitens der Kirche nicht von Liebedienern einlullen zu lassen, sondern darauf gefasst zu sein, «dass die Wahrheit beisst und immer ihre Schärfe hat»[13]. Der Kirchendirektor blieb, ohne die Verkündigungsfreiheit einschränken zu wollen, dabei: Der «Synodus» sei nicht mehr geltende Rechtsnorm, sondern habe bloss noch historische Bedeutung.[14]

Worum denn drehte sich der Streit? Es ging *auch* darum, ob im Berner Münster Offiziere brevetiert und Abdankungen in der Kirche mit oder ohne Sarg stattfinden dürften.[15] Die Frage *hinter* allen Fragen aber war diejenige nach dem Ort der Kirche im demokratischen Staat, und dies zur Zeit des Kalten Krieges. Hatte sie ihren Ort «mitten im Volk» oder «draussen vor dem Tor», war Solidarität, aber pointiert *kritische* Solidarität ihr angemessenes Verhältnis zum Staat?[16]

Die Positionen waren grundverschieden. Auf der einen Seite standen neben Feldmann bürgerliche Politiker und die liberale kirchliche Richtung,

---

11 Daniel Ficker-Stähelin: Karl Barth und Markus Feldmann im Berner Kirchenstreit 1949–1951, Zürich 2006, 66.

12 Berner Synodus I, 5: «[…] wir wollen Euch, die Pfarrer und Prediger, schützen und schirmen, damit Ihr Jesus Christus allein predigen, Irrtümer verwerfen, Laster und Ärgernis sowohl der Oberherren als auch der Untertanen – auch unser selbst! – ohne Scheu antasten und bekämpfen könnt nach Ordnung des Glaubens, der Liebe und der Besserung an Gott bei den anwesenden Zuhörern.»

13 Berner Synodus I, 54.

14 Ficker-Stähelin, Kirchenstreit (wie Anm. 11), 67–70.

15 Ficker-Stähelin, Kirchenstreit (wie Anm. 11), 56.

16 Diese Sicht vertrat Pfarrer Fritz Leuenberger in seiner Andacht in der Synode vom 6. Dezember 1949. Mit ihr und Feldmanns Reaktion darauf begann der Berner Kirchenstreit. Ficker-Stähelin, Kirchenstreit (wie Anm. 11), 51–54.

Die Kirche zwischen Ost und West

Vortrag, gehalten in der Stadtkirche in Thun und im Münster in Bern am 6. Februar 1949

von

Karl Barth

Nicht ich habe an diesem «Kirchensonntag» die Politik auf die Kanzel gebracht. Sondern das hat mit der Aufstellung dieses Themas: «Die Kirche zwischen Ost und West» der bernische Synodalrat getan. Er sieht die Kirche «zwischen Ost und West» und also wieder einmal mitten in die Entscheidung einer politischen Frage gestellt. Ich füge aber sofort hinzu: er hat recht, wenn er das tut. Diese Frage ist da: auf der Oberfläche als eine Wolke von viel klugem und noch mehr törichtem Gerede und Geschreibe und in der Tiefe als eine wirkliche Not und Aufgabe, die uns Menschen von heute wirklich betrifft und angeht. Da dem so ist, geht sie bestimmt auch dem Gott zu Herzen, der in seinem Sohn des Menschen — aller Menschen aller Zeiten — Bruder geworden ist. Und geht sie ihm zu Herzen, dann muß sie auch seiner Kirche, die sein irdischer Zeuge ist, zu Herzen gehen. Sie muß auf jene Frage eine Antwort suchen. Und diese Antwort muß eine ordentliche sein. Es ist gut, daß uns das durch das Thema dieses «Kirchensonntags»

I

Abb. 1: Karl Barth, Die Kirche zwischen Ost und West (Theologische Existenz heute!, Nr. 17), München 1949.

auf der andern Seite Karl Barth, die Theologische Arbeitsgemeinschaft des Kantons Bern und die politische Linke. Barth hatte am Kirchensonntag in seinem Vortrag zum vom Synodalrat vorgegebenen Thema «Die Kirche zwischen Ost und West» die Kirche dazu aufgefordert, im Ost-West-Konflikt nicht Partei zu ergreifen, sondern zum Frieden aufzurufen und zwischen dem amerikanischen und dem russischen nach einem christlichen Weg zu suchen. West und Ost passten nicht ins Schema von Gut und Böse, und im Unterschied zum Nationalsozialismus stecke im Marxismus wenigstens eine konstruktive Idee.[17]

Feldmann warf Barth und seinen Berner Freunden vor, sie propagierten dem Kommunismus gegenüber eine neutrale Haltung und verhielten sich zur freiheitlich demokratischen Ordnung unsolidarisch. Sie seien in ihrer Theologie autoritär und intolerant und würden damit gegen das Kirchengesetz ver-

17 Ficker-Stähelin, Kirchenstreit (wie Anm. 11), 85–88.

stossen, wonach «die Freiheit der Lehrmeinung auf reformierter Grundlage zu wahren» sei.[18] Die Gegenseite war theologisch vom Deutschen Kirchenkampf geprägt. Indem sie sich auf den Synodus berief, betrachtete sie ihn de facto als Bekenntnis. Nach der Kirchenverfassung von 1946 gehörte er aber zu den «historischen Grundlagen» der Berner Kirche.[19] Auch konnte man ihn schwerlich für die Legitimation politischer Predigt heranziehen.[20]

So ist der «Synodus» im Berner Kirchenstreit zwischen die Fronten geraten. Hundert Jahre früher war es anders gewesen.

II. Der «Synodus» in der ersten evangelisch-reformierten Kirchensynode des Kantons Bern

Am 21. Juni 1852 tagte in Bern die erste aus Laien und Pfarrern gemischte Synode in der Geschichte der Berner Kirche. Ihre Rechtsgrundlage war das Kirchengesetz vom 19. Januar desselben Jahres, eine Synodalordnung auf den Grundsätzen des Presbyterialsystems. Mit diesem Gesetz gelangte das Prinzip der Demokratie auf die Verfassung der Kirche zur Anwendung, wobei die Pfarrer noch vom Regierungsrat gewählt wurden. Dem Wunsch nach grösserer kirchlicher Autonomie wurde darin Rechnung getragen. In den Kompetenzbereich der Synode fielen alle innerkirchlichen Angelegenheiten. In allen das Äussere betreffenden Fragen hatte sie ein Mitbestimmungsrecht.[21]

Die erste Synodesession war ein Ereignis. Sie fand in Anwesenheit des Kirchendirektors und Regierungspräsidenten Eduard Blösch statt, der sich in einer programmatischen Rede von 45 Druckseiten Umfang an die Synodalen wandte. Der Vortrag dürfte eher drei als zwei Stunden gedauert haben. Einleitend zitierte Blösch ausführlich aus dem bereits erwähnten Dekret vom

---

18 Gesetz über die Organisation des Kirchenwesens vom 6. Mai 1945, Artikel 60, Absatz 2.

19 Verfassung der evangelisch-reformierten Landeskirche des Kantons Bern vom 19. März 1946 (angenommen durch die kirchlich Stimmberechtigten am 13. Oktober 1946), Artikel 1, Absatz 4.

20 Nach dem «Synodus» kümmern sich die Pfarrer um die ewige Seligkeit, um die Gewissen der Gläubigen. Die Domäne der Obrigkeit hingegen sind nicht die Gewissen, sondern allein die äusseren Angelegenheiten der Bürger und Untertanen. Damit sind die Prädikanten von der Verantwortung für das Gemeinwohl jedoch nicht dispensiert. Sie können sie nur nicht *direkt* wahrnehmen – von einem prophetischen Wächteramt der Kirche ist nicht die Rede –, sondern so, dass sie die einzelnen Christen auf ihr Gewissen hin ansprechen: «[...] an die Stelle der an die Öffentlichkeit gerichteten Prophetie tritt die ans Individuum sich wendende Seelsorge». Samuel Lutz: Das Problem der Ethik im «Berner Synodus», in: Locher, Berner Synodus 2 (wie Anm. 2), 248–259, hier 255.

21 Zum Kirchengesetz von 1852 vgl. Kurt Guggisberg: Bernische Kirchengeschichte, Bern 1958, 646–651.

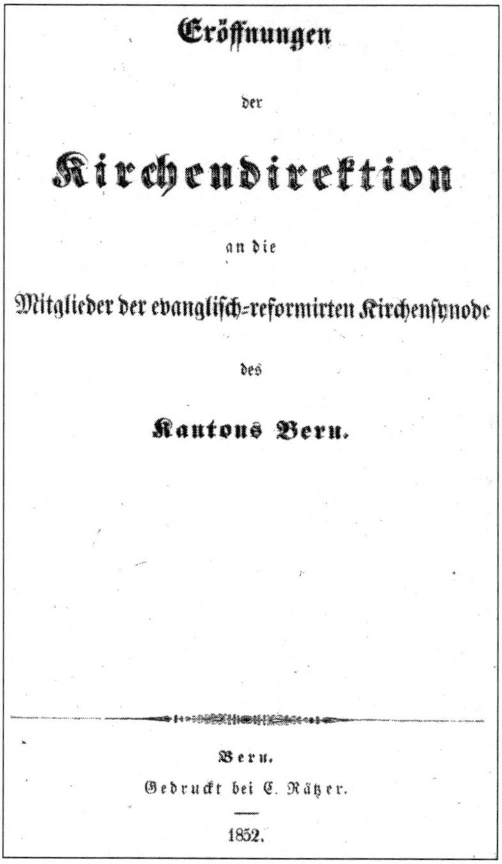

Eröffnungen

der

Kirchendirektion

an die

Mitglieder der evanglisch-reformirten Kirchensynode

des

Kantons Bern.

Bern.

Gedruckt bei C. Rätzer.

1852.

Abb. 2: Titelblatt der Eröffnungsrede von Regierungsrat Eduard Blösch.

14. Januar 1532. Damit bekräftigte er den Willen der Regierung, das Evangelium in Lehre und Leben zu erhalten, die Freiheit der Christuspredigt zu schützen und sich ihr auch dann zu stellen, wenn daraus Kritik an ihr selber erwachsen würde. Blösch räumte ein, die Verhältnisse hätten sich in den zurückliegenden 320 Jahren sehr geändert, betonte aber: «In Hinsicht auf Religion und Kirche […] ist die Gesinnung der gegenwärtigen Regierung von Bern gleich derjenigen, welche sich in diesem Dekret ausspricht.» Eine Passage daraus unterstrich er besonders, indem er sie kurz nacheinander zweimal zitierte: Was «uns näher zu Christo führet, uns nach Vermög Gottes Worts, gemeiner Früntschaft und Lieb zuträglich ist, dasselbig wellend auch wir gärn annehmen», und er fügte bei: «auf diese Grundlage sollte unser ganzes Volksleben zurückgeführt werden».[22]

22 Eröffnungen der Kirchendirektion an die Mitglieder der evangelisch-reformirten Kirchensynode des Kantons Bern, Bern 1852, 6–7.

1852 war es also der Kirchendirektor, der dieselben, ein Jahrhundert später von Theologie und Kirche beanspruchten «Synodus»-Sätze dazu benützte, um der reformierten Landeskirche die Loyalität der Regierung zu bezeugen. Dies war keineswegs selbstverständlich. Es war erst wenige Jahre her, seit die radikale Regierung mit der Kirche auf Konfliktkurs gegangen war, weil sie diese im Verhältnis zum «entschiedenen Fortschritt» als Hort der Reaktion beargwöhnte. Zwischen 1846 und 1850 hatte Bern einen Kirchenstreit erlebt, der einer Dauerkrise gleichkam. Nicht zufällig war damals die Frage nach «Einheit und Trennung von Kirche und Staat»[23] ein ständiges Thema. Man darf aber diese Krise keineswegs nur auf den mehr oder weniger guten Willen von Politikern und Kirchenleuten zurückführen. Ihr Nährboden war die Emanzipation breiter Kreise von kirchlicher Autorität, an deren Stelle nicht selten eine fast religiöse Verehrung des modernen Staates trat. Wer Gotthelf liest, weiss Bescheid.[24]

Vor diesem Hintergrund nimmt sich Blöschs Rückgriff auf den «Synodus» als konservativer Schachzug aus. Das war er auch, aber wer genau hinsieht, entdeckt darin einen progressiven Konservativismus. Das hing an Eduard Blösch, der als Präsident einer konservativen Regierung ein Liberaler geblieben und in den vielfältigen Zerreissproben der Zeit stets auf echte Vermittlung bedacht war.[25] Es hing an Blöschs Freund und Autor seiner Rede, am Philosophen und Theologen Johann Peter Romang. Auch er galt als Konservativer, obwohl er partei- und kirchenpolitisch in kein Schema passte.[26] Es hing am Synodus, der ausser in der Einleitung zwar gar nicht so oft erwähnt wird[27], der aber gleichsam das mathematische Zeichen vor der Klammer ist. Zitiert

---

23 So lautete der Titel des Referats, das Johann Peter Romang 1850 vor dem bernischen Pfarrverein gehalten hat. Es ist im selben Jahr in Zürich und Frauenfeld im Druck erschienen.

24 Rudolf Dellsperger: Kirche in der «Springflut der Zeit». Vier Reden von Albert Bitzius und Johann Peter Romang aus den Jahren 1844/45 und 1849. Mit Anhang: «Eröffnungsrede des Bernischen Predigervereins zu Burgdorf, den 19. September 1849», in: Hanns Peter Holl/J. Harald Wäber (Hg.): «… zu schreien in die Zeit hinein …». Beiträge zu Jeremias Gotthelf, Albert Bitzius (1797–1854) (Schriften der Burgerbibliothek Bern), Bern 1997, 195–234; Rudolf Dellsperger: «Die Versöhnung des Ankenbenz und des Hunghans, vermittelt durch Professor Zeller». Zum kirchlichen und theologischen Hintergrund von *Gotthelfs Zeitgeist und Berner Geist*, 211–224 in diesem Band.

25 E[mil] Blösch: Eduard Blösch und Dreißig Jahre Bernischer Geschichte, Bern 1872, 478; Beat Junker: Geschichte des Kantons Bern seit 1798, Bd. 2: Die Entstehung des demokratischen Volksstaates 1831–1880 (Archiv des Historischen Vereins des Kantons Bern 73), Bern 1990, 138–139, 147, 188, 283 und Register.

26 Rudolf Dellsperger: Johann Peter Romang (1802–1875). Philosophische Theologie, christlicher Glaube und politische Verantwortung in revolutionärer Zeit (BSHST 23), Bern 1975, 143–145, 257–258.

27 Eröffnungen der Kirchendirektion (wie Anm. 21), 15, 19, 45.

wird übrigens in leicht modernisierender Form nach der Ausgabe, die 1830 von der Gesellschaft der Rechtgläubigkeit herausgebracht worden war.[28] In dieser Gesellschaft sammelten sich seit 1826 Leute aus der Erweckungsbewegung. Sie gehört zu denjenigen Gruppierungen, die fünf Jahre später der Evangelischen Gesellschaft Pate standen.[29] Wer jetzt denkt, also seien es doch konservative Kreise gewesen, die sich damals auf den «Synodus» beriefen, muss aufpassen, denn hinter der Gesellschaft der Rechtgläubigkeit und hinter der Edition von 1830 standen so originelle Persönlichkeiten wie Beat Rudolf von Lerber, der als Erweckter engagiert für eine freiheitlich-demokratische Staatsordnung inklusive Frauenstimmrecht eintrat und seine liberalen Ideen und Prinzipien kurzerhand aus der Bibel herleitete.[30]

Wir sind dem «Berner Synodus» im Umfeld von Liberalismus, Radikalismus und Erweckungsbewegung begegnet. Die Geschichte des «Synodus» im 19. Jahrhundert ist damit bei weitem nicht ausgeschöpft. Im Jahr 1837 hatte sich eine Synodalkommission in einem Gutachten zu den Beziehungen zwischen reformierter Landeskirche und Freikirchen auf ihn berufen, und auch 1802 war er mit einer modernen philosophischen Konzeption des Verhältnisses von Staat und Kirche kombiniert worden.[31] Aber wir halten uns hier nicht auf, sondern gehen weiter flussaufwärts.

III. Der «Synodus» bei den Heimberger (Oberländer) Brüdern

Gelesen, ja recht eigentlich beherzigt wurde der «Synodus» von den Heimberger (Oberländer) Brüdern. Sie waren eine pietistische Laienbewegung, entstanden um 1739/40 im Hafnerdorf Heimberg bei Thun. Ihr geistiger Vater war Samuel Lutz, Pfarrer im benachbarten Diessbach und wohl die bedeutendste Gestalt des Schweizer Pietismus. Wir werden ihm gleich wieder

28 Lavater, Verzeichnis (wie Anm. 4), Nr. 12. In der Erklärung des Rates, berechtigte Kritik der Pfarrer am Verhalten der Obrigkeit und Untertanen annehmen zu wollen, wird der Einschub «auch *unser selbs*» in den «Eröffnungen» wie in der Ausgabe von 1830 in Sperrdruck wiedergegeben.

29 Rudolf Dellsperger: Berns Evangelische Gesellschaft und die akademische Theologie. Beobachtungen zu einem Stück unbewältigter Vergangenheit, in: ders./Markus Nägeli/ Hansueli Ramser (Hg.): Auf dein Wort. Beiträge zur Geschichte und Theologie der Evangelischen Gesellschaft des Kantons Bern im 19. Jahrhundert, Bern 1981, 153–221, hier 187–188.

30 Erich Gruner: Das bernische Patriziat und die Regeneration (Archiv des Historischen Vereins des Kantons Bern 37), Bern 1943, 57–60, 305–312.

31 Siehe unten die Anhänge 1 und 2.

begegnen. Ihr Gründer war David Tschanz, ein Töpfer. Innert kurzer Zeit vermochte sich die Bewegung als kirchentreue Gemeinschaft vorwiegend im Oberland zu etablieren. Die Heimberger sangen in ihren Versammlungen aus dem Köthnischen Liederbuch von 1736, sie lasen, in der Neuausgabe von Samuel Lutz von 1717, Luthers Kommentar zum Galaterbrief, und sie studierten und meditierten den «Synodus». Sie dachten schlicht und tiefgründig christozentrisch, lebten von der reformatorischen Rechtfertigungslehre und waren bei allem Streben nach Heiligung tunlichst darauf bedacht, Werkgerechtigkeit zu vermeiden.[32]

In ihrem Bekenntnis von 1781 rekurrieren die Heimberger Brüder auf den «Berner Synodus» als reformatorische Bekenntnisschrift. Sie erwähnen ihn in einem Atemzug mit dem Heidelberger Katechismus und dem Zweiten Helvetischen Bekenntnis, aber ihr Herz schlägt für den «Synodus»: «Sie, die oberländischen Brüder, bekennen sich zu der reinen Lehre des Evangeliums, welches enthalten ist im Worte Gottes, alten u. neuen Testamentes, dass der Sohn Gottes, Jesus Christus, unser Herr und Heiland in der Fülle der Zeit Mensch worden, und durch seinen heilsamen Gang durch diese Welt, und durch sein Leiden und Sterben, sein blutiges Opfer und Tod unsere Sünden getilget und uns mit dem Vater versöhnet habe, wie die Lehre des Evangeliums in dem Berner-Synodus [...] geschrieben [...] ist, welches sie für recht und göttlich und biblisch und der heilsamen Lehre des Evangeliums angemessen finden [...].»[33] Weiter unten heisst es: «Sie, die Brüder, glauben also mit ihren Vätern, dass dies das Beste und der Theologie Kern sei, nämlich: Jesum suchen, finden, haben, geniessen, und seine Gerechtigkeit und tägliche und ewige Vergebung der Sünden in seinem Blute aus Gnaden erlangen.»[34] Die Heimberger Brüder heben im «Synodus» einen Schatz, den sein Hauptautor, der Strassburger Reformator Wolfgang Capito, in ihn hineingelegt hat. Der «Synodus» knüpft nämlich als reformatorischer Text auch an die mystische Spiritualität der «Neuen Frömmigkeit», der Devotio moderna an, einer mittelalterlichen Bewegung, für welche die meditative Vergegenwärtigung des Leidens Christi und

32 Samuel Reichenbach: Die Heimberger oder Oberländer Brüder. Die Geschichte einer pietistischen Laienbewegung im Berner Oberland von 1740 bis 1795, Akzessarbeit evang.-theol. Fakultät Bern 1988; Rudolf Dellsperger: Zinzendorf und die Herrnhuter Brüdergemeine zwischen Berner Patriziat und Heimberger (Oberländer) Brüdern, in: ders.: Kirchengemeinschaft und Gewissensfreiheit. Studien zur Kirchen- und Theologiegeschichte der reformierten Schweiz: Ereignisse, Gestalten, Wirkungen (BSHST 71), Bern u.a. 2001, 133–162, hier 153–157.

33 Zitiert nach Reichenbach, Heimberger (wie Anm. 32), 87.

34 Reichenbach, Heimberger (wie Anm. 32), 88.

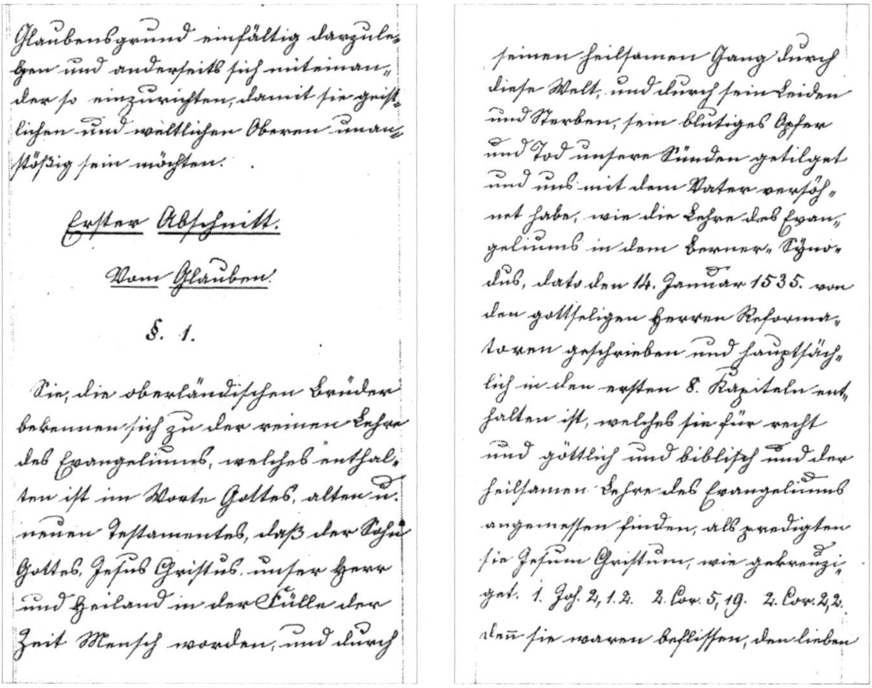
Glaubensgrund einfältig darzule-
gen und anderseits sich miteinan-
der so einzurichten, damit sie geist-
lichen und weltlichen Obern unan-
stößig sein möchten.

Erster Abschnitt.

Vom Glauben.

§. 1.

Wir, die oberländischen Brüder
bekennen sich zu der reinen Lehre
des Evangeliums, welches enthal-
ten ist im Worte Gottes, alten u.
neuen Testaments, daß der Sohn
Gottes, Jesus Christus, unser Herr
und Heiland in der Fülle der
Zeit Mensch worden, und durch

seinen heilsamen Gang durch
diese Welt, und durch sein Leiden
und Sterben, sein blutiges Opfer
und Tod unsere Sünden getilget
und uns mit dem Vater versöh-
net habe, wie die Lehre des Evan-
geliums in dem Berner-Syno-
dus, dato den 14. Januar 1535. von
den gottseligen Herren Reforma-
toren geschrieben und hauptsäch-
lich in den ersten 8. Kapiteln ent-
halten ist, welches sie für echt
und göttlich und biblisch und der
heilsamen Lehre des Evangeliums
angemessen finden, als predigten
sie Jesum Christum, wie gekreuzi-
get. 1. Joh. 2,1.2. 2. Cor. 5,19. 2. Cor. 2,2.
denn sie waren beflissen, den lieben

Abb. 3: Bekenntnis der Oberländer Brüder von 1781 (Abschrift 1861), S. 3-4 (Turbach-Archiv, Gstaad).

die gelebte Religiosität, die praxis pietatis, zentral waren.[35] Gelebte Frömmigkeit, praxis pietatis, lautet das Stichwort auch für den nächsten Schritt.

IV. Der Synodus im frühen Berner Pietismus

In den achtziger und neunziger Jahren des 17. Jahrhunderts begann in der Berner Kirche die pietistische Reformbewegung Fuss zu fassen. Ihr Ausgangspunkt war die individuelle religiöse Erfahrung, die persönliche Wiedergeburt des Menschen. Daraus entsprang der Wille, nicht nur das kirchliche, sondern auch das soziale Leben nach biblischen, evangelischen Prinzipien zu gestalten. Dies wiederum rief nach einer Erneuerung der Predigt, und an diesem Punkt haben Pietisten auf den «Synodus» zurückgegriffen. Das wird in einem Votum von Samuel Güldin, Pfarrer in Stettlen, exemplarisch deutlich, in dem dieser sich im Jahr 1696 in seinem Pfarrkapitel gegen den Vorwurf des unordentlichen Predigtgeläufs, der Unterwanderung des Parochialprinzips, verteidigte.

35 Gottfried W. Locher: Der «Berner Synodus» als reformierte Bekenntnisschrift, in: ders., Berner Synodus 2 (wie Anm. 2), 16–34, hier 21–23.

Güldin gab zu Protokoll: «Die G'lehrte sey mehr buchstäblich als lebig und g'heiliget; mehr dienstlich zu aüsserlichen tugenden als zu bekommen die innerliche erleuchtung und das recht geistlich Wesen; und könne man wohl gedenken, daß wo kein häler schein im hertzen eines predigers sey, nit möglich, daß er solchen in anderen erwecken könne. [...] Er schliesse hiermit [...], man sölle sich nach dem Berner Synodo Lehr und Lebens halben, als von welchem man abgewichen sey, richten.»[36]

Wenn Güldin und die Pietisten sich auf den «Synodus» beriefen, so war dies insofern legitim, als sie die Übereinstimmung von Lehre und Leben beim Prediger forderten. Sie war aber auch nicht unproblematisch, denn sie nahm eine folgenreiche Gewichtsverlagerung vor, eine Verlagerung von der Wirksamkeit des im Heiligen Geist gegenwärtigen Christus, wie der «Synodus» sie betonte, in die fromme Innerlichkeit des Predigers.[37] Ich denke, dass auch deshalb zwischen der Berner Kirche und ihren Pietisten ein Kampf um den «Synodus» entbrannt ist. 1696 nahm die Kirche in ihren Thesen gegen den Pietismus selber noch positiv auf ihn Bezug. 1699, nach dem Pietistenprozess, tat sie das nicht mehr, sondern stützte sich auf das Zweite Helvetische Bekenntnis.[38] Sie hat ihn damit nicht den Pietisten überlassen, sie hat ihn auch nicht aufgegeben, aber sie hat ihn sistiert. Zum Reformationsjubiläum von 1728 hat sie ihn neu herausgebracht, 1732 und 1735 auch in zwei französischen Ausgaben.[39]

Wir haben, indem wir von den neunziger Jahren des 17. in die zwanziger Jahre des 18. Jahrhunderts zurückkehrten, unsere Marschrichtung geändert. Ich lade Sie ein, diese noch einige Augenblicke beizubehalten und dann erst weiter flussaufwärts zu gehen.

---

36 Zitiert nach Rudolf Dellsperger: Die Anfänge des Pietismus in Bern. Quellenstudien (AGP 22), Göttingen 1984, 61.

37 Samuel Lutz: Was ist eine evangelische Predigt? Die Homiletik des «Berner Synodus», in: Locher, Berner Synodus 2 (wie Anm. 2), 235–247.

38 Dellsperger, Anfänge (wie Anm. 36), 162f.; Lavater, Der «Synodus» (wie Anm. 2), 304–329, hier 324f.

39 Lavater, Verzeichnis (wie Anm. 4), Nrn. 7 und 8; Lavater, Der «Synodus» (wie Anm. 2), 326–329 hat gezeigt, dass diese beiden Ausgaben in eine Zeit des Tauwetters nach den Consensusstreitigkeiten gehörten. Darauf gehe ich jetzt aus Zeitgründen ebenso wenig ein wie auf die Übersetzung Abraham Ruchats von 1728. Vgl. Lavater, Verzeichnis (wie Anm. 4), Nr. 5.

V. Der «Synodus» in der Herrnhuter Brüdergemeine

Berns Pietisten, allen voran Samuel Lutz, haben sich den «Synodus» nicht nehmen lassen. Im Gegenteil, Lutz hat ihn weitergegeben, an die Heimberger und eben an die Herrnhuter. Nach einem nicht in allen Teilen glücklich verlaufenen Besuch Nikolaus Ludwig von Zinzendorfs bei Samuel Lutz in Diessbach anno 1740 schrieb dieser dem Grafen voller Begeisterung: Er lese soeben den «Berner Synodus». Wenn Zinzendorf wieder zu Besuch komme, dann könne er eben diese Lehre auch predigen.[40]

Diese Formulierung ist präzis, denn im ersten Teil des «Synodus» geht es um die rechte Predigt, deren Gegenstand allein Christus ist. Lutz war überzeugt, Zinzendorf werde sich im «Synodus» theologisch wieder finden, im konsequenten Christozentrismus, im Verständnis des Kreuzes und in der Vorordnung des Evangeliums vor das Gesetz.

Lutz täuschte sich nicht. Zinzendorf war beeindruckt und beglückt ob dieser Entdeckung. Sogleich goss er die Überschriften der 18 ersten Kapitel in ein Gedicht, er veröffentlichte den «Synodus» integral in der Büdingischen Sammlung[41], fasste ihn in ein Gedicht von 198 Strophen[42] und legte ihn 1742 seinem «Kurzen / CATECHISMUS / Vor etliche / GEMEINEN JESU / Aus der / REFORMIRTEN RELIGION / In PENNSYLVANIA, / Die sich zum alten BERNER SYNODO halten»[43] zu Grunde. Um es vorwegzunehmen: Der Katechismus hat, sieht man von den vorangestellten Thesen ab, mit dem «Berner Synodus» wenig bis nichts gemein. Er ist reiner Zinzendorf und lehnt sich nur in der Stossrichtung an den «Synodus» an. Aber nicht dies ist wichtig, sondern die Bedeutung, die Zinzendorf dem «Synodus» beimass: Der «Synodus» und das Augsburger Bekenntnis der lutherischen Kirche verhielten sich in seinen Augen komplementär zueinander. Für Zinzendorf war der «Synodus» als Anleitung zur Christuspredigt die praktisch-theologische Ergänzung zur Confessio Augustana. Und das war für Zinzendorf von eminenter ökumenischer Bedeutung. Anlässlich der vierten Konferenz der berühmten pennsylvanischen Synoden von 1742 wies er auf die Vorzüglichkeit der Confessio Augustana hin, und er fuhr fort: «Die Reformirte Religion tröstete er mit dem ersten Theile des Berner Synodi, darinnen der Haupt-Lehr-Grund wahrhafftig

40 Ernst Saxer: Zinzendorf und der «Berner Synodus», in: UnFr 29/30 (1991), 157–174, hier 160f. Zum Folgenden: Rudolf Dellsperger: Einheitskonzeption und Bekenntnisrezeption. Die Bedeutung des Berner Synodus für Zinzendorfs Einheitsbestrebungen in Pennsylvanien, in: ders., Kirchengemeinschaft (wie Anm. 32), 163–181.

41 Lavater, Verzeichnis (wie Anm. 4), Nr. 9.

42 Locher, Editionen (wie Anm. 3), 330–353, hier 333f., 339–353.

43 Edition mit Einleitung von Rudolf Dellsperger in: Nikolaus Ludwig von Zinzendorf: Katechismen 1 (TGP 4/6.1), hg. v. Dietrich Meyer u. a., Göttingen 2008, 543–581.

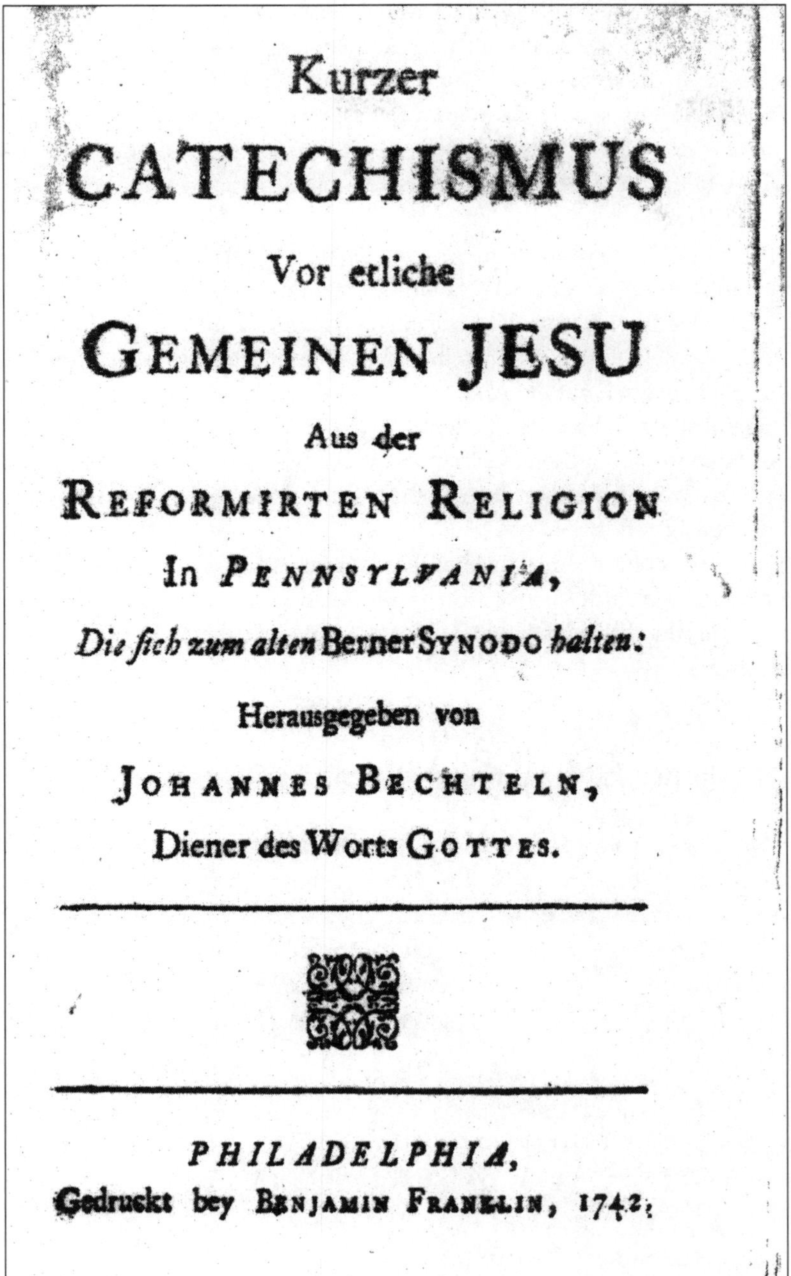

Kurzer
CATECHISMUS
Vor etliche
GEMEINEN JESU
Aus der
REFORMIRTEN RELIGION
In PENNSYLVANIA,
Die sich zum alten Berner SYNODO *halten:*
Herausgegeben von
JOHANNES BECHTELN,
Diener des Worts GOTTES.

PHILADELPHIA,
Gedruckt bey BENJAMIN FRANKLIN, 1742.

Abb. 4: [NIKOLAUS LUDWIG VON ZINZENDORF], Kurzer / CATECHISMUS / vor etliche / GEMEINEN JESU / Aus der REFORMIRTEN RELIGION, Philadelphia 1742. Hinter Johannes Bechtel, einem Reformierten, verbirgt sich nachweislich Zinzendorf. Der Katechismus ist in englischer, schwedischer und vermutlich in holländischer Übersetzung erschienen.

auf einen solchen fuss stehe, [...] dass ein Knecht Jesu in ihrer Kirche das Wort der göttlichen Predigt mit einer unglâublichen bedeckung von seiten seiner Religion treiben könne.»[44] Wenn Lutheraner und Reformierte diese ihre Schätze zusammenlegten, dann könnten sie eine «ganze Apostolische Kirche herstellen», die vielen protestantischen Splittergruppen zurückgewinnen und die alte Mährische Kirche würde sich dazugesellen wie eine Schwester zu ihren Brüdern.[45]

So mass Zinzendorf dem «Berner Synodus» in seiner ökumenischen Vision eine Schlüsselrolle zu. Der Plan konnte nicht gelingen, schon allein deshalb nicht, weil die Reformierten in Pennsylvania nicht nur den «Synodus», sondern das Bekenntnis weithin aus den Augen verloren bzw. in der Alten Welt zurückgelassen hatten. Aber Sie verstehen jetzt, weshalb der Synodus bei den Herrnhutern neben dem Bekenntnis der Böhmischen Brüder, dem Augsburger Bekenntnis, Luthers Kleinem Katechismus, den 39 Artikeln der Anglikanischen Kirche und dem Barmer Bekenntnis bis auf den heutigen Tag zur Glaubensbasis gehört.[46]

Es wird Zeit, wieder die frühere Marschrichtung einzuschlagen. Wir waren schon am Ende des 17. Jahrhunderts angelangt und gehen nun nochmals gut hundert Jahre flussaufwärts in die frühen siebziger Jahre des 16. Jahrhunderts.

VI. Berner Täufertum und «Berner Synodus»

Aus dieser Zeit stammt eine an die Obrigkeit gerichtete «Apologia der Widertäufer».[47] Ihr Autor bzw. ihre Autoren sind nicht bekannt. Paul Hostettler vermutet, der Verfasser sei der Stadtschreiber Nikolaus Zurkinden [48]

Die Täufer klagen, die Obrigkeit sei ihnen nicht gut gesinnt. Sie unternehme alles, um sie von ihrem «einfaltigen glouben vnd hoffnung vnßerer seligkeit (abzubringen)».[49] Bei den Prädikanten stimmten Lehre und Leben

44 Zinzendorf hat es in Amerika mit dem «Synodus» selber so gehalten. Kurz nach dem 23. März 1742 schrieb er aus Pennsylvania: «Germantow[n] lag mir gleich am Hertzen, [...] da predige ich noch an der Reformirten Kirche, den Berner Synodum. Da lebe ich.» (UAH R.14. A.14.9a).

45 Dellsperger, Einheitskonzeption (wie Anm. 40), 173.

46 Locher, Editionen (wie Anm. 3), 335.

47 Apologia der Widertäufer (Täufer kommen zu Wort – in heutiger Sprache), eingeleitet und hg. v. Paul Hostettler, o. O. u. J.

48 Vgl. Rudolf Dellsperger: Zurkinden, Nikolaus, in: RGG^4 8 (2005), 1927.

49 Apologia der Widertheüffer an ein g: oberkheit der stat Bern / das man sy ihrer sect halb unantastet laße. BBB, Mss.h.h. $XXX.188^4$, 1r; Apologia (Hostettler) (wie Anm. 47), 5.

nicht überein. Sie hätten «in iren leeren schrifften vnd bůcheren die oberkeit mit irem weltlichen zepter eingesezt des Euangeliums eüßerliche leer und leben zů regiren»[50] «in ihren Lehren, Schriften und Büchern der Obrigkeit eine Macht verschafft, um über die so genannten äusseren Angelegenheiten der Kirche bestimmen zu können»[51], und dies sehr im Widerspruch zu den ursprünglichen Intentionen Zwinglis, Luthers, Gwalthers und anderer Reformatoren. Die Drangsal der Täufer spiegelt sich in den folgenden Sätzen: «Dan wir habend zu was Gott lob, noch an keinem menschen gerochen, der vns leid gethon hat, keinen von hauß, hoff weib und kind vertriben, niemand vmbs gloubens willen in gefencknus geworffen, vil weniger jemand darumb gekopfft, erseuft, verbrent, gehenkt etc. wie sy die zartten heiligen vil vunschuldigs blůt vergossen haben, vnd hörend noch nit vff.»[52] «Wir haben keinen Menschen von Haus und Hof, von Frau und Kind weg vertrieben, haben niemanden um des Glaubens willen ins Gefängnis geworfen, noch viel weniger jemanden enthauptet, ersäuft, verbrannt oder gehängt, wie an den Heiligen viel unschuldiges Blut vergossen worden ist und noch immer wird.»[53] Die Prädikanten würden jetzt das Gegenteil dessen vertreten, was im «Synodus» seinerzeit beschlossen worden sei.[54] Dann wird der «Synodus» selber hinterfragt, indem aus der Anrede der Synodalen an die Obrigkeit der Satz zitiert wird, es gehöre zu deren Aufgaben, «das sy deß Euangelions leer vnd leben (so verr es vsserlich ist vnd blybt) by jren vnderthanen erhalte».[55] Erstens seien die Pfarrer nicht befugt gewesen, der Obrigkeit eine solche Kompetenz in der christlichen Kirche einzuräumen, und zweitens könnten Fragen der Lebensgestaltung beim engen Zusammenhang von Lehre und Leben unmöglich bloss äusserlich sein: «vnd fragend nachmals die Predigkanten, ob nit des Euangeliums leer vnd leben (das sy üßerlich heißend) ouch von ynnen herus durch den glouben, liebe vnd heiligen Geist, werde gewůrckt, getriben vund geregiret, samt alle der cristen leipliche gůten werk, leeren, reden, wort, touff, brotbrechen etc. thůn vnd lassen alles frey willig, one alle beherrschung, zwang vnd trang [...] gebůrdt zu sin vnd deshalb alles [...] innerlichs vnd eußerlichs Euangelium oder glouben in eins gehörtt, vnd dienet, vnd ein vngeteuilte würkung ist vom heiligen Geist, in freyer liebe Gottes gewürkt.»[56] «Ihr tut so, als ob gute Werke, Lehren, Reden, Verkündigung, Taufe, Brotbrechen und so

50 Apologia (wie Anm. 49), 1v.

51 Apologia (Hostettler) (wie Anm. 47), 6.

52 Apologia (wie Anm. 49), 2v.

53 Apologia (Hostettler) (wie Anm. 47), 9.

54 Apologia (Hostettler) (wie Anm. 47), 11.

55 Apologia (Hostettler) (wie Anm. 47), 12; Berner Synodus I 8: «dass sie des Evangeliums Lehre und Leben – sofern es äusserlich ist und bleibt – bei ihren Untertanen erhält».

56 Apologia (wie Anm. 49), 4v.

weiter nicht vom Heiligen Geist angetrieben wären und, sofern es auch Gott gefällt, erst noch aus freien Stücken geschieht, ohne jeden Zwang und Drang. Das kann es aber nicht sein. Weil sowohl in ‹innerlichen› wie ‹äusserlichen› Angelegenheiten der Heilige Geist und die freie Liebe Gottes ungeteilt wirkt, gehört ‹innerliches› und ‹äusserliches› Evangelium oder Glauben in eins und sie dienen einander.»[57] So argumentieren die Täufer in der «Apologia» mit dem «Synodus» bzw. dessen Verknüpfung von Lehre und Leben gegen den «Synodus» bzw. dessen Unterscheidung von äusseren und inneren kirchlichen Angelegenheiten.

Dabei verteidigten sich die Verfasser der «Apologia» nicht eigentlich gegen den «Synodus», sondern gegen die in ihren Augen im «Synodus» mit verankerte staatliche Täuferpolitik. Der «Synodus» selber war auch den Täufern gegenüber keine Kampfschrift. In ihm wurde das dem Täufertum und der landeskirchlichen Reformation Gemeinsame betont. Abgrenzungen im Verständnis von Bekenntnis, Bibel, Sakramenten und Obrigkeit wurden so vollzogen, dass das Gespräch möglich blieb. Das war mehr als Taktik. Ulrich J. Gerber spricht diesbezüglich von einem «Gesinnungswandel», einer ökumenischen Grundhaltung der Berner Kirche im Verhältnis zu den Täufern.[58] Sie waren nicht von Dauer. Die «Apologia» zeigt, dass die Realität den «Synodus», was die Beziehung zu den Täufern betraf, längst eingeholt hatte.

Wir sind bei der Quelle angekommen und schliessen mit wenigen Worten über die Synode von 1532 und den «Synodus» selber.

VII. Der «Berner Synodus» von 1532

Die Versammlung der bernischen Pfarrerschaft, der die reformierte Kirche den «Berner Synodus» verdankt, hat vor 475 Jahren in diesen Tagen, vom 9. bis 14. Januar 1532, stattgefunden. Warum hat die bernische Obrigkeit diese Synode einberufen? Im Dekret vom 14. Januar 1532, mit dem sie den «Synodus» veröffentlichte, erklärte sie, wie sie vier Jahre zuvor das Evangelium für sich und ihre Untertanen angenommen und geschworen hatte, es wie «andere burgerliche Satzungen vnd Landtrecht / in leer vnd leben durch go̊ttliche hilff zů halten»[59], wie schlecht aber nach wie vor bei den Pfarrern Lehre und Leben übereinstimmten, wie diese das Evangelium vor den Menschen, auch gerade

57 Apologia (Hostettler) (wie Anm. 47), 12f.

58 Ulrich J. Gerber: Berner Täufertum und «Berner Synodus», in: Locher, Berner Synodus 2 (wie Anm. 2), 167–194, hier 187 und 194.

59 Berner Synodus I, 2: «es wie andere bürgerliche Satzungen und Landrecht in Lehre und Leben mit Gottes Hilfe zu halten.»

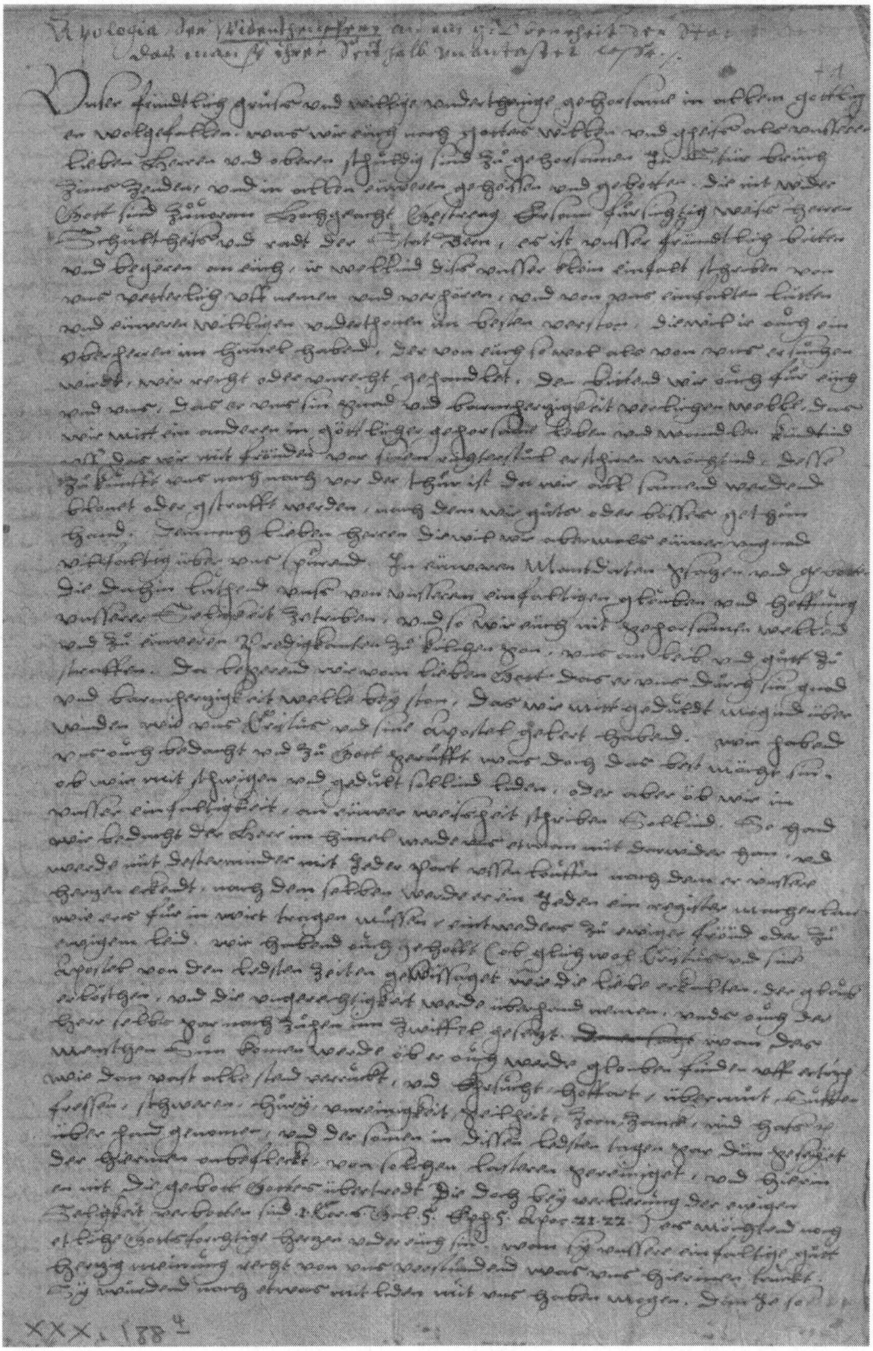

Abb. 5: Apologia der Widertheüffer an ein g: oberkheit der stat Bern / das man sy ihrer sect halb unantastet laße. BBB, Mss.h.h. XXX.188[4].

vor Täufern und Katholiken, kompromittierten, mehr noch, wie sie Gottes Missfallen erregten. Zwei Monate waren seit der Niederlage der Reformierten bei Kappel vergangen. Die Reformation, so schien es, war stecken geblieben. Die Erwartungen an sie hatten einen Tiefstand erreicht.[60]

Da sollte die Synode eine Wende herbeiführen oder doch die Voraussetzung dafür schaffen. Sie hat ihre Aufgabe gelöst, indem sie sich auf den «Gang der Gnade» besann, auf die Kraft, mit der Christus durch den Heiligen Geist in den Herzen der Gläubigen wirkt: Christus schafft gegenwärtig Heil, «heute noch», unmittelbar. Dabei weckt und wirkt nicht das Gesetz im Menschen Umkehr und Vergebung, sondern das Evangelium, die Botschaft von Kreuz und Auferstehung. Versöhnung ist nicht Rechtfertigung oder Zurechnung oder Stellvertretung, sondern Heilsgeschehen im Innern der Gläubigen.

Der «Berner Synodus» handelt im ersten Teil von der rechten Christuspredigt und im zweiten von Fragen der kirchlichen Ordnung, vom Verhältnis von Kirche und Staat und von der Amts- und Lebensführung der Pfarrer. Für konfessionelle Polemik blieb in ihm kaum Platz, weder den Täufern noch den Lutheranern gegenüber, und auch im Verhältnis zu Rom blieb er bei aller Klarheit moderat. Der «Synodus» wendet sich als Bekenntnisschrift nicht nach aussen, sondern nach innen. Das hing zu einem guten Teil am Strassburger Reformator Wolfgang Capito, der Anfang Januar 1532 unvermutet in Bern eingetroffen war, kurzerhand die Vorlage entworfen und die geistliche Leitung der Synode übernommen hatte.[61]

VIII. Rückblick

Wir haben den «Synodus» im Spiegel seiner Wirkungsgeschichte kennen gelernt. Blicken wir flussabwärts zurück, so ergibt sich, dass Bewegungen und Personen an ihm jeweils bestimmte Aspekte entdeckt, betont und geschätzt haben. Diese waren und sind ihm auch wirklich zu eigen, erscheinen aber – wie könnte es anders sein – in unterschiedlichen Perspektiven. Die Täufer unterstreichen die Forderung nach der Übereinstimmung von Lehre und Leben, bestreiten aber die Möglichkeit einer Trennung von inneren und äusseren kirchlichen Angelegenheiten. Pietisten teilen mit dem «Synodus» den Wunsch nach «erwecklicher» Predigt, laufen aber Gefahr, diese zu einseitig in der frommen Seele des Predigers zu verankern. Zinzendorf erfasst kongenial

60 Locher, Bekenntnisschrift (wie Anm. 35), 16f.; Hans Rudolf Lavater: Die «Verbesserung der Reformation» zu Bern, in: Locher, Berner Synodus 2 (wie Anm. 2), 35–117, hier 50–64.

61 Lavater, «Verbesserung» (wie Anm. 60), besonders 64–72.

die Ökumenizität des «Synodus» und dessen Christozentrismus, den er aber doch auch überzeichnet. Dem «Synodus» theologisch und spirituell nahe stehen die Heimberger (Oberländer) Brüder; sie erfassen den «Gang der Gnade» und spüren ihm nach. Beide Bewegungen, die Herrnhuter und die Heimberger, halten bzw. hielten den «Synodus» als Bekenntnisschrift hoch. Das war er im 19. und erst recht im 20. Jahrhundert nicht mehr, obwohl im Berner Kirchenstreit der Versuch, sich auf ihn wie auf ein Bekenntnis zu berufen, gemacht wurde. Im Vordergrund steht in den Kontroversen beider Jahrhunderte seine Bedeutung für das Verhältnis von Kirche und Staat. Der «Synodus» lässt sich nicht für die Begründung eines prophetischen Wächteramts der Kirche in Anspruch nehmen, bewährt sich aber bei der Konzeption eines Modells solidarisch-kritischer Partnerschaft.

Im Verlauf dieses lückenhaften Gangs durch die Geschichte sind wir der Frage nachgegangen, welche Spuren der «Berner Synodus» im Laufe der Zeit hinterlassen hat. Laute Töne waren und sind seine Sache nicht. Aber wer gut hinhört, vernimmt in seiner Wirkungsgeschichte eine bei allen Variationen klare und unverwechselbare Melodie.

ANHÄNGE

1. Aus dem so genannten Dissentergutachten von 1838[62]

Zwischen 1833 und 1836 gingen bei der Regierung von freikirchlicher Seite mehrere Petitionen ein, in denen unter Berufung auf die durch die Verfassung von 1831 garantierte Gewissensfreiheit der Dispens von der landeskirchlichen Taufe und Trauung verlangt wurde. Das von der Regierung bei der Synode angeforderte Gutachten wurde von einem Dreiergremium unter der Federführung von Johann Ludwig Samuel Lutz (1785–1844)[63], seit 1833 Professor für Bibelwissenschaft in Bern, verfasst. Darin wurde das Begehren der Petenten als staatsrechtlich begründet anerkannt, was der Grosse Rat in der Folge guthiess, aber am Grundsatz der Landeskirche festgehalten. Der «Synodus» spielte in der Argumentation der Gutachter als historische und nach wie vor verbindliche Grundlage für eine organische Verbindung von Staat und Kirche eine zentrale Rolle:

---

62 Gutachten der ehrwürdigen Synode über die ihr in ihrer ordentlichen Sitzung vom Jahre 1836 vom Tit. Erziehungsdepartement zugewiesenen Petitionen einiger sogenannter Dissenters an den Großen Rath der Republik Bern, Bern 1838, 32–39.

63 Friedrich Lutz: Der Gottesgelehrte Johann Ludwig Samuel Lutz, mit einer Blüthenlese aus den Kanzelvorträgen des Verewigten, Bern 1863, hier 107–128.

«Damit aber die historische Wahrheit unserer Darstellung des Verhältnisses [von Staat und reformierter Kirche] […] geprüft werden könne, so nennen wir die […] historische Quelle, welcher wir sie entheben. Sie liegt in den Acten des Berner Synodus vom Jahre 1532 und der derselben vorgesetzten, sie bestätigenden, obrigkeitlichen Erklärung. Hier ist die Grundlegung dieses Verhältnisses, und nicht nur die erste, sondern auch die einzige Fundamental-Bestimmung desselben. […]

Fassen wir nun, indem wir uns getreu und ausschließlich an das in diesem Fundamental-Actenstück wirklich Gegebene halten, die in demselben ausgesprochenen Beweggründe, Grundsätze und Bestimmungen zusammen; so ergiebt sich der ursprüngliche und allein gültige Sinn der bei uns bestehenden Verbindung des Staats mit der reformirten Landeskirche in Folgendem:

Die Obrigkeit erkennt es für ihre Pflicht, auch die Pflege des ewigen Lebens in ihrem Volke zu berücksichtigen und in ihre Angelegenheiten aufzunehmen, weil sie gegen Gott hiefür verantwortlich ist, und weil schon ihre nächste Aufgabe, die Sicherung und Förderung des zeitlichen Wohls ihres Volkes, ohne diese Rücksicht nicht gedeihlich erfüllt werden kann. Sie ist eine christliche Obrigkeit, besteht aus Personen, welche ihr eigenes Heil nur in der Erkenntiß Gottes in Christo sehen, und wissen, dass aller Menschen Heil in dieser liegt. Durch Gottes besondere Wohlthat ist diese Erkenntniß dem Lande jetzt in der ursprünglichen Reinheit wiedergegeben worden. Hiedurch zu höherer Schätzung und eifrigerer Festhaltung und Benutzung des Segens geleitet, angetrieben und verpflichtet, soll und will sie nicht nur nach bloßem Namen und hergebrachter Gewohnheit eine christliche Obrigkeit heißen, sondern in der Wahrheit. Sie soll und will, indem sie die ungetrübte Verkündigung des Evangeliums erhält und fördert, und das Aüßerliche, was zur Erbauung einer auf dasselbe gegründeten Gemeinde gehört, veranstaltet, eine Dienerin Gottes an diesem seinem Heilswerke sein. – Das Christenthum selbst, den Glauben und das wahre Glaubensleben kann die Obrigkeit nicht pflanzen und nicht erhalten. Dieß ist allein des Geistes Wirkung in dem Worte der heil. Schrift und durch dasselbe. Ihr eigenes unmittelbar hierauf gerichtetes Einwirken wäre unheilbringende Anmaßung, und könnte höchstens Heuchler bilden. Dennoch ist ihr deßwegen ein ihrer besondern Stellung entsprechender Dienst an der Gemeinde des Herrn nicht verschlossen. Schon indem sie Recht und Sicherheit handhabt, gewährleistet sie einen Boden für ihren Bestand und Entwicklungsfortgang. Sodann ist es für eben diesen von großem Belange, ob die Gesetze, welche das bürgerliche Leben ordnen, mit oder ohne Rücksicht auf den Geist des Evangeliums und auf den Glauben und das Leben nach demselben eingerichtet seien, ob sie christlichem Sinn und Wandel zur Ermunterung und Förderung, oder zum Aergerniß und zur Hemmung gereichen. Eine christliche Obrigkeit erkennt hier die Richtung, welche sie ihrer ganzen

Regierung zu geben hat. Während sie so schon nur durch diese Richtung ihrer bürgerlichen Regierung, welche aus ihrer eigenen Christlichkeit hervorgeht, der christlichen Gemeinde ihres Landes dient, ist ihr wegen ihrer hiefür besonders geeigneten Stellung durch das Vertrauen und Begehren ihres christlichen Volkes auch ein direct auf die Erbauung jener sich beziehender Dienst eröffnet und angewiesen, nämlich in der Erhaltung des Predigtamts; freilich auch dieses nur ein äußerlicher und mittelbarer Dienst, indem sie die äußerlichen Mittel dieser Erhaltung und die für die Ausübung dieses Amtes nöthige Ordnung, Einheit und Aufsicht gewährleistet, aber doch ein solcher, durch welchen eine nothwendige Bedingung für das Bestehen des Christenthums in einer geordneten Gemeinschaft erfüllt wird. Sie betrachtet sich hiebei nicht als ein Recht der Staatsgewalt ausübend, sondern als einen ordnungsmäßigen und übertragenen Dienst an der christlichen Gemeinde erfüllend, nicht als über dieser stehend, sondern als selbst ein Glied derselben, welches seine hiezu befähigende äußerliche Stellung ihr zum Dienste wiedme. Sie bestellt, erhält und beaufsichtigt die Prediger, ohne etwas anderes von ihnen zu wollen, als die getreue, reine und freie Predigt des Evangeliums. Sie will nicht, dass sie im Namen und mit dem Ansehen der Obrigkeit auftreten und ihr Amt führen, wie sie denn auch nicht das Wort der Obrigkeit predigen. Nur Boten des der Menschheit in Christo erschienen Heils sollen sie sein, und nur dieses verkünden. Von ihrer Sendung wird ein Ursprung anerkannt, den eine menschliche Behörde nicht sich beilegen könnte, und in dem Worte, welches sie verkünden, ein Ansehen, das keine Staatsgewalt ihm zu ertheilen vermöchte. Deswegen soll denn dieses Wort im Munde der Prediger sich freimüthig auch gegen dasjenige richten, was an der Obrigkeit selbst demselben nicht entspricht. Hinwieder haben die Prediger vorerst der Obrigkeit als solcher, d. h. als der Trägerin der bürgerlichen Staatsgewalt, alle Ehre, Treue und Bereitwilligkeit zu beweisen, sodann aber auch derselben in dem, was sie als das oben beschriebene Organ der christlichen Gemeinde des Landes in der äußerlichen Verwaltung derselben anordnet, Gehorsam zu leisten [...].

Bei dieser Darstellung haben wir uns sorgfältig vorgesehen, nichts einfließen zu lassen, was nicht in der Urkunde, in den erwähnten Acten des Berner Synodus von 1532, nachgewiesen werden könnte, damit der ursprüngliche Sinn, in welchem sich bei uns der Staat mit der refomirten Landeskirche verbunden hat, rein als geschichtliche Thatsache erhoben und vorgeführt sei.»

2. Johann Samuel Ith über den «Berner Synodus», 1802[64]

Die Helvetische Republik (1798–1802) brachte das vorläufige Ende des herkömmlichen Staatskirchentums. Die Kirchen wurden zu privaten Genossenschaften, die ihre «Religionsmeinungen» vertreten, aber keinesfalls den Frieden und die öffentliche Ruhe gefährden oder Privilegien beanspruchen durften. In dieser Zeit des Umbruchs entwickelte Johann Samuel Ith (1747–1813), Oberster Dekan und Planer sowie erster Kurator der Akademie, seine Gedanken zum Verhältnis von Staat und Kirche. Zweck des Staates ist es, die Rechte seiner Bürger zu gewährleisten. Die Kirche hingegen soll zur Versittlichung der Gesellschaft beitragen. Ith war vom Aufklärungsphilosophen Immanuel Kant beeinflusst, knüpfte aber auch beim reformatorischen Erbe an. Als 1801 eine Reihe von Staatsstreichen die Republik erschütterte, Napoleon den Vorwand zum Eingreifen lieferte und die Verfassungsfrage erneut zur Diskussion stand, plädierte er energisch für eine Rehabilitierung der Geistlichen. Er berief sich dabei auf den «Berner Synodus»:

«Man liest die Verhandlungen dieser ehrwürdigen Versammlung nicht ohne Erstaunen über die Einsicht und Vorsicht derselben. Es genügt ihr nicht, nach flüchtig hingeworfenen und oberflächlich angehörten Gutachten zu reglementiren; sie wagt es, bis auf die obersten Grundsätze hinaufzusteigen, und bestimmt das Verhälniß zwischen Kirche und Staat auf eine Weise, welche die strengste Prüfung unsers philosophischen Jahrhunderts nicht scheuen darf. Die so äusserst delikaten und für so wenige Köpfe bemerkbaren Schattirungen und Collisionen zwischen den physischen und moralischen Kräften, zwischen den innern Gesinnungen, die das Wesen des Christenthums ausmachen, und den mit jenen Gesinnungen zusammenhängenden Handlungen, die eben dadurch, dass sie Handlungen sind, zum Gegenstand der bürgerlichen Gesetzgebung und Polizey werden, die sonderbare und in ihrer Art eigene Synthesis, vermöge welcher der Staat als ein Bestandtheil in der Kirche existirt, indeß die Kirche, ihrer wahren Unabhängigkeit unbeschadet, dem Staate dennoch untergeordnet ist: alle diese zarten und bey der ersten Ansicht widersprechend scheinenden Beziehungen sind so scharf gezeichnet und so innig ausgesöhnt; die ganze physische Obergewalt ist so vorsichtig zum Schutze der Kirche, und die moralischen Kräfte von dieser zur Erhaltung der bestehenden bürgerlichen Ordnung berechnet, dass Kirchen- und Staatsklugheit, jeder für sich und beyde in Verbindung miteinander, kaum ein erfreulicheres Resultat wünschen können.»

---

64 Joh[ann] Ith, Ueber das helvetische Kirchenrecht, zur Erörterung der Frage: Was liegt der helvetischen Centralregierung in Ansehung des Religions- und Kirchenwesens ob?, Bern 1802, 16–20, hier 17.

Was war, ist und bleibt: die Offenheit

Ein Kirchenhistoriker blättert in 124 «saemann»-Jahrgängen*

Ein Historiker soll in seiner Quelle blättern – in 124 «saemann»-Jahrgängen. Er soll herauspicken, was ihm auffällt, und zu einem bunten Strauss binden. Das geht ihm wider den Strich. Er beginnt zu lesen, von vorn. So packt er es falsch an, gewiss, aber nur so packt es ihn. Die Frage, wie er mit den 124 Jahrgängen, die auf dem Regal etwa anderthalb Laufmeter einnehmen, innert nützlicher Frist fertig werden soll, verdrängt er. Jetzt muss er aber schreiben, obwohl er nur einen Teil seines Pensums bewältigt hat. Er schreibt mit grossem Respekt vor dem, was Redaktorinnen und Redaktoren, Autorinnen und Autoren, Fotografen und Künstlerinnen aus fünf Generationen gedacht, geschrieben und gestaltet haben, und er weiss: Er wird ihnen nicht gerecht werden …

1885 – die Geburtsurkunde: «Belehrung und Erbauung»

Der «Säemann» erschien erstmals 1885 als Monatsblatt. Er wurde im Auftrag der Kirchgemeinderäte des Synodalbezirks Burgdorf-Fraubrunnen vom Pfarrverein Burgdorf herausgegeben. Das erste Redaktionsteam bestand aus den Pfarrern Langhans in Grafenried, Schaffroth in Burgdorf und Schnyder in Hasle. Den Druck und den Verlag besorgte Carl Langlois in Burgdorf.

---

* Die Zwischentitel stammen von der «saemann»-Redaktion. Sie wurden übernommen, um zu verdeutlichen, dass es sich bei diesem Text um einen Zeitungsbeitrag handelt. Die Nachweise befinden sich aus demselben Grund nicht unten an der Seite, sondern in runden Klammern im Text.

Der Säemann.

Monatsblatt

für Belehrung und Erbauung des Volkes.

Herausgegeben
im Auftrag der Kirchgemeinderäthe des Synodal-
bezirks Burgdorf-Fraubrunnen
vom Pfarrverein Burgdorf.

Nr. 1. – 1885.

Abonnementspreis:
Einzel-Abonnements (per Post) Fr. 1. 25 jährlich; bei Bestellung
von 10 Exemplaren und mehr (unter Kreuzband) 50 Cts.

I. Jahrgang.

Abb. 1: Titelseite der ersten Ausgabe von 1885 (Foto: Hanspeter Bärtschi).

Was wollte der «Säemann»? In einer Zeit, da die Kirche mit ihren Gottesdiensten nur noch eine kleine Minderheit ihrer Mitglieder erreichte, «Belehrung und Erbauung» in die Häuser tragen. Dazu dienten nicht nur «kurze verständliche Betrachtungen über einen biblischen Abschnitt», sondern auch «schöne Lieder, interessante Erzählungen und Geschichten ernsten Inhalts, Nachrichten aus dem Reiche Gottes und aus unserer vaterländischen Kirche».

Er wollte nicht nur unterhalten, auch wenn er diese Aufgabe keineswegs gering schätzte. Es galt, die Landeskirche vor Unglauben, Aberglauben und Sektiererei zu schützen und dazu beizutragen, «dass der einfache, alte und doch ewig junge evangelische Glaube in unserem Volke erhalten und gemehrt, der kirchliche Frieden bewahrt und christlicher Sinn in die Herzen gepflanzt werde». (1885/ Nr. 1)

Vom «Säemann» zum «Saemann»: Mit Bibel, Porträts und ein bisschen Schalk

Jede Nummer begann mit einer biblischen Betrachtung im Rhythmus des Kirchenjahres und der Jahreszeiten. Es folgten, oft im Gewand einer Geschichte, ein Gedicht oder ein Kirchenlied und eine erbauliche Erzählung oder ein literarisches Porträt einer bedeutenden christlichen Persönlichkeit. Auch Anekdotisches fehlte nicht. Am Schluss standen Nachrichten, aus der Synode etwa, aus der Arbeit der Diakonie und der inneren und äusseren Mission.

Das war die Grundform des «Säemann». Er, der seit 1973 «Saemann» heisst, hat im Lauf der Zeit viele Wandlungen erlebt. Wer auf das Erscheinungsbild abstellt, wird sogar sagen, er sei nicht wiederzuerkennen. Aber den Glauben in der jeweiligen Zeit zu verantworten, zum Nachdenken und Handeln anzuregen, Kirche zu bauen und über das kirchliche Leben vor Ort und in der weiten Welt zu informieren, das war und blieb die Aufgabe des «Säemann», bis zum Schluss.

A propos Schluss: Lange Zeit schloss jede Nummer mit einem Rätsel, die achte von 1885 etwa mit dem folgenden:

«Doppelt hast du, Mensch, die erste,
Auch die letzten als ein Paar;
Während jene manchmal ruhet,
Wirken diese immerdar.
Die drei Silben nun zusammen
Sind des Lebensbaumes Frucht.
Schaffe, dass man sie als edel
Findet, wenn man bei dir sucht.»

Schalkhaftigkeit bewies die «saemann»-Redaktion noch oft, so 1978 anlässlich des 450-Jahr-Jubiläums der Berner Reformation, als sie 21 Fragen

Abb. 2: Titelseite von 1888.

Abb. 3: Titelseite von 1902.

mit je vier Antworten zur Auswahl vorlegte. Frage 5 lautete: «Am Berner Münster findet sich, in Sandstein gemeisselt, ein Spruch. Wie lautet er?

A. Hier stehe ich, ich kann nicht anders.

B. Vom Himel abe chunnt e Schtärn /Er nimmt si Wäg grad gäge Bärn.

C. Gebet acht, ouch ich kann umbfallen über nacht.

D. Machs na.»

Ein Kind «kirchlicher Liebestätigkeit»: «Gottesgnad», Diakonie und Sozialstaat

Fast siebzig Jahre lang, von 1895 bis zur Gründung des «Vereins Sämann» im Jahr 1964, wurde die Zeitung vom «Ausschuss für kirchliche Liebestätigkeit» herausgegeben und verstand sich als «Monatsblatt der bernischen Landeskirche». Der «Säemann» betrachtete die Berichterstattung über und den Einsatz für die kirchliche Diakonie von Anfang an als eine ihrer wichtigen Aufgaben. Das zeigen früheste Nachrichten über die Bezirkskrankenanstalt des Amtes Burgdorf für arme Kranke, über die Gründung der Bernischen Anstalt für Epileptische im Bad Brüttelen, später Tschugg, oder über die Eröffnung der Anstalt Gottesgnad für unheilbar Kranke in Richigen. Dies nahm in der Sammlung von Spenden, sogenannten «Liebesgaben», und im Engagement für die obligatorische Krankenversicherung konkret Gestalt an. (1912, S. 16) Die aufmerksame «Säemann»-Lektüre bringt es an den Tag: Es ist nicht übertrieben, wenn die christliche Diakonie zu den Wegbereiterinnen des modernen Sozialstaates gezählt wird.

Der «Säemann» auf heikler Mission: Kollekten, Kolonialismus und Konferenzen

Von Beginn an informierte der «Säemann» auch über die äussere Mission und sammelte für sie. Er wollte «diese für das Reich Gottes so wichtige Angelegenheit allgemeiner machen und zeigen, wie das Evangelium noch immer eine Kraft Gottes ist, selig zu machen die daran glauben». (1885, S. 61) Das schloss Kritik am europäischen Kolonialismus nicht aus, sondern ein: Es finde, liest man bereits 1885, «gegenwärtig eine eigentliche Jagd der europäischen Staaten auf ausländische Kolonien» statt. «Ob damit das Reich Gottes, das ist christliche Bildung und Gesittung, Wahrheit und Gerechtigkeit gefördert wird, ist eine andere Frage. Ähnlich wie England mit seinem schmählichen Opiumhandel in China für den christlichen Namen keine Ehre einlegt, so überschwemmt jetzt Deutschland das arme Afrika mit – Branntwein. Es gehen dahin Schiffe von 3000 Tonnen, die fast nichts als Schnaps führen, und zwar so schlechten, dass kein Kapitän seiner Mannschaft davon geben möchte. Die armen Schwarzen dagegen lässt man kalten Blutes davon an Leib und Seele zu

Abb. 4: Titelseite von 1903.

Abb. 5: Titelseite von 1910.

Grunde gehen.» (1885, S. 80) So verwundert es nicht, dass der Schriftsteller und Freidenker Joseph Victor Widmann (1842–1911) schon 1908 im Missionar einen Anwalt der indigenen Völker sah. Er sei «gar oft der einzige, der gegen die schamlose Ausbeutung solcher Naturvölker seine Stimme erhebe. Darum hassen den Missionar die grossen Handelsgesellschaften, denen es unbequem ist, einen Zeugen zu haben, wenn sie dem Neger das Fell über die Ohren ziehen. Dieser Hass ist die Ehre des Missionars …» (1908, S. 39)

In den Jahrgängen des 20. Jahrhunderts ist eine faszinierende Entwicklung minutiös dokumentiert: Die jungen Kirchen Afrikas nehmen die Verantwortung für die Weitergabe des Evangeliums selbst an die Hand. Die Missionsgesellschaften werden zu ihren Partnerinnen. Umgekehrt wird Europa zum Missionsgebiet, die Schweiz zum Missionsland. Entwicklungszusammenarbeit gewinnt als ureigenste Aufgabe der Mission an Bedeutung. Der «Saemann» berichtete regelmässig und eingehend über die Hilfswerke «Caritas» und «Brot für alle», aber auch über die «Erklärung von Bern» (1968) sowie über die von Kirchen und Kreisen aus Wirtschaft und Politik beschickte Konferenz Schweiz-Dritte Welt (1970).

1888: Im Schützengraben gegen die Heilsarmee

Missionsland Schweiz: Wie stellte sich der «Säemann» dazu? Dass er das Evangelium in die Häuser tragen wollte, ist ein Hinweis darauf, dass er für die Problematik sensibel war. Dies sollte allerdings auf volkskirchlicher Basis geschehen. Das lässt sich an der Stellung ablesen, die das Blatt gegenüber den Freikirchen und insbesondere zur Heilsarmee einnahm. In seiner ersten Artikelserie informierte der «Säemann» 1885 bis 1887 über die Alt- und Neutäufer, die Tannentaler, die Irvingianer, die Mormonen, die Antonianer, die Methodisten und die Freikirchen der Westschweiz. Es geschah in vorwiegend freundlichem Ton, wenn auch im Fall der Mennoniten noch ohne tief gehende Selbstkritik. Entschieden gewarnt wurde nur vor den Mormonen, deren Christlichkeit bezweifelt wurde, und 1888 vor der Heilsarmee, «diesen zweideutigen, zudringlichen Leuten, deren Bekehrungseifer mehr von der Spekulation auf die materiellen Güter der leichtgläubigen, irregeführten Menge, als von der Sorge um ihr Seelenheil geleitet zu sein scheint». Die Geschichte werde die Heilsarmee einmal «als eine der grössten Schwindeleien auf dem Gebiete des religiösen Lebens» in ihre Bücher eintragen müssen. (1888, S. 62) Hier hat sich der Autor wie viele seiner Zeitgenossen gründlich getäuscht. Das Blatt ist mit der Zeit zu einer unvoreingenommenen Berichterstattung über die Heilsarmee in Geschichte und Gegenwart übergegangen.

124 Jahre Evolution des Patriarchats: Der «Säemann» und die Frauen

1991 wurde die Aktion «Brot für Brüder» in «Brot für alle» umbenannt. Darin spiegelt sich der langsame, oft mühsame Prozess wachsender Gerechtigkeit gegenüber der einen, weiblichen Hälfte von Kirche und Welt. Er ist in den 124 Jahrgängen detailliert und anschaulich dokumentiert. Zu Beginn wurden patriarchalische Wertmassstäbe unbesehen übernommen, so gleich in der ersten Nummer aus den «Hausregeln» des Württemberger Pfarrers Johann Friedrich Flattich (1713–1797) die Devise: «Die Frau soll sich hüten, ihren Mann zu verkleinern, sich über ihn zu beklagen und seine Fehler vor Andern aufzudecken. Denn das Weib hat seinen Namen vom Manne und wenn sie also diesen verunglimpft, so macht sie ihrem eigenen Namen Schande.» (1885, S. 15) Früh schon, 1898, wurden Stimmen laut, es gebe nicht zweierlei Moral, eine freizügigere für Männer und eine andere für Frauen, und die Frauen sollten sich zwecks Wahrnehmung ihrer Interessen in Verbänden zusammenschliessen. (Beilage zum «Säemann» 1898, Nr. 1) Aber es sollte noch jahrzehntelang dauern bis zum Einzug der Frauen in die Kirchgemeinderäte, die

Synode und den Synodalrat, ins Pfarramt und die vielen kirchlichen Dienste, in die «Säemann»-Redaktion – die erste Redaktorin war 1945 die Schriftstellerin Elisabeth Müller – und in den Lehrkörper der theologischen Fakultät. Auf einem Bild der Schweizer Delegation für die Vollversammlung des Ökumenischen Rats in Evanston (1954) steht inmitten einer stattlichen Männerriege eine einzige Frau: Marga Bührig (1915–2002). In den Neunzigerjahren erhielt die feministische Theologie unter dem Titel «saefrau» ihre eigene Rubrik.

Sozialismus nein! Nächstenliebe ja!

Der «Säemann» fühlte sich keiner Partei verpflichtet, weder einer kirchlichen noch einer politischen. Es ist ihm gelungen, in einer Volkskirche ein einigendes Band zu sein, ohne die Meinungsvielfalt zu nivellieren. In politischer Beziehung lautete in den ersten Jahrzehnten seines Bestehens die Gretchenfrage, wie er es mit dem Sozialismus und der Sozialdemokratie halte. Dass die gesellschaftliche Ordnung auch in der Schweiz krank, weil vielfach ungerecht war, war unbestritten. Der «Säemann» berichtete 1897 über einen Vortrag von Fritz Barth (1856–1912), Karl Barths Vater: Fritz Barth nahm die soziale Frage ernst, lehnte aber im gleichen Atemzug den Sozialismus als Weltanschauung ab und forderte einen sozialen Ausgleich auf der Basis christlicher Nächstenliebe. (1897, S. 72)

Der Säemann
Monatsblatt der bernischen Landeskirche
Wird vom Ausschuß für kirchliche Liebestätigkeit des Kantons Bern herausgegeben und erscheint auf jeden ersten Sonntag im Monat. — Der jährliche Abonnementspreis beträgt, einzeln durch die Post bezogen Fr. 1.30, bei der Post bestellt Fr. 1.50, durch die Depots Fr. 1.20. Auf je 25 Exemplare ein Freiexemplar.
Nummer 1 Bern, Januar 1919 35. Jahrgang
Am 1. Januar 1519.
(Zwinglis erste Predigt in Zürich.)

Abb. 6: Titelseite von 1919.

Armenier und Juden: Der «saemann» misst mit zweierlei Mass

Entschieden Partei ergriff der «Säemann», wenn auch nicht im Sinn einer politischen Aktion, 1896, als Nachrichten von den Massakern an den Armeniern eintrafen. Er berichtete darüber und rief zu tatkräftiger Hilfe auf: «Die europäischen Mächte sehen dem grausigen Trauerspiel untätig zu. Nur die christliche Liebe kann da eingreifen und die Not der zerstreuten Brüder einigermassen lindern.» (1896, S. 71)

In hartem Kontrast dazu steht für den Nachgeborenen, der weiss, wohin die Geschichte geführt hat, 1911 eine Artikelserie über «Die Juden seit Jesus bis auf die Gegenwart»: Die Leidensgeschichte des jüdischen Volkes, das viele Unrecht, das – auch in Bern – an ihm geschehen sei, stehe in ursächlichem Zusammenhang damit, dass es Jesus verleugnet habe. Und der «Säemann» scheut sich nicht, gar unverhohlen Antisemitisches mitschwingen zu lassen: «Freilich schöpften die jüdischen Banken bei allen Unternehmungen, zu denen sie die Mittel gaben, den Rahm oben ab und überliessen die Ausführung den Arbeitskräften des Volkes. Deswegen blieb auch der Widerwille gegen jüdische Rasse und Nationalität bis in die neueste Zeit in Deutschland erhalten. Die soziale Scheidung zwischen Juden und Deutschen behauptete sich unvermindert bis ins 20. Jahrhundert hinein, ein Beweis, dass die Judenfrage noch nicht zur Ruhe gekommen ist.» (1910, S. 47)

Verfolgte Juden: Sympathie oder Antipathie?

Zwei weitere Artikel zum Thema «Judenwanderung und Judenverfolgung» erschienen im Mai und Juni 1939. Eine Judenfrage wie in Deutschland, heisst es einleitend, gebe es in der Schweiz nicht. Der Anteil der jüdischen Bevölkerung betrage nur 0,4 Promille. «Wir hoffen zugunsten unseres Landes, dass dieses Verhältnis so bleiben möchte. Unsere Sympathie gilt allen denen, die um ihres Glaubens willen verfolgt werden und leiden, seien es nun Christen, Juden oder Heiden.» (1939, S. 35) Es blieb offen, wie jüdische Flüchtlinge dies verstehen sollten. Anders, eindeutiger hatte es im Dezember 1938 geklungen, als der «Säemann» die Sammlung des «Flüchtlingsbatzens» propagierte, aus dem ein Hilfswerk für Flüchtlinge finanziert wurde. Die Idee dazu war in der «Theologischen Arbeitsgemeinschaft des Kantons Bern» geboren worden.

Der Säemann
Monatsblatt der bernischen Landeskirche
Nummer 1 Bern, Januar 1946 62. Jahrgang

Abb. 7: Titelseite von 1946.

1934: Bekenntnis zur Bekennenden Kirche

Über den Kirchenkampf im Deutschland der dreissiger Jahre berichtete der «Säemann» regelmässig und sorgfältig. Interessierte Leserinnen und Leser konnten sich beispielsweise über die Thesen informieren, die anlässlich der Synode der Bekennenden Kirche von Ende Mai 1934 in Barmen beschlossen worden waren. Die Redaktion liess keine Zweifel darüber aufkommen, auf welcher Seite sie stand, gehe es doch um ein Entweder-oder: «Frei von dem Wort oder frei zu dem Wort Gottes! Es aber bleibet in Ewigkeit!» (1934, S. 85)

Ökumene: Der «Säemann» leistet Mittlerdienste

Die ökumenische Bewegung ist neben der Auseinandersetzung mit dem Totalitarismus das zweite wichtige Thema der Kirchengeschichte des 20. Jahrhunderts. Sie steht und fällt damit, dass sie an der Basis lebt. Dienste im Geist der Ökumene erbrachte der «Säemann» paradoxerweise schon mit seinen Berichten über die Tätigkeit des protestantisch-kirchlichen Hilfsvereins zu Gunsten der reformierten Gemeinden in der Diaspora. Denn dort war man auf ein freundnachbarliches Verhältnis zu den Katholiken angewiesen und kam einander näher. Als nach dem Ersten Weltkrieg der ökumenische Gedanke weltweit Gestalt anzunehmen begann, leistete der «Säemann» unverzichtbare Mittlerdienste, indem er in Wort und Bild nicht nur über die grossen Weltkonferenzen, Versammlungen oder das Zweite Vatikanische Konzil berichtete, sondern auch über Vor- und Nachversammlungen, die gar nicht so selten im Bernbiet stattfanden. Es würde sich lohnen, die Ökumene im Kanton Bern anhand des «Säemanns» zu verfolgen.

Einen weiteren Schritt in ökumenischer Richtung wagten der «saemann» und das römisch-katholische «pfarrblatt», als sie die Januarnummer 2000 gemeinsam gestalteten – eine Zusammenarbeit, der sich inzwischen das «Christkatholische Pfarrblatt» und das jüdische Wochenmagazin «tachles» sowie Mitglieder der muslimischen Glaubensgemeinschaft in der Schweiz angeschlossen haben. Damit war das interreligiöse Gespräch eröffnet.

1968: Den Studentinnen und Studenten das Wort!

Zum Schluss ein Wort zur ominösen November-Nummer von 1968. Ominös ist sie deshalb, weil nie zuvor und nachher in der Geschichte des «Saemann» eine Ausgabe einen solchen Sturm ausgelöst hat wie sie. Was war geschehen? Der damalige Chefredaktor Franz Baumann hatte den Studierenden der theologischen Fakultät vier ganze Seiten zur Verfügung gestellt. Ihre kritischen Beiträge zum herkömmlichen Berufsbild des Pfarrers und der Pfarrerin, zur Bedeutung Christi für die damalige Gegenwart, zur Zukunft der Predigt oder zum Kirchenbild erschienen unzensiert. Wer sie heute, vierzig Jahre danach, wieder liest, wird vielleicht staunen, wie viel von dem, was damals neu war, heute Wirklichkeit geworden ist.

DER SÆMANN

Monatsblatt der evangelisch-reformierten Landeskirche des Kantons Bern

Nummer 1
Januar 1966
82. Jahrgang
Bern

AZ Bern 1

Abb. 8: Titelseite von 1966.

saemann

1

Besuch beim Oekumenischen Rat

«Sämann»-Gespräch mit Philip Potter

Folgen des Antirassismus-Programms

Christen, Heiden und der Fisch

«Brot für Brüder» entlastet

In eigener Sache

Evangelisch-reformierte Monatszeitung
89. Jahrgang
Bern
Januar 1973

Abb. 9: Titelseite von 1973.

3001 Bern

1 · 98

saemann

Evangelisch-reformierte
Monatszeitung
113. Jahrgang

Unser Dossier Seiten 1–3
Arbeit: Angst und Hoffnung

Mystik und Widerstand
Dorothee Sölle schreibt in ihrem neuesten Buch, warum Mystik uns alle etwas angeht ... 4

Scheidungsgottesdienst
Jede dritte Ehe in der Schweiz wird geschieden. Der Synodalrat unterstützt Scheidungsgottesdienste ... 5

Impressionen aus der Synode
Der «saemann» war dabei und hat die Synodale Christine Wirtwer begleitet. Mehr darüber auf Seite ... 6

«sae»-Themen
«saefrau» ... 4
Kolumne Lukas Hartmann ... 5
Kirchen Bern-Jura ... 6
Leserbriefe, Veranstaltungen ... 7

Abb. 10: Titelseite von 1998.

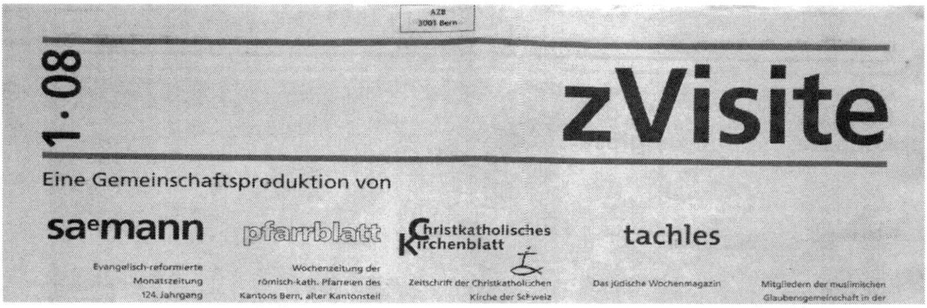
AZB
3001 Bern

1 · 08

zVisite

Eine Gemeinschaftsproduktion von

saemann
Evangelisch-reformierte
Monatszeitung
124. Jahrgang

pfarrblatt
Wochenzeitung der römisch-kath. Pfarreien des Kantons Bern, alter Kantonsteil

Christkatholisches Kirchenblatt
Zeitschrift der Christkatholischen Kirche der Schweiz

tachles
Das jüdische Wochenmagazin

Mitgliedern der muslimischen Glaubensgemeinschaft in der

Abb. 11: Titelseite der interreligiösen Ausgabe «zVisite» von 2008.

Abkürzungsverzeichnis

Die Siglen und bibliographischen Abkürzungen richten sich nach Siegfried M. Schwertner: Internationales Abkürzungsverzeichnis für Theologie und Grenzgebiete (IATG), 2. überarb. u. erw. Aufl., Berlin u. a. 1992. Im Folgenden sind Werke und Siglen verzeichnet, die bei Schwertner nicht oder unter einer abweichenden Abkürzung geführt werden.

BBB	Burgerbibliothek Bern
FS	Festschrift
HBLS	Historisch-biographisches Lexikon der Schweiz, Neuenburg 1 (1921) ff.
HLS	Historisches Lexikon der Schweiz, Basel 1 (2002) ff.
MH	Mennonitica Helvetica, o. O. 1 (1973) ff.
StABE	Staatsarchiv Bern
UAH	Unitätsarchiv Herrnhut
UBBS	Universitätsbibliothek Basel
ZBBE	Zentralbibliothek Bern
ZBZH	Zentralbibliothek Zürich

Nachweis der Erstveröffentlichungsorte

«Unser tägliches Brot ...». Die Brotbitte bei Erasmus von Rotterdam, Martin Luther, Wolfgang Musculus und Petrus Canisius SJ, in: Emidio Campi/Leif Grane/Adolf Martin Ritter (Hg.): Oratio. Das Gebet in patristischer und reformatorischer Sicht. FS zum 65. Geburtstag von Alfred Schindler (FKDG 76), Göttingen 1999, 211–226.

Jean Calvin und die Schweizer. Mit einem Seitenblick auf seine Bedeutung für die Herrnhuter in der Schweiz, in: Beiträge Pädagogischer Arbeit. Gemeinschaft Evangelischer Erzieher in Baden 53 (2010), Heft 2, 22–34.

Calvins Bedeutung im reformierten Pietismus. Ein Versuch anhand des Themas Kirchenzucht, in: Marco Hofheinz/Wolfgang Lienemann/Martin Sallmann (Hg.): Calvins Erbe. Beiträge zur Wirkungsgeschichte Johannes Calvins (Reformed Historical Theology 9), Göttingen 2011, 257–279.

Täufertum und Pietismus um 1700. Das Beispiel Bern, in: Hanspeter Jecker/Hans Rudolf Lavater (Red.): «Bis das gantze Land von disem Unkraut bereiniget seÿn wird». Das Täufertum im Spannungsfeld von obrigkeitlicher Repression, pietistischem Aufbruch und internationaler Diplomatie, in: MH 34/35 (2011/12), 11–42.

Der radikale Pietismus in der Schweiz und seine Beziehungen zu Deutschland. Ein fragmentarischer Überblick und ein Exempel vom Spätsommer 1699, in: Wolfgang Breul/Marcus Meier/Lothar Vogel (Hg.): Der radikale Pietismus. Perspektiven der Forschung (AGP 55), Göttingen 2010, 171–187.

Samuel Königs «Grundsätze von der Allgemeinen Gnade Gottes» (1723), in: Wilfried Härle/Barbara Mahlmann-Bauer (Hg.): Prädestination und Willensfreiheit. Luther, Erasmus, Calvin und ihre Wirkungsgeschichte. FS für Theodor Mahlmann (MThSt 99), Leipzig 2009, 223–236.

«Ich aber behaupte den Gott am Kreuze». Zinzendorfs Auftritt vor den Genfer Theologen (1741), in: PuN 34 (2008), 115–134.

Erfahrung als Grund des Glaubens im radikalen Pietismus und in der Aufklärung: Margret Zeerleder-Lutz, Charles Hector de Marsay, Gottfried Arnold und Albrecht von Haller, in: Christian Soboth/Udo Sträter in Verbindung mit Hartmut Lehmann/Thomas Müller-Bahlke/Johannes Wallmann (Hg.): «Aus Gottes Wort und eigener Erfahrung gezeiget». Erfahrung – Glauben, Erkennen und Gestalten im Pietismus. Beiträge zum III. Internationalen Kongress für Pietismusforschung 2009 (Hallesche Forschungen 33/1), Halle 2012, 163–183.

Gotthelf im Kontext der Schweizer Kirchen- und Theologiegeschichte, in: Barbara Mahlmann-Bauer/Christian von Zimmermann (Hg.): Jeremias Gotthelf – Wege zu einer neuen Ausgabe (Beihefte zu editio 24), Tübingen 2006, 235–251.

«Die Versöhnung des Ankenbenz und des Hunghans, vermittelt durch Professor Zeller». Zum kirchlichen und theologischen Hintergrund von Gotthelfs *Zeitgeist und Berner Geist*, in: Barbara Mahlmann-Bauer/Christian von Zimmermann/Sara Margarita Zwahlen (Hg.): Jeremias Gotthelf, der Querdenker und Zeitkritiker (Collegium generale Universität Bern, Kulturhistorische Vorlesungen 2004/2005), Bern u. a. 2006, 197–211.

Von Schrenk zu Schrempf. Ein Beitrag zu Hermann Hesses Religiosität: unveröffentlicht, überarbeitete und erweiterte Fassung von: Von Schrenk zu Schrempf. Ein Beitrag zu Hermann Hesses religiösem Werdegang, in: PuN 38 (2012), 227–237.

«… ein gůt from erlich leben …». Einige Kapitel aus der Geschichte des Büren-Kapitels: unveröffentlichtes Typoskript für die Mitglieder des Pfarrkapitels Büren, verfasst für die Jubiläumsfeier in Lyss, Mittwoch nach Trinitatis 2006 in Lyss.

Der «Berner Synodus»: «… fleissig verlesen, erläutert, ausgelegt und erneuert …». Vortrag anlässlich der Jubiläumsfeier 475 Jahre Berner Synodus am 12. Januar 2007, in: Rudolf Dellsperger/Hans Rudolf Lavater (Hg.): Die Wahrheit ist untödlich. Beiträge eines Vortragszyklus an der Universität Bern im Winter 2006/2007 (MH 30), Bern 2007, 213–242.

Was war, ist und bleibt: die Offenheit, in: saemann. Evangelisch-reformierte Monatszeitung 124 (2008), Nr. 5, 2–3.

Personenregister

Ortsregister

Basler und Berner Studien zur historischen Theologie
Übersicht über die bisher erschienenen Bände (1963–2015)

Band 1 Geiger, Max: Aufklärung und Erweckung. Beiträge zur Erforschung Johann Heinrich Jung Stillings und der Erweckungstheologie, 1963. 620 S.

Band 2 Braun, Dietrich: Der sterbliche Gott oder Leviathan gegen Behemoth. Teil 1: Erwägung zu Ort, Bedeutung und Funktion der Lehre von der Königsherrschaft Christi in Thomas Hobbes' «Leviathan», 1963. 262 S.

Band 3 Hammer, Karl: W. A. Mozart – eine theologische Deutung. Ein Beitrag zur theologischen Anthropologie, 1964. 444 S.

Band 4 Werthemann, Helene: Studien zu den Adventsliedern des 16. und 17. Jahrhunderts, 1963. 190 S.

Band 5 Fangmeier, Jürgen: Erziehung in Zeugenschaft – Karl Barth und die Pädagogik, 1964. 716 S.

Band 6 Bühler, Andreas: Kirche und Staat bei Rudolph Sohm, 1965. 360 S.

Band 7 Ruh, Hans: Die christologische Begründung des ersten Artikels bei Zinzendorf, 1967. 292 S.

Band 8 Stoevesandt, Hinrich: Die letzten Dinge in der Theologie Bonaventuras, 1968. 400 S.

Band 9 Faulenbach, Heiner: Die Struktur der Theologie des Amandus Polanus von Polansdorf, 1968. 384 S.

Band 10 Müller, Gotthold: Identität und Immanenz. Zur Genese der Theologie von D.F. Strauß, 1968. 400 S.

Band 11 Hedinger, Ulrich: Hoffnung zwischen Kreuz und Reich. Studien und Meditationen über die christliche Hoffnung, 1968. 376 S.

Band 12 Winkler, Jochen: Der Kirchenhistoriker Jean Henri Merle d'Aubigné. Eine Studie zum Genfer Réveil, 1968. 166 S.

Band 13 Yoder, John H.: Täufertum und Reformation im Gespräch. Dogmengeschichtliche Untersuchung der frühen Gespräche zwischen schweizerischen Täufern und Reformatoren, 1968. 220 S.

Band 14 Jäger, Alfred: Reich ohne Gott. Zur Eschatologie Ernst Blochs, 1969. 267 S.

Band 15 Gerber, Uwe: Disputatio als Sprache des Glaubens. Eine Einführung in das theologische Verständnis der Sprache an Hand einer entwicklungsgeschichtlichen Untersuchung der Disputatio und ihres Sprachvollzuges, 1970. 327 S.

Band 16 Epting, Karl Christoph: Ein Gespräch beginnt. Die Anfänge der Bewegung für Glauben und Kirchenverfassung in den Jahren 1910–1920, 1971. 388 S.

Band 17 Kaiser, Marcus: Deutscher Kirchenkampf und Schweizer Öffentlichkeit in den Jahren 1933 und 1934, 1971. 368 S.

Band 18 Schweizer, Paul: Freisinnig – positiv – religiössozial. Ein Beitrag zur Geschichte der Richtungen im schweizerischen Protestantismus, 1972. 295 S.

Band 19 Lange, Peter: Konkrete Theologie? Karl Barth und Friedrich Gogarten «Zwischen den Zeiten» (1922–1933), 1972. 456 S.

Band 20 Hedinger, Ulrich: Wider die Versöhnung Gottes mit dem Elend. Eine Kritik des christlichen Theismus und A-Theismus, 1972. 184 S.

Band 21 Zangger, Christian: Welt und Konversation. Die theologische Begründung der Mission bei Gottfried Wilhelm Leibniz, 1974. 238 S.

Band 22 Plath, Uwe: Calvin und Basel in den Jahren 1552–1556, 1974. 310 S.

Band 23 Dellsperger, Rudolf: Johann Peter Romang, 1802–1875. Philosophische Theologie, christlicher Glaube und politische Verantwortung in revolutionärer Zeit, 1975. 266 S.

Band 24 Gudopp, Wolf-Dieter: Martin Bubers dialogischer Anarchismus, 1975. 134 S.

Band 25 Bielander, Raphael: Martin Bubers Rede von Gott. Versuch einer philosophischen Würdigung des religiösen Denkens, 1975. 302 S.

Band 26 Jansen, Reiner: Studien zu Luthers Trinitätslehre, 1976. 234 S.

Band 27 Lienert, Franz: Theorie und Tradition. Zum Menschenbild im Werke Max Horkheimers, 1977. 142 S.

Band 28 Ritschl, Dietrich: Konzepte. Gesammelte Aufsätze Band 1: Patristische Studien, 1976. 152 S.

Band 29 Alder, Garfield: Die Tauf- und Kirchenfrage in Leben und Lehre des Samuel Heinrich Fröhlich. VDM, von Brugg 1803–1857. Gründer der Gemeinschaft Evangelisch-Taufgesinnter (Neutäufer, Fröhlichianer, Nazarener, Apostolic Christian Church), 1976, 2. Aufl. 1980. 246 S.

Band 30 Wilson, John Elbert: Gott, Mensch und Welt bei Franz Overbeck, 1977. 162 S.

Band 31 Otte, Klaus: Lernen als reflexiv vollzogene Existenz. Die Analyse eines Lernprozesses in der Theologie, 1977. 166 S.

Band 32 Raaflaub, Beat: Der Schweizerische Evangelische Pressedienst 1928–1955, 1977. 268 S.

Band 33 Stauffer, Richard: Dieu, la création et la Providence dans la prédication de Calvin, 1977. 396 S.

Band 34 Schär, Hans Rudolf: Christliche Sokratik. Kierkegaard über den Gebrauch der Reflexion in der Christenheit, 1977. 220 S.

Band 35 Baier, Klaus Alois: Unitas ex auditu. Die Einheit der Kirche im Rahmen der Theologie Karl Barths, 1978. 338 S.

Band 36 Funda, Otakar: Thomas Garrigue Masaryk. Sein philosophisches, religiöses und politisches Denken, 1977. 370 S.

Band 37 Fähler, Jochen: Der Ausbruch des Ersten Weltkrieges in Karl Barths Predigten 1913–1915, 1979. 108 S.

Band 38 Stickelberger, Hans: Ipsa assumptione creatur. Karl Barths Rückgriff auf die klassische Christologie und die Frage nach der Selbständigkeit des Menschen, 1979. 246 S.

Band 39 Domanyi, Thomas: Der Römerbriefkommentar des Thomas von Aquin. Ein Beitrag zur Untersuchung seiner Auslegungsmethoden, 1979. 268 S.

Band 40 Meier, Klaus-Jürgen: Christoph Blumhardt. Christ – Sozialist –Theologe, 1979. 178 S.

Band 41 Castanye, Josep: Die politische Theologie Alfred de Quervains, 1981. 356 S.

Band 42 Güdel, Alfred: Fritz Berger und der Evangelische Brüderverein, 1980. 229 S.

Band 43 Thiel, John E.: God and World in Schleiermachers Dialektik und Glaubenslehre. Criticism and the Methodology of Dogmatics, 1981. 253 S.

Band 44 Nöthiger-Strahm, Christine: Der deutschschweizerische Protestantismus und der Landesstreik von 1918. Die Auseinandersetzung der Kirche mit der sozialen Frage zu Beginn des 20. Jahrhunderts, 1981. 362 S.

Band 45 Crimmann, Ralph P.: Karl Barths frühe Publikationen und ihre Rezeption. Mit einem pädagogisch-theologischen Anhang, 1981. 256 S.

Band 46 Marti, Andreas: «... die Lehre des Lebens zu hören». Eine Analyse der drei Kantaten zum 17. Sonntag nach Trinitatis von Johann Sebastian Bach unter musikalisch-rhetorischen und theologischen Gesichtspunkten, 1981. 188 S.

Band 47 Lacoste, Auguste: Henri Arnaud und die Waldenser. Der Kampf um die Rückkehr in die heimatlichen Täler, 1982. 214 S.

Band 48 Lipps, Michael A.: Dogmengeschichte als Dogmenkritik. Die Anfänger der Dogmengeschichtsschreibung in der Zeit der Spätaufklärung, 1982. 260 S.

Band 49 Hasler, Ueli: Beherrschte Natur. Die Anpassung der Theologie an die bürgerliche Naturauffassung im 19. Jahrhundert (Schleiermacher, Ritschl, Herrmann), 1982. 367 S.

Band 50 Külling, Heinz: Wahrheit als Richtigkeit. Eine Untersuchung zur Schrift «De veritate» von Anselm von Canterbury, 1984. 284 S.

Band 51 Streiff, Patrick P.: Jean Guillaume de la Fléchère/John William Fletcher (1729–1785). Ein Beitrag zur Geschichte des Methodismus, 1984. 540 S.

Band 52 Homrichhausen, R. Christian: Evangelische Christen in der Paulskirche 1848/49. Vorgeschichte und Geschichte der Beziehung zwischen Theologie und politisch-parlamentarischer Aktivität, 1985. 626 S.

Band 53 Wilson, John Elbert: Heinrich W. J. Thiersch und sein Lehrer Schelling. Mit Thierschs unveröffentlichter Einleitung zur Dogmatik-Vorlesung des Jahres 1846 als Anhang, 1985. 338 S.

Band 54 Fink, Barbara E.: Der Weg zur Bewegung für Praktisches Christentum («Life and Work»). Der Hintergrund der deutschen Beteiligung von der «Freundschaft» bis zur Konferenz in Stockholm 1925, 1985. 229 S

Band 55 Germann-Gehret, Rolf: Alois Emanuel Biedermann (1819–1885). Eine Theodicee des gottseligen Optimismus, 1986. 284 S.

Band 56 Blackwell, Daniel F.: Non-Ontological Constructs. The Effects of Abaelard's Logical and Ethical Theories on His Theology, 1988. 336 S.

Band 57 Blaser, Klauspeter: Karl Barth 1886–1986. Combats – Idées – Reprises, 1987. 248 S.

Band 58 Strehle, Stephen: Calvinism. Federalism, and Scholasticism. A Study of the Reformed Doctrine of Covenant, 1988. 414 S.

Band 59 Birrer, Jakob: Der Mensch als Medium und Adressat der Schöpfungsoffenbarung. Eine dogmengeschichtliche Untersuchung zur Frage der Gotteserkenntnis bei Irenäus von Lyon, 1989. 268 S.

Band 60 Farajajé-Jones, Elias: In Search of Zion. The Spiritual Significance of Africa in Black Religious Movements, 1990. 213 S.

Band 61 Overbeck, Winfried: Menschwerdung. Eine Untersuchung zur literarischen und theologischen Einheit des fünften Buches ‹Adversus Haereses› des Irenäus von Lyon, 1995. 634 S.

Band 62 Chung, Sueng Hoon: Karl Barth und die Hegelsche Linke. Die Revolution Gottes bei Karl Barth in Auseinandersetzung mit der polit-ökonomischen Anthropologie bei Karl Marx, 1994. 254 S.

Band 63 Ackva, Friedhelm: Johann Jakob Heß (1741–1828) und seine Biblische Geschichte. Leben, Werk und Wirkung des Zürcher Antistes, 1992. 345 S.

Band 64 Liu, Xiaofeng: Personwerdung. Eine theologische Untersuchung zu Max Schelers Phänomenologie der «Person-Gefühle» mit besonderer Berücksichtigung seiner Kritik an der Moderne, 1996. 247 S.

Band 65 Becker, Stefan Peter: Erkenntnis und Gebet. Die pneumatologische Grundstruktur von Karl Barths dogmatischer Arbeit, 1995. 291 S.

Band 66 Suter, Christoph: Das religiöse Kinderlied des 19. Jahrhunderts – ein Ausdruck seiner Zeit. Beobachtungen am Liedgut im deutschsprachigen reformierten Raum der Schweiz, 1995. 275 S.

Band 67 Lim, Hee-Kuk: «Jesus ist Sieger!» bei Christoph Friedrich Blumhardt. Keim einer kosmischen Christologie, 1996. 204 S.

Band 68 Kuhr, Olaf: «Die Macht des Bannes und der Buße». Kirchenzucht und Erneuerung der Kirche bei Johannes Oekolampad, 1998. 316 S.

Band 69 Stuber, Christine: «Eine fröhliche Zeit der Erweckung für viele». Quellenstudien zur Erweckungsbewegung in Bern 1818–1831, 2000, 2. korrig. Aufl. 2002. 391 S.

Band 70 Ramstein, Christoph: Die Evangelische Predigerschule in Basel. Die treibenden Kräfte und die Entwicklung der Schule, 2001. 253 S.

Band 71 Dellsperger, Rudolf: Kirchengemeinschaft und Gewissensfreiheit. Studien zur Kirchen- und Theologiegeschichte der reformierten Schweiz: Ereignisse, Gestalten, Wirkungen, 2001. 337 S.

Band 72 Fluck, Marlon Ronald: Basler Missionare in Brasilien. Auswanderung, Erweckung und Kirchenwerdung im 19. Jahrhundert, 2004. 420 S.

Band 73 Gäbler, Ulrich/Martin Sallmann/Hans Schneider (Hgg.): Schweizer Kirchengeschichte – neu reflektiert. Festschrift für Rudolf Dellsperger zum 65. Geburtstag, 2011. 426 S.

Band 74 Köppli, Marcel: Protestantische Unternehmer in der Schweiz des 19. Jahrhunderts. Christlicher Patriarchalismus im Zeitalter der Industrialisierung, 2012. 246 S.

Band 75 Sallmann, Martin/Karlfried Froehlich (Hgg.): Zehn Jahre nach Oscar Cullmanns Tod: Rückblick und Ausblick, 2012. 214 S.

Band 76: Mack, Julia Ulrike: Menschenbilder. Anthropologische Konzepte und stereotype Vorstellungen vom Menschen in der Publizistik der Basler Mission 1816–1914, 2013. 259 S.

Band 77: Dellsperger, Rudolf: Zwischen Offenbarung und Erfahrung. Gesammelte Aufsätze zur historischen Theologie, 2015. 307 S.

Die Bände 1–22, 74–77 sind im Theologischen Verlag Zürich erschienen.
Die Bände 23–73 sind im Peter Lang Verlag Bern erschienen